Allen Menschen gewidmet,
die in den armen Regionen dieser Erde
schon jetzt unter den Folgen
des Klimawandels leiden.

1. Kapitel: Stürmische Zeiten

SZENARIO 2035

Die Hitze hockt wie ein glühender Dämon auf ihren Schultern. »Denk nach, Caro, denk nach ...«, sagt Carolyn Petermann zu sich selbst und bewegt die Worte wie ein Mantra beschwörend hin und her. »Wo kommen all die Resistenzen gegen die neue Malariaprophylaxe her?« Doch ihr Kopf ist wie blockiert. Von der Hitze sind ihre Füße angeschwollen, Omas Ring drückt sich in das Fleisch des kleinen Fingers, und am ganzen Körper sammeln sich dicke Schweißtropfen. Sie laufen auf der feuchten Haut herunter, über die Kniekehlen die Waden entlang und tropfen schließlich auf den blassblauen Klinikboden.

  Die Temperatur in Hamburg liegt schon seit mehr als acht Wochen bei über 35 Grad. Dabei ist erst Mitte Mai, und es ist schon viel zu lange so unerträglich heiß. Besserung ist nicht in Sicht, eher im Gegenteil, denn in den Sommermonaten muss täglich mit verheerenden Stürmen gerechnet werden. Carolyn flucht auf den Kittel der Marke »CoolClimateBrand«, den die Klinik erst vor kurzem für Ärzte in Führungspositionen angeschafft hat. Irgendwie funktioniert das Ding nicht richtig. »Denk nach!«, ruft sie sich wieder selbst zur Ordnung und arbeitet sich mühsam weiter durch den Stapel mit Patientendossiers. Lauter Todesfälle, und alle waren an einer neuen Form von Malaria gestorben, obwohl sie rechtzeitig mit Medikamenten versorgt worden waren. »Sie sterben dir unter den Händen weg, Caro. Aber warum?«, fragt sie laut und pellt sich langsam aus dem unbequemen Cool-Kittel. Eigentlich sollen die Nanopartikel in dem steifen Stoff zusammen mit der umgebenden Raumluft den körpereigenen Schweiß in eine Art Kühlwasser verwandeln, so dass der Kittel wie ein tragbarer Mini-Kühlschrank funktioniert. Nanodrähte haben eine extrem gute Leitfähigkeit, und feinste Sensoren brechen die Schweißmoleküle bis auf ein paar Billionstel Teilchen herunter und bilden so ein kühlendes Netzwerk. Jedenfalls theoretisch. Die Praxis sieht anders aus. Der Kittel ist nicht richtig atmungsaktiv. In BH und Slip fühlt sich Carolyn Petermann jetzt wohler. Und wenn jemand ins Labor kommt? Die Ärztin ist viel zu erschöpft, um sich darüber Gedan-

Weltweit sterben derzeit jährlich bis zu 2,7 Millionen Menschen an Malaria, schätzt das Robert-Koch-Institut; 90 Prozent der Erkrankten leben in Afrika.

I. Kapitel: Stürmische Zeiten

ken zu machen. In dieser unerträglichen Hitze ignorieren ohnehin immer mehr Menschen die Schamgrenze.

Bei der Hitzewelle vor einem Jahr ist Carolyn während der Arbeit häufig unter einem Vorwand in den Leichenkeller geschlichen, um sich dort für kurze Zeit ein wenig Abkühlung zu verschaffen. Doch seit das Eppendorfer Universitätsklinikum – wie die meisten Krankenhäuser der Bundesrepublik – wegen der Seuchengefahr einen Corps-Incinerator anschaffen musste, in dem die Verstorbenen gleich nach dem Ableben bei 1500 Grad verbrannt werden, ist auch der letzte kühle Zufluchtsort im Krankenhaus verschwunden. Energie für die Klimaanlagen in Krankenhäusern ist einfach nicht mehr finanzierbar. Der verfügbare Strom wird für die medizinischen Geräte und die wenigen übrigen Aufzüge gebraucht, die die Klinikleitung noch nicht hat stilllegen lassen. Und selbst wenn elektrische Energie für lebenswichtige Zwecke gebraucht wird, ist noch lange nicht gesagt, dass es den dafür notwendigen Strom gibt. Ständig fallen die Systeme aus, die Stadt Hamburg kann wie viele andere Bundesländer die Stromversorgung nicht mehr sicherstellen. Und die Energie der Notstromaggregate wird für die Lebenden gebraucht. Nur auf der Intensivstation ist es noch etwas erträglicher, aber dort darf sich niemand ohne triftigen Grund aufhalten.

Die Stromversorgung ist insbesondere dadurch gefährdet, dass Kraftwerke immer wieder vom Netz genommen werden müssen, weil es am erforderlichen Kühlwasser fehlt.

»Was ist nur aus uns allen geworden?«, denkt sich Carolyn. Längst hat sie das Gefühl, als ob sie zu einem Teil einer unüberschaubaren Krankenhausmaschinerie geworden wäre. Dabei hatte alles so hoffnungsvoll begonnen. Obwohl sie durch einen Autounfall früh ihre Eltern verloren hatte, war sie eigentlich immer ein Sonnenkind. Alles schien für die attraktive Blonde wie von selbst zu laufen. 2015 nahm sie ihr Medizinstudium auf. Die Welt schien ihr offenzustehen. Und wie hatten ihre blauen Augen geleuchtet! Noch heute hat Oma Erika ein Bild aus jenen Tagen in der Vitrine stehen. Carolyns großer Traum war es eigentlich, sich irgendwo auf dem Land als Allgemeinärztin niederzulassen. Denn sie liebte die Natur und stellte sich immer vor, einmal ein kleines Landgut mit Pferden, Eseln, Schafen und Ziegen zu besitzen.

Doch immer mehr Menschen zogen aus den ländlichen Gebieten fort und suchten ihr Glück in den großen Städten. Für die einen lohnte sich nach den immer häufiger auftretenden Dürre- und Hochwasserkatastrophen die Landwirtschaft nicht mehr; die anderen konnten sich irgendwann schlichtweg das Benzin für die tägliche Fahrt zum Arbeitsplatz in die Stadt nicht mehr leisten. Wer nicht in der Nähe einer Bahnstation wohnte, hatte keine Chance. Die Benzinpreise hatten sich in schwindelnde Höhen katapultiert und waren nur noch von Reichen zu zahlen. Und Mobilitätsgutscheine waren knapp, die Schwarzmarktpreise hoch. Immer mehr Menschen verließen deshalb die ländlichen Regionen, und weil mit dem Wegzug der Menschen die Bahnkunden fehlten, wurden ganze Bahnstrecken unrentabel und mussten eingestellt werden. Auch die Wasserversorgung in kleinen Weilern und Gehöften versiegte. Nur wer über einen eigenen Brunnen verfügte oder frühzeitig Zisternen gebaut hatte wie Oma Erika, konnte auf dem flachen Land überleben.

Carolyn Petermann hatte sich auf Tropenmedizin spezialisiert. Und weil sie das, was sie anpackt, auch richtig macht, engagierte sie sich von Anfang an ehrenamtlich für Entwicklungs- und

Es wird unbequem im Paradies

Spiegelndes Wasser, palmengesäumte Strände und blauer Himmel: So stellen sich die meisten das Tropenparadies vor. Doch von der Idylle allein werden die Menschen dort nicht satt. In den tropischen Paradiesen wird es außerdem immer ungemütlicher. Wenn Meereswinde zu Wirbelstürmen anwachsen und sich als gigantische Vernichtungsmaschinen über Inseln und Küstenregionen austoben, drohen Tod und Verwüstung. Dass solche tropischen Wirbelstürme immer heftiger werden und auch Regionen erreichen, wo man sich bislang sicher fühlte, zeigte Hurrikan Katrina im August 2005. Ganze Stadtteile von New Orleans sind damals abgesoffen, Hunderttausende Menschen mussten evakuiert werden, Tausende starben. Noch immer gelten 3200 Menschen als vermisst. Über eine Million Menschen war zeitweise obdachlos; etwa 5 Millionen hatten keinen Strom. Bis heute sind die meisten Schäden nicht behoben.

So schlimm es ist, vielleicht brauchen wir zu Verdrängung und Trägheit neigenden Menschen solche Katastrophen wie den Hurrikan Katrina. Der Diskussion um den Klimawandel hat Katrina sicherlich Auftrieb gegeben, auch wenn das den Menschen, die ihr Hab und Gut oder gar Angehörige verloren haben, kein Trost sein kann. Professor Judith Curry, die Leiterin des Bereichs Earth and Atmospheric Sciences des Georgia Institute of Technology, nannte Katrina jedenfalls den »11. September des Klimawandels«. Experten schätzen die materiellen Schäden auf mindestens 125 Milliarden Euro.

Ob im Golf von Mexiko oder in Südostasien: Immer weniger Menschen sind vor tropischen Wirbelstürmen sicher. Hinzu kommt die Tatsache, dass es weltweit eine starke Landflucht gibt und immer mehr Menschen in große Städte ziehen. Oft kennen sie sich in der neuen Heimat nicht aus, wissen nicht um potentielle Gefahren und wie man sich schützen kann. Noch sind die Meinungen der Wissenschaftler gespalten, noch ist nicht bewiesen und wissenschaftlich nachweisbar, dass sich das Windklima tatsächlich verändert. Doch so viel ist sicher: Alle Indizien weisen darauf hin, dass die Sturmgefahr in Zukunft potentiell steigt. Den Auswertungen tropischer Wirbelstürme seit Mitte des letzten Jahrhunderts zufolge hat die Energiemenge, die von nordatlantischen und südpazifischen Wirbelstürmen freigesetzt wurde, seit den siebziger Jahren deutlich zugenommen. Das liegt einerseits an der gestiegenen Zahl der Stürme, aber auch an der längeren Dauer von Hurrikans.

Tropische Wirbelstürme können einen Durchmesser von über 500 Kilometern aufweisen und bis zu 15 Kilometer in den Himmel ragen. Dabei werden Windgeschwindigkeiten von bis zu 300 km/h erreicht. Entwickelt sich ein tropischer Wirbelsturm zu einem Monstersturm, kann er durchaus einen Gesamtdurchmesser von 2000 Kilometern erreichen; das entspricht fast der Strecke Berlin–Ankara. Bis zu 3 Milliarden Tonnen bewegte Luft führen solche Giga-Wirbelstürme mit sich. Diese Stürme können eine Energie von 50 Millionen Megawatt ansammeln, bevor sie zuschlagen. Trifft so ein Monster aufs Festland, entlädt sich die gigantische Energie, und über 1000 Liter Regen pro Quadratmeter fallen an einem einzigen Tag herab – etwa die doppelte Regenmenge, die in München sonst während eines ganzen Jahres niedergeht. Mit den sintflutartigen Regenfällen, die Hurrikans und Taifune mit sich bringen, lösen sich häufig Schlammlawinen, die nach schweren Stürmen durch die Landschaft donnern.

Gefürchtet ist die dreifache Bedrohung durch einen Hurrikan: extreme Windgeschwindigkeit, starker, langanhaltender Regen und schließlich die Gefahr durch Sturmfluten. Ein Hurrikan tobt sich oft viele Stunden lang aus. Über dem Meer türmen sich hohe Wellenkämme auf, der Hurrikan schiebt wahre Wasserberge wie eine Wand vor sich her – an Land ist mit schweren Überflutungen zu rechnen, wenn sich der Sturm vom Meer her nähert.

Ihre Namen erinnern an Popstars: Berühmte Hurrikane hießen Mitch (1998), Charley (2004), Ivan (2004), Katrina (2005), Dean (2007) und Ike (2008). Der erste große Sturm eines Jahres erhält einen Namen mit dem Buchstaben »A« – Wilma war demnach der dreiundzwanzigste Sturm im Jahr 2005!

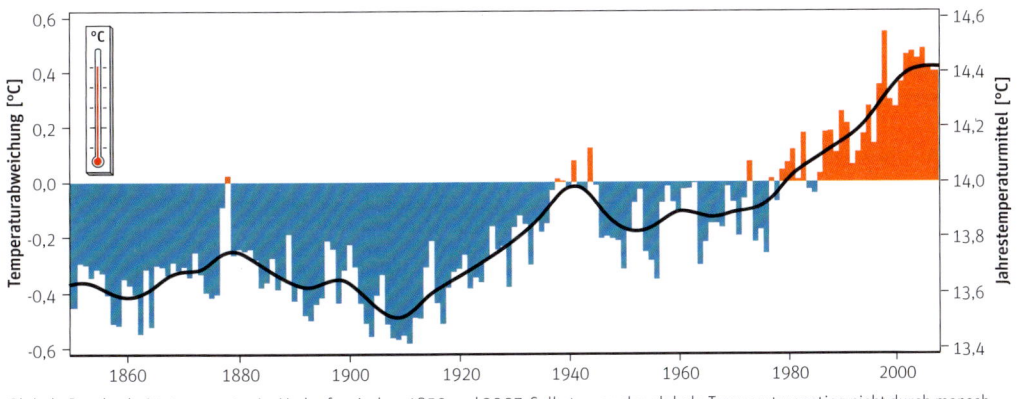

Globale Durchschnittstemperatur im Verlauf zwischen 1850 und 2007. Selbst wenn der globale Temperaturanstieg nicht durch menschliches Handeln verursacht wäre, müsste dringend gehandelt werden.
Quelle: nach CRU (2008)

Hitzige Zeiten: Entwicklung des Klimas, dargestellt an Temperaturabweichungen und Zukunftsprognosen auf der Basis verschiedener Modellberechnungen.
Die verschiedenen Szenarien des Weltklimarats (IPCC) zeigen, dass selbst bei optimistischer Annahme eine Klimaerwärmung erfolgt. Das Spektrum der Projektionen reicht von der Annahme konsequenter Klimaschutzmaßnahmen (Untergrenze) bis zu einem passiven Verhalten (Obergrenze).
Quelle: nach UBA

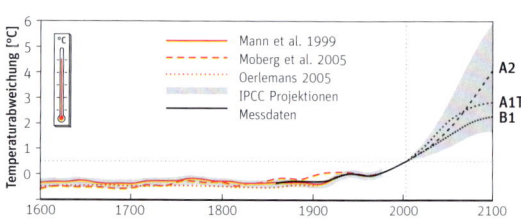

Klimaveränderung aufgegriffen, wissenschaftlich begleitet und erforscht und schon früh und deutlich auf die Problematik der Klimaveränderung hingewiesen. Entstanden war Kyrill aus einem Tiefdruckgebiet über dem mittleren Atlantik bei Neufundland Mitte Januar 2007. Schnell entwickelte sich ein Sturm, der sich zum Orkan auswuchs und mit Windböen bis zu 135 km/h zunächst über England und dann über die Nordsee Richtung Süddänemark zog. In den Niederlanden, Belgien, Luxemburg und Deutschland wurden am 18. Januar Spitzenböen von über 100 km/h gemessen, vielfach gab es sogar Orkanböen von über 120 km/h. Die stärkste gemessene Windgeschwindigkeit von Kyrill lag bei 202 km/h. Schließlich erreichte der Orkan Polen, Tschechien und Österreich. Mit Kyrill kam das Chaos ins Land. In Deutschland sorgte Kyrill laut Münchener Rück mit deutlichem Abstand für den bisher größten versicherten Schaden eines Wintersturms. Der Orkan zerstörte nicht nur Wälder, deckte Häuser ab und verwüstete Innenstädte, er verursachte vor allem schwere Schäden am Stromnetz. In Norddeutschland knickten zahlreiche Hochspannungsmasten um – Millionen Haushalte waren ohne Stromversorgung, Tausende Reisende saßen in Bahnhöfen und Zügen fest; abgestellte Züge wurden geöffnet, um den Menschen eine Schlafmöglichkeit zu geben.

Kyrill verursachte allein in Deutschland 2,4 Milliarden Euro an versicherten Schäden. Der gesamte volkswirtschaftliche Schaden wird EU-weit auf 10 Milliarden US-Dollar geschätzt (einschließlich nicht versicherter Schäden). 49 Menschen kamen ums Leben. Nach Berechnungen anhand von Klimamodellen des Hamburger Max-Planck-Instituts für Meteorologie (MPI-M) muss bis Ende des 21. Jahrhunderts mit einem erheblichen Zuwachs bei den zu erwartenden Jahresschäden aus Wintersturmereignissen gerechnet werden. Die Experten sehen für Deutschland eine Steigerung um 40 Prozent, für Großbritannien um 43 Prozent und für Frankreich um 11 Prozent voraus.

Was ist ein Wirbelsturm?

Wirbelstürme haben viele Namen. In Amerika, im Bereich des Atlantik und des Ostpazifik nennt man sie Hurrikan. Im nördlichen Westpazifik, in Japan und China sowie auf den Philippinen nennt man sie Taifun. Im Bereich des Indischen Ozeans und in Australien heißen die tropischen Wirbelstürme Zyklon. Und so entsteht ein tropischer Wirbelsturm:

- Das Meerwasser muss eine Mindesttemperatur von mehr als 26° C haben,
- sehr hohe Luftfeuchtigkeit,
- nicht zu stark unterschiedliche Höhenwinde,
- Vorhandensein eines außertropischen Tiefs oder einer entsprechenden Wellenstörung,
- Aufsteigen feuchtwarmer Luft, die weitere feuchte Luftmassen nach sich zieht,
- Bildung von Gewitterwolken durch die hohe Luftfeuchtigkeit,
- Freisetzung zusätzlicher Energie und damit Verstärkung des aufsteigenden Luftstroms,
- hoher Luftdruck drückt die aufgestiegene Luft nach außen,
- Drehung des Sturms durch die Erdumdrehung (Corioliskraft); auf der Nordhalbkugel dreht sich der Sturm entgegen dem Uhrzeigersinn, auf der Südhalbkugel mit dem Uhrzeigersinn,
- Bildung eines windstillen Auges in der Mitte des Wirbelsturms,
- Entstehung von extrem niedrigem Luftdruck, weil in der Mitte des »Auges« die Luft nach unten gesaugt wird.

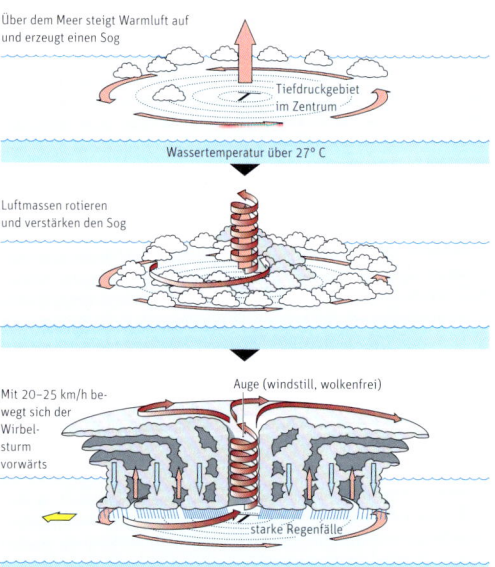

Entstehung eines Wirbelsturms (schematisierte Darstellung)

Sturmwetter

Der Tag oder vielmehr der Abend wird uns noch lange in Erinnerung bleiben. Es war die Nacht vom 28. Februar auf den 1. März 1990.

Plötzlich stand der Zug still. Nichts ging mehr. Dann – ohne jegliche Information der Fahrgäste – ging es plötzlich doch weiter, aber mit den Anschlusszügen haperte es. Wir waren auf der Rückfahrt von einem Naturschutzsymposium. Noch ahnten weder wir noch unsere Mitstreiter in Sachen Umweltschutz, dass alles, was wir dort diskutiert haben, im Grunde genommen Gänseblümchennaturschutz war, wenn man es mit dem verglich, was sich draußen im Land gerade abspielte. Und dabei war das erst eine harmlose Ouvertüre. Wer konnte sich damals vorstellen, dass die gesamte Menschheit in Zukunft mit den Folgen der Klimakatastrophe beschäftigt sein würde?

Über Deutschland, großen Teilen der Schweiz und Österreich wütete damals ein schwerer Orkan. Im Gegensatz zu vielen anderen hatten wir noch Glück: Nach stundenlanger Verspätung sind wir zu Hause angekommen. Erst in den Spätnachrichten und aus den Zeitungen erfuhren wir, was wirklich los war. Wir waren mitten in den Spätwintersturm Wiebke geraten, wie der Orkan genannt wurde. Viele Reisende, für die es an diesem Sturmtag kein Weiterkommen mehr gab, strandeten an Bahnhöfen. Hotels und Pensionen waren überfüllt, Autos mussten stehengelassen werden.

Wiebke, so hieß es später, forderte 35 Todesopfer. Die Schäden an Gebäuden, Autos und in der Forstwirtschaft gingen in die Milliarden. Bäume wurden umgeknickt wie Streichhölzer. 60 bis 70 Millionen Festmeter Sturmholz fielen in einer einzigen Nacht. Das ist der doppelte Holzeinschlag eines ganzen Jahres in Deutschland. Aufwendig musste das Sturmholz in Nassholzlagern aufbewahrt werden, um einem Überangebot am Holzmarkt und damit dem Verfall der Holzpreise entgegenzuwirken. Ohne ständige Beregnung hätten sich Borkenkäfer über das Sturmholz hergemacht.

Im Nachhinein gesehen, war Wiebke möglicherweise der erste allgemein wahrnehmbare Vorbote der sich auch in europäischen Breiten abzeichnenden drastischen Klimaveränderung. Oft nehmen wir Ereignisse als singuläre Erscheinungen wahr, die im Zusammenhang betrachtet an Dramatik gewinnen. Menschen sind nicht gewohnt, in den langen Zeiträumen der Natur zu denken; entsprechend kurzsichtig handeln wir. Doch die Natur vergisst nicht – auch wenn sie nicht sofort reagiert. Heute wissen wir, dass es Stürme wie Wiebke schon früher gegeben hat und dass sie sich immer mal wieder ereignen können. Wir wissen aber auch, dass die Häufigkeit solcher Stürme zugenommen hat. Und wir wissen, dass in Zukunft mit der Erhöhung der Durchschnittstemperaturen immer häufiger mit Orkanschäden gerechnet werden muss.

Schon wenige Jahre später sorgte ein anderer Orkan für schwere Verwüstungen. Das Orkantief Lothar, das sich über der Biskaya aufgebaut hatte und am 26. Dezember 1999 über West- und Mitteleuropa hinwegzog, hinterließ eine Spur der Zerstörung in vielen Wäldern Frankreichs, der Schweiz und Südwestdeutschlands. Jetzt rächte sich die Strategie vieler Forstleute, die wegen des schnellen Holzzuwachses jahrzehntelang auf Fichten- und Douglasien-Monokulturen gesetzt hatten. Fast überall dort, wo der Wind auf Holzäcker statt auf vielgestaltige Mischwälder traf, sorgte die Natur für eine gnadenlose Regulation. Mittlerweile haben die Forstleute daraus gelernt und setzen verstärkt auf den Aufbau reich strukturierter, artenreicher Mischwälder. Doch Lothar tobte nicht nur in Waldgebieten, auch zahllose Gebäude und Fahrzeuge wurden zerstört oder beschädigt. Die volkswirtschaftlichen Schäden wurden für Deutschland auf über 1,6 Milliarden Euro beziffert, für die betroffenen Länder der Europäischen Union insgesamt auf 11,5 Milliarden Dollar. Allein in der Schweiz betrugen die Gebäudeschäden 600 Millionen Franken. Dann folgte schon bald das Orkantief Jeanette, welches 2002 in Deutschland Schäden in Höhe von 1,7 Milliarden Euro verursachte. Die versicherten Schäden betrugen 1,2 Milliarden Euro.

»Bis zum Ende des 21. Jahrhunderts werden die Jahresschadenssätze aufgrund von Winterstürmen in zahlreichen europäischen Ländern durch den Klimawandel noch einmal deutlich steigen. Das ergeben wissenschaftliche Untersuchungen«, so berichtet die Münchener Rückversicherungsgruppe in *Topics Geo*, dem Analyse-, Bewertungs- und Positionspapier der Münchener Rück zu Naturkatastrophen 2007. Der Wintersturm Kyrill, der am 18. Januar 2007 für Verwüstungen sorgte, »gilt längst nicht mehr als außergewöhnlicher Einzelfall«.

Die Münchener Rück hat als eines der ersten Unternehmen das Thema

Die Welt im Hitzestress
Die Übersicht zeigt in vereinfachter Darstellung die globale und die kontinentale Klimaerwärmung.
Quelle: nach IPCC (2007)

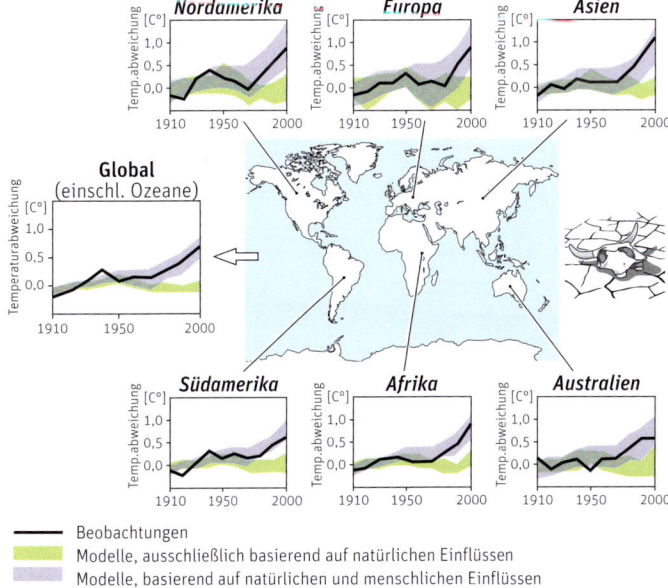

Sturmwetter

Was ist ein Wirbelsturm?

Es wird unbequem im Paradies

»Die Lage ist dramatischer, als es viele wahrhaben wollen«
Ein Gespräch mit Klaus Töpfer,
ehem. Exekutivdirektor des UNO-Umweltprogramms

1. Kapitel: Stürmische Zeiten

ten sich zu. Die Sonne scheint. Es ist ein klarer, frischer Frühlingstag. Dann hört Carolyn das beruhigende Tuten der Schiffe im Hafen.

»Lass uns durch die Speicherstadt segeln«, flüstert sie mit schwerer Zunge.

Doch der Graf ist plötzlich aus ihrem Traum verschwunden. Er hat sie verlassen, sich einfach aufgelöst. Und das widerliche Tuten wird penetrant lauter und lauter. Carolyn sieht sich plötzlich allein auf der Kommandobrücke eines verrosteten Dampfers stehen. Vor ihr am Bug ziehen düstere Wolken auf. Es stürmt. Der Rathausturm ist eingestürzt und treibt wie ein verlorener Container in der aufgewühlten Elbe. Die weißen Häuser in Blankenese sind alle schwarz gestrichen. Auf den Dächern wehen Totenkopfflaggen. Als Carolyn sich umdreht, sieht sie einen gigantischen Tanker, der wie ein stählernes Ungeheuer Kurs auf ihren alten Kahn genommen hat. Dieses Schiff ist auf Kollisionskurs und tutet wie verrückt, denkt sie im Traum und reißt das Ruder herum, um der Gefahr auszuweichen. Doch es ist bereits zu spät: Sie steuert geradewegs in eine blutrote Flutwelle, die sie verschlingt. Das Tuten des Tankers schmerzt weiter in ihren Ohren...

Die Ärztin erwacht. Dieses Tuten ist der Lärm des Notrufs. Das Schrillen der Sirenen hat sie aus ihrem Alptraum geholt. Sie ist schweißnass und unendlich traurig. »Mein schönes Hamburg hat sich im Traum noch einmal von mir verabschiedet«, flüstert sie. »Es wird nie wieder so wunderschön in der Hansestadt sein.« Dann hört Carolyn eine Krankenschwester aufgeregt rufen: »Wo bleiben Sie denn, Frau Doktor? Wir haben hier jede Menge Neuzugänge, und der Graf ist tot.«

Erst trifft es sie wie ein Schock: »Der Graf von Thun – tot...?« Doch sie weiß, dass es besser für ihn ist. Seine heile Welt ist längst untergegangen. Und ohne die Zahlungen seiner Familie wird die Sonderbehandlung ohnehin eingestellt. Für ihn ist der Tod eine Erlösung, denkt Carolyn. Dann geht sie zur Notaufnahme und wird dort in kürzester Zeit von der Masse blutender Patienten wie von einer Flutwelle verschluckt.

1. Kapitel: Stürmische Zeiten

elektronisch gesichert. Entsetzt müssen die Insassen im Schutzraum mit ansehen, wie vier Mädchen aus der Gruppe unter einer Ampelanlage begraben werden. Der schwere Ampelmast war wie ein Bleistift durch die Luft geflogen und hat ihre Körper zerschmettert. Der Sturm reißt Palmen aus wie Grashalme, knickt Masten, Werbetafeln und Verkehrsschilder um. Dachpfannen, Balkongitter und die Außenkästen von Klimaanlagen wirbeln durch die Luft wie Würfel in einem Knobelbecher, Autos werden umhergeschleudert, als wären sie federleicht. Im Containerhafen werden Tausende Container weggeschwemmt. Sie zerstören beim Aufprall die Öltanks. Das aufgepeitschte Wasser ist von einem Ölfilm bedeckt. Doch das Schlimmste ist der Glasregen, der vom Himmel fällt. Viele historische Fassaden, die Anfang 2000 in der Hafencity saniert wurden und unter Denkmalschutz stehen, sind zerstört. Wertvolles Kulturgut ist für immer verloren. Doch daran denken nur wenige. Aus der Hafencity, wo die Reichen in ihren abgeriegelten Hochsicherheitszonen wohnen, sind die meisten von ihnen lange vor dem Sturm mit Hubschraubern aus der Stadt geflohen und haben sich irgendwo im Mittelgebirge in Sicherheit gebracht. Auch die Familie des Grafen von Thun und Hohenstein hat in der Hafencity ein Anwesen. Sie wird nicht dorthin zurückkehren. Drei Tage nach dem Sturm stellen seine Angehörigen die Zahlungen für den krebskranken Grafen ein. In Zeiten wie diesen müssen auch die Reichen sparen.

»Der Staat schützt auch in Verantwortung für die künftigen Generationen die natürlichen Lebensgrundlagen.«
Artikel 20a des Grundgesetzes der Bundesrepublik Deutschland

Vier Tage nach dem Hurrikan fahren Beamte der Seuchenaufsicht mit Booten durch die Straßen von Hamburg. Sie registrieren die Anzahl der Leichen und weisen Corps-Cleaner an, sie einzusammeln und zu entsorgen. Trotz der strengen Ausgangssperre werden an diesem Tag im Mai des Jahres 2035 12 872 Sturmopfer in Hamburg gezählt. Die ganze Stadt ist vom Untergang bedroht, denn nicht nur hat Xenia Glas und Trümmer regnen lassen, sondern das Wasser überschwemmt die Straßen und macht den Zugang zu vielen Häusern unmöglich.

Carolyn Petermann hat den Chirurgen bei Amputationen assistiert, Katheter gelegt, Schnittwunden versorgt, Blutungen gestillt und dabei fast drei Tage und Nächte durchgearbeitet. Dann hat die Erschöpfung gesiegt: Sie schläft. Zunächst dämmert sie tief und traumlos dahin, dann taucht vor ihrem inneren Auge ein junger Graf von Thun und Hohenstein auf und entführt sie aus dem Krankenhaus.

Seine schneeweiße Yacht liegt direkt vor der Notaufnahme vor Anker. Er trägt einen blauen Blazer mit Goldknöpfen, sie ein weißes Spitzenkleid mit einer langen Schleppe. »Du bist meine Braut«, flüstert der Graf. »Ich lege dir Hamburg zu Füßen...« Dann schweben sie auf dem Traum-Schiff durch die Hansestadt, gleiten über den Rathausmarkt, am Hotel Atlantik und an der Michaeliskirche vorüber, segeln durch die quirligen Einkaufspassagen und füttern in Hagenbecks Tierpark von der Reling aus Bären und Löwen mit Häppchen. »Champagner für die Braut«, ordert Graf von Thun weltmännisch.

»Champagner...« Über den Jungfernstieg flanieren gutgekleidete Menschen. Sie lächeln dem Paar auf der weißen Yacht freundlich zu. Carolyn ist glücklich: Hamburg ist so vornehm und gediegen, so lebendig und freundlich wie eh und je. Überall sitzen die Menschen in den Straßencafés. Sie trinken Prosecco und pros-

1. Kapitel: Stürmische Zeiten

vergisst sie nie. Immer wieder taucht der sechsjährige Junge in ihren Alpträumen auf. Er hielt seine Gedärme in der Hand, als die Ärztin ihn nach einer Stunde fand. »Und er war bei vollem Bewusstsein.« Das war Bangladesch im Jahr 2025. Heute gibt es den Staat nicht mehr, das Land ist einfach in den Fluten versunken.

»Dass wir irgendwann auch in Deutschland unsere Patienten so unwürdig behandeln müssen, hätte ich damals nie für möglich gehalten«, sagt Carolyn Petermann entsetzt, als sie Splitter aus einer Wunde zieht. Laura Spinetti steht neben ihr, das digitale Aufnahmegerät zeichnet alles auf. »Wir kommen hier jetzt an die Grenzen unserer Kapazitäten – nein, wir haben sie überschritten«, ruft die Ärztin. »Das heißt: Wir müssen weitere Opfer abweisen!«

Kurz darauf wird die Eingangspforte des Krankenhauses zentral abgeriegelt, die Panzerglasfenster werden zusätzlich durch einen Elektrozaun gesichert. Alles geschieht automatisch, dafür sorgen bei Stromausfall die Notstromaggregate. Niemand ist jetzt mehr in der Lage, die Türen der Klinik von außen zu öffnen. Blutende Menschen versuchen, auf sich aufmerksam zu machen, und betteln um Hilfe. Doch auch die Ärzte können die Sicherheitsschranke nicht öffnen. »Selbst wenn meine Großmutter jetzt dort draußen stehen würde – ich könnte ihr nicht helfen«, sagt Carolyn Petermann verbittert. Laura Spinetti hat Tränen in ihren Augen gesehen.

D och Erika Scholz sitzt in ihrer Badewanne und träumt von den Seychellen, wo sie in den achtziger Jahren des vorigen Jahrhunderts mit Klaus einen Traumurlaub verbracht hat. Noch heute trägt sie unter ihrem Schlabber-T-Shirt ein Medaillon mit seinem Foto. Er ist Carolyns Großvater und weiß es nicht einmal. Und Erika weiß nicht, was aus ihm geworden ist. Ob er noch lebt? Seine Liebesbriefe hat sie gleich bei den getrockneten Pilzen zwischen Kräutersäckchen versteckt. Hin und wieder liest sie darin; er konnte so wunderschöne Worte finden. Sie muss lächeln. Dann schwebt Erika Scholz in Gedanken wieder zurück auf die Seychellen. »Solche Strände gibt es heute gar nicht mehr. Wenn der Ozean sie nicht verschluckt hat, hat sie der Wind davongetragen. Heute ist das Meer dein Feind, damals war es dein Freund«, sagt sie halblaut. »Es gab Palmen und Wasser so warm wie in der Badewanne.« Den Sturm, der draußen tobt, nimmt Erika Scholz kaum mehr wahr. Sie schließt die Augen, um ihre Zeitreise fortzusetzen.

Vier Stunden später ist der Hurrikan noch nicht vorüber. Auf der Elbchaussee werden zwei Feuerwehrleute von einem Baum erschlagen, als sie einer jungen Frau helfen wollen, die sich verzweifelt im Geäst festgeklammert hat. Bis auf wenige Ausnahmen gehören die feinen Villen der Stadt Hamburg. Sie wurden zu Klima-Kommandozentralen des Technischen Hilfswerks und der Feuerwehr umfunktioniert. Die verunglückten Feuerwehrleute hatten eben erst ihr Hauptquartier verlassen. Der Kaffee dampft noch in ihren Tassen im Umkleideraum.

Vor dem Schutzraum des höher gelegenen alten Bunkers an der Feldstraße drücken sich zwölf Jugendliche gegen die Eingangstür. Sie schreien und hämmern dagegen, doch die Tür aus Panzerglas wird von Climate-Control in Berlin zentral verriegelt und ist

Bangladeschs Hauptstadt Dhaka liegt nur 6 Meter über dem Meeresspiegel; die 580 Kilometer lange Küstenregion des Landes gilt als die von der Klimaerwärmung weltweit am stärksten betroffene Region. Überschwemmungen und Wirbelstürme fordern immer mehr Opfer.

Die zahlreichen kleinen Koralleninseln der Seychellen erheben sich nur knapp über den Meeresspiegel; viele von ihnen würden bei einem Anstieg des Meeres untergehen.

1. Kapitel: Stürmische Zeiten

1990 verzeichnete Italien die schlimmste Dürre seit 250 Jahren. Sogar die fruchtbare Lombardei war von der extremen Trockenheit betroffen.

men von Carla, seiner Frau, an. Claudio Spinetti heißt er nun. In letzter Zeit hat er wieder häufiger an Erika gedacht, denn durch die Trockenheit der vergangenen Jahre ist das Weingut nicht mehr rentabel. Sein Sohn versucht zwar, den Betrieb aufrechtzuerhalten, doch es sieht schlecht aus. Wie viele andere Menschen in Italien denkt er daran, wegzuziehen und nördlich der Alpen eine bessere Zukunft zu suchen. Doch bis jetzt hat er nicht den Mut gefunden, diesen Schritt zu tun. Und erst recht nicht den, die Erika von damals zu suchen...

Der Hurrikan wütet unaufhaltsam. Im Behelfsanbau der Klinik werden die ersten Opfer des Sturms eingeliefert. In der Notaufnahme sitzt eine junge Frau am Boden. Ihre Stirn sieht aus wie von einer Axt gespalten. Eine spitze Glasscherbe steckt in ihrem Kopf, gerade so, als habe ein Riese mit Glaspfeilen nach ihr geworfen und getroffen. Die Kopfwunde ist aufgeplatzt wie eine geöffnete Auster. Das rote Fleisch klafft heraus. Die Frau starrt ins Leere. Sie steht unter Schock. »Auf den Straßen regnet es Scherben! Trümmer, Dachziegel, Werbetafeln, Wrackteile – alles fliegt durch die Luft!«, schreit der Sanitäter. Eine Trage nach der anderen mit blutenden Opfern wird über die Flure geschoben. Wer jetzt hier eingeliefert wird, hat noch Glück im Unglück, denn schon bald können die Einsatzfahrzeuge nicht mehr fahren. Die Helfer sind nur noch mit Booten unterwegs. Windböen mit Spitzengeschwindigkeiten von über 280 Stundenkilometern haben überall Fenster herausgerissen. Wie Konfetti wirbeln Glasteile durch die Luft und haben sich in messerscharfe Fluggeschosse verwandelt.

315 Todesopfer forderte im Februar 1962 die große Sturmflut in Hamburg. Als der Orkan Vincinette mit 130 km/h über Norddeutschland hinwegfegte, brachen 60 Deiche; die Flutwelle setzte 20 Prozent der Hansestadt unter Wasser.

Kinder schreien auf dem Klinikflur, während die Alten stumm auf dem Boden hocken und beten. »Die Stadt steht unter Wasser!« Der Sanitäter brüllt gegen das Tosen des Sturmes an. »Die meisten Opfer konnten noch nicht geborgen werden.« Der Hurrikan peitscht die Elbe auf, schiebt Wasserwände vor sich her und macht einen reißenden Strom aus dem Fluss. Für viele Sturmflüchtlinge, die in den U-Bahn-Schächten der Großstadt Schutz vor dem Sturm gesucht haben, gibt es keine Rettung mehr. Wer nicht gleich zu den Ausgängen geeilt und herausgeklettert ist, war hoffnungslos verloren. Binnen einer Minute sind die Wasserrinnsale zu gewaltigen unterirdischen Strömen angeschwollen. Menschen, die seit Wochen nach Wasser lechzten, ertrinken jetzt in der Sturmflut.

Carolyn Petermann rennt von einem Verletzten zum nächsten. Es gibt nicht genug Verbandsmaterial, nicht genug Antibiotika und vor allem nicht genug Schmerzmittel. »Es ist wie im Krieg, wie im Krieg«, sagt sie immer wieder. Im OP müssen Amputationen ohne ausreichende Narkose vorgenommen werden. Die Patienten schreien, bis eine gnädige Ohnmacht sie für einen Moment vom Schmerz befreit. »Wie im Krieg, wie im Krieg...!« Die Ärztin weiß, wovon sie spricht: Mit der Organisation »Climate-Doctors in action« war Carolyn Petermann vor einigen Jahren in Bangladesch, um dort Klimaflüchtlinge zu behandeln. Das Programm war von der Europäischen Union finanziert worden, um die Flüchtlingsströme einzudämmen. In Dhaka war es zu Unruhen gekommen, und das Militär hatte eingegriffen. Wahllos schossen die Soldaten in die Menge. Die Verletzungen waren immens: Carolyn Petermann hatte Durchschüsse und zerschmetterte Knochen wie am Fließband behandelt. Aber das Kind mit dem offenen Bauchraum

1. Kapitel: Stürmische Zeiten

vergraben, die nur ihre Enkelin kennt. Der Solarofen mit dem empfindlichen parabolförmigen Spiegel, der das Sonnenlicht konzentriert und sich sogar zum Erhitzen von Eintöpfen eignet, steht gut verpackt im Keller. Der Vorratsraum ist gut gefüllt: Fünfzig Liter Trinkwasser reichen für mindestens zwei Wochen. Überall um Erika Scholz herum stehen die prall gefüllten, wertvollen Faltkanister und Wassersäcke, die sie schon vor Jahren erworben hat. Der kostbare Inhalt ist mit Wasserentkeimungsmitteln konserviert und vor Bakterien geschützt. Trockenfisch und Einweckgläser mit Obst und Gemüse, zwölf Kilogramm Mehl, Nüsse und Samen sowie zwei Zentner Kartoffeln und Karotten sind hier unten untergebracht. Sogar eine kleine Austernpilzzucht gibt es im Keller. Von all diesen Lebensmitteln kann sich die alte Frau im Notfall monatelang ernähren.

Während sie dem Heulen des Windes lauscht, fürchtet sie um ihren Kräutergarten und das ausgeklügelte Kühlsystem, das sie im Haus hat. Wegen der steigenden Energiekosten hat Erika Scholz schon vor langer Zeit ihren Kühlschrank abgeschafft und sich von einem Handwerker nach eigenen Konstruktionszeichnungen einen sogenannten Cold Shaft für die Kühlung von Lebensmitteln bauen lassen. Das Prinzip ist denkbar einfach: Der Schacht hat einen Querschnitt von dreißig mal dreißig Zentimetern und reicht wie ein Kamin vom Keller bis zum Dach. Die Wände des Schachts bestehen aus Holz und sind innen mit Metall ausgekleidet. Fliegengitter und Fallen schützen vor Insekten und Nagetieren. Die Lebensmittel, die dort lagern, sind auch während langanhaltender Hitzeperioden ständig einem kühlen Luftstrom ausgesetzt und bleiben dadurch schön frisch. Außerdem sind sie dort vor Plünderern verborgen, denn der Schacht ist von außen nicht einsehbar. Diese geheime Vorratskammer ist ein System, das Erika früher einmal auf einer Reise durch San Francisco in einem Haus gesehen hat: Eine Hippie-Kommune hatte im »Cold Shaft« ihr Marihuana vor der Polizei versteckt.

Und wenn alle Vorratssysteme versagen sollten, kann Erika Scholz sich zur Not auch direkt von der Natur ernähren. Sie weiß, dass man die Wurzeln von Löwenzahn wie Kartoffeln kochen kann, dass junge Brennnesselblätter wie Spinat schmecken und man mit gerösteter Gerste eine gute Tasse Kaffee aufbrühen kann.

Frisch geröstet und gemahlen, dienten die Wurzeln des Löwenzahns in Notzeiten auch als Kaffee-Ersatz. Auch ein verdauungsfördernder Tee lässt sich aus den Wurzeln bereiten.

Um Carolyn macht sich Erika Scholz keine Sorgen. Sie hat dem Mädchen viel beigebracht. Jetzt ist ihre Enkelin bestimmt im Krankenhaus, und dort ist sie sicher. Carolyn wird auf dem Feldbett übernachten, das sie ihr gebaut hat. »Sie ist eine fleißige Arbeitsbiene«, denkt Erika Scholz und lächelt. Draußen faucht der Sturm laut auf. Um sich abzulenken, nimmt sie einen Schluck aus dem Fläschchen mit dem selbstangesetzten Kräuterschnaps. Sie denkt an fröhliche Kindertage. Und an Klaus, ihre Jugendliebe. Was aus ihm geworden sein mochte? Sie ahnt nicht, dass er in der Toskana lebt, wo sich der »Tedesco«, wie man die Deutschen in Italien nennt, einen Namen als Edelwinzer gemacht hat. Seinerzeit hatte Klaus Panik bekommen, sich zu binden, und war von einem Tag auf den anderen verschwunden. Nach einem rast- und ruhelosen Leben war er schließlich in der Toskana gelandet. Dort nannte er sich Claudio, und als er später heiratete, nahm er den Nachna-

1. Kapitel: Stürmische Zeiten

Entgegen landläufiger Meinung ist die Pest bis heute nicht besiegt. Im Jahr 2008 wurden Ausbrüche in Madagaskar und Uganda registriert, aber auch im Südwesten der USA kommt es beispielsweise immer wieder zu Pesterkrankungen.

tigtes Kind. Sie denkt an die Leichen, die vor dem Corps-Incinerator aufgebahrt liegen: kein Strom, keine Leichenverbrennung. »Das wird morgen stinken wie die Pest. Und irgendwann geht dann die richtige Pest um«, murmelt sie vor sich hin. Hinten, am Ende des Ganges, klappert irgendwo eine Tür. Der Wind drängt sich durch die Öffnung, pfeift durch die verrotteten Rohrsysteme und Versorgungsleitungen und bläst die Kerzen aus. Angst macht sich in ihrem Bauch breit, während sie nach den Streichhölzern fingert. »Oma wird zu Hause im Keller sein und wieder mit ihren Dokumenten in der Badewanne sitzen«, versucht Carolyn sich zu beruhigen. Innerlich muss sie bei dem Gedanken daran sogar kurz schmunzeln, doch dann siegt die Angst um das Leben der Großmutter. Das Mobilphonenetz ist schon vor Wochen zusammengebrochen, keine Chance, sie jetzt zu erreichen. »Bitte, lieber Gott, beschütze meine Omi und pass gut auf sie auf!« Plötzlich öffnet sich die Tür zum Labor. Wieder gehen die Kerzen aus. Eine selbstbewusste, junge Frau mit einer Taschenlampe schaut zur Tür herein. »Dr. Petermann? Keine Angst! Ich bin's bloß, Laura Spinetti, die Journalistin. Sie erinnern sich? Wir hatten gestern telefoniert.«

»Kommen Sie rein, und machen Sie die Tür zu«, sagt Carolyn Petermann wenig freundlich. »Ich glaube aber kaum, dass ich jetzt Zeit für Sie habe. Vielleicht müssen wir das Interview verschieben. Ich nehme an, dass der Sturm uns viele Verletzte ins Krankenhaus wehen wird.« Carolyn gibt sich abweisend, aber sie ist froh, nicht mehr allein zu sein.

Das Heulen der Martinshörner dringt von ferne durchs Mauerwerk. Carolyn Petermann hört den Alarm, der vom Katastrophenschutzzentrum im ehemaligen Luxushotel Atlantik an der Alster ausgelöst wird. »Achtung, Achtung! Bleiben Sie in Ihren Häusern – es herrscht Lebensgefahr.« Die Straßen sind sicher längst menschenleer. Wer es bis jetzt nicht in den heimischen Keller oder in einer der öffentlichen Schutzräume geschafft hat, der hockt mit den vielen Obdachlosen in den U-Bahn-Schächten.

Draußen auf dem Land sitzt Erika Scholz tatsächlich in ihrer massiven Badewanne und wartet im Keller in aller Ruhe den Hurrikan ab. Vor einem halben Jahrhundert hat ihr eine Serbin den Badewannentrick verraten: »Alle Leute bei uns im Dorf haben während des Balkankriegs in ihren Badewannen Schutz gesucht, wenn draußen die Granaten einschlugen. So waren wir vor Querschlägern sicher«, hatte die Frau gesagt. Daran erinnert sich Erika Scholz bis heute noch sehr lebhaft. Als vor einigen Jahren die Stürme aufgrund der Klimaerwärmung zugenommen haben, bat sie die Söhne der Nachbarn, ihr die schwere Badewanne in den Keller zu wuchten. In der leeren Wanne fühlt sie sich sicher. Außerdem ist es angenehm kühl darin. Zwar haben die Leute hinter vorgehaltener Hand über die »komische Alte« geschmunzelt, doch das hat Erika noch nie etwas ausgemacht.

Die Türen und Fenster ihres kleinen, aber robusten Häuschens sind fest verschlossen und mit Brettern vernagelt. Die wichtigsten Dokumente hat Erika Scholz bei sich in der Badewanne, denn sie weiß: »Ohne ID bist du nichts.« Deshalb hat sie Identifikationskarten, Augen-Scans, PIN-Codes und Kopien ihrer Fingerprints in einen Vakuumgefrierbeutel gesteckt und wasserdicht verschweißt. Alle Wertgegenstände sind im Garten an einer Stelle

Barcelona/Paris. »Bei heftigen Stürmen mit Windgeschwindigkeiten von bis zu 184 Kilometern in der Stunde sind in Spanien und Frankreich mindestens 16 Menschen ums Leben gekommen. Der Orkan deckte Häuser ab und entwurzelte Bäume. 1,7 Millionen Haushalte waren stundenlang ohne Strom. In der Nähe von Barcelona starben am Sonntagabend vier Kinder im Alter zwischen 9 und 12 Jahren, als eine Sporthalle einstürzte...« Bericht in der *Berliner Zeitung* vom 26. Januar 2009 zu Orkan Klaus

I. Kapitel: Stürmische Zeiten

flugsboote, an die der Graf sich erinnert, gibt es schon lange nicht mehr. Und von dem Sturm, der sich über der Nordsee zusammenbraut, ahnt er auch nichts. Er träumt seinen Sommernachtstraum und hat Mitleid mit der jungen Frau. »Sie sind so schön«, schwärmt er, ganz Gentleman alter Schule. »Sie sollten lachen und feiern und fröhlich sein und einen Mann lieben, der Sie verwöhnt und verehrt und Ihnen einen Ring an den Finger steckt.« Der lange Satz hat ihn angestrengt. Er schließt für einen Moment die Augen und sagt: »Ich bin leider zu müde und zu alt, um Sie glücklich zu machen, mein Kind.« Carolyn hält seine Hand noch eine Weile und erzählt von ihrer Großmutter, die in ihrem kleinen Garten draußen vor der Stadt Kräuter zieht und Gemüsebeete hat. »Ihre Karottencremesuppe ist ein Gedicht, Graf«, flüstert sie, doch er schläft schon. Eine Weile betrachtet sie sein Gesicht: Die Züge sind sehr fein und aristokratisch, doch Wangen und Augen sind bereits eingefallen wie bei einem Toten. Ihm bleibt nicht mehr viel Zeit. Plötzlich denkt Carolyn über ihr eigenes Alter nach. Sie ist neununddreißig und lebt allein. Wo sind all die Jahre geblieben? Dann stellt sie sich vor, wie der Graf wohl früher gelebt hat. Sie hört sein Lachen und sieht die Welt, wie er sie gesehen haben mag, als er noch jung war: blühende Rosen, Trauerweiden im Wind, lange Sandstrände, eine sanfte Meeresbrandung. Davon hat er ihr erzählt. Und von der Frau, die er zu seiner Frau gemacht hat. Seine große Liebe. Sie starb vor zwei Jahrzehnten. »Es war eine schöne Zeit«, flüstert Carolyn dem Grafen ins Ohr und geht traurig zurück an ihren Arbeitsplatz. Graf von Thun und Hohenstein liegt im Sterben. So wie Mutter Natur.

Vor den Toren Hamburgs zieht derweil eine gewaltige Katastrophe herauf. Über der Nordsee frisst sich ein Monstersturm den Wolkenwanst voll. Hurrikan Xenia säuft gierig Salzwasser und wächst wie ein Himmelsgeschwür. Dann rast er mit über 220 Stundenkilometern auf die Hansestadt zu. Es ist schon das dritte Mal in diesem Jahr, dass der deutsche Norden von einem Wirbelsturm heimgesucht wird. Doch diesmal, so hat der Sender Earth Weather Control (EWC) gemeldet, braut sich ein Hurrikan ungekannten Ausmaßes zusammen. In zwölf Stunden wird kein Stein mehr auf dem anderen liegen.

Mitte März 2008 tobte der Orkan Kirsten mit Spitzengeschwindigkeiten von über 160 km/h über Deutschland – und wirbelte im Hamburger Hafen Container wie Bauklötze durcheinander.

Carolyn Petermann ahnt düster, dass sie in dieser Nacht keinen Schlaf finden wird. Sie sitzt im Labor und betet: »Lieber, guter, mächtiger Gott, wenn's dich wirklich gibt, dann lass diesen Sturm an uns vorüberziehen und hol den Grafen sanft zu dir ...« In diesem Augenblick fällt das Licht aus. Das Notstromaggregat springt nicht an. Carolyn Petermann sucht nach ihrer Taschenlampe, doch dann erinnert sie sich, dass sie vergessen hat, die Batterien mit Hilfe der Solarzellen wieder aufzuladen. Sie flucht leise. »Irgendwo müssen hier doch Omas gute, alte Kerzen sein«, sagt sie laut und fingert in der Schublade herum. »Da seid ihr ja! Jetzt brauche ich nur noch ganz altmodische Streichhölzer, und schon kann ich wieder etwas sehen.« Ihre Hände zittern, als sie das Streichholz entzündet. Oma Erika und ihre Überlebenstricks! Die selbstgezogenen Kerzen aus Rindertalg hat Carolyn vor einigen Wochen erst nicht annehmen wollen, doch jetzt ist sie dankbar, dass sie diese stinkenden Kerzen hat.

Carolyn Petermann lauscht angestrengt in die Dunkelheit. Immer wenn das Licht ausfällt, fürchtet sie sich wie ein verängs-

1. Kapitel: Stürmische Zeiten

»Früher wurden die Juweliergeschäfte vor Gaunern geschützt, heute stehen die Security-Männer vor den Apotheken.« Trotzdem kommt es immer wieder zu Überfällen. Erst vor zwei Tagen ist die zentrale Medikamentenstation am Hauptbahnhof überfallen und ausgeraubt worden. Drei Wachleute der Medi-Trans-Security-Crew wurden erschossen, zwölf Container mit PMC sind verschwunden. Irgendwann wird das erbeutete Entkeimungsmittel zu völlig überhöhten Preisen auf dem Schwarzmarkt wieder auftauchen. Obwohl die Tresorräume vieler Banken von den Behörden beschlagnahmt und zu Medikamentenlagern umgebaut worden sind, wird es immer schwieriger, die pharmazeutischen Lebensretter zu schützen.

Auf Station II liegt Graf von Thun und Hohenstein und kämpft einen aussichtslosen Kampf gegen den Krebs. Manchmal schaut Carolyn Petermann bei ihm vorbei; die beiden haben sich im Lauf der letzten Monate angefreundet. Der Graf könnte ihr Vater sein. Sie sieht mit großer Trauer, dass es mit ihm zu Ende geht und wie er trotz der hochdosierten Schmerzmittel leidet. Besonders die Atemnot macht ihm zu schaffen. Doch seine gute Erziehung verbietet es ihm, zu jammern oder sich zu beklagen. Immer wieder fragt der Graf, wie es den Menschen da draußen geht. »Was ist los mit unserer Welt, schöne Frau?«, fragt er. Er hat die Bilder von Heuschreckenschwärmen und Killerbienen auf seinem mobilen Movie-Phone gesehen. Die Schädlinge fressen sich gerade durch Nordamerika. Killerbienen töten ihre harmlosen Artgenossen, aber die Bestäubung der Nutzpflanzen übernehmen sie nicht. Piraten beherrschen die Weltmeere, Tanker werden von Kriegsflotten begleitet, und der Rohstoff Öl ist so knapp, dass er nur noch in Absprache mit dem Weltklimarat vermarktet werden darf.

»Ich bin nichts Besonderes, Carolinchen«, sagt der Graf oft. Für ihn ist es unerträglich, dass seine Familie viele hunderttausend Euro in seine Behandlung steckt und eine ganze Station nur für ihn reserviert ist, während so viele Kranke ohne Behandlung sterben. »Ich mit meiner elenden Luxuskrankheit. Fräulein Doktor, machen Sie doch ein Ende«, bittet er leise. Doch beide wissen, dass er für das Krankenhaus eine profitable Geldmaschine ist, die noch möglichst lange am Leben erhalten wird.

Die aus dem Roten Fingerhut oder aus Maiglöckchen gewonnenen Herzglykoside regen den geschwächten Herzmuskel an, sich wieder stärker zusammenzuziehen.

Seit die Klimakatastrophe immer mehr Opfer mit akuten Erkrankungen wie Hitzschlag und Fieber, Infektionen und Durchfall sowie Verletzungen fordert, ist für Patienten mit schweren Langzeiterkrankungen wie Krebs, Schlaganfall, Altersdemenz und Herzinfarkt kein Geld mehr in den Kassen. Wer arm ist, ist zum Sterben verurteilt. Gegen altersbedingte Herzschwäche verabreicht Carolyn Herzglykoside, die ihre Großmutter aus Maiglöckchen oder Fingerhutpflanzen gewinnt. Wenn die Klinikleitung davon erführe, würde die Ärztin fristlos entlassen. Doch sie erträgt das Elend der schwerkranken Alten nicht und will um jeden Preis helfen.

Auch heute Abend hat sich Carolyn wieder an das Bett des Grafen gesetzt. »Sie arbeiten zu viel«, sagt er liebevoll. »Gleich wird es dunkel, und Sie verbringen Ihre Zeit wieder einmal einsam im Krankenhaus – dabei sollten Sie auf der Alster sein, wo die kleinen Boote durch die sternenklare Nacht fahren ...« Doch die Aus-

1. Kapitel: Stürmische Zeiten

ständnislosen Gesichtsausdruck zwischen Schwester Petty und einer Gruppe von Patienten, die wegen der reduzierten Medikamentenausgabe randaliert haben. Als einer der Männer auf die Krankenschwester losging und schrie: »Wir wollen mehr Schmerzmittel!«, schoss sie in Panik mit dem Taser in seine Richtung. Dabei traf sie die alte Frau. Die fiel sofort zu Boden, weil ihr Kreislauf unter der Einwirkung des Schockers zusammenbrach. Das schwache Herz der Frau hörte bald auf zu schlagen. Carolyn war zwar gleich zur Stelle, doch sie konnte der alten Dame nicht mehr helfen. Ihr ausgezehrter Körper war dehydriert und kraftlos. Sterbend sah sie Carolyn in die Augen und sagte mit verklärtem Blick: »Danke, mein Mädchen.« Dann wich alles Leben aus ihrem Blick, und der zerbrechliche Körper sackte in sich zusammen wie eine Marionette, wenn der Puppenspieler die Fäden loslässt. Sofort kamen Pfleger und brachten die Tote zum Corps-Incinerator zur Verbrennung. Niemand fragte danach, ob sie Angehörige hatte, eine Tochter oder einen Sohn und Enkelkinder, die sie vermissen werden. Carolyn liefen die Tränen über die Wangen. Das Bild der alten Dame vermischte sich mit dem ihrer eigenen Großmutter, und sie konnte einfach nicht aufhören zu weinen.

Die Alten leiden am meisten unter der Hitze. »Sie müssen mehr trinken«, hat Carolyn neulich einem dreiundsiebzigjährigen Patienten geraten. Doch der Mann hat sie nur angesehen und über so viel Naivität den Kopf geschüttelt. Dann hat er gefragt: »Was denn? Meinen Urin?« Seit das Trinkwasser in Norddeutschland wegen der anhaltenden Hitze weiter rationiert worden ist, musste die Klinikleitung letzte Woche sogar einen Aufnahmestopp für die Opfer der Hitzewelle verhängen. Die schon aufgenommenen Patienten bekommen Wasser in streng beschränkten Rationen zugeteilt. Die Leute bleiben jetzt einfach in ihren Wohnungen und sterben dort. Erst wenn die Nachbarn sich über den Gestank beschweren, werden die Leichen von den öffentlichen Corps-Cleaner der Hansestadt abgeholt und zu den Verbrennungsöfen transportiert.

Die schwerbewachten Tankwagen mit dem begehrten Trinkwasser erreichen längst nicht mehr alle Stadtteile: Barmbek, Horn und Hamburg-Hamm wurden von der Versorgung abgekoppelt. Das hängt mit einem akuten Mangel an Pur Microclean (PMC) zusammen. Die Produktion ist wegen der gesteigerten Nachfrage nach dem Wasserentkeimer ins Stocken geraten. Mittlerweile sind sogar längere Zeit eingelagerte Trinkwasserreserven in Gefahr, denn selbst in Verbindung mit Chlor entfaltet das in PMC enthaltene Silber nach einiger Zeit nur noch eine geringe reinigende Wirkung. Wenn die Anzahl der Bakterien explodiert, wird das wertvolle Wasser unbrauchbar. Unterdessen sind unwirksame Fälschungen von PMC aus der chinesischen Provinz Yunnan aufgetaucht. Der Schwarzmarkt boomt, die Geschäftemacherei auch. Selbst Malariamedikamente wurden von der Mafia gefälscht. Erst vor einer Woche hat die Polizei über eine Million Blisterpackungen in einem Lager im Hafen sichergestellt. Wie viele der Fälschungen zu diesem Zeitpunkt schon an Malariapatienten verteilt worden waren, weiß niemand zu sagen. Die Produktion der Originalmedikamente in Deutschland sowie der Versand der Verpackungen werden streng überwacht. Großmutter Erika sagt immer:

Durch heiße, regenarme Sommer in Norddeutschland vermindern sich die Niederschläge, gleichzeitig sorgt die ausgiebige Beregnung der Anbauflächen für einen Rückgang des Grundwassers. Eine Rationierung des Trinkwassers wie bei dem »Jahrhundertsommer« 1959, als 50 Prozent der Ernte verdorrten, ist jederzeit wieder möglich.

1. Kapitel: Stürmische Zeiten

Ein Drittel des gesamten Süßwasserabflusses in Deutschland wird zur Kühlung von Kraftwerken benötigt. Spätestens im Hitzesommer 2003 zeigte sich, dass dieses Kühlwasser nicht unbegrenzt zur Verfügung steht.

Hitzeperioden haben die Kraftwerke Probleme mit dem Kühlwasser. »Außerdem ist es zu Hause noch heißer als im Labor«, tröstet sie sich und beschließt, lieber zu bleiben und später das Feldbett aufzuschlagen. Ohnehin hat der Wetterdienst des Klinikums eine Hurrikanwarnung herausgegeben. Man rechnet mit Windstärke zwölf. Erst gestern wurde die Kunstinsel »The Palm« in Dubai von einem Hurrikan wie die Sandburg eines Kindes zerstört und dann von der aufgewühlten See zerrissen und weggespült. Die Millionäre hatten ihre ins Meer gebauten Villen längst verlassen. Carolyn Petermann hat die Bilder im Fernsehen gesehen.

Die Zeiger der Wetteruhr in der Eingangshalle des Krankenhauses stehen im roten Bereich. Das bedeutet höchste Alarmstufe. »Da bin ich im Krankenhaus sicherer als zu Hause in meiner Wohnung.« Carolyn Petermann ist zwar nicht zum Notdienst eingeteilt, aber bei einem Hurrikan ist jeder Arzt verpflichtet, ohne Gehaltszuschlag zu arbeiten. »Die hätten mich eh zurückbeordert«, denkt sie. »Und das während der Sperrstunden...!«

Doch auch in der Klinik ist es nicht gerade gemütlich. Immer wieder kommt es zu Überfällen. Patienten rotten sich zusammen und ziehen plündernd über die Stationen. Sie versuchen, in den Sicherheitstrakt mit den Medikamenten vorzudringen. Wie alle Ärzte und Schwestern ist auch Dr. Carolyn Petermann mit einem Taser zur Selbstverteidigung ausgerüstet. Die Plasma-Elektroschockwaffe »Medi-Safe« stammt zwar noch aus dem Jahr 2015, doch auf eine Entfernung von bis zu hundert Metern kann man damit eine kleine Gruppe Menschen vorübergehend lahmlegen. Der Taser ist effektiv und gibt in kurzer Folge bis zu zwanzig Elektroschocks mit einer Spannung von über 700 000 Volt und einer Stromstärke von 27 Milliampere ab. Aber der Ärztin widerstrebt es, eine Waffe gegen Menschen zu richten, die in größter Not handeln. Es gibt einfach nicht genug Medikamente. Häufig müssen Angehörige mit ansehen, wie sich ihre Kinder oder die alten Eltern quälen, weil niemand aus der Familie die Medizin zahlen kann. Nur wer reich ist und Beziehungen hat, wird angemessen behandelt und muss keine Schmerzen ertragen.

Angelikawurzel (auch »Engelwurz« genannt) stärkt die Abwehrkräfte, wirkt entzündungshemmend, schmerzlindernd und durchblutungsfördernd.

Heimlich verabreicht Carolyn Petermann an die Ärmsten der Armen Naturheilmittel, die ihre Großmutter hergestellt hat. Vor allem ihren »Schwedentrunk« schätzen die Kranken. Erika Scholz setzt anderthalb Liter Korn mit Aloe, Myrrhe, Safran, Kampfer, Angelikawurzel und vielen weiteren Kräutern an und lässt den Heilcocktail einfach zwei Wochen in der Sonne stehen. Dann füllt sie das scheußlich schmeckende Gebräu in kleine Fläschchen ab und bringt sie ins Krankenhaus. Die Patienten schütteln sich bei der Einnahme, aber die Wirkung ist erstaunlich: Erschöpfte scheinen wieder zu Kräften zu kommen, Depressive fassen neuen Mut, und sogar Herz-Kreislauf-Patienten fühlen sich nach einer solchen Schwedenkur besser. »Vielleicht ist es nur der Placeboeffekt, vielleicht der hohe Alkoholgehalt, vielleicht muss Medizin auch einfach nur bitter schmecken.« Carolyn Petermann weiß nur eins: Omas Schwedentrunk wirkt! »Wie gut, dass Oma uns kostenlos mit ihren Gesundheitsschnäpsen versorgt«, sagt sie laut vor sich hin.

Der Mangel an Medikamenten führt immer wieder zu Zwischenfällen im Krankenhaus. Erst gestern ist dabei eine alte Frau ums Leben gekommen. Sie war auf Strümpfen über die Station geschlichen und stand plötzlich mit wirren Haaren und einem ver-

1. Kapitel: Stürmische Zeiten

Umweltorganisationen. Damals – im Jahr 2020 – wurde ihr klar, dass die Menschheit auf ein Chaos zusteuert. Sie war mehrfach in Afrika und Südostasien und musste während dieser Auslandspraktika erleben, dass die Erkenntnisse der Tropenmedizin nichts nützen, wenn sie bei den Menschen in den Tropen nicht ankommt. Die teure Medizin reichte bei den Auslandseinsätzen nur für wenige Kranke. »Wenn ich den Menschen in den Tropen nicht helfen kann, dann will ich wenigstens den Menschen bei uns in Deutschland beistehen«, sagte sie sich. So kam es, dass sich Dr. Petermann zum Workaholic entwickelte und neben ihrer Arbeit am Universitätsklinikum auch noch am Hamburger Tropeninstitut zu forschen begann.

Mit Sorge beobachtet sie schon seit ein paar Jahren, dass immer mehr Patienten an rätselhaften Fiebererkrankungen und Durchfall leiden. Die Nahrung wird vom Körper der Betroffenen nicht mehr richtig verwertet. Es kommt zu Unterernährungssymptomen, die Carolyn Petermann an die Elends- und Hungergebiete in Afrika erinnern. Viele Menschen leiden unter Dehydrierung. Zuletzt sind immer mehr Patienten mit solchen Symptomen ins Krankenhaus gekommen, so dass Carolyn, statt sich verstärkt in der Forschung zu engagieren, mehr und mehr Routinejobs in der Patientenversorgung übernehmen musste.

Dabei kann von ausreichender Versorgung längst keine Rede mehr sein. Jeden Tag kommen neue Horrormeldungen aus verseuchten Stadtvierteln. Obwohl ihr kaum Zeit für Ursachenforschung bleibt, hat Carolyn Petermann herausgefunden, dass die meisten Erkrankungen unmittelbar mit der seit zwei Jahren grassierenden Insektenplage zusammenhängen. Malaria und West-Nile-Fieber, Chikungunya und das Dengue-Virus sind zum Alltagsgeschäft im Krankenhaus geworden. Seit einigen Wochen tauchen nun seltsame Mutationen auf. Der vermehrte Einsatz hochtoxischer Insektizide, die während der Dürreperioden die Tigermücken und andere Quälgeister in Schlammpfützen und vertrockneten Bächen und Seen bekämpfen sollen, scheint die Insekten verändert zu haben. Sie sind aggressiver geworden, sind überlebensfähiger und gegen die meisten Mittel resistent. Und sie vermehren sich unaufhaltsam, nachdem ihre natürlichen Gegenspieler wie Frösche, Kröten und Molche sowie viele Vogelarten so gut wie ausgestorben sind.

Draußen zieht ein heftiger Sturm auf. »Aufhören oder in der Klinik übernachten?«, fragt sich Carolyn beim Blick auf die Uhr. Sie führt häufig Selbstgespräche. »Das fördert das Denkvermögen«, sagt sie entschuldigend zu sich selbst. Es ist gleich halb sechs, und um 18 Uhr beginnt die Sperrstunde. Wer dann noch in der Stadt unterwegs ist, ist in Gefahr und macht sich obendrein strafbar. Mit dem Mountainbike, das sie von ihrer Großmutter bekommen hat, würde sie es gerade noch bis nach Hause schaffen. Aber dort kann die Ärztin nicht weiterarbeiten, denn Menschen ihrer Gehaltsklasse sind von der öffentlichen Stromversorgung abgekoppelt, und so hat sie nach Einbruch der Dunkelheit noch nicht einmal mehr Licht. Nur an Tagen, an denen die Kraftwerke effektiv produzieren, wird stundenweise auch Normalbürgern Strom zugeteilt. Doch das geschieht nur selten, denn in den langen

»Tigermücke in Deutschland angekommen«, meldete die Süddeutsche Zeitung im Dezember 2007: »In den Tropen verbreitet die Asiatische Tigermücke gefährliche Krankheiten wie das Dengue-Fieber oder Chikungunya. Seit 1990 ist sie in Italien heimisch. Nun hat sie Deutschland erreicht.«

Orkane · 1. Kapitel: Stürmische Zeiten

Die 10 teuersten Hurrikane für die Volkswirtschaft 1980-2007

Datum	Schadenereignis	Gebiet	Gesamtschäden (Mio US$)	Versicherte Schäden (Mio US$)	Todesopfer
14.-22.09.1989	Hurrikan Hugo	USA, Kanada, Karibik	9 000	4 800	86
23.-27.08.1992	Hurrikan Andrew	USA	26 500	17 000	62
20.-29.09.1998	Hurrikan Georges	USA, Karibik	13 000	4 200	4 000
11.-14.08.2004	Hurrikan Charley	USA, Karibik	18 000	8 000	36
01.-09.09.2004	Hurrikan Frances	USA, Karibik	12 000	5 500	39
07.-21.09.2004	Hurrikan Ivan	Mexiko, USA, Karibik	23 000	13 800	125
15.-29.09.2004	Hurrikan Jeanne	USA, Karibik	9 200	5 000	2 000
25.-30.08.2005	Hurrikan Katrina	USA	125 000	61 600	1 322
20.-24.09.2005	Hurrikan Rita	USA, Karibik	16 000	12 000	10
19.-24.10.2005	Hurrikan Wilma	USA	20 000	12 400	42

Stürmische Zeiten: Wirbelstürme im Bereich von Nordamerika, Mittelamerika und der Karibik zwischen 1980 und 2007
Quelle: nach Münchener Rück (2008)

Die 11 teuersten Stürme für die Volkswirtschaft 1980-2007

Datum	Schadenereignis	Gebiet	Gesamtschäden (Mio US$)	Versicherte Schäden (Mio US$)	Todesopfer
26.-28.09.1991	Taifun Mireille	Japan	10 000	7 000	62
23.-27.08.1992	Hurrikan Andrew	USA	26 500	17 000	62
20.-29.09.1998	Hurrikan Georges	USA, Karibik	13 000	4 200	4 000
26.12.1999	Wintersturm Lothar	Europa	11 500	5 900	110
11.-14.08.2004	Hurrikan Charley	USA, Karibik	18 000	8 000	36
01.-09.09.2004	Hurrikan Frances	USA, Karibik	12 000	5 500	39
07.-21.09.2004	Hurrikan Ivan	USA, Karibik	23 000	13 800	125
25.-30.08.2005	Hurrikan Katrina	USA	125 000	61 600	1 322
20.-24.09.2005	Hurrikan Rita	USA	16 000	12 000	10
19.-24.10.2005	Hurrikan Wilma	Mexiko, USA, Karibik	20 000	12 400	42
18.-20.01.2007	Wintersturm Kyrill	Europa	10 000	5 800	49

Ob Taifun, Hurrikan oder Wintersturm: Die Vernichtungskraft von Wirbelstürmen ist gewaltig: Die weltweit bislang teuersten Stürme
Quelle: nach Münchener Rück (2008)

Die 10 teuersten Taifune für die Volkswirtschaft 1980-2007

Datum	Schadenereignis	Gebiet	Gesamtschäden (Mio US$)	Versicherte Schäden (Mio US$)	Todesopfer
26.-28.09.1991	Taifun Mireille	Japan	10 000	7 000	62
02.-04.09.1993	Taifun Yancy	Japan	1 300	1 000	87
22.09.1998	Taifun Vicki	Japan	3 000	1 600	18
22.-25.09.1999	Taifun Bart	Japan, Südkorea	5 000	3 500	29
11.-19.09.2000	Taifun Saomai	Japan, Guam, Russland	1 500	1 100	25
06.-08.09.2004	Taifun Songda	Japan, Südkorea	9 000	4 700	41
22.08.-02.09.2004	Taifun Chaba	Japan, Guam, Russland	2 000	1 200	16
19.-21.10.2004	Taifun Tokage	Japan	2 300	1 300	80
06.-08.09.2005	Taifun Nabi	Japan, Südkorea	1 000	550	26
16.-19.09.2006	Taifun Shanshan	Japan, Südkorea	2 500	1 200	10

Taifune: Wirbelstürme in Südostasien
Quelle: nach Münchener Rück (2008)

Die 10 teuersten Winterstürme für die Volkswirtschaft 1980-2007

Datum	Schadenereignis	Gebiet	Gesamtschäden (Mio US$)	Versicherte Schäden (Mio US$)	Todesopfer
15.-16.10.1987	87J	Großbritannien	3 900	3 100	18
25.-26.01.1990	Daria	West-, Nord-, Osteuropa	6 900	5 100	94
25.-27.02.1990	Vivian	Europa	3 200	2 100	52
28.2.-01.03.1990	Wiebke	West-, Südeuropa	2 300	1 300	64
03.-04.12.1999	Anatol	Dänemark	3 000	2 400	20
26.12.1999	Lothar	Frankreich, Deutschland	11 500	5 900	110
27.-28.12.1999	Martin	Frankreich, Spanien, Schweiz	4 100	2 500	30
26.-30.10.2002	Jeanett	Deutschland, Großbritannien, Niederlande	2 600	1 700	37
07.-09.01.2005	Erwin/Gudrun	Nordeuropa	5 800	2 600	18
18.-20.01.2007	Kyrill	Großbritannien, Deutschland	10 000	5 800	49

Schöne Namen, verheerende Wirkung: Die zehn teuersten Winterstürme in Europa
Quelle: nach Münchener Rück (2008)

35

»Die Lage ist dramatischer, als es viele wahrhaben wollen«

Ein Gespräch mit Klaus Töpfer

Ständig gibt es neue Alarmmeldungen zum Thema Klima. Wie schlimm steht es wirklich um unseren Planeten?
Klaus Töpfer: Die Lage ist dramatischer, als es viele wahrhaben wollen. Besonders die ärmsten Entwicklungsländer in Afrika spüren mit Überflutung, Hitzewellen und Dürre den Klimawandel bereits jetzt. Für Inselstaaten im Pazifik gibt es schon Evakuierungspläne. Ein Anstieg des Meeresspiegels wird viele Küstenstädte und tiefliegende Länder bedrohen.

Welche Länder werden am schlimmsten betroffen sein?
Der Klimawandel wird das Leben aller Menschen dieser Welt einschneidend verändern. Aufgrund der Gefährdung durch den Meeresspiegelanstieg werden einige Regionen diese Auswirkungen früher und intensiver spüren. Weite Teile Afrikas gehören dazu, die kleinen Inselstaaten, Bangladesch. Vor allem aber bekommen den Klimawandel auch die Arktik zu spüren und die Menschen, die in den Gebieten des Permafrosts leben. In der Arktik ändert sich das Klima bedeutend schneller als im weltweiten Durchschnitt.

Was muss jetzt geschehen, damit es nicht so weit kommt?
Klimawandel gefährdet Sicherheit und Frieden in der ganzen Welt. Klimaflüchtlinge können eine Gesellschaft destabilisieren. Sie sind dramatische und oft stumme Zeugen eines auch ethisch nicht zu verantwortenden Wohlstands auf Kosten der Umwelt. Klimawandel muss daher erfolgreich bekämpft werden. Armut muss überwunden werden. Das Drama von Millionen hungernden Menschen, besonders der Kinder, der Mangel an sauberem Trinkwasser, unzureichende Bildung und medizinische Versorgung – hier zu helfen ist unsere gemeinsame Verantwortung, und es ist eine außerordentlich ertragreiche Investition in eine friedliche Welt.

Was können wir als Staat, was kann jeder Einzelne tun?
Wir können im Supermarkt, beim Autohändler und mit unserem Reise- und Urlaubsverhalten viel bewirken. Wir können und müssen unseren Energieverbrauch drastisch senken. So zahlen sich Investitionen für einen niedrigeren Energieverbrauch unserer Häuser und Wohnungen auch unmittelbar im Portemonnaie aus. Wir müssen verstehen, dass die finanzielle Unterstützung von Aufforstungen in den Entwicklungsländern, etwa in Indonesien oder auf den Philippinen, kein Luxus ist, den wir uns nicht mehr leisten sollten. Diese Maßnahmen sichern Frieden und Zusammenarbeit. Es geht um das Bewusstsein des Einzelnen dafür, dass wir heute alle in einem »globalen Dorf«, besser: in einer globalen Stadt wohnen.

Was nützt es schon, wenn wir in Europa ein paar Prozent CO_2 einsparen, während Hunderte Millionen Chinesen und Inder vom Fahrrad aufs Auto umsteigen?
Man mag das hier in Europa häufig unterschätzen, doch auch in China und Indien machen sich die Verantwortlichen viele Gedanken um die Umwelt. Die Regierung in Peking hat bereits 2006 ein 180-Milliarden-Dollar-Programm für erneuerbare Energien auf den Weg gebracht. Für weitere wirtschaftliche Entwicklung braucht China zusätzlich Energie. Die Zusammenarbeit bei Energieeffizienz und bei der Entwicklung und Nutzung erneuerbarer Energien liegt daher in besonderem Maße im Interesse Chinas und der anderen Schwellenländer.

Sie haben eine internationale Perspektive auf die Dinge: Ist Deutschland wirklich Vorreiter beim Klimaschutz, wie gern behauptet wird?
Deutschland hat Umweltthemen oft früher und energischer angepackt als andere. Nun sehen auch viele andere Industrienationen, aber auch Entwicklungsländer, dass Umweltschutz nicht Luxus, sondern überlebensnotwendig ist. Deutschland muss die Vorreiterrolle engagiert weiter übernehmen. Dies sichert auch technologische Vorsprünge, sichert damit Arbeitsplätze und Zukunftfähigkeit. Solarenergie und Windtechnologien – Deutschland muss Vorreiter sein. In anderen Bereichen muss schleunigst aufgeholt werden, etwa in der Geothermie oder bei der sauberen Nutzung der Kohle. Das ist auch zentral bedeutsam für die Sicherung der Position als Exportweltmeister. Außerdem: Andere holen mächtig auf. In den USA ist Kalifornien mit dem Gouverneur Schwarzenegger Vorreiter. Mehr und mehr gilt auch: »The US economy goes green.«

Prof. Dr. Klaus Töpfer (*1938) war Bundesminister für Umwelt, Naturschutz und Reaktorsicherheit (1987 bis 1994), Bundesminister für Raumordnung, Bauwesen und Städtebau (1994 bis 1998) und von 1998 bis 2006 Exekutivdirektor des Umweltprogramms der Vereinten Nationen (UNEP). Seit Mai 2007 ist er Professor für Umwelt und nachhaltige Entwicklung in Shanghai. Er war maßgeblich an der Weltumweltkonferenz in Rio de Janeiro 1992 beteiligt, bei der erstmals ein umfassender weltweiter Prozess für eine nachhaltige Entwicklung eingeleitet wurde. Seit Februar 2009 ist er Gründungsdirektor des Forschungsinstituts für Klimawandel, Erdsystem und Nachhaltigkeit in Potsdam.

Folgen des Klimawandels nach wissenschaftlicher Einschätzung

Quelle: nach Münchener Rück

Klimaänderung und deren Folgen – Wahrscheinlichkeiten und wissenschaftliche Absicherung

Wahrscheinlich: 66 bis 90%
Sehr wahrscheinlich: 90 bis 99%

Phänomen	Wahrscheinlichkeitsstufe beobachteter Veränderungen (2. Hälfte 20. Jahrhundert)	Wahrscheinlichkeitsstufe prognostizierter Veränderungen (im 21. Jahrhundert)
Höhere Maximaltemperaturen und mehr heiße Tage in nahezu allen Landgebieten	Wahrscheinlich	Sehr wahrscheinlich
Höhere Maximaltemperaturen, weniger kalte Tage und Frosttage in nahezu allen Landgebieten	Sehr wahrscheinlich	Sehr wahrscheinlich
Reduzierter Unterschied zwischen Tagesmaxima und -minima in den meisten Landgebieten	Sehr wahrscheinlich	Sehr wahrscheinlich
Höherer Hitze-Index in Landgebieten	Wahrscheinlich, in vielen Geschäftsgebieten	Sehr wahrscheinlich, in den meisten Gebieten
Häufigerer Starkregen	Wahrscheinlich, in vielen Landgebieten der mittleren und höheren Breiten der Nordhalbkugel	Sehr wahrscheinlich, in den meisten Gebieten
Zunahme kontinentaler Trockenheit und Dürrerisiken im Sommer	Wahrscheinlich, in wenigen Gebieten	Wahrscheinlich, in den meisten kontinentalen Gebieten der mittl. Breiten
Zunahme der Windgeschwindigkeiten in Hurrikanen	In den wenigen vorliegenden Analysen nicht beobachtet	Wahrscheinlich, in wenigen Gebieten
Zunahme der mittleren und extremen Niederschlagsstärken bei Hurrikanen	Zu wenige Daten für eine Beurteilung	Wahrscheinlich, in wenigen Gebieten

Wenn der Berg kommt

Szenario 2035

Anton Steinhuber will die Gletscher wieder wachsen lassen. Die Methode, die er dabei anwendet, stammt ursprünglich aus dem 13. Jahrhundert, als die Menschen im Gebiet des heutigen Pakistan aus Furcht vor den marodierenden Reiterhorden des Dschinghis Khan einen Verteidigungswall aus Steinen, Eis und Schnee anlegten, der sie vor Plünderungen und dem sicheren Tod bewahren sollte. In ihrem Dorf – so die Legende – ließen die Bewohner einen »weißen Riesen« wachsen, der so groß war, dass er die ganze Passstraße blockierte. Die Reiterhorden des Dschinghis Khan machten vor dem künstlich angelegten Gletscher kehrt und mussten sich geschlagen geben.

Auf dem Tourismuskongress »ClimateTravel 2035«, der im Schwarzwaldstädtchen Titisee-Neustadt stattfindet, will Alpenwirt Steinhuber gemeinsam mit anderen Bergführern und Gletscherforschern diese legendäre Methode vor einem Fachpublikum erläutern. Er hat sogar Liveschaltungen über Climatewatch-Sat (CWS) organisiert. Den Zuhörern im Saal will er demonstrieren, wie man heute in Pakistan wieder zaghaft Gletscher wachsen lässt. Nur eine Handvoll Bergbewohner beherrscht diese uralte Technik noch. Steinhuber hat sich auch dafür stark gemacht, dass Professor Ghulam Rasool aus Chitral in der Nordwestprovinz Pakistans eingeladen wird. Es hat große Mühe gekostet, den alten Mann von der Wichtigkeit seiner Anwesenheit zu überzeugen. Außerdem brauchte Steinhuber für den Flug des Professors von Karatschi nach Frankfurt am Main eine Sondergenehmigung des Klimarats, dass der CO_2-Ausstoß gerechtfertigt ist. Aber jetzt ist Professor Rasool hier. Er ist schon achtundachtzig Jahre alt, und der Langstreckenflug sowie die Zeitumstellung waren für ihn äußerst beschwerlich, aber auf den Papst des Gletscherbaus wollte Anton Steinhuber nicht verzichten. Er hofft, dass Professor Rasool ihm hilft, einen solchen Kunstgletscher auch in Tirol anzulegen. Dafür braucht Steinhuber die finanzielle Unterstützung der europäischen Zentralregierung, und die gibt es nur, wenn er die zuständigen Politiker und Gremien überzeugen kann. Nur ein Kunstglet-

Im Februar 2008 berichtete der New Scientist über die Kunst, Gletscher wachsen zu lassen, die in Pakistans Nordwestprovinz bereits seit dem 19. Jahrhundert bekannt ist. Nur eine Handvoll von Dorfältesten verfügt über das Know-how dazu – einer von ihnen ist Ghulam Rasool.

2. Kapitel: Wenn der Berg kommt

scher wird das Überleben der letzten, noch nicht abgewanderten Bergbauern in seiner Heimat noch retten, glaubt Steinhuber.

Schon vor Jahrzehnten wurde in Hanouchal Haramosh, einem Dorf in den Bergregionen des Karakorummassivs, ein solcher Versuchsgletscher angelegt. Heute dienen die Reste dieses Projekts zwei kleinen Ansiedlungen als magere Wasserquelle. Doch der »Wassermann«, wie die Einwohner den Kunstgletscher liebevoll nennen, bleibt ein Tropfen auf den heißen Stein, denn seit der großen Gletscherschmelze ist die Wasserversorgung in den meisten Gebirgsdörfern Asiens weitgehend zusammengebrochen. Nicht genug damit, sind die großen Flüsse in den Tälern ausgetrocknet, und die Menschen in den Megastädten drohen zu verdursten, wenn sie nicht abwandern. Auch die Reisfelder im Tal liegen brach, weil sie schon seit Jahren nicht mehr bewässert werden können. Hungersnöte in nie gekanntem Ausmaß haben in den letzten Jahren Millionen Bewohner Asiens dahingerafft, andere sind geflohen, um irgendwo bessere Lebensbedingungen zu finden. Jahrhundertelang war das Schmelzwasser aus den Bergen der Garant für eine regelmäßige Wasserversorgung, doch mit der Klimaveränderung nahm das große Tauen im Jahr 2020 urplötzlich dramatische Formen an. Seither sind die lebenswichtigen Quellen versiegt, die Stauseen fast immer leer. Millionen Anwohnern blieb nur die Flucht – aber Klimaflüchtlinge sind nirgends willkommen. Seit Jahren ziehen nun schon Flüchtlingstrecks aus Asien in Richtung Europa. Ähnlich sieht es in Südamerika aus. Mit dem Rückgang der Andengletscher schwoll der Strom der Klimaflüchtlinge, die in den USA eine Zukunft suchen, unaufhaltsam an. Millionen machten sich nach dem Motto »Let's go north« auf den Weg.

Das Gletscherprinzip, wie Anton Steinhuber es auf dem Kongress präsentiert, ist denkbar einfach: Man wählt einen Standort in über 4500 Meter Höhe und schichtet dort Steinwälle auf. Frisches Eis fängt sich leicht zwischen kleineren Steinen, die Bestandteil des Walls sind und nur einen Durchmesser von zirka fünfundzwanzig Zentimeter haben dürfen. Darüber schichtet man weißes, sauberes Eis, das man mit etwas Energieaufwand künstlich herstellen kann. In die Spalten zwischen den Steinen werden Wasserbehälter gesteckt, die aufplatzen, sobald die Temperatur sinkt oder das Gestein arbeitet. Dieses Wasser gefriert und bildet wiederum neues Eis. Im Lauf von einigen Jahren wächst der »Gletscher« unter einer schützenden Decke aus Sägespänen, Nussschalen oder Lumpen heran. Schmelzwasser sammelt sich in dem Gebilde, und wenn es friert, wächst der Gletscher weiter und weiter und wandert irgendwann hinab ins Tal.

Anton Steinhuber ist kein guter Redner. Seinem ganzen Wesen nach ist er ein einfacher Bergbauer und Wanderführer, der sich draußen in der Natur am wohlsten fühlt. Den Tiroler Trachtenanzug, den er auf dem Podium trägt, hat ihm der Veranstalter aufgezwungen. Die Kleidervorschrift war sogar Teil des Vertrages. Auch seine Frau Traudl, die ihm aus dem Publikum aufmunternd zunickt, sieht in dem Dirndl ihrer Mutter ganz fremd aus. Wie soll einer reden, wenn er sich so unwohl fühlt? Die Erklärungen des Bergbauern werden immer komplizierter. Auch der Vortrag von Professor Rasool, auf den Steinhuber wegen seines überragenden Wissens gebaut hat, war ein Reinfall. Der alte Mann, der vor Anton Steinhuber aufgetreten ist, hat einfach viel zu leise gesprochen und

»Das Abschmelzen der Andengletscher hat bereits heute ein dramatisches Ausmaß erreicht. Denn ohne die sommerlichen Schmelzwässer aus den Gletschern geht der Landwirtschaft eine essentiell wichtige Wasserquelle verloren.«
Deutsche Gesellschaft für Technische Zusammenarbeit, August 2008

2. Kapitel: Wenn der Berg kommt

sich langatmig in technischen Details verloren. Außerdem hatte er auf einem pakistanischen Übersetzer bestanden, aber der beherrschte die deutsche Sprache nicht richtig. Hinzu kam, dass Rasools Beispiele für ein von Existenzängsten gepeinigtes europäisches Touristikpublikum nicht nachvollziehbar waren. Die ersten Zuhörer machten bei Rasools Auftritt ihrem Unmut Luft und verließen den Saal.

Steinhuber erinnerte sich an den Rat eines Freundes, der gesagt hat: »Du musst mit guten Beispielen arbeiten, Toni, und witzig sein.« Doch Anton fallen keine zündenden Beispiele ein, und so versucht er, an die Rede des Professors anzuknüpfen: »Es gibt also nach Professor Rasool männliche und weibliche Gletscher«, sagt er und lacht aufmunternd, doch das Publikum wirkt bestenfalls irritiert. »Ein männlicher Gletscher«, fährt Steinhuber fort, »ist also träge wie ein dickbäuchiger Biertrinker und bewegt sich nur langsam voran, der weibliche hingegen macht sich schön und ist deshalb viel weißer.«

Der pakistanischen Tradition des Gletscherbauens zufolge gibt es weibliche und männliche Gletscher, und es sind beide Geschlechter nötig, damit ein Gletscher wachsen kann. Das berichtet Ingvar Tveiten von der Norwegischen Universität für Umwelt- und Biowissenschaft in Ås.

Eisige Stille herrscht im Saal, es gibt nicht einen einzigen Lacher. Wieder ernst, berichtet Steinhuber von den Erfahrungen, die die Gletscherbauern in Pakistan gemacht haben: »Dort wurde Eis unter den Steinen gefunden, aber es wuchs nicht, denn es brauchte weibliches, weißes Eis…« Unruhe macht sich im Publikum breit, und eine Gruppe von Katastrophenschützern vom Technischen Hilfswerk und vom Roten Kreuz, auf die Anton Steinhuber große Hoffnungen gesetzt hat, verlässt seinen Vortrag.

Nervös steht Björn Hansen mit seiner Entourage neben dem Podium. Jetzt unterbricht der Politiker Steinhuber rüde, indem er einfach in dessen Rede hinein applaudiert. Hansen hat diesen internationalen Tourismuskongress initiiert, um seinen politischen Gegnern und auch den eigenen Parteifreunden zu zeigen, dass man mit der Klimakatastrophe auch Geld machen kann. Und nun das! Steinhuber sollte als Bergbauer und Hotelbesitzer reden, nicht als selbsternannter Gletscherexperte! Hansen ist sauer. Entschlossen steigt er aufs Podium, drängt den verwirrten Steinhuber zur Seite und sagt knapp ins Mikro: »Sie sehen, meine Damen und Herren, es gibt immer und überall Lösungen. Wir müssen es nur richtig anpacken.« Dann rauscht er grußlos an Steinhuber vorbei und verlässt den Saal. Das ist typisch für Hansen. Mit seiner rücksichtslosen Art hatte er eigentlich immer Erfolg. »Der verkauft seine eigene Großmutter, wenn's sein muss«, hat einer seiner Lehrer mal über ihn gesagt. Der hochgewachsene smarte Typ machte vor nichts halt, wenn es um seinen Vorteil ging. Gnadenlos spannte er seinen Kumpels die Freundinnen aus und machte mit allem Geschäfte, was sich zu Geld machen ließ. Aber richtig gearbeitet hat Hansen nie. Nach dem Studium der Wirtschaftswissenschaften mit Jura im Nebenfach war er zwar als Mitarbeiter der Wirtschaftskanzlei seines Vaters eingetragen, doch im Büro war er zum Leidwesen seines Vaters nie zu sehen.

Stattdessen hatte der heute Einundvierzigjährige früh begonnen, sich parteipolitisch zu betätigen; geschickt verstand er es, sich in Schlüsselpositionen zu manövrieren. Und dann kam seine Chance: Mit ein paar gut plazierten Indiskretionen ließ sich eine altgediente Bundestagsabgeordnete absägen und der freigewordene Wahlkreis übernehmen. Noch

2. Kapitel: Wenn der Berg kommt

bevor er sein Diplom in der Tasche hatte, war Hansen in den Bundestag gewählt.

Anton Steinhuber hatte nur diese eine Chance, und er hat sie vertan. Er kennt die Berge, sein Vater war einer der beliebtesten Skilehrer im ganzen Tal, als es noch regelmäßig Schnee gab. Aber hier auf dem Kongress, in dieser lächerlichen, nachgeschneiderten Historytracht wirkt der kräftige Mann mit dem sonnenverbrannten Gesicht wie ein Wal im *Schwanensee*-Ballett. Tourismustheater ist einfach nicht seine Welt. Den Hof, seit 1495 schuldenfrei in Familienbesitz, hatten die Eltern 2012 notgedrungen zum Berghotel Edelweiß umgebaut. Doch die meisten der 140 Zimmer in dem modernen Anbau, der an ein überdimensionales Iglu erinnern soll, stehen leer. Seit der Skilift stillgelegt worden ist, sind die Buchungen dramatisch zurückgegangen. Und irgendwann ist der Schnee ganz ausgeblieben. Aber ohne Schnee keine Gäste. Die Bank hatte Anton Steinhuber noch die Anschaffung einer Schneekanone finanziert, doch schon bald waren die Energiefresser von der europäischen Umweltbehörde verboten worden. Hinzu kam, dass der Bergbach immer öfter trocken war und einfach das Wasser für die Schneekanone fehlte. Eine Entschädigung gab es nicht.

Zum Glück hatte sein Vater Mitte der neunziger Jahre, als die Menschen mit Nordic-Walking-Stöcken in die Alpen zu strömen begannen, parallel zum Skizirkus auf Wellness- und Wanderferien gesetzt. Eine Zeitlang, als es hin und wieder noch schneite und sich die Ewiggestrigen schon die Hände rieben und meinten, so schlimm sei die Sache mit dem Klimawandel schon nicht, lief das Geschäft auch ganz prima. 2012 lief der Skizirkus für zwei, drei Winter noch einmal richtig rund, und die Menschen strömten mit ihren Skiern in die Berge. Doch jetzt liegt eine drückende Hypothekenlast auf dem Anwesen. Die Schulden lasten auf Steinhubers Seele wie ein halber Zentner Blei im Wanderrucksack. Er hat viel versucht in den vergangenen Jahren. Aber immer ist er gescheitert. Zunächst liefen die Nordic-Walking-Kurse und Molkekuren zur Entschlackung ganz gut. Dann gab es eine Zeitlang den Trend zum »Heuhotel«. Gemeinsam mit seiner Frau Traudl und einigen Jugendfreunden, die noch nicht in die Stadt gezogen waren, räumte Anton die Heustadel aus und richtete Heubetten für die Gäste ein. Dann wurde auch das Heu knapp. Anfangs wurden die Almwiesen während der heißen Sommermonate noch künstlich beregnet, doch bald waren die einst so blütenreichen Bergmatten verödet. Als schließlich bei einem Erdrutsch vierzehn Touristen zu Tode kamen, blieben die Gäste aus, und es war vorbei mit dem Wandergeschäft in Hochzellhaus.

Anton Steinhuber folgte einem Rat von Björn Hansen und zog mit der Familie, den Eltern und Großeltern aus dem schönen alten Hof aus. »In zahlungskräftige Gäste investieren«, hatte Hansen gesagt. »Nur wer das Besondere sucht, macht noch Urlaub in den Bergen.« Steinhuber leuchtete der Gedanke ein, und so bot er unter dem Motto »Leben wie die Bergbauern« Erlebnisurlaub im Familiensitz an, während die Familie unter Murren in das immer häufiger leerstehende Hotel zog. Den bäuerlichen Betrieb hatten die Steinhubers schon vor längerem aufgegeben. Seit die Almwiesen verödet sind, halten sie ohnehin nur noch zwei Kühe als Attraktion für die Urlauber. Die Tiere tragen überdimensionale

---

Skilifte stilllegen, empfiehlt der Bund Naturschutz (BN) im März 2007, denn: »Der Winter 2006/7 hat gezeigt, wie der normale Winter am Ende dieses Jahrhunderts aussehen könnte: Die um 3 bis 4 °C erhöhte Temperatur von Dezember bis Februar entsprach etwa den Prognosen für 2100.«

»Die hochalpine Flora ist in Bewegung geraten«, sagt Georg Grabherr, Leiter des Instituts für Ökologie und Naturschutz an der Universität Wien. Je wärmer es in den Alpen wird, umso höher steigt die Waldgrenze. Damit drohen die Almwiesen zu verschwinden.

2. Kapitel: Wenn der Berg kommt

Kuhglocken, und jeder Gast darf sie gegen eine kleine Gebühr melken. Doch auch der Plan, mit Luxusurlaub Geld zu verdienen, schlug fehl. Jetzt kommen nur noch Feriengäste, die sich einen Urlaub in den überdachten und klimatisierten Feriencentern nicht leisten können, meist Angehörige der sozial abgestürzten Mittelschicht. So wie Familie Strunzdorf aus Köln. Schon die Eltern von Marie Strunzdorf hatten regelmäßig ihren Urlaub in Hochzellhaus verbracht. Ein paar Tage Bergferien, auch wenn sie nur alle drei, vier Jahre möglich sind, war das Einzige, was Marie Strunzdorf ihrem Mann abringen konnte. Denn der will die unaufhaltsame Verschlechterung ihrer Lage nicht wahrhaben und setzt alles daran, den Schein zu wahren. Lieber fährt er gar nicht weg, als dass es so aussieht, als könne er sich nichts Besseres leisten. Anton Steinhuber ficht der Streit der Eheleute nicht an. Im Gegenteil, er hat sich immer gefreut, wenn Marie Strunzdorf in der längst nicht mehr heilen Welt bei ihm auf der Alm auflebte. Mit der Zeit hat er fast ein wenig zu viel Sympathie für die Kölnerin entwickelt. Als er einmal mit ihr zu einer frühmorgendlichen Wanderung aufgebrochen war, um ihr den trockengefallenen Bergbach zu zeigen, wäre er beinahe schwach geworden und hätte sie um ein Haar geküsst.

Jetzt aber ist Anton Steinhuber nur von dem einen Gedanken beherrscht, wie er seine Bergheimat retten kann. Steinschlag und Abgänge haben die Alpen in den letzten Jahrzehnten rapide verändert. Viele Dörfer sind unbewohnbar geworden. Trotzdem wollen die Steinhubers bleiben. Sie haben ein Baby und wünschen sich ein zweites Kind. Was soll aus der nächsten Generation werden, wenn ihre Heimat weiter verödet? Anton Steinhuber stürzt an seiner Frau vorbei und versucht, diesen Björn Hansen einzuholen. Er ist ein wichtiger Mann. Er *muss* helfen! Schließlich ist Steinhuber zu diesem Kongress in den Schwarzwald gekommen, um eine Lösung für seine prekäre Lage zu finden und neue Methoden zur Bewahrung der Natur anzuregen.

Überdachte und klimatisierte Feriencenter gibt es schon heute: 2001 wurde das »Alpincenter Bottrop« eröffnet, das wetterunabhängig ganzjähriges Skivergnügen bietet: in einer 640 Meter langen Halle.

Doch der Verlauf der Veranstaltung hat Steinhuber verstört. »Hier geht es ja nur ums Geld, nicht um Lösungen«, faucht er die Journalistin an, die plötzlich aufgetaucht ist, um ihn zu seinem Gletscherprojekt zu befragen. Laura Spinetti versucht, das Prinzip des künstlichen Gletschers zu verstehen, doch Steinhuber ist sauer. »Ein Zirkus ist das hier!«, sagt er böse und zeigt auf die Indoorabfahrt für Snowboarder mit virtuellem Schneegefühl unter dem computergesteuerten Board. Gleich nebenan rodeln ausgelassene Jugendliche auf historischen Schlitten aus dem Millenniumsjahr über weiße Kunstschneematten in eine künstliche Schneelandschaft hinein. Über ihren Köpfen rieseln weiße Flöckchen. Sie sperren die Münder auf, denn die Flocken schmecken nach Käse. Am Rand des Schneetheaters lässt eine Dirndlträgerin dressierte Bergziegen über Plastiksteine springen, und ein »Almjäger« schießt auf Roboterhirsche, die unter fürchterlich unechtem Gebrüll zusammenbrechen. Am Eingang der Halle steht ein schwitzender Inute mit einem ausgestopften Schlittenhund, der mechanisch mit dem Schwanz wedelt und hin und wieder bellt. »Und das alles unter dem Motto: ›Alm als Erlebniswelt‹«, schimpft Steinhuber in Laura Spinettis Richtung und eilt hinter Björn Hansen her, der in der

2. Kapitel: Wenn der Berg kommt

Das Antlitz der Alpenländer verändert sich drastisch durch den Klimawandel – ohne Gletscher und schneebedeckte Gipfel wird das Alpenpanorama, wie wir es kennen, nicht wiederzuerkennen sein.

Menschenmenge verschwunden ist. »Kunstkühe, die Milch geben – lauter Idioten!«, flucht Steinhuber. Beinahe hätte er eine vollbusige »Heidi« umgerannt, die Häppchen von nachgemachtem Hüttenrauchschinken verteilt. Steinhuber zeigt auf einen der Großbildschirme, auf dem ein Alpenpanorama flimmert, und schreit: »Das da oben gibt es in Wirklichkeit gar nicht mehr!« Laura Spinetti, die ihm bis jetzt gefolgt ist, bleibt genervt stehen. »Was für ein Schwachkopf!«, sagt sie zu sich selbst. Die Menschen an den Spielkonsolen haben von Steinhubers Ausbruch nichts mitbekommen. Sie üben als virtuelle Möchtegernbergsteiger den Aufstieg auf einen imaginären Gipfel und lassen sich künstlichen Eiswind ins Gesicht wehen.

Traudl Steinhuber fühlt sich dick und unbeweglich. Zu Hause trägt sie schon wegen der Hitze nur T-Shirts und einen Arbeitsoverall. Nur wenn Hotelgäste da sind, schlüpft sie in ein blumiges Sommerkleid. Jetzt zupft sie verlegen an dem ausladenden Dekolleté des Dirndls ihrer Mutter herum, das aus dem Jahr 2005 stammt. »Du siehst aus wie Pamela Anderson von *Baywatch!*«, hatte ihre Mutter gesagt, als Traudl das Dirndl für den Kongress anprobierte. Und als Traudl fragte: »Pamela Anderson? Wer ist denn das?«, hatte ihre Mutter ihr die Busenikone auf einer History-Internetseite gezeigt. Halb nackt fühlt sich Traudl Steinhuber in dem Dirndl. Ihr Busen ist recht prall, weil sie noch bis vor wenigen Tagen gestillt hat. »Pamela Anderson...«, sagt sie kopfschüttelnd und gibt auf dem Touchscreen wieder die Telefonnummer von zu Hause ein. Doch es funktioniert einfach nicht. Seit einer Stunde versucht Traudl nun schon, die Eltern zu erreichen. Sie will ihre Tochter auf dem Bildschirm sehen und wissen, wie es ihr geht. Es ist das erste Mal, dass sie das Baby mit ihren Eltern allein gelassen hat. Aber es kommt einfach keine Verbindung zustande. Vielleicht sind die Telefonsatelliten wieder mal ausgefallen? Oder es hängt mit all der Elektronik in der Kongresshalle zusammen. Aber eigentlich ist es ungewöhnlich, dass diese modernen Kommunikationsgeräte versagen.

Traudl ist unruhig. Jetzt ist auch noch Toni irgendwo zwischen all den Menschen verschwunden. Er war von der Bühne gestürmt, nachdem dieser Unsympath Hansen ihn so rüde unterbrochen hatte. Dabei hatte sich Toni so viel von der Veranstaltung versprochen. »Wir müssen mit der Zeit gehen, Traudl«, hat er immer gesagt. »Diese Politiker sind wichtig für unsere Zukunft, für die Berge und für unseren kleinen Schatz in der Wiege...!« Und jetzt rennt er diesem aufgeblasenen Wichtigtuer hinterher und macht sich klein.

Traudl Steinhuber mag diesen Kongress nicht. Dabei hatte sie sich auf den Schwarzwald gefreut. »In den Bergen ist es wenigstens abends kühl«, denkt sie. Doch hier hat es auch nachts über 30 Grad, die Temperaturen gehen einfach nicht zurück. Und dazu diese hohe Luftfeuchtigkeit. Das geht auf den Kreislauf, und man fühlt sich dauernd verschwitzt und schmutzig. Der viele Regen nach dem Hurrikan Xenia hat die Lage noch verschlimmert. Auf den Schwarzwaldhöhen hat der Sturm die Bäume umgeknickt wie Streichhölzer. Zunächst sollte der Tourismuskongress abgesagt werden, weil überall auf den Straßen noch das schlammige Wasser

Als der Orkan Lothar im Dezember 1999 mit Windgeschwindigkeiten von mehr als 200 km/h über den Schwarzwald herfiel, knickten jahrhundertealte Bäume ab wie Streichhölzer.

2. Kapitel: Wenn der Berg kommt

steht. Doch Hansen hat seinen Einfluss bei der europäischen Umweltbehörde geltend gemacht, damit »ClimateTravel 2035« trotzdem stattfinden konnte.

Traudl hätte zu gerne mit ihrem Mann das Freiburger Münster besichtigt, doch wegen all der Insekten gibt es überall No-go-Zonen. Nur Anwohner dürfen mit einer Sondergenehmigung diese Zonen betreten. Die Insektenkontrollen sind streng, denn die Plagegeister gelten als Krankheitsüberträger. Sie brüten überall. Selbst in winzig kleinen Pfützen schwimmen ihre Larven. Sogar hier im Kongresszentrum tauchen Tigermoskitos und Malariamücken auf. Und das, obwohl einmal am Tag ein Sprühwagen des »Terminator-Service« durch die Hallen fährt und eine dichte Wolke von Insektiziden hinterlässt. Dann sind die Säle für zwei Stunden geschlossen, doch auch danach stinkt es noch nach den Giften. Trotzdem überleben die Stechmücken. Ängstliche Besucher tragen sogar eine Art Moskitonetz über der Kleidung, denn von Schutzsprays lassen sich die Insekten längst nicht mehr beeindrucken. Wer es sich leisten kann, nimmt vorbeugend teure Medikamente gegen Malaria und West-Nile-Fieber.

Das West-Nile-Fieber wird durch ein von Stechmücken übertragenes Virus ausgelöst, das zu einer Gehirnentzündung mit Todesfolge führen kann.

Der Lärm und die Hektik im Kongresssaal machen Traudl Steinhuber immer nervöser. Wo ist Toni hin? Sie will einfach nur weg hier. »Toni mag diesen Rummel ja auch nicht«, denkt sie. Wenn es nach ihm ginge, würde der gesamte Alpenraum für Urlauber und Ausflügler und vor allem für Investoren gesperrt. »Dann könnten wir noch einmal von vorne anfangen, als arme, aber glückliche Almbauern«, sagt er immer mit diesem ironischen Grinsen, bei dem man spürt, wie ernst es ihm in Wahrheit ist. Doch die noch im Dorf verbliebenen Familien brauchen das Geld der Touristen. Und es gibt ja auch nette Urlauber, denkt Traudl. Familie Strunzdorf zum Beispiel. Die Tochter ist so tierlieb. Sie fand das Showmelken auf dem Hof »voll doof« und hatte lieber mit Anton an dem Geröllschutzdamm oben auf der einstigen Bergwiese gearbeitet. Das waren wirklich nette Gäste. Vor allem Frau Strunzdorf. Sie war immer freundlich und ruhig. Ob sie auch auf dem Kongress sind?

Auf einmal registriert Traudl eine seltsame Stille. Zuerst versteht sie nicht, warum es plötzlich so ruhig ist. Dann sieht sie, dass all die vielen Leute auf eine Großleinwand starren. Traudl folgt den Blicken der Besucher und sieht in riesenhaften Bildern, wie eine graubraune Masse über ein Dorf hinwegfegt. Die Stimme des Nachrichtensprechers ist gewohnt nüchtern und distanziert. Er sagt, dass in den Tiroler Bergen wieder ein Bergsturz zu Tal ging. Geröll und große Gesteinsbrocken hätten Erde, Bäume und Totholz mit sich gerissen. Jegliches Leben sei unter der Lawine begraben worden. Auf der Leinwand ist zu sehen, wie die Schlamm- und Gerölllawine alles mit sich reißt, was ihr im Wege steht: Bauernhöfe und Brücken, Straßen und die Dorfkapelle. Wie welke Blätter im Herbstwind ergreift das Dreckmonster, was Menschen mühsam erbaut haben.

Traudl starrt auf die Bilder. Sie kennt diese Kapelle, aber ihr Verstand weigert sich, zu glauben, was ihre Augen deutlich sehen: Es ist die Josephskapelle aus ihrem Dorf! Sie wurde vor laufender Kamera wie ein dünner Ast geknickt und von der Gerölllawine mitgerissen. Die Schutzdämme, die um den alten, meist trocken liegenden Gletschersee gebaut worden sind, haben nicht gehalten.

Dann sagt jemand: »Die Frau da, die kommt auch daher!« Und schon ist Traudl Steinhuber von Kameras umringt. Die Reporter schreien sie an: »Was sagen Sie zu dem Erdrutsch? Haben die Behörden versagt? Ist Ihr Haus zerstört? Haben Sie Verwandte dort?« Minutenlang steht Traudl Steinhuber stumm da. Dann scheint sie wie aus einer Schockstarre zu erwachen und schreit in die Kameras: »Wo ist mein Baby? Wo ist Leonie?«

Wie ein Phantom taucht Björn Hansen aus dem Nichts auf, baut sich schützend vor Traudl Steinhuber auf, legt seinen Arm um ihre Schultern und sagt laut und für alle vernehmlich in die Kameras: »Diese Familie steht unter meinem persönlichen Schutz!« Laura Spinetti, die den kühlen Blick des Politikers registriert, beschließt, den Fall weiterzuverfolgen. »Ich kenne diese ehrbaren Bergbauern schon seit vielen Jahren«, sagt Hansen, »und ich habe sie extra auf diesen Kongress eingeladen, um ihnen zu helfen, ihren Berghof zu erhalten. Ein kleines Wunder, muss man wohl sagen, denn das dürfte ihnen das Leben gerettet haben.« Dann fährt er fort: »Menschen wie die Steinhubers dürfen nicht zu Opfern des Klimawandels werden – sie sollen mit unserer Hilfe die Gewinner sein. Nehmen Sie mich beim Wort, ich werde diese hart arbeitenden Menschen nicht in ihrem Elend alleinlassen...«

Traudl Steinhuber sucht ihren Mann zwischen all den fremden Gesichtern. Sie schluchzt. »Was ist mit Leonie? Und meine Eltern! Wo ist meine Mama?« Björn Hansen umfasst die weinende Frau noch ein wenig fester. »Sehen Sie, das ist das Leid einer Mutter«, sagt er. »Dieses Gesicht der Trauer ist ein beredter Vorwurf an alle Politiker, die ihrer Verantwortung für die Menschen nicht nachgekommen sind. Ich will keine voreiligen Schlüsse ziehen, aber mit ihrem Alpenprogramm haben unsere politischen Gegner schwere Fehler gemacht. Sie haben versagt! Die Unterlassungssünden der Vergangenheit führen zu Katastrophen wie dieser. Achtbare Menschen wie diese müssen eine verfehlte Klimapolitik ausbaden...«

Laura Spinetti ruft dazwischen: »Sie sind doch selbst im Klimaausschuss, Herr Hansen! Sie waren es doch, der die finanzielle Unterstützung des Schutzwallprogramms der Europäischen Union verhindert hat!« Doch Hansen wirft den Ball zurück. »Die Medien haben den Klimawandel in den letzten Jahrzehnten verschlafen«, wettert er. »Ich werde mich persönlich für diese Menschen einsetzen.« Dann schaut er Traudl in die Augen und verspricht ihr: »Sie können auf mich zählen...!« Doch Traudl Steinhuber sieht in Gedanken nur ihr strampelndes Baby. Leonie ist tot! Traudl Steinhuber wird von einer Welle der Trauer ergriffen. Der Boden schwankt unter ihren Füßen, als sie in sich zusammensinkt.

Auf der Krankenstation im Kongresszentrum wird Traudl Steinhuber ein starkes Beruhigungsmittel verabreicht. Eine Hilfsschwester des Roten Kreuzes versucht sie zu beruhigen: »Vielleicht konnten Ihre Eltern ja mit Leonie fliehen, bevor die Schlammlawine abging. Man darf die Hoffnung nie aufgeben.« Dabei weiß die Schwester aus den Nachrichten, dass niemand in dem Dorf die Lawine überlebt hat. Selbst die Toten werde man nie finden, hieß es, weil sie unter Tonnen von Gesteinsschutt begraben sind. Trotzdem werden dort jetzt Spürhunde eingesetzt, das hat Björn Hansen mit veranlasst. »Ich will den trauernden Angehörigen wenigstens

Die Carteret-Inseln (Papua-Neuguinea) liegen nur 1,5 Meter über dem Meeresspiegel. Experten warnen, dass das Atoll bis zum Jahr 2015 im Meer versinken wird. Alle Bewohner müssen die Insel verlassen. Damit sind die Carteret-Insulaner vielleicht die ersten, aber sicher nicht die letzten Klimaflüchtlinge der Erde.

2. Kapitel: Wenn der Berg kommt

ihre Toten zurückgeben, damit sie sie in Würde begraben können«, hat er mit ernstem Gesicht bei einer Pressekonferenz erklärt. Doch die Rettungskräfte und Suchtrupps können nichts mehr ausrichten. Die einzigen Überlebenden von Hochzellhaus heißen Anton und Traudl Steinhuber.

Die DRK-Schwester hat dem Ehepaar Steinhuber vorschriftsmäßig die Fingerprints abgenommen, die zur Aufnahme ins Flüchtlingslager notwendig sind. Die Augen-Scans werden wenig später im Scancenter des Sammellagers gemacht. Dann muss das Ehepaar Steinhuber gemeinsam mit Flüchtlingen aus Südeuropa, Bangladesch und Sri Lanka auf den Sammeltransport nach Mecklenburg-Vorpommern warten.

Anton Steinhuber ist trotz der Medikamente unruhig. Er will unbedingt Björn Hansen sprechen, doch alle Versuche, den Politiker in seinem Büro oder über seinen Assistenten zu erreichen, scheitern. Jedes Mal heißt es, die Leitungen seien belegt, oder es meldet sich eine Mitarbeiterin, die Hansen verleugnet. »Aber er hat doch versprochen...«, denkt er und bedient mechanisch das Touchscreentelefon. »Verdammt, die Eltern können doch nicht tot sein. Meldet euch, meldet euch doch endlich!« Er versucht es immer wieder. »Die haben uns alle alleingelassen, alleingelassen und vergessen«, sagt er resigniert, als er in den Sammeltransporter Richtung Mecklenburg-Vorpommern steigt. »Keiner hat was getan, alle haben immer nur gewartet. Viel zu lange. Und jetzt ist es zu spät!« Dann setzt er sich neben seine Frau, die apathisch auf der Sitzbank des Transporters hockt.

Traudl Steinhuber muss an den Hund denken. »Bruno ist ein Labrador. Er kann gut schwimmen. Er hat sicher überlebt!« Hinter einem Dunstschleier von Beruhigungsmitteln arbeitet ihr Gehirn wie ein Computer, der alte Dateien abspielt. Sie sieht das kleine Häuschen vor sich, in dem die Familie Steinhuber seit Generationen glücklich war. Unter dem Herrgottswinkel hatte Traudl einen kleinen Altar aufgebaut. Hier lagen das Gebetbuch und ihr goldenes Kreuz, das sie zur Kommunion bekommen hat. Es stammte von ihrer Ururgroßmutter. Ein Gefäß mit Weihwasser hing an der Wand, und immer wenn ihre Mutter den Raum betrat, hat sie ihre Finger mit dem Weihwasser benetzt und sich bekreuzigt: »Gelobt sei Jesus Christus.« – »In Ewigkeit, Amen«, hat Traudl geantwortet. Die Mutter war sehr fromm geworden, seit sie ihre Krebserkrankung ganz ohne Medikamente überlebt hat. »Ein Wunder!«, hat sie immer wieder gesagt. Die Familie hätte sich die teuren Medikamente keinesfalls leisten können. »Das heilige Wasser hat mir geholfen«, hat sie gesagt. Jetzt ist das heilige Wasser samt Weihwassergefäß von den Geröllmassen fortgerissen worden.

Auch die Standuhr der Urgroßeltern, die mit ihrem warmen Gongschlag jede neue Stunde eingeläutet hat, ist vernichtet. Erst vor ein paar Wochen wollte Toni die Uhr an einen fahrenden Antiquitätenhändler verkaufen, der durch den Ort gekommen war, um wieder etwas Geld in die Familienkasse zu bringen. Doch Traudl hatte sich geweigert und gesagt: »Die Uhr? Niemals!« Jetzt liegt sie zerschlagen irgendwo zwischen Schlamm und Gestein. So wie ihr Hochzeitskleid, das Gebetbuch und die Puppensammlung, auf die ihre Großmutter so stolz gewesen war. »Auch die Bücher und

»Der Klimawandel ist möglicherweise gefährlicher als alle Konflikte dieser Welt zusammen.«
Ban Ki Moon, Generalsekretär der Vereinten Nationen

2. Kapitel: Wenn der Berg kommt

Briefe sind fort«, sagt sie wie in Trance zu Toni. Dann schweigt sie wieder und denkt: »Unser ganzes Leben wurde uns entrissen. Ich hab nur noch dieses lächerliche Dirndl und Toni seinen komischen Trachtenanzug.« Den Steinhubers ist wenig mehr geblieben als das, was sie am Körper tragen. Sie waren mit einfachem Handgepäck in den Schwarzwald gereist. Wegen des Babys wollten sie nur zwei Nächte hier verbringen und am nächsten Tag gleich wieder nach Hause fahren.

Im Flüchtlingslager werden sie registriert und bekommen eine Zugangsberechtigung für den Europa-Container, der über eigene sanitäre Anlagen verfügt, die regelmäßig sterilisiert werden. Obwohl sie als Europäer privilegiert sind, ist die Aufnahmeprozedur entwürdigend. Ein Arzt scannt ihr Blutbild und schickt beide dann weiter zur Computertomographie, Knochendichtemessung und Zahnkontrolle. Sollte einer von ihnen eine Infektionskrankheit haben, kämen sie in den Quarantäne-Container. Traudl Steinhuber, die in eine Art Trauerstarre verfallen ist, lässt alles willenlos mit sich geschehen. Anton jedoch begehrt innerlich gegen jeden Schritt der Aufnahmeprozedur auf. Er ist ein Bergbauer und kein Flüchtling! Aber für die Aufnahmeoffiziere sind die Steinhubers lediglich Menschen ohne Obdach aus Tirol und damit Klimaflüchtlinge erster Klasse. Im Afrika-Quartier wird niemand mit Samthandschuhen angefasst. Auch die Asien- und Südamerika-Bezirke unterscheiden sich erheblich vom vergleichsweise komfortablen Europa-Viertel. »Danken Sie Ihrer Hautfarbe und Ihrem Pass, dass Sie hier unterkommen«, hatte der Arzt auf der Seuchenstation zu Anton Steinhuber gesagt, als der sich über die Massenabfertigung und die rüde Behandlung beklagte. Steinhuber berief sich auf Björn Hansen und drohte mit Ärger, wenn sie nicht besser behandelt würden. Doch der Arzt sagte nur: »Ich kenne keinen Björn Hansen, und er interessiert mich auch nicht – ich unterstehe der Weltgesundheitsorganisation.«

Traudl hat keine Tränen mehr. Als das Beruhigungsmittel nachlässt, spürt sie die Trauer wie einen körperlichen Schmerz. »Mein Baby!«, ruft sie immer wieder. »Mein Baby!« Der Schmerz fährt ihr als scharfer Krampf in den Bauchraum. Dann bäumt sie sich auf und vergräbt das Gesicht in der Armbeuge ihres Mannes. Wenn der schneidende Schmerz nachlässt, hockt sie regungslos auf dem Feldbett im Wohncontainer. Wie leblos vegetiert sie dann stundenlang vor sich hin, kein Wort kommt über ihre Lippen. Ein leichter Atem hebt und senkt ihren Brustkorb. Anton Steinhuber muss an Lots Frau denken, die zur Salzsäule erstarrt ist. Dann wieder wippt Traudl Steinhuber wie ein Kind vor und zurück und sagt Dinge wie: »Wo ist Brunos grünes Quietschnilpferd?« Oder, zu ihrem Mann gewandt: »Wir haben Mamas Rezept für Milchsuppe zu Hause vergessen...« Anton fürchtet um den Verstand seiner Frau.

Am nächsten Tag trifft die Familie Pascual aus Spanien im Europa-Container ein. Auch sie haben alles verloren. José sagt, es war die Wüste, die ihre Heimat vernichtet hat. Traudl sagt nur: »Felslawine.« Dann verkriecht sie sich wieder tief in ihr Innerstes, schweigt und starrt vor sich hin.

Die zerstörerische Kraft der Lawine war verheerend: 39 Gemeinden wurden vernichtet. Sie sind in wenigen Minuten für immer von der Landkarte verschwunden. Kirchen, Schulen und

Weltweit die Aktivitäten bei der Bekämpfung von übertragbaren Krankheiten zu koordinieren ist eine der Kernaufgaben der 1948 gegründeten Weltgesundheitsorganisation (WHO).

2. Kapitel: Wenn der Berg kommt

Kindergärten, die Tankstelle an der Ecke, Supermärkte und das kleine Heimatmuseum existieren einfach nicht mehr. Niemand konnte sich vorher vorstellen, dass ganze Dörfer von den Naturgewalten zerschlagen und ausradiert werden. Es gibt nur einen Überlebenden. Wie ein Kampfjet sei die Lawine herangebraust, sagt der alte Mann. Die Erde habe gebebt. Es sei alles sehr schnell gegangen. »Gott hat ein Strafgericht geschickt, weil wir Menschen uns gegen die Berge versündigt haben«, sagt er fromm in die Kameras der Fernsehsender. »Wie damals in Sodom und Gomorra wurde auch bei uns alles zerstört.«

Die Region rund um das Dorf der Familie Steinhuber ist für die nächsten Jahrzehnte unbewohnbar. Die Todesopfer wird man nie finden. Sie wurden von der Wucht der Geröllawinen förmlich zermahlen und sind unter Tonnen von Steinen und Schlamm begraben. Rettungs- und Militärhubschrauber kreisen nur noch eine Weile über der Region. Doch die Piloten können kein Leben mehr ausmachen. Sie berichten aus einer Todeszone. Als das Medieninteresse erloschen ist, werden die Rettungskräfte umgehend abgezogen. Katastrophen-Berichterstattung ist im Jahr 2035 alltäglich. Der Sturm in Hamburg mit 12 872 Toten beschäftigt die Menschen mehr als ein Steinlawinenabgang irgendwo in den Bergen.

Traudl Steinhuber bewegt nur ein Gedanke: Sie will ihr Baby beerdigen. Minutiös läuft die Trauerfeier vor ihren Augen ab: »Der Teddy kommt zu meinem Liebling in den weißen Sarg. Und ein Foto von mir und Anton und mein goldenes Kreuz. Wir falten die kleinen Händchen und pflanzen Sonnenblumen und ein Bäumchen aufs Grab«, sagt sie ganz leise und betet. Niemand im Lager wagt ihr zu sagen, dass es kein Grab für ihr Baby geben wird.

Das Ende der weißen Riesen?

Treibhauseffekt.

Klimarelevante Spurengase und deren wichtigste Quellen

»Viele Gletscher haben schon 80 bis 90 Prozent ihrer Masse verloren«
Ein Gespräch mit Reinhold Messner, Bergsteiger und Umweltschützer

Das Ende der weißen Riesen?

Spielerisch segeln ein paar Alpendohlen im Aufwind. Wie von unsichtbarer Hand gesteuert, lassen sie sich von der wärmenden Luft hinauftragen, um Sekunden später mehrere Meter im Sturzflug hinabzuschießen. Dann beginnen sie erneut mit ihren Flugkünsten. Ein paar Meter weiter zanken sich zwei ihrer Artgenossen am felsigen Boden um ein paar Brotkrümel, die Bergwanderer ihnen zugeworfen haben. Aus der Ferne sind die Warnpfiffe der Murmeltiere zu hören. Vielleicht haben sie den kleinen schwarzen Punkt am blauen Berghimmel entdeckt. Der Blick durchs Fernglas bestätigt unsere Vermutung: Ein Steinadler zieht seine Kreise. Er ist wohl auf Beutesuche. Es ist fast wie früher: Mit meinem Jugendfreund Bernhard sitze ich vor der Vernagthütte in den Ötztaler Alpen. Bei vielen Bergwanderern ist die auf 2755 Meter Höhe gelegene Station als »Würzburger Haus« bekannt, denn seit Jahren wird sie von der Sektion Würzburg des Deutschen Alpenvereins betreut. Das Weizenbier funkelt unwiderstehlich in der Alpensonne. Das haben wir uns auch redlich verdient, immerhin dauert es gut vier Stunden, um von Vent und vom Rofental hier heraufzukommen. Auf der Tour haben wir Erinnerungen an unsere Studentenzeit ausgetauscht. Wie früher grasen die Kühe auf den Almwiesen. Dort, wo sie noch nicht waren, verleihen Alpenglockenblumen, Trollblumen und Schwalbenwurzenzian der Bergwelt bunte Farbtupfer. Die Ötztaler Alpen sind noch immer ein willkommenes Ausflugsziel. Früher, in den ehemals so schneereichen Wintern, ging hier die Post ab. Auf den Pisten und beim Après-Ski in Sölden, in Obergurgl und Hochgurgl konnte man fast überall mit den Skiern direkt bis vors Hotel fahren. Und bei den Bergtouren im Sommer haben wir unsere Kräfte gemessen auf dem Weg zur Braunschweiger Hütte und zur Breslauer Hütte. Eine besondere Herausforderung waren immer die Touren zur Wildspitze oder zur Hochvernagtspitze. Auch diesmal wollen wir noch etwas höher hinaufwandern. Nicht bis zu den Gipfeln, aber halt weiter hoch. Schnell merken wir, dass sich hier oben einiges verändert hat. Ist der Vernagtgletscher von der Ausdehnung her wirklich noch derselbe? Die Bergspitzen ringsum sind nicht mehr so weiß wie früher. Auch der Gletscher macht einen ergrauten Eindruck. Wir blicken genauer in die Karten: Der Vergleich zwischen dem Kartenbild und der Landschaft zeigt, dass der östliche Teil des Gletschers – der sogenannte Kleine Vernagtferner – bereits dem Gletscherrückgang zum Opfer gefallen ist.

Was Bergwanderern, die zum ersten Mal hier hochkommen, vielleicht nicht auffallen mag, beschäftigt Meteorologen, Hydrologen und Geologen intensiv: die Auswirkungen des Klimawandels auf die Bergwelt. Der rund 8,17 Quadratkilometer große Vernagtferner gehört zu den am intensivsten untersuchten und am frühesten erforschten Gletschern weltweit. Weil im 17. und 18. Jahrhundert immer wieder Gletschervorstöße bis zum Rofener Tal hinabglitten und die Eismassen einen etwa 1,5 Kilometer langen See aufstauten, gibt es vom Vernagtferner schon sehr frühe Abbildungen und Beschreibungen. Immer wieder hatten sich Wassermassen einen Weg durch den Eis- und Geröll- damm gebahnt. Eisige Flutwellen verwüsteten mehrfach das Venter- und das Ötztal und führten zu katastrophalen Überschwemmungen bis hinab ins Inntal. Wegen dieser Naturkatastrophen nahm die Dokumentation intensiverer Gletscherbeobachtungen in den Ötztaler Alpen ihren Anfang.

Seit vielen Jahren wird die Entwicklung des Vernagtferner von der Kommission für Glaziologie der Bayerischen Akademie der Wissenschaften untersucht und dokumentiert. Die Ergebnisse der Wissenschaftler belegen, was auch Beobachtungen an anderen Stellen der Alpen bezeugen: Als Folge der Klimaerwärmung sind die Gletscher in den Alpen auf dem Rückzug. So hat der Vernagtferner schon früher an Masse verloren. Doch seit Beginn der achtziger Jahre nahm die Ablation – wie Wissenschaftler die Abtragung durch Eisschmelze und Verdunstung nennen – dramatische Ausmaße an: Über Jahre hinweg war sie größer als die Akkumulation von Schnee und Eis. Dazu tragen auch wärmere Alpensommer ihr Teil bei. Weil in den Hochlagen wegen der Wärme häufiger Regen statt Schnee fällt, fehlt Schnee zum Aufbau der Gletschermasse. Außerdem hat frisch gefallener Schnee eine größere Reflexionsfähigkeit (Albedoeffekt) als ergrauter Altschnee.

»Frisch gefallener Neuschnee reflektiert bis zu 90 Prozent der Sonnenstrahlung, dunkles Gletschereis jedoch nur 10 bis 30 Prozent. Je häufiger Neuschnee im Sommer fällt, desto geringer ist die Schmelzwasser-Produktion«, erläutert Dr. Heidi Escher-Vetter von der Bayerischen Akademie der Wissenschaften in einem Beitrag für die Münchener Rückversicherungsgesellschaft zum Themenkomplex Wetterkatastrophen und Klimawandel. Die seit Mitte der siebziger Jahre registrierten Daten zeigen deut-

Potentielle Kipppunkte durch die Folgen des Klimawandels
Wird die globale Klimaerwärmung nicht auf durchschnittlich 2 °C begrenzt, drohen langfristig ganze Natursysteme – die bislang das Klima und den Naturhaushalt stabilisiert haben – zusammenzubrechen.
Dazu gehören neben dem Abschmelzen des grönländischen und arktischen Meereseises u. a. Veränderungen bei den Meeresströmungen, das Austrocknen des Amazonasbeckens und Veränderungen des indischen Sommermonsunsystems. *Quelle: nach PIK/WBGU*

lich, dass sich die Schneefallgrenze vor allem in den neunziger Jahren des 20. Jahrhunderts in immer größere Höhen verlagert hat. Was früher als Schnee herunterkam, fällt jetzt als Regen.

Die Niederschläge können die durch die Eisschmelze bedingten Gletscherverluste allerdings nicht mehr ausgleichen. Weil Firnschnee eine große Wasseraufnahmefähigkeit hat, kommt es bei einer Reduktion oder einem Verschwinden des Firnkörpers zu einem stärkeren Abschmelzen. Der dadurch verstärkte Oberflächenabfluss zieht gefährliche Flutwellen nach sich. »Starkniederschläge werden nicht mehr zwischengespeichert, sondern fließen direkt ab«, so Dr. Wolfgang Kron, Fachgebietsleiter »Hydrologische Risiken« bei der Münchener Rück. So geschah es auch am Vernagtferner in den Sommern 1987 und 1998.

Überall kann das Sterben der Gletscher festgestellt werden. Beispielsweise verlor der Gletscher am Hornkees in den Zillertaler Alpen zwischen 1989 und 1999 pro Jahr 180 Zentimeter Mächtigkeit. Es bildete sich einfach zu wenig neues Eis.

Das lange Sterben der Gletscher

Von den fünf deutschen Gletschern auf der Zugspitze und dem Watzmann sind nur noch Reste vorhanden. Der letzte deutsche Gletscher wird schon 2020 verschwunden sein, da sind sich die Klimaexperten sicher. In den Schweizer Zentralalpen ist der Unteraargletscher auf dem Rückzug –

Gletscher

Schnee und gesunde Gletscher mit glatten Eisflächen werfen die Sonnenstrahlen besser zurück als zerklüftete Gletscher, durch die das dunkle Gestein wie Wunden hervorragt. Die dunklen Flächen absorbieren das Fünffache an Sonnenenergie; der Schmelzprozess wird durch das bloßliegende Gestein also noch zusätzlich angeheizt. Fotos vom Vernagtferner-Gletscher in den Ötztaler Alpen zeigen das ganze Drama: Seine Fläche ist um zwei Drittel geschrumpft. Wie ein todkranker alter Mann zieht sich der weiße Riese zum Sterben zurück.

einer von vielen. Die weißen Riesen der Alpen sind todkrank, doch sie sterben nicht von heute auf morgen, denn ihre mächtigen Eiskörper schrumpfen langsam; sie fließen als Schmelzwasser ins Tal und reißen dabei Gesteinsbrocken und Geröll mit sich. Was es für die alpine Region bedeutet, dass die Alpengletscher Fieber haben, hat der Schweizer Gletscherforscher Dr. Max Maisch von der Universität Zürich schon vor Jahren nachempfunden. In einer Computerstudie hatte er Satellitenaufnahmen der NASA ausgewertet. Schon 1997 stand für ihn fest, dass knapp 4000 Gletscher im Alpenraum auf dem Rückzug sind. »Rückzug« – für Glaziologen ist das ein Unwort, aber es charakterisiert die Ereignisse gut. Maisch jedenfalls konnte die Katastrophe in Metern messen: »Von 79 untersuchten Gletschern in der Schweiz schrumpfen 73 Eisriesen um 12 Meter pro Jahr«, sagte er damals.

Schon 1997 wurde die »Gemeindeallianz in den Alpen« gegründet. Ein Zusammenschluss von mittlerweile 250 Gemeinden und Regionen aus sieben Ländern. Hauptziel der Allianz ist die Unterstützung der Alpenkonvention, die 1995 in Kraft getreten ist und zum Ziel hat, »den Alpenraum als einen der größten zusammenhängenden Naturräume Europas in seiner spezifisch vielfältigen Natur, Kultur und Geschichte« zu schützen und nach Kriterien der Nachhaltigkeit zu entwickeln. Die Alpenkonvention wurde unterzeichnet von Deutschland, Frankreich, Italien, Slowenien, Liechtenstein, Österreich, Schweiz und der Europäischen Union. Jetzt wird ein Aktionsplan erarbeitet, denn »die Folgen des Klimawandels sind in den europäischen Gebirgsregionen besonders ausgeprägt und deutlich sichtbar«, erklärt Dr. Marco Onida, Generalsekretär des Ständigen Sekretariats der Alpenkonvention. Die Lage ist ernster denn je, die Zahl der Murenabgänge nimmt von Jahr zu Jahr zu. Wenn Gletscher tauen, verliert der Boden in den Bergen an Stabilität. Felshänge werden instabil, weil die Eismassen fehlen, die die Felsumrandung der Kammlagen gestützt und das Auftauen des Untergrunds verhindert haben. Steinschlag und Gerölllawinen nehmen zu. Mit dem weiteren Klimawandel können weite Teile der Alpenregion ins Rutschen geraten.

Wie dies vonstatten geht, zeigte sich am 3970 Meter hohen Eiger im

Schweizer Kanton Bern: Dort ereignete sich am 13. Juli 2006 ein massiver Bergsturz. Durch Felsbewegungen an der Ostseite des Berges hatte sich ein rund 250 Meter langer Spalt gebildet. Dieser riss auf einer Breite von bis zu 7 Metern auf. Weil Geologen die Vorgänge genau beobachteten, konnte das Ereignis, über das die Medien ausführlich berichteten, bestens dokumentiert werden. Zunächst stürzte ein als »Madonna« bezeichneter, rund 30 Meter hoher schlanker Felsturm in die Tiefe. Mehr als 600 Kubikmeter Gestein donnerten herab. Nachdem sich die äußeren Felsen mehrere Zentimeter pro Tag abgesenkt hatten, stürzten dann um 19.24 Uhr desselben Tages zirka 700 000 Kubikmeter Felsbrocken auf den Unteren Grindelwaldgletscher. Wie ein mahnendes Zeichen lag stundenlang eine dicke Staubwolke über der Gemeinde Grindelwald.

Der Ort des Geschehens wurde rasch zu einer Touristenattraktion. Dabei steckt eine ganz handfeste potentielle Gefahr dahinter, denn Alpinisten und Geologen rechnen mit weiteren Felsstürzen am Eiger: Rund 2 Millionen Kubikmeter Felsen am Eiger gelten als potentiell absturzgefährdet. Der Deutsche Alpenverein führt die Instabilität auf den Rückgang des Unteren Grindelwaldgletschers zurück. Stürzen weitere Gesteinsmassen in die Schlucht, kommt es zu einem Stau des Flusses Weiße Lütschine, was zu neuen Gefahren führen kann, denn Ausbrüche von Gletscherseen und Geröllstauseen sind gefürchtet. Wenn sie zu Tal rauschen, sind ganze Gemeinden in Gefahr. Mit der Eisschmelze aber wachsen die Seen wie Krebsgeschwüre. Am Monte-Rosa-Massiv an der Grenze zwischen der Schweiz und Italien musste ein solcher Gletschersee bereits aufwendig entleert werden, um zu verhindern, dass er bei seinem Ausbruch umliegende Siedlungen wie Streichholzschachteln wegspült. Im Engadin mussten bereits Schutzdämme gebaut werden, um Pontresina vor drohenden Murgängen – oft mehrere hunderttausend Kubikmeter umfassende Sturzfluten von Wasser, Geröll und Schlamm – zu schützen. »Das ist der bisher berühmteste Fall von Dammbauten wegen der Folgen des Permafrostes und beginnender Felsinstabilitäten«, erklärt Dr. Mario Broggi, von 1997 bis 2004 Direktor der Eidgenössischen Forschungsanstalt für Wald, Schnee und Landschaft (WSL) und unter anderem Vorsitzender des Wissenschaftlichen Beirats der »Allianz in den Alpen«.

Felsstürze wie am Eiger sind keine Einzelfälle, überall sind die Berge in Bewegung geraten. Für Geologen und Ökologen sind solche Erosionserscheinungen allerdings normale erdgeschichtliche Prozesse – nur dass sie normalerweise in Zeiträumen von Jahrhunderten ablaufen. Jetzt hat der Mensch diese Prozesse rapide beschleunigt – durch die Klimaerwärmung. Experten fürchten, dass Teile der Alpen ab 2050 durch Erdrutsche, Überschwemmungen und Steinschlag unbewohnbar sein könnten. Forschungsergebnisse zeigen, dass die Gletscherregionen in den europäischen Alpen zu den vom Klimawandel am schwersten betroffenen Gebieten der Erde gehören. Ein großer Teil der heute noch existierenden Gletscher wird in weniger als vierzig Jahren verschwunden sein. Seit 1850 hat sich die Anzahl der Gletscher auf etwa 5000 halbiert. Zwischen 1850 – ihrem damaligen Höchststand – und 1975 haben die Alpengletscher etwa die Hälfte ihrer Masse verloren; über 90 Prozent sind heute kleiner als einen Quadratkilometer. Und die weißen Riesen schmelzen immer schneller: Zwischen 1975 und dem Jahr 2000 ging noch einmal ein Viertel verloren, zwischen 2000 und 2005 weitere 10 bis 15 Prozent des ursprünglichen Umfangs.

»Im Alpenraum wird deutlich, dass bestimmte negative Auswirkungen des Klimawandels nicht mehr zu verhindern sind«, sagte Michael Müller, Parlamentarischer Staatssekretär im Bundesumweltministerium, im Juli 2008 nach einem Besuch der Forschungsstation Schneefernerhaus auf der Zugspitze. Spätestens jetzt müssten Anpassungsstrategien für die

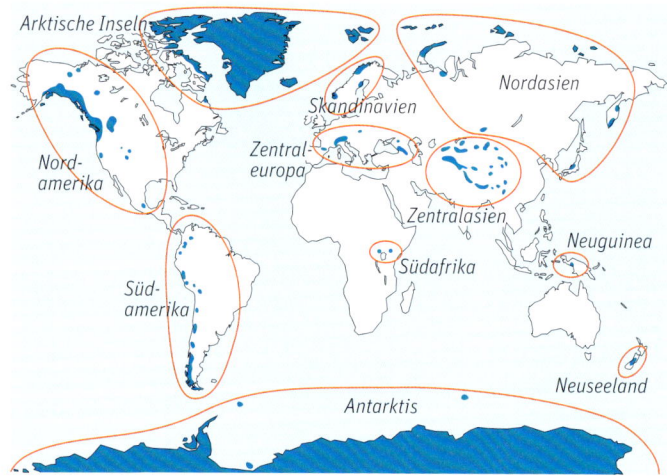

Eisschildregionen und Gletschergebiete der Erde
Quelle: nach WGMS

Alpenregion im Mittelpunkt stehen, betonte er, insbesondere im Hinblick auf Raumplanung, Artenvielfalt und Waldschutz, Tourismus, Hochwasserschutz und alle Maßnahmen rund um den Wasserhaushalt. Nach Angaben des Bundesumweltministeriums ist in den Alpen mit einer doppelt so hohen Erwärmung wie im Bundesdurchschnitt zu rechnen. Längst ist nicht nur der Wintersport betroffen, die Haupteinnahmequelle vieler Alpentäler. Ist das Eis erst einmal geschmolzen, fehlt der Zustrom der Gletscherbäche und Flüsse für die Alpentäler. Dann sieht es mit der Produktion sauberer Energie aus Wasserkraftwerken in den Alpen düster aus. Beispielsweise musste der Energiekonzern Enel die Stromproduktion um ein Fünftel drosseln, als Anfang 2007 in den norditalienischen Stauseen niedrigere Wasserpegel verzeichnet wurden.

Nur auf den ersten Blick könnte man meinen, dass der wirtschaftliche Schaden durch verkürzte Schneefallzeiten durch die längeren Sommerperioden leicht aufgefangen würde, wenn eine längere Wandersaison die verlorenen Umsätze aus dem Skitourismus ausgleicht. Wie schnell diese Entwicklungen kippen können, zeigt das Beispiel vom Obstbau im Vinschgau in Südtirol. Jeder zehnte Apfel, der in Europa verspeist wird, kommt aus dieser Region. Für Apfelplantagen braucht man durchschnittlich 2000 Millimeter Niederschlag pro Quadratmeter. Im Vinschgau fallen aber nur 500 Millimeter – der Rest des Wassers kommt von den Gletschern. Noch. Bleibt der stete Wassernachschub aus, sieht es mit dem Obstbau in dieser Region schlecht aus.

Noch schlimmer wirkt sich der Wassermangel für die Menschen aus, die entlang der großen Flüsse leben, die sich aus Alpenzuflüssen speisen. Rund 40 Prozent des Wasserbedarfs in Europa werden über Rhein und Rhone, Donau und Po durch die Alpen gespeist. Kommt es zu Niedrigwasserständen oder gar zum Austrocknen der Flüsse, müssen Kraftwerke gedrosselt oder vom Netz genommen werden. Ganz gleich, ob es sich um Kohle- oder um Atomkraftwerke handelt: Fehlt das notwendige Kühlwasser, stehen die Turbinen still. Ganz zu schweigen vom Wasser, das für die Bewässerung von Äckern, Feldern und Wiesen benötigt wird und ohne das die Ökosysteme der Flüsse sterben. »Wenn 2075 die Sommer so trocken und heiß sind wie der Hitzesommer 2003, dann würden von Juli bis August Rhein und Rhone trockenfallen«, sagte der Glaziologe Wilfried Haeberli von der Universität Zürich gegenüber der *Zeit*. Haeberli muss es wissen; er leitet den World Glacier Monitoring Service (WGM),

Von der Menschheit verursachte Treibhausgase und deren Anteil am Temperaturanstieg
Quelle: nach UBA

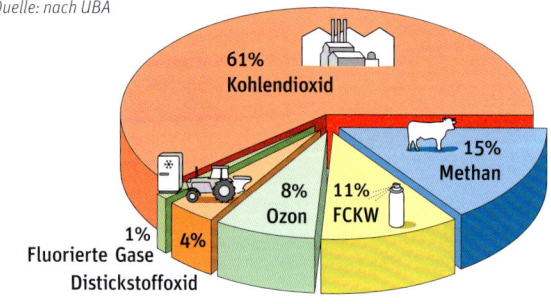

der die Gletscher weltweit überwacht. Die Gletscherschmelze in den Alpen bringt also nicht nur Geröll und Schlamm ins Rutschen, sondern ganze Ökosysteme. Sollte sich der bisherige Trend fortsetzen, müsste man sich entlang der Flussläufe auf zwei Extreme einstellen: einerseits Hochwasserfluten, weil die Wasserrückhaltefähigkeit in den Alpen fehlt, und andererseits auf extreme Trockenheiten, weil der Wassernachschub aus den Alpen fehlt. Das hat enorme Auswirkungen auf die Kanalisation in den Dörfern und Städten, die viel zu klein bemessen ist, um solche Wassermassen aufzunehmen. Hochwasserschutz, Landwirtschaft und Energieproduktion sind gleichermaßen betroffen.

Wie sich das Verschwinden der Alpengletscher auf die Tier- und Pflanzenwelt auswirken wird, ist noch nicht absehbar. Da sich die Permafrostgrenze seit 1850 um bis zu 300 Meter nach oben verlagert hat, wird das nicht ohne Folgen für Fauna und Flora bleiben; Alpentäler und Bergeshöhen werden ihr Gesicht verändern. Als Erste müssen sich die Skifahrer umstellen: So manches Tal ist nicht mehr schneesicher, der Tourismus bleibt aus. Damit fehlt die ökonomische Grundlage für die Menschen in den touristischen Gebieten der Alpen. Beim Wettrüsten um die Gunst der Urlauber kann bald nicht mehr jeder mithalten. Schon wächst eine Generation heran, die schneereiche Winter nicht mehr erlebt hat und die Veränderungen in der Landschaft nicht nachvollziehen kann: Sie kennt es ja nicht anders. Stattdessen wächst sie damit auf, dass man in der Skihalle auf einer Kohleschlackenhalde in Bottrop oder im dünenheißen Dubai auf Pseudopisten Ski fahren kann. Nach Prognosen der Organisation für wirtschaftliche Zusammenarbeit (OECD) werden schon bei einer Erwärmung von nur 2 Grad von den heute über 600 schneesicheren Skigebieten gerade mal knapp 400 übrig bleiben. Sollten die Temperaturen um durchschnittlich 4 Grad ansteigen, wird es nur noch 200 Skigebiete geben, und keines davon in Deutschland. Höhenlagen unterhalb 1500 Meter haben im Hinblick auf den Wintersport keine Zukunft, da helfen auch das Abdecken der Gletscher mit Planen, der Transport von Schnee aus höhergelegenen Regionen oder der Dauerbetrieb von Schneekanonen nichts.

Doch das sind vergleichsweise Luxusprobleme. Denn während die Menschen in den reichen Ländern noch die Möglichkeit haben, sich auf die veränderten Umweltbedingungen einzustellen, sich anzupassen und die Alpengebiete zu verlassen, sehen die Zukunftsaussichten für die Menschen in anderen Regionen der Erde weit düsterer aus.

Wenn der Himalaya weint

Wir sind am oberen Mekong in der Provinz Yunnan im Südwesten Chinas unterwegs. Das Ziel: die abgeholzten Regenwälder in den Bulangbergen. Sie sollen wieder renaturiert werden, um grüne Lungen zu schaffen (siehe im Kapitel »Best Practice«, S. 219). »Der Mekong ist für diese Landschaft ein wahrer Segen«, sagt Minguo Li vom Tian Zi Biodiversity Research and Development Centre, einer der ersten anerkannten Nicht-Regierungsorganisationen im Ökologiebereich in China. Mit breiter Umweltaufklärung setzt die nimmermüde Journalistin und Mutter von zwei Kindern auf die Verankerung von Naturwissen und Umweltverständnis in der Bevölkerung. »Eigentlich sollte jeder wissen, dass wir vom Wassereinzugsgebiet des Himalaya leben«, sagt Minguo Li. Die Gletscher des Himalaya, der auf einer Fläche von 3 Millionen Hektar von Gletschereis bedeckt ist, speisen mit ihrem Schmelzwasser nicht nur den Mekong, sondern auch den Jangtse, den Ganges und viele andere große Flüsse Asiens. Auf diesem höchsten Gebirgsmassiv der Erde befindet sich somit – neben Arktis und Antarktis sowie Grönland – einer der größten Eiskörper überhaupt. Doch auch im Himalaya und seinen Grenzregionen ist die Gletscherschmelze bereits im Gang. Setzt sie sich im bisherigen Maß fort, stehen nicht der Obstbau oder die Vergnügungen einer Gesellschaft auf dem Spiel, die um ihr Skivergnügen fürchtet, sondern die Existenz von mehreren Millionen Menschen in Indien, Nepal, China, Pakistan, Bhutan und Myanmar (dem früheren Burma). Schmelzen die Eis- und Schneemassen, kann es zu einer Rückkopplung kommen, die für Mensch und Natur gleichermaßen gefährlich wäre: Die Reduzierung von Schnee und Eis hat eine Reduzierung der Reflektion der Sonneneinstrahlung zur Folge. Irgendwann ist ein kritischer Punkt erreicht; Wissenschaftler sprechen vom Kippen des Klimasystems. Aus starken Veränderungen im System resultieren abrupte Klimaänderungen, unumkehrbare Prozesse und in der Folge langfristige, noch stärkere Klimaänderungen. Das Dramatische daran: Wenn der Kipppunkt in einem natürlichen System erreicht ist, kann das Gleichgewicht nicht wiederhergestellt werden. Möglicherweise gelingt es der Natur im Laufe von Jahrtausenden, doch für die Menschheit ist es dann zu spät. »Es besteht die Gefahr, dass abrupte, drastische Klimaänderungen die Anpassungsmöglichkeiten der menschlichen Gesellschaft überfordern oder sogar übersteigen. Das gilt besonders für Fälle, in denen die Änderungen nicht mehr umkehrbar sind«, so Professor Dr. Andreas Troge, der Präsident des Umweltbundesamts (UBA). Dabei können sich verschiedene Faktoren gegenseitig verstärken. So wird zum Beispiel der Kipppunkt der Gletscherschmelze beschleunigt erreicht, wenn sich der indische Monsun abschwächt und es weniger Niederschläge gibt. Geringere Niederschläge bedeuten weniger Schneefall auf den Gletschern, was wiederum zu einer Verringerung des Gletscherzuwachses und damit zum Gletscherschwund führt. Das hätte einen drastischen Wassermangel aufgrund des geringeren oder gar ganz ausbleibenden Schmelzwassers aus dem Himalaya zur Folge. Auch in anderen Gebieten der Erde hat die Gletscherschmelze dramatische Folgen. In Peru ist der Quelccaya-Gletscher auf dem Rückzug. Nach Berechnungen von Wissenschaftlern wird es die größte Eiskappe der Tropen im Jahr 2100 wohl nicht mehr geben. Für Hunderttausende von Menschen in Peru ist das Gletscherwasser jedoch die einzige Quelle für Trinkwasser.

In Tansania verschwindet die Eiskappe des Kilimandscharo. Was für die ersten europäischen Entdecker des schwarzen Kontinents noch ein Wunder war – mitten in den Tropen einen eisbedeckten Berg zu sehen –, gehört bald der Vergangenheit an: Seit 1912 sind über 80 Prozent der Eiskappe geschmolzen. Der Kilimandscharo, dieses Wahrzeichen Afrikas, verliert seinen ursprünglichen Charakter. Auch der »Glacier National Park« im US-Staat Montana muss um seinen Namen fürchten. Als der amerikanische Präsident William Howard Taft 1910 den Nationalpark eröffnete, gab es hier noch über 150 Gletscher.

2004 waren davon weniger als 30 übrig. Bis 2040 wird mit dem Verschwinden aller Gletscher des einst als »Gletscher-Nationalpark« eröffneten Schutzgebiets gerechnet.

Alarm in der Arktis

Längst sind auch die Eismassen der Arktis und von Grönland, die oft als Klimaarchive der Erdgeschichte bezeichnet werden, auf dem Rückzug. In der Arktis bricht das Eis vor der Küste Alaskas viel früher im Jahr auf als noch zu Anfang des Jahrtausends. Mit Hilfe von Sonaraufnahmen haben Wissenschaftler festgestellt, dass die Eisdecke hier in den letzten dreißig Jahren um 40 Prozent ausgedünnt ist. Experten prophezeien, dass das Nordpolarmeer 2100 eisfrei sein könnte. Um 1850 war es dort durchschnittlich noch um 3 Grad kälter als heute, und in den nächsten 100 Jahren sollen die Temperaturen noch einmal um 10 Grad steigen.

280 Kilometer nördlich von Spitzbergen bilden sich seit längerem Schmelzwassertümpel auf dem Packeis. Die Wissenschaftler auf dem deutschen Forschungsschiff »Polarstern«, das durch den arktischen Ozean kreuzt, dokumentieren den Prozess der Klimakatastrophe im »ewigen« Eis. Nirgendwo sonst auf der Erde schreitet der Klimawandel schneller voran. Unaufhörlich ist die Durchschnittstemperatur in den letzten Jahrzehnten hier gestiegen. Es taut. Auf ihren Messflügen blicken die Forscher des Alfred-Wegener-Instituts für Polar- und Meeresforschung besorgt auf die Eisfläche herab. Satellitenbilder belegen, dass das Packeis rund um die Arktis schrumpft. Der Eisverlust lag bereits im Sommer 2005 bei einer Fläche, die viermal so groß ist wie Deutschland.

Doch in seiner Gier ist der Mensch auch bei drohender Gefahr nicht zu bremsen: Als die Nordwestpassage im Sommer 2007 eisfrei war, so dass sie problemlos von Schiffen befahren werden könnte, lieferten sich Norwegen, Kanada und Dänemark, die USA und Russland sofort erste Scheingefechte um die Gas- und Ölfelder in der Arktis. Die Russen haben sogar eine Flagge auf dem Meeresgrund gesetzt. Damit sind die ersten Pflöcke für einen Rohstoff- und Klimakampf eingeschlagen.

Auch der gigantische Eispanzer Grönlands leidet unter tiefen Wärmewunden. Mit einer Gesamtfläche von über 2,1 Millionen Quadratkilometern ist Grönland die größte Insel der Erde; ungefähr sechsmal so groß wie Deutschland. 80 Prozent der Fläche – das sind rund 1,7 Millionen Quadratkilometer – sind von einem Eisschild in einer Dicke von 2000 bis 3000 Metern bedeckt. Dieser nach der Antarktis zweitgrößte Eisschild der Erde umfasst den Berechnungen von Wissenschaftlern zufolge 2,85 Millionen Kubikkilometer Eis. Schmilzt das grönländische Eis an der Oberfläche, entstehen Seen, deren Wasser durch Gletscherspalten bis auf den felsigen Grund der Insel gelangt. Die dadurch entstehenden Eisflüsse lassen die Eismassen in Richtung Ozean gleiten. Glaziologen und Klimatologen gehen davon aus, dass Grönlands Eismassen weiter abschmelzen werden. Nimmt die bodennahe Lufttemperatur im globalen Mittel um mehr als 1,9 Grad Celsius gegenüber den vorindustriellen Werten zu und wird der Eismassenverlust nicht durch eine entsprechende Zunahme des Schneefalls ausgeglichen, droht sogar das vollständige Abschmelzen des grönländischen Eises. Publikationen des Weltklimarats (IPCC) zufolge hätte das einen Anstieg des Meeresspiegels von bis zu 7 Metern zur Folge.

In der Antarktis ist das Packeis in den vergangenen dreißig Jahren in den Wintermonaten um 7 Prozent zurückgegangen, im Sommer sogar um 12 Prozent. Und das Treibeis ist um etwa 15 Prozent dünner geworden. Im Innern der Antarktis, die rund 75 Prozent der Süßwasserreserven der Welt beinhaltet, ist die Eisschicht über 4000 Meter dick. Man mag sich nicht vorstellen, was geschieht, wenn die ungeheuren Mengen Süßwasser dieses Kontinents, der größer ist als Europa, eines Tages einfach ins Meer fließen. Gegenwärtig scheint diese Gefahr allerdings nicht zu bestehen, denn paradoxerweise sinkt die Tem-

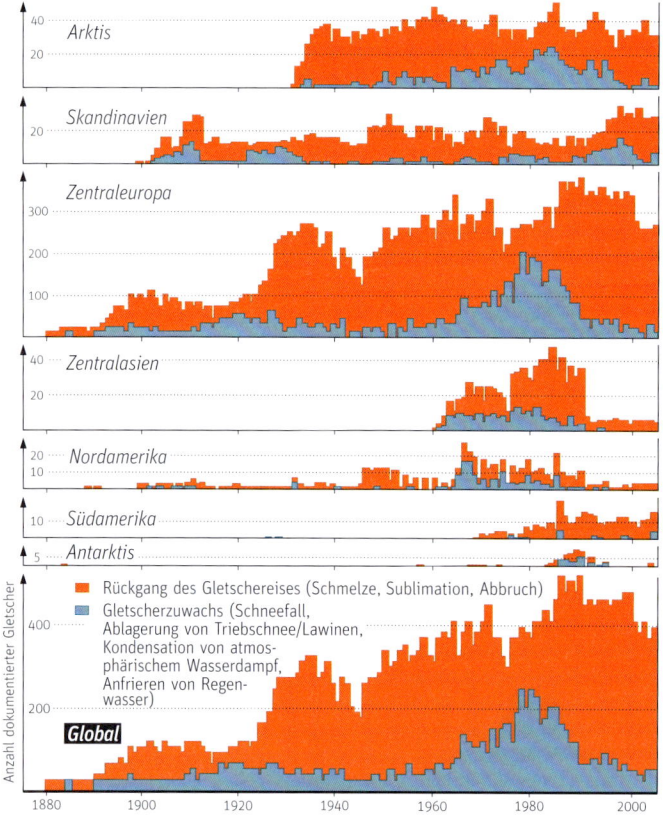

Das Sterben der weißen Riesen
Die Grafik zeigt die Summe von Gletscherwachstum (Schneefall, Kondensation von atmosphärischem Wasserdampf, anfrierendes Regenwasser usw.) in Blau im Verhältnis zur Ablation (Gletscherschmelze, Abbruch von Lawinen) in Rot. Der Vergleich verschiedener Großregionen (einschließlich der globalen Übersicht zwischen 1880 und 2005) zeigt: Die Gletschergebiete haben weit mehr Eis verloren, als neu hinzukam.
Quelle: nach WGMS (2007)

Gletscherschmelze

2. Kapitel: Wenn der Berg kommt

peratur im Innern der Antarktis teilweise. Die Forscher rätseln noch, was das zu bedeuten hat, denn gleichzeitig stehen im Rossmeer die Eisberge schon kopf.

Eis-SOS in der Antarktis

So auch B-15, der größte Eisberg aller Zeiten. Er ist einfach umgekippt und zeigt dem Betrachter seine runde, abgeschmolzene Unterseite. B-15 ist dem Tod durch Ertrinken im Südpolarmeer ausgeliefert. Wenn Eisberge sterben, machen sie unheimliche Geräusche: Es klingt, als würden sie stöhnen und jammern, klagen, brüllen und schreien, bevor sie still untergehen. Als B-15 im März 2000 ins Meer geschoben wurde, war er über 300 Kilometer lang und 57 Kilometer breit, ein Stück weißes Land, das scheinbar unbezwingbar im Südpolarmeer trieb. Seine Geburtsstunde schlug vor mehreren Jahrtausenden im Inneren der Antarktis. Hier war B-15 auf die eisige Welt gekommen, weil sich der Schnee immer mehr verdichtet hat. Seine Todesstunde kam im Januar 2007.

Im Südpolarmeer, im Ross- und Weddellmeer treiben riesige Tafeleisberge, manchmal schimmern sie bläulich, manchmal grün. Rötliche Strukturen sind auf eisenhaltige Sedimente zurückzuführen, auch Algen und Bakterien färben die treibenden Giganten. Sie entstehen, wenn Schelfeis abbricht.

Sibirien und Alaska

Weite Permafrostgebiete in der nördlichen Hemisphäre tauen ebenfalls. Über Jahrtausende gefrorener Boden verwandelt sich mit dramatischer Geschwindigkeit in unbewohnbare Schlammwüsten. Wie mahnende Boten aus der Urzeit tauchen plötzlich Mammutknochen und Eismumien auf.

Die Überbleibsel aus längst vergangener Zeit sind das eine, die Gefahren für die Zukunft das andere. Tauen die Permafrostgebiete noch weiter auf, steht es um die Infrastruktur etwa in Sibirien oder Alaska schlecht. Zwar träumen manche davon, dass sich die Landwirtschaft in diesen Bereichen quasi als Gewinner des Klimawandels erweist und man eines Tages Kartoffeln anpflanzen kann, wo jetzt noch Dauerfrost herrscht, aber die Realität sieht anders aus: Gas- und Ölleitungen werden auseinanderbrechen und ebenso wie Häuser und andere Baulichkeiten im Morast versinken.

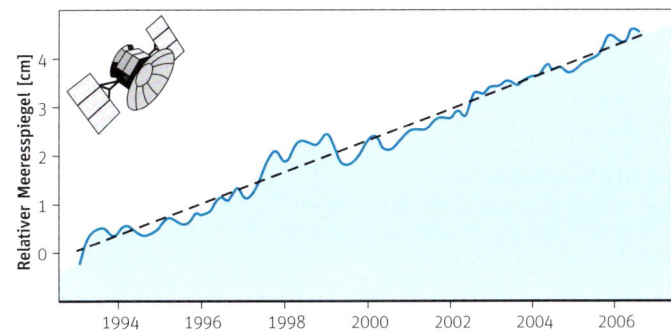

Globaler Anstieg des Meeresspiegels nach Satellitenmessungen
Quelle: nach Cazenave und Nerem (2004); Rahmstorf und Schellnhuber (2006)

Treibhauseffekt
Klimarelevante Spurengase und deren wichtigste Quellen

Die Klimarelevanz der einzelnen Gase ist unterschiedlich. Bei Methan etwa ist das Klimapotential circa 20- bis 30-mal so hoch wie bei CO_2

Spurengase	Hauptsächliche Quelle
Kohlendioxid (CO_2)	Verbrennungsprozesse, bei denen fossile Brennstoffe wie Erdöl und Erdgas eingesetzt werden; Vernichtung der Wälder
Methan (CH_4)	Reisanbau, Viehzucht, Mülldeponien, Einsatz fossiler Brennstoffe, Verrottungs- und Gärprozesse von Biomasse
FCKWs (Fluorchlorkohlenwasserstoffe)	Treibgas (aus Sprühdosen usw.), Kühlprozesse (Kühlschränke etc.), Reinigungsanlagen, Flammschutz
Troposphärisches Ozon (O_3)	Stickoxid- und Kohlenwasserstoffemissionen vor allem aus dem Verkehr
Distickstoffoxid (N_2O)	Überdüngung, Entwaldung, Verbrennung von Biomasse

Klimarelevante Spurengase und deren Verweildauer in der Atmosphäre

Kohlendioxid (CO_2)	100 Jahre
Methan (CH_4)	8 bis 10 Jahre
FCKWs	50 bis 150 Jahre
troposphärisches Ozon (O_3)	einige Monate
Distickstoffoxid (N_2O)	170 Jahre

»Viele Gletscher haben schon 80 bis 90 Prozent ihrer Masse verloren«

Ein Gespräch mit Reinhold Messner

Herr Messner, Sie beobachten die Natur in den Bergen seit Jahrzehnten. Müssen wir uns wegen all der Veränderungen im Alpenraum durch den Klimawandel wirklich Sorgen machen?
Reinhold Messner: Ein eindeutiges Ja! Die Veränderungen im Alpenraum sind eklatant, am besten sichtbar durch den Gletscherschwund. Die Gletscher haben ja schon 80 bis 90 Prozent ihrer Masse verloren. Natürlich schmelzen sie ganz oben etwas langsamer, aber das sind nur noch Restgletscher. Und in diesem Zusammenhang kriegen wir ernste Probleme. Man schätzt, dass in vierzig, fünfzig Jahren fast alle Gletscher der Alpen verschwunden sein werden. Das Gleiche gilt für die Anden und den Himalaya; diese Gebirgsmassive sind natürlich noch höher, und da bleiben wohl keine Restchen erhalten. Weltweit schwinden also die Gletscher. Wir kriegen Probleme mit dem Süßwasser, weil wir den Puffer verlieren. Im Sommer schmelzen ja schon immer die Gletscher, während im Winter Eis und Schnee draufgepackt worden sind, was im nächsten Frühling als Wasser wieder langsam den Berg heruntergeronnen ist. Dieses System gerät jetzt aus dem Gleichgewicht.
Wir kriegen auch Probleme mit den Wasserkraftwerken, die ja relativ viel Strom liefern, und zwar nicht nur für die Alpen, sondern auch für die nächstgelegenen Ballungszentren. Das ist ja sauberer Strom, das ist Ökostrom, sehr wertvoller Strom im Großen und Ganzen. Und wir kriegen auch Probleme mit den Hitzezeiten, weil wir dann kein Bewässerungswasser mehr haben. An Südhängen in den Alpen kann ich keine Landwirtschaft betreiben, wenn das Wasser fehlt, und damit ändert sich natürlich auch das Landschaftsbild, und es ändern sich auch die Möglichkeiten für den Tourismus. Das heißt, das Schmelzen der Alpengletscher könnte uns wirtschaftlich große Einbußen bringen und auch einen Verlust an Lebensqualität.
Langfristig wird es weniger gefährlich sein mit den Erdrutschen. Der Permafrost wird früher oder später ganz verschwunden sein, und dann sind die Erdrutsche herunter. Aber ich schließe nicht aus, dass früher oder später wieder eine kältere Periode kommt. Es steht nirgends geschrieben, dass diese Wärmeperiode ewig ist. Es hat so viele Auf und Ab gegeben, so dass wir heute gar nicht genau wissen können, wie das weitergeht. Deshalb plädiere ich auch dafür, dass wir uns an die Situation anpassen.
Natürlich wäre es vernünftig, politisch zu agieren und zu sagen, weltweit verhält sich die Industrie, verhält sich die Menschheit so, dass diese globale Erwärmung gebremst wird. An diese Hoffnung klammere ich mich nicht. Ich selber sage eher, wir sind gut beraten, uns anzupassen. Der Mensch hat sich bisher immer anpassen können. Natürlich sind wir jetzt sehr viele. Wir sind bald 7 Milliarden auf dieser Erde, und damit vollziehen sich natürlich auch die Veränderungen galoppierender als früher. Früher hat der Mensch wenig beigetragen zur Klimaveränderung, zur globalen Erwärmung, zur Abkühlung der Erde. Jetzt tragen wir wesentlich dazu bei.

Dann sind natürlich auch Tiere und Pflanzen, ist die Biodiversität der Berge betroffen. Wie sehen Sie hier die Situation? Verlieren wir eine einmalige Lebenswelt?
Die Biodiversität in den Alpen ist ja in erster Linie getragen von den Bauern. Weil die Bauern die Wiesen bearbeiten und die Bauern die Almen bewirtschaften, haben wir eine hohe Biodiversität. Würde das nicht der Fall sein, hätten wir weniger Pflanzen. Die Vorstellung, wir hätten eine höhere Biodiversität, wenn man die Alpen in die Wildnis zurückführen würde, ist aus meiner Sicht falsch. Erwärmung bringt ja stellenweise auch Vorteile. Ich habe beispielsweise im letzten Jahr mein Weingut höher hinaufgezogen und habe es vergrößert, weil ich höher oben besseren Wein machen kann. So braucht der Riesling zum Beispiel im Herbst kalte Nächte. Die habe ich weiter unten nicht mehr, also gehe ich in die Höhe. Ich kann das tun, aber was machen die Leute in anderen Alpentälern oder was tun die Franzosen in Burgund oder die Italiener in der Toskana mit ihrem Wein, wenn es so warm wird, dass man die kalten Nächte im Herbst nicht mehr hat und keinen guten Wein mehr produzieren kann? Das sind alles Fragen, die auf uns zukommen und die die einzelnen Winzer, Bauern, Unternehmer, Hoteliers beantworten müssen. Jeder muss für sich und in seinem eigenen kleinen Umfeld reagieren.

Das ist ein deutliches Plädoyer, die Menschen in den Bergen zu halten. Wenn die Berge zu Tal stürzen und die Menschen zum Abwandern gezwungen werden, wäre es die falsche Entwicklung. Nun kennen Sie wie kein anderer die Hochgebirgsregionen in Lateinamerika. Dort sind ja die Menschen noch mehr von den Gletschern und dem Vorhandensein der Wasserressourcen abhängig.
Wir sind da bei einem sehr wichtigen Problem. Die Menschen, die oben in den Bergen leben, in den Anden, im Himalaya, in den Alpen und im Kaukasus, die sind natürlich die Landschaftspfleger, die Garanten für eine relativ sichere Situation weiter unten. Unten wird das Geld verdient. Unten sind die Ballungszentren. Aber unten sind die Menschen auch abhängig vom Süßwasser, das von oben kommt, von stabilen Wasserflüssen. Nur wenn oben im Gebirge jemand vorsorgt, haben die »Unterlieger« den Frieden mit der Natur. Die Natur ist stärker als wir. Die Natur macht im Grunde nie einen Fehler. Fehler machen immer nur die Menschen. Und früher gab es ein recht gutes Nebeneinander oder Miteinander: Die Menschen, die oben in den Bergen bescheiden gewirtschaftet und überlebt haben, ein bisschen unterstützt von denen da unten. Die da unten wussten aber, die da oben sind wichtig, weil sie aufpassen, wenn ein natürlicher Staudamm entsteht, weil etwa ein Erdrutsch heruntergegangen ist. Dann melden die das den Menschen unten in den Tälern. Oder sie versuchen, dieses Wasser abzulassen, auf dass es unten nicht ganze Dörfer auslöscht, das ist ja schon häufig passiert.
Das gilt natürlich auch für das Süßwasser, das von oben immer gepflegt und betreut wurde, weil es ja auch oben gebraucht wurde und dann unten nochmals gebraucht wurde. Doch dieses Zusammenspiel ist in-

zwischen im Großen und Ganzen vergessen worden. Die Unterlieger leben heute eine völlig andere Kultur als die Bergbewohner. Da wäre es ganz vernünftig, die Abhängigkeit voneinander zu unterstreichen, so dass wieder verstanden wird, dass es nur miteinander geht. Dass die wenigen Punkte, die für oben und unten parallel wichtig sind, gemeinsam immer wieder nicht nur diskutiert, sondern auch real angepackt werden.

Das heißt, wir brauchen eine größere ganzheitliche Betrachtung wie auch bei unseren Flüssen: Die Unterlieger saufen ab, wenn man oben keine Hochwasservorkehrungen trifft. Nun gibt es ja viele Entwicklungen, die auch kritisch sind. Der Mensch ist nicht nur Opfer, sondern auch Täter. Wie halten Sie es mit den Schneekanonen? Würden Sie diese am liebsten verbieten?

Also der Mensch ist immer nur der Täter, er kann gar nicht Opfer sein, es sei denn das Opfer von anderen Menschen, die falsch gehandelt haben. Natürlich würde ich die Schneekanonen und die Skigebiete nicht verbieten, das ist eine Möglichkeit des Tourismus in den Alpen. Ich würde sagen, wir wissen, dass die Zahl der Skifahrer nicht mehr zunimmt, in Mitteleuropa nimmt sie sogar ab, weil die Mittel nicht mehr da sind. Aber es kommen inzwischen Skifahrer aus Asien, aus Amerika zu uns, die sich in den Alpen dann wochenlang tummeln, und natürlich ist die Technologie verbesserbar. Deswegen kann man auf den gleichen Strecken mit neuer Technologie mehr Menschen den Berg hochhieven, und damit fahren auch mehr herunter. Durch die globale Erwärmung ist es eben nicht mehr garantierbar – auch nicht auf 2000 Meter –, dass es an Weihnachten Schnee hat, also muss man ihn künstlich herstellen.

Der künstliche Schnee ist im Grunde auch nur Wasser, solange er nicht mit chemischen Zusatzmitteln gemacht wird; Wasser in einem anderen Aggregatzustand. Es ist sogar besser – das wissen wir heute –, wenn die Pisten im Winter zugeschneit sind, als wenn sie einfach brachliegen, weil da die Pflanzenwelt mehr darunter leidet.

Sie wollen sicher nicht mehr Schneekanonen und mehr Lifte. Oder?

Ich würde mir jedoch wünschen, dass man sich mit dem begnügt, was wir haben. Wir müssen nicht noch mehr Skilifte bauen und noch höher damit hinaufgehen. Wir sollten nicht oberhalb von 2300 bis 2500 Meter Skigebiete erschließen. Die Gletscher sollten wir auch in Ruhe lassen, denn ein befahrener Gletscher, ein genutzter Gletscher kriegt einfach mehr Feinstaub, kriegt mehr Dreck, und auf den Dreck scheint die Sonne mächtiger. Er zieht die Sonnenwärme an, und damit verschwindet die Schneegrenze weiter nach oben. Man könnte im Grunde den Gletscherschwund aufhalten, wenn man ihn den ganzen Winter über beschneit, wenn man das Wasser hochpumpt und oben beschneit, beschneit, beschneit – also einfach Eis draufbringt, das dann im Sommer wieder abschmilzt. Aber der Energieverbrauch wäre dabei so gewaltig, dass es wieder von dieser Seite nicht tragbar ist, sonst würde ich sagen, das ist die Lösung.

Die Gletscher zudecken mit irgendwelchen Planen, das halte ich nur für einen Witz.

Sollen Bergfreunde also nicht auf Ski- und Wanderferien in den Alpen verzichten?

Die Menschen sollen ruhig weiterhin ins Gebirge gehen. Die sauberste Art, ins Gebirge zu gehen, wäre, sich irgendwo hinzubegeben – sind wir noch kulant: mit dem Fahrrad, zu Fuß oder mit dem Auto. Natürlich wäre es mit dem Zug relativ sauberer als mit dem Auto. Der Zug fährt sowieso. Aber dann die beiden Beine zu benutzen. Das zukunftsweisende Tourismusgebiet hat für mich eine unterirdische Garage, da verschwinden die Autos. Es gibt dort nur die Einheimischen, die arbeiten müssen und deshalb noch Auto fahren. Alle anderen sollten ausgesperrt werden, jedenfalls zumindest in solchen Tourismusorten. Es geht ja darum, dass wir eine andere Lebensart, eine andere Kultur erleben – die Stille, die Langsamkeit, die Entschleunigung, die Erhabenheit des Gebirges. Und das erleben wir am ehesten mit unseren Beinen. Weil wir in der Geschwindigkeit des Fußgängers die Welt besser wahrnehmen können als in der Geschwindigkeit des Fliegens oder des Autofahrens. Beim Autofahren haben wir keine Zeit, die Welt wahrzunehmen. Wer sieht am Wegesrand einen Baum oder eine Blume oder wer erfährt die Größe der Welt, wenn er mit dem Auto fährt?

Wenn ich zu Fuß raufsteige, weiß ich durch die Müdigkeit meiner Muskeln, durch die Schnaufe, wie groß dieser Berg ist. Ich muss es nicht mit dem Metermaß messen, sondern ich messe es mit meinem ganzen Wesen, und das ist ja der Sinn des Urlaub machens im Gebirge. Urlaub machen im Gebirge: ja, wie am Meer auch, aber dabei eben auf die Werte setzen, die dort im Mittelpunkt stehen. Die heutige Stadtkultur mit ihrer Hektik, mit ihrem Chaos, das gehört zu unserer globalisierten Welt, damit müssen wir uns zurechtfinden. Aber wenn ich schon aussteige und mich erholen will, dann tue ich es doch nach irgendwelchen Werten, die im Gebirge zu finden sind. Deshalb habe ich zu diesen Fragen ein ganzes Museum auf die Beine gestellt. Die Entschleunigung und die Stille stehen mit im Zentrum meiner Aussagen.

Das heißt: Wer die Bergwelt erlebt, der wird auch für ihren Schutz etwas tun?

So ist es. Wer die Bergwelt mit eigener Anstrengung erlebt, der versteht sie auch und der wird sich bemühen, dass sie so bleibt. Wer nur drüberfliegt oder durchfährt, der hat die Berge letztlich nicht wahrgenommen. Der Blick aus dem Autofenster ist sehr oberflächlich. Der Blick aus dem Autofenster macht die Berge zu Postkarten.

MMM Messner Mountain Museum
Sigmundskroner Str. 53
I-39100 Bozen (BZ)
info@messner-mountain-museum.it
www.messnermountainmuseum.de

Er hat als erster Mensch alle Achttausender ohne Sauerstoffgerät bestiegen, den Südpol durchquert und viele andere Abenteuer bestanden: Reinhold Messner (Jahrgang 1944). Seit Jahren kämpft der Südtiroler für den Schutz intakter Bergwelten und für die Bewahrung der Bergbauernkultur in den europäischen Alpen und anderen Regionen der Erde.

*Die Welt
auf der Flucht*

Szenario 2035

Die Antidepressiva schlagen bei Traudl Steinhuber nicht an. Apathisch hockt sie in der Baracke »Europa I« auf dem frisch bezogenen Feldbett und starrt auf ihre Schuhe. »Seltsam«, denkt sie. »Wildbockleder – Schuhe aus der Trachtenstube...« Das kleine, kitschig dekorierte Lädchen am Ende der Dorfstraße taucht in ihrer Erinnerung auf. Die freundliche Verkäuferin mit dem lustigen Akzent und die alte Dame, der die Trachten-Alpenstube gehört hat. »Alle tot«, flüstert Traudl Steinhuber abwesend. Auf dem festverschraubten Beistelltischchen neben ihrem Bett stapeln sich die Medikamente: Fluoxetin, Cipralex und Mirtazapin sollen sie aus ihrer düsteren Stimmung holen, Zolpidem und Valium sollen ihr nachts ein wenig Schlaf schenken. Doch Traudl Steinhuber kann nicht schlafen. Sie mag auch nicht reden. Der katholische Pfarrer der Lagerkirche kommt längst nicht mehr. Immer wieder hat er vorbeigeschaut und ihre Hand gehalten, mit ihr gebetet und geduldig versucht, Zugang zu der Frau zu gewinnen und das Leichentuch zu lüften, das über ihrer Seele liegt. Doch Traudl Steinhuber sitzt beinahe regungslos auf dem Bett; in ihrem zerknitterten Dirndl sieht sie aus wie eine zerbrochene Tiroler Trachtenpuppe. Sie hat sich in ihrer Trauer verloren. Tagsüber, wenn der Schlafsaal »Alpenländer/Abteilung Österreich« menschenleer ist, hockt sie so da, und nachts, wenn sich hinter den bunten Stellwänden das Familienleben der anderen Flüchtlinge abspielt, blickt sie in die Dunkelheit und schweigt.

Die vielen Stimmen in dem Bettensaal bilden zusammen eine Geräuschkulisse, die entfernt an die Wortbeiträge erinnert, die früher in den Radios liefen. Doch das ständige Murmeln und Rauschen der Stimmen im Lager kann niemand einfach abstellen. Anton Steinhuber bedauert, dass er seine Ohren nicht wie die Augen einfach verschließen kann. Der Alpenwirt ohne Wirtschaft vermisst die Ruhe, die er in den Bergen so oft genossen hat. Die Enge im Schlafsaal, all die Menschen mit ihren Geräuschen und körperlichen Ausdünstungen peinigen ihn. »Folter für Ohren und Nase«, denkt er und sieht sich wohl zum hundertsten Mal in dem

Schlafsaal um. Die Fototapeten mit den Heile-Welt-Motiven sollen die tristen Stellwände verbergen, die die Bettenreihen voneinander abschirmen, um wenigstens einen Quadratmeter Privatsphäre zu gewährleisten. Doch in ihrer aufdringlichen Fröhlichkeit wirken die bunten Bilder nur noch deprimierender. Wochenlang musste Traudl auf ein idyllisches Alpenpanorama starren, das die Lagerleitung extra für sie aufgestellt hatte. Es sollte ihr ein wenig Heimatgefühl vermitteln und den Heilungsprozess fördern. Doch die Fototapete mit der steil aufragenden Felswand, dem Wasserfall und der saftigen Alm mit all den blühenden Kräutern brachte keinen Trost. Irgendwann konnte Anton Steinhuber die Alpenwand nicht mehr ertragen und ließ sie bei der Lagerverwaltung gegen eine norddeutsche Weide mit schwarz-weißen Kühen auswechseln. Aber auch dieses Poster zeigt eine längst vergangene Welt. Seine Frau war in Tränen ausgebrochen, als Handwerker die alte Stellwand abmontierten. Sie schrie und rief wie ein Kind nach ihrer Mutter, bis sie vor Erschöpfung in einen komatösen Schlaf fiel. Die Ärzte der Notfallstation kamen, der Lager-Pfarrer wurde gerufen, und ein Psychologenteam sprach von einem »phantastischen Durchbruch« und erhoffte sich endlich den Beginn der Trauerarbeit. Doch schon wenig später versank Traudl Steinhuber wieder in diese unheimliche innere Isolation, die ihren Mann an den Rand des Zerbrechens bringt. Seit eine graubraune Masse aus Geröll, Erde und Gestein die Eltern und das Baby wie ein Monster verschlungen hat, vegetiert sie wie ein lebender Leichnam neben ihm dahin und ist für niemanden erreichbar. Sie nimmt kaum Nahrung zu sich, und nur auf ausdrückliche Bitten hin trinkt sie etwas Wasser aus der Plastikflasche mit dem Aufdruck »Europa I: frisch & steril«.

Eines Tages ist Traudl Steinhuber verschwunden. Der große Schlafsaal scheint sie einfach verschluckt zu haben. Ihr Mann gerät in Panik: Wo kann sie nur sein? Er informiert den Wachdienst, die Militärpolizei, die Ärzte, den Pfarrer und seinen neuen Freund, den Bauern José Pascual, der seine Pfirsichplantage südlich von Valencia verlassen musste, weil sich das Land nach jahrzehntelangen Dürren in eine Wüste verwandelt hatte und nicht mehr bewirtschaften ließ. Sogar die genügsamen Mandelbäume waren am Ende verdurstet. Die Saftfabrik der Familie stand schon seit 2022 still, die Obstexporte für deutsche Supermärkte mussten wenig später ganz eingestellt werden. Als die EU alle Subventionen strich, steckte seine Frau Margaritha ihr ganzes Erbe in die Obstplantage der Familie. Doch vergebens, ein Jahr später waren die Pascuals ruiniert. Gemeinsam mit Landarbeitern und obdachlosen Tagelöhnern war das verarmte Unternehmerehepaar über die Pyrenäen erst nach Frankreich und dann nach Deutschland geflohen. Die Flucht fraß die letzten finanziellen Reserven der Familie auf. Ihr Lebenswerk – die Finca, die Plantagen, die Fabrik und all die Ländereien – ist dem Verfall preisgegeben. Die Kinder der Eheleute waren schon Jahre zuvor nach Skandinavien ausgewandert, um dort ihr Glück in der Landwirtschaft zu versuchen. Die Geschwister haben an der Universidad de León Agrarwissenschaft studiert und mit Auszeichnung abgeschlossen. Eigentlich sollten sie den Betrieb der Eltern übernehmen, doch der dramatische Klimawandel hat ihr Schicksal besiegelt. Mit einem Flüchtlingstreck zogen sie 2029 von Süd- nach Nordeuropa. Tochter

Fast 40 Prozent der gesamten Fläche Spaniens sind von fortschreitender Wüstenbildung betroffen, Valencia sogar bereits zu 93 Prozent, berichtete heise-online *im Dezember 2007.*

3. Kapitel: Die Welt auf der Flucht

Marcia schrubbt heute die Schlafkabinen der Ölarbeiter auf einer der letzten norwegischen Ölplattformen, und Sohn Raoul hat sich als Saisonarbeiter zum Spargelstechen und Erdbeerenpflücken nördlich von Bergen verdingt.

Spanien ist zum Wüstenstaat verkommen: Über 80 Prozent der Landesfläche sind unbewohnbar. Selbst aus den tiefsten Brunnen kommt im Einzugsbereich des Mittelmeers und des Atlantiks nur noch Salzwasser. Der Grundwasserspiegel ist gesunken, die Flüsse sind ausgetrocknet, und Entsalzungsanlagen an der Küste waren nicht finanzierbar. »Der Massentourismus und der Hunger der europäischen Supermärkte nach billigem Gemüse haben unser Land zwischen 1995 und 2015 leergesoffen«, hat José erklärt, als Anton Steinhuber ihn nach den Gründen für die Flucht fragte. Viele Billionen Liter Wasser mussten Jahr für Jahr aus dem Hinterland an die Küste gepumpt werden, allein um die sechs Millionen Touristen in Benidorm zu versorgen und die Poolanlagen der Hotels mit Frischwasser zu füllen. Heute stehen die Urlaubsbunker von einst leer. Der Wind pfeift durch die zerschlagenen Fensterscheiben der Bettenburgen, und das Meer spült über die verlassene Flaniermeile. Das Salzwasser frisst sich durch die Straßenschluchten und setzt Restaurants, Hotelanlagen und Wohnhäuser unter Wasser. Als hätte das Meer Bauchweh, werfen die Wellen den Wohlstandsmüll von einst wieder an den Strand: Zerrissene Werbeplakate, Plastikauflagen von Sonnenliegen, Bierflaschen und Reste von Badeschuhen dümpeln zwischen toten Seevögeln in der stinkenden Brandung.

Im Süden Spaniens gibt es nur noch Geisterstädte. Die Menschen sind vor Hitze und Trockenheit geflohen. Ganze Landstriche veröden und liegen wie eine Industrieruine in der Wüstenlandschaft, dem Verfall preisgegeben. Rund um Almería, den einstigen »Gemüsegarten Europas«, ackerten um die Jahrtausendwende noch afrikanische Wanderarbeiter im industriellen Gemüseanbau, um über 2 Millionen Tonnen Tomaten, Paprika, Zucchini und Auberginen pro Saison zu ernten. Damit das billige Gemüse unter Plastikplanen gedeihen konnte, mussten Jahr für Jahr viele 100 Milliarden Liter Wasser aus einem fossilen Reservoir in fünfzig Meter Tiefe gepumpt werden. Diese gigantische Verschwendung hatte Folgen. Die Ressourcen wurden so lange ausgebeutet, bis der Wasservorrat 2016 endgültig versiegte. Schon damals waren die Böden hochgradig mit Pestiziden verseucht. Als die Menschen der umliegenden Städte und Dörfer ernstlich erkrankten und die Vögel tot vom Himmel fielen, wurden die ersten Anlagen stillgelegt. Der Gemüseanbau in Spanien ist heute Geschichte. Mit der Klimaveränderung ist jeder Tropfen Wasser wertvoller geworden als Geld und Gemüse. Menschliches Leben scheint eher auf dem Mars möglich zu sein als im Süden Spaniens.

Margaritha Pascual muss einst eine schöne Frau gewesen sein. Sie stammt aus einer aristokratischen Familie in Valencia und erträgt die Armut im Lager »Europa I« mit großer Würde. Der gesellschaftliche Abstieg hat sich in ihr Gesicht eingegraben: Die weichen Züge sind scharfen Falten gewichen. Doch die Armut hat ihr Herz geöffnet. »Du siehst heute zwar härter aus, Liebling, aber deine Seele ist so zart und sanft wie nie zuvor«, sagt ihr Mann oft

Trotz sparsamer Tröpfchenbewässerung sinkt der Grundwasserspiegel in Almería seit Jahren. Stellenweise liegt er schon unter dem Meeresspiegel, Salzwasser sickert nach. Eines Tages werden die Grundwasserreservoirs leer gepumpt sein oder durch das Meersalz unbenutzbar. Das ist sicher. Ungewiss ist nur, wann es so weit ist.

liebevoll zu ihr. Er liebt diese neue mitfühlende Margaritha mehr als die stolze Erbin aus dem Hochadel. »Wir haben Geld verloren und uns neu gefunden«, sagt er und ist trotz der ausweglosen Situation sogar irgendwie glücklich.

Margaritha hat sich die ganze Zeit über um Traudl Steinhuber gekümmert. Als die Tirolerin plötzlich verschwindet, ist es, als habe sie eine alte Freundin und Leidensgenossin verloren. Alle im Lager, die Traudl suchen, reden ganz offen von Selbstmord. »Suicidio? No, no!«, sagt Margaritha entschieden und versucht, Anton Steinhuber zu trösten. »Sie glaubt Gott«, sagt die Spanierin in gebrochenem Deutsch. »Da nix sterben!« – »Nicht sterben…«, wiederholt Anton monoton. War Traudl nicht schon gestorben, als das Dorf unterging und ihr Baby in der Schlammlawine mit sich riss? »Gestorben an unendlicher Trauer«, sagt er kaum hörbar.

Auch als sich am späten Nachmittag der Schlafsaal wieder mit Menschen füllt, die im Flüsterton ihre Streitereien austragen, sich hinter den Stellwänden heimlich unter ihren Decken auf den Betten lieben oder versuchen, per TV-Wristwatch ein Fernsehprogramm zu empfangen, bleibt Traudl Steinhuber verschwunden. Anton Steinhuber kann nicht schlafen und sagt zur Beruhigung viele tausend Mal wie ein Gebet in das Dunkel der Nacht: »Komm zu mir zurück.«

Außerhalb der Grenzen des Lagers »Europa I« ist das Leben als Flüchtling gefährlich, erst recht für eine weiße Europäerin. Deshalb wird das Flüchtlingslager rund um die Uhr streng bewacht. Militärposten riegeln die Sektoren Europa, Asien, Afrika und Lateinamerika hermetisch voneinander ab. Bewegungsmelder, neuartige Wärmesensoren und Restlichtverstärker sorgen nachts notdürftig für Sicherheit. Im Europa-Lager wird sogar über Selbstschussanlagen zur Grenzsicherung diskutiert, denn afrikanische Rauschgifthändler überschwemmen die Schlafsäle bereits mit harten Drogen, Mafiabanden schmuggeln Waffen und Munition unbehelligt durch die Sektoren, und osteuropäische Zuhälter versorgen zahlungskräftige Kunden mit Prostituierten. Gängige Währung sind Bezugsscheine für Lebensmittel und Trinkwasser, Juwelen, Medikamente und kriminelle Dienstleistungen wie Beschattung, Erpressung und Kurierdienste. Geld spielt nur eine untergeordnete Rolle, denn den Flüchtlingen sind Außenkontakte verboten.

Das Flüchtlingskommissariat der Vereinten Nationen UNHCR, 1951 gegründet, bietet es Flüchtlingen rechtlichen Schutz und humanitäre Hilfe.

Die UN-Flüchtlingshilfe hat sich aus den sicherheitsrelevanten Bereichen im Lager zurückgezogen und den Blauhelmmilitärs, die wiederum den jeweiligen Länderkommissionen unterstellt sind, die Kontrolle der Sektoren überlassen. Elitesoldaten mit Sturmgewehren drohen, jeden Flüchtling zu erschießen, der sich unaufgefordert aus dem für ihn legitimierten Bereich entfernt. Die sensorischen Ausweiskarten, in die Augen- und Fingerabdrücke gescannt wurden, müssen stets am Körper getragen werden. Nur wenn die notwendige Programmierung eingegeben wird, öffnen sich die Lagertore. Selbst bei der Essensausgabe werden die Flüchtlinge gescannt. Wer nicht persönlich erscheint, muss hungern. Lebensmittel dürfen außerhalb der Esssäle nicht durchs Lager transportiert werden.

Der Zugang von einem Ländersektor in einen anderen ist genauso rigide geregelt wie der Grenzübergang zwischen zwei

3. Kapitel: Die Welt auf der Flucht

Staaten in der Welt außerhalb des Lagers. Bezugskarten für Trinkwasser und Lebensmittel sind nur in den jeweiligen Sektoren gültig. Das Lager »Europa I« gilt als »Luxus-Lager«. Hier ist das Trinkwasser von Verunreinigungen gesäubert, die Mahlzeiten sind ausgewogen und decken den Bedarf an Vitaminen und Mineralien, Kohlehydraten, Fett und Proteinen. Es gibt Obst und Gemüse und im Wechsel Fleisch und Fisch. In der Wäscherei laufen die mit Bettwäsche und Kleidung gefüllten Maschinen rund um die Uhr. Es gibt ein Hospital, ein psychologisches Zentrum und Animationsanlagen mit virtuellen Scheinwelten zur Entspannung.

Unter den Europäern hat sich schnell herumgesprochen, dass die Bedingungen in den anderen Sektoren mehr als dürftig sind. Deshalb hat sich ein Komitee gegen die Diskriminierung der »3.W-Humans« gegründet. Doch insgeheim geht es den Mitgliedern des Nationalkomitees um mehr Sicherheit für den eigenen Sektor. Es gibt seit langem Gerüchte, dass die Militärs im afrikanischen Lager Hungerproteste blutig niederschlagen und immer wieder Ausschreitungen drohen. Es soll sogar Tote gegeben haben. Die Angst ist groß, dass die Gewalt nach »Europa« herüberschwappt. Da die Korruption blüht und einzelne Wachposten bestechlich sind, öffnen sich nachts immer häufiger heimlich die Tore zum europäischen Sektor. Auch in den Hochsicherheitszonen, zu denen das Medikamentenlager und die Krankenstation zählen, gibt es Schlupflöcher. Vor drei Monaten hat sich eine Art Bürgerwehr im Europalager gebildet. Sie wird von den Insassen selbst organisiert und führt eigenständig Nachtwachen und Kontrollgänge durch. Gewalttätige Ausbrüche konnten in »Europa I« bisher zwar vermieden werden, doch Diebstähle und Raufereien sind auch hier an der Tagesordnung. Die Angst vor Vergewaltigungen hat zugenommen. Es gibt eine Anweisung der Lagerleitung, dass Frauen sich nur in Gruppen im Lager bewegen dürfen. Anton Steinhuber fürchtet das Schlimmste für seine Frau.

»3.W-Humans«: Menschen aus der Dritten Welt

Doch Traudl ist glücklich. Sie wiegt ein Baby in ihren Armen. Verzückt drückt sie das kleine Wesen an ihre Brust. »Bist du ein Engel?«, hat Pedro die weiße Frau auf Englisch gefragt, die plötzlich an seinem Bett saß. Dann hat er ihr den Säugling in die Arme gelegt und gesagt: »Das ist Baby Joe.« Aus allen Ecken kommen plötzlich zerlumpte Kinder und hocken sich Traudl zu Füßen. »Fome«, sagt ein Junge, den alle Juan nennen. Ein anderes Kind übersetzt für Traudl: »Fome heißt Hunger.« Immer wieder wandern die Augen der Kinder zur Lagertür. »Pssst, psst«, flüstert Eleonore. »Wachen schießen!« Mit einer eindeutigen Geste warnt das Mädchen aus Costa Rica die fremde Frau. Die Kinder wissen, dass Traudl illegal in ihrem Sektor ist und die Soldaten fürchten muss.

Pedro kommt aus Angola. Wie Traudl hat er Angst, nachts die Augen zu schließen. Dann liegt der Achtjährige einfach nur da und starrt ins Leere. Nur nicht einschlafen, denn dann kommen die Gespenster! Wenn die Müdigkeit Pedro doch irgendwann überwältigt, träumt er immer wieder den gleichen Traum: Er sieht, wie das Wasser kommt und seine Mutter holt. Sie reckt die Hände in die Höhe, reißt den Mund zu einem stummen Schrei auf und versucht mit letzter Kraft, die Hand ihres Mannes zu ergreifen. Doch auch er verliert den Halt, und gemeinsam versinken die Eltern in den Fluten. Dann wacht der Junge schweißgebadet auf.

Wie er es geschafft hat, erst die Sintflut, die über Angola hereingebrochen ist, und dann die Dürre zu überleben, weiß Pedro nicht mehr. Er erinnert sich nur noch an den Tod der Eltern. »Ich habe mich auf dem Dach unserer Hütte an meinen Bruder Carlos geklammert«, erzählt er Traudl. Irgendwie sind die Kinder dem Chaos entkommen und mit anderen Überlebenden geflohen. Der Flüchtlingstreck dauerte Monate und führte immer weiter Richtung Norden. Barfuß, nur mit einem zerschlissenen T-Shirt und kurzen Shorts bekleidet, marschierten die Kinder durch die Nacht. »Tagsüber kommen Soldaten«, sagt Pedro und formt mit Daumen und Zeigefinger den Lauf eines Gewehres. Auf der Flucht haben sich die Kinder von Wurzeln, Wildfrüchten und dem Aas wilder Tiere ernährt. »Wo ist dein Bruder jetzt, Pedro?«, fragt Traudl Steinhuber. Sie folgt den Augen des Jungen und sieht in der Ecke ein scheues halbwüchsiges Kind hocken, das sich vor ihr verstecken will. »Komm«, sagt sie liebevoll. »Komm her ...«

Carlos senkt den Blick und rutscht auf Beinstümpfen über den verdreckten Boden. Aus Pedro strudeln die Worte nur so heraus: »Auf dem Feld hat er nach Essen gegraben. Dann war da eine große Explosion. Mein Bruder hat Füße und Hände im Feuer verloren. Er blutete aus Armen und Beinen, weil da plötzlich keine Hände und Füße mehr dran waren.« Pedro ist aufgeregt, seine Stimme überschlägt sich, als er sagt: »Da lag überall Fleisch – sein Fleisch.« Carlos fügt leise hinzu: »Schwester Aquila hat geholfen. Sie ist ein Engel.«

Traudl ist erschüttert. Erst mussten Pedro und sein Bruder vor den Regenfällen fliehen, die die Dörfer in Angola wegen der Klimakatastrophe überflutet haben. Und dann dieses entsetzliche Drama! Die Waisenkinder konnten ja nicht wissen, dass mit der Flut noch eine tödliche Gefahr zurückgekehrt war: Landminen. Dieses grausame Erbe aus der Zeit des Bürgerkrieges, der vor vielen Jahrzehnten das Land erschüttert hat, tötet auch heute noch mit unverminderter Gewalt. Plastikminen sind nahezu unzerstörbar und für viele Jahrzehnte voll funktionsfähig. Carlos hatte eine angeschwemmte Mine auf dem Feld ausgegraben, weil er sie für Spielzeug hielt. Neugierig untersuchte der Junge das seltsame Ding, und dann gab es die verheerende Detonation.

Die Kongregation der Schwestern vom göttlichen Erlöser ist seit 1936 in Angola aktiv; über 150 Schwestern engagieren sich heute vor Ort – insbesondere im Gesundheitswesen.

Nonnen des Ordens »Schwestern vom göttlichen Erlöser« waren durch die Explosion aufmerksam geworden und fanden die Kinder noch rechtzeitig. Schwester Aquila aus Straßburg leistete sofort Erste Hilfe und sorgte dafür, dass Carlos von einem Hilfskonvoi des Roten Kreuzes erstversorgt wurde und anschließend ins Lazarett kam, wo er notdürftig medizinisch versorgt wurde. So absurd es klingt: Der furchtbare Unfall hat den Kindern das Leben gerettet. Dank Schwester Aquila wurden die Brüder zusammen mit anderen Kindern für den Flüchtlingstreck nach Europa ausgewählt. Es war der letzte, der noch offiziell organisiert wurde. Auf einmal ging alles sehr schnell: Kaum dem Tod entronnen, wurde Carlos auf einer Trage in eine Maschine der UN verladen und flog gemeinsam mit all den anderen Kindern und seinem Bruder Pedro von Luanda nach Frankfurt am Main. Von dort aus kamen sie ins Flüchtlingslager. Hier haben die Kinder dann Baby Joe gefunden. Er lag in einem zerschlissenen Tuch auf dem Boden. »Und er hat geweint, weil er ganz allein und ohne Mutter ist«, sagt Pedro. »Jetzt gehört er zu uns.«

3. Kapitel: Die Welt auf der Flucht

Schwester Aquila hatte den Jungen damals von Engeln erzählt, die ganz weiß sind und oben im Himmel zusammen mit den Eltern auf die beiden Brüder aufpassen. »Sie können Wünsche erfüllen, wenn man mit ihnen spricht«, hat sie gesagt. »Und du siehst aus wie ein Engel«, sagt Pedro zu Traudl. »So weiß und so schön...« Dann flüstert er der fremden Frau seinen größten Wunsch ins Ohr: »I want to go to Frankfurt.« Traudl lächelt und antwortet: »Hier ist Frankfurt – du bist angekommen.« Doch Pedro glaubt ihr nicht. »No, no!«, sagt der Junge entschieden. »Frankfurt wunderbar – not here!« Seine Mutter hatte Pedro früher vor dem Einschlafen oft Geschichten aus Frankfurt erzählt. »Dort kommt Wasser aus der Wand«, sagt er, als ob es ein Geheimnis ist. »Jeder Mensch in Frankfurt hat eine eigene Quelle in seiner Hütte – ganz für sich allein. Aus dieser Quelle kommt warmes und kaltes Wasser.« Pedro liebte die Geschichten der Mutter. Er konnte ihr stundenlang zuhören, wenn sie aus dieser fernen Wunderwelt berichtet hat. »In Frankfurt gibt es große Zelte aus Stein. Dort essen die Menschen gebratene Hähnchen und Brot. Es gibt Verkaufszelte nur für bunte Bonbons und Kaugummi. In anderen bekommt man Fußbälle und Fahrräder. Die Menschen trinken Coca-Cola mit durchsichtigen Steinchen, die sie Eis nennen. Diese Steinchen lösen sich auf und machen die Cola ganz kalt. Auch wenn es heiß ist und die Sonne scheint, funktionieren die Steinchen. Große Cars und hohe Häuser gibt es dort. Frankfurt is wonderful«, flüstert er verklärt. »Not here!«, wiederholt er. »Here not Frankfurt!« Hat seine Mutter nicht ein Schlaraffenland beschrieben? »Sie hat genau gewusst, wie es dort aussieht«, sagt er. »Denn ein Mann aus dem Nachbardorf war in Frankfurt gewesen und hat das Wunder mit eigenen Augen gesehen.« Doch das ist lange her. Traudl Steinhuber wiegt den schlafenden Säugling in ihren Armen und ist zum ersten Mal nach langer Zeit wieder froh.

Gegen Abend hört sie plötzlich, wie draußen die Wachen mit ihren schweren Stiefeln über den Gang poltern. Sie schlagen mit Holzknüppeln gegen die Lagertür des Kindercamps und schreien: »Water – food!« Wie auf ein geheimes Kommando bilden einige der Kinder mit ihren Körpern einen warmen Kokon, in dem sie Traudl Steinhuber vor den Wachen verbergen. Die anderen reihen sich auf und strecken ihre Hände in die Höhe, drängeln und schubsen, um an das begehrte Brot zu gelangen und ihre Tassen mit Wasser füllen zu lassen. Die Männer machen sich über die hungrigen Kinder lustig und schlagen mit Stöcken wahllos in die Menge. Als Nazar aus dem Sudan an der Reihe ist, stoßen die Wachen den Jungen zur Seite. Die Männer wissen, dass der Fünfjährige immer hungrig ist. Er ist vor sieben Wochen aus einem Sammellager in Khartum gekommen. Für ihn ist das Lager ein Paradies; hier gibt es immer Wasser und Brot. Still sitzt er den ganzen Tag auf dem Boden und wartet, bis die Männer mit dem Brot kommen. Dann stopft er alles auf einmal in seinen kleinen Mund und verschlingt gierig, was ihm vorgesetzt wird. Er wird oft geschlagen und verhöhnt. Trotzdem bedankt er sich brav mit einem scheuen »Shukran«, wenn er sein Brot bekommt. Die Männer haben beschlossen, dass Nazar heute leer ausgeht. Sie treiben ihre Späße mit dem Kind, halten

Der Sudan, im Nordosten Afrikas gelegen, wird seit 1983 von Bürgerkriegen erschüttert; der Konflikt in Darfur dauert bis in die Gegenwart an.

3. Kapitel: Die Welt auf der Flucht

»Es kamen nach Angaben der italienischen Sicherheitskräfte im Jahr 2005 mit 154 Booten 14 855 Flüchtlinge, 2006 mit 341 Booten 18 096 Flüchtlinge, 2007 mit 270 Booten 11 749 Flüchtlinge und 2008 mit 397 Booten insgesamt 30 647 Personen. Das Lager hat eine Kapazität von 800 Personen.«
Bericht in der *Frankfurter Allgemeinen Zeitung* vom 26. Januar 2009

ihm einen ganzen Laib Brot hin und ziehen es wieder weg, bevor Nazar das Brot ergreifen kann. Dann lassen sie ihn wie ein Hündchen hochspringen und nach dem Brot schnappen. Sie bellen und jaulen, um Nazar zu verhöhnen. Am Ende stoßen sie den Jungen beiseite und sagen lachend: »No food today!« Wie ein waidwundes Tier verkriecht sich Nazar und sucht zwischen den Beinen der anderen Kinder nach Brotkrümeln. Sein Freund Amir, selbst nur Haut und Knochen, will gerade sein Brot mit Nazar teilen, als einer der Männer mit dem Stock dazwischenfährt. »No food today!«, schreit er und nimmt auch Amir seine Ration weg. Traudl Steinhuber bricht fast das Herz. Wütend will sie auf die Kerle losgehen, doch die Kinder drängen sie zurück. Sie rufen und lärmen, damit die Männer Traudl nicht hören. Dann fällt die Tür zu, die Kerle sind weg. Die Kinder haben sich verkrochen und essen schweigend ihr Brot. Einige teilen mit Amir und Nazar das wenige, was sie haben.

Nazar ist scheu und schreckhaft. Beim geringsten Geräusch zuckt er zusammen und versteckt sich. Traudl Steinhuber will ihn trösten, doch der Junge hat Angst. Keiner weiß, was ihm schon alles widerfahren ist. Vermutlich kam er mit seinen Eltern aus dem Süden des afrikanischen Kontinents. Vielleicht wollten sie mit ihm ins Flüchtlingslager nach Khartum, vielleicht ist ihnen unterwegs etwas zugestoßen. Vielleicht haben sie Nazar aber auch einfach zurückgelassen. Ein Esser weniger ist im Armenhaus von Afrika eine Erleichterung für die Familie.

Jedes Kind hier im Lager hat seine eigene traurige Geschichte. Mustafa kommt aus Jordanien, einem Land, das schon immer unter Wassermangel gelitten hat. Er spricht ganz leise und fummelt ständig nervös mit den Fingern an dem Ärmel seines Kaftans herum. Er hat als Einziger ein Massaker überlebt, als marodierende Reiterhorden die Trinkwasservorräte in seinem Dorf plünderten und mit ihren Macheten viele Menschen abschlachteten. Mustafa leidet unter dem Trauma des Terrors. Wenn die Wachen im Lager Trinkwasser verteilen, schleicht er mit seinem Becher vorsichtig heran. Er fürchtet die Männer und will um keinen Preis auffallen. Schon oft haben sie ihn verspottet, das Wasser einfach neben den Becher laufen lassen oder sein Trinkgefäß erst gefüllt und dann mit den Stiefeln umgestoßen. Doch Mustafa ist daran gewöhnt, durstig zu sein. Zu wissen, dass die Männer auch morgen wieder Wasser verteilen werden, ist für ihn schon Beruhigung genug.

Die älteren Kinder im Lager sind oft aggressiv. Sie verarbeiten ihre traumatischen Erlebnisse, indem sie sich gegenseitig schlagen und quälen. Oft spielen sie »Krieg« oder »totmachen«. Dann schreien sie und rennen wild umher. Die kleinen Kinder haben Angst und verstecken sich. Zu ihnen gehört Hagga Amira. Sie hat die Brotrevolte in Kairo nur knapp überlebt. »Allah hat uns

Tag für Tag sterben 25 000 Menschen an den Folgen des Hungers. Das Welternährungsprogramm der Vereinten Nationen (World Food Programme) organisiert jedes Jahr Nahrungsmittelhilfen für bis zu 90 Millionen Menschen.

verlassen«, sagt das schüchterne Mädchen. Sie war damals mit ihrer Mutter auf dem großen Platz, um Fladenbrot zu erbetteln, das von der Ladefläche eines Lebensmitteltransporters des World-Food-Programms der Vereinten Nationen ausgeteilt wurde. Soldaten richteten ihre Waffen in die Menge. Sie sollten die Ausgabe der Lebensmittel gegen Plünderer schützen, denn Hungerproteste führten immer häufiger zu blutigen Unruhen. »Dann fiel Mama um«, erinnert sich Hagga. Über 12 000 Menschen waren bei den

Ausschreitungen im Januar 2033 ums Leben gekommen. UN-Mitarbeiter wurden bei der Verteilung von Lebensmitteln gelyncht und bei lebendigem Leib angezündet. Später banden die Täter die verstümmelten Leichen an ein Seil und zogen sie wie Trophäen durch die Straßen von Kairo. Von Hubschraubern aus schossen Militärs daraufhin wahllos in die Menge. Nach diesem Zwischenfall haben die Vereinten Nationen das Food-Programm in ganz Ägypten sofort eingestellt. Hunderttausende starben seither am Nil den Hungertod.

Hagga Amir kuschelt sich an Traudl an. Sie hält ein Fläschchen mit verdünntem Hirsebrei für Baby Joe in Händen. Die Männer hatten es achtlos am Eingang abgestellt. Gierig nuckelt der Säugling die dünnflüssige Masse durch den Schnuller und sieht Traudl dabei ernst aus kreisrunden dunklen Augen an. Die wenigen Haare, die auf seinem Kopf wachsen, sind verklebt und stehen wie bei einem Punker wild ab. Kaum ist das Fläschchen leer, schläft Baby Joe ein. Auch Traudl schließt die Augen. Sie denkt an ihr eigenes Kind und spricht mit ihm: »Es ist gut, dass du tot bist und dieses Leid hier im Kinderlager nicht ertragen musst, mein Liebling.« Dann erschrickt sie vor den eigenen Gedanken und bittet Gott um Verzeihung.

Drei Tage später sitzt Traudl wieder auf ihrem Feldbett in »Europa I«, gerade so, als wäre sie nie weggewesen. »Es gibt ein Kinderlager, Anton«, sagt sie nur, als ihr Mann sie in die Arme schließt und weint. Doch Traudl nimmt seine Erleichterung nicht wahr. »Die Kinder dort sind hungrig. Manche sind krank. Und es gibt ein Baby. Es heißt Joe...«

Dass Traudl Steinhuber plötzlich wieder aufgetaucht ist, macht im Schlafsaal schnell die Runde. Die Aufregung ist groß. Wie konnte sie die Wachen überwinden, ohne entdeckt zu werden? Traudl Steinhuber schweigt hartnäckig, wenn sie danach gefragt wird. Die Angst in »Europa I« ist groß, denn wenn eine psychisch kranke Alpenwirtin aus Tirol wie ein Gespenst verschwindet und wieder auftaucht, muss es ein Sicherheitsleck im System geben. Auch Kriminelle können sich folglich problemlos zwischen den Ländersektoren bewegen. Doch Traudl Steinhuber schweigt verbissen, wenn sie gefragt wird, wie sie die Sicherheitszone überwinden konnte. Sie spielt einfach die Irre, die nicht weiß, wo sie war. Sie hat nur ein Ziel: Sie will Pedro, Carlos und Baby Joe und all den anderen Kindern helfen.

Am nächsten Morgen kommt die Lagerleitung zusammen mit einem UN-Beamten, dem Pfarrer und einer jungen Frau in den Schlafsaal, um Traudl Steinhuber offiziell zu ihrem Verschwinden zu befragen. »Mein Name ist Laura Spinetti«, sagt die junge Frau. »Ich bin Journalistin und habe schon auf dem Tourismuskongress in Titisee-Neustadt von Ihrem Schicksal erfahren. Darf ich Sie interviewen?« Traudl Steinhuber lächelt und sagt für alle unerwartet: »Ja! Aber ich rede nicht mit den Männern. Und Ihnen sage ich nur dann etwas, wenn wir allein sind.« Der UN-Beamte zuckt gleichgültig mit den Schultern, während der Pfarrer einen leicht beleidigten Gesichtsausdruck aufsetzt. Doch sie ziehen sich kommentarlos ein paar Meter zurück und lassen Traudl mit der Journalistin allein.

Wussten Sie, dass Deutschland mehr klimaschädliches Kohlendioxid ausstößt als Afrika, der zweitgrößte Kontinent der Welt? Und das, obwohl Afrika dreimal so groß ist wie Europa und 53 Staaten hat...

»Es gibt ein Kinderlager«, flüstert Traudl. »Ein Camp. Dort herrschen unmenschliche Bedingungen.« Sie erzählt von Pedro und Carlos, Nazar und Amir, von Baby Joe und den anderen Kindern. »Die Kleinen werden von den Wachposten als Drogenkuriere missbraucht, weil sie unbemerkt durch die Sicherheitsanlagen schlüpfen können. Auch das medizinische Personal benutzt die Kinder als Kuriere. Unter Verbänden und in Windeln lassen sich Drogen an den Wachen vorbeitransportieren.« Halbwüchsige Mädchen aus dem Kindercamp werden zur Prostitution gezwungen. »Alle sind unterernährt. Sie haben immer Hunger und Durst«, sagt Traudl. »Reis und Brot sind rationiert. Von den knappen Portionen klauen die Wachposten den Kindern noch die Hälfte, um sie gegen Zigaretten einzutauschen. Das Trinkwasser ist ungenießbar, Reinigungstabletten werden längst schwarz gehandelt. Wer an Durchfall erkrankt, wird vom Gesundheitsdienst rigoros aussortiert und verschwindet. Die Kinder sagen, die Kranken werden in ihre Länder zurückgeschickt.«

Laura Spinetti nimmt Traudls Worte mit ihrem flexiblen Mikrocomputer auf, den sie wie ein Armband am Handgelenk trägt und als Schmuckstück ins Lager geschmuggelt hat. Aufzeichnungsgeräte aller Art sind verboten, doch die Sensoren am Eingangstor haben glücklicherweise nicht angeschlagen. Ein kurzer Seitenblick auf all die Medikamente auf dem Beistelltisch lässt die Journalistin einen Augenblick allerdings zweifeln, ob den Erzählungen dieser Frau zu trauen ist. Traudl Steinhuber bemerkt den Blick und bittet: »Sie müssen mir glauben! Sie müssen die Öffentlichkeit informieren! Im Kindercamp spielen sich Dramen ab!« Laura nickt knapp. Dann geht sie zu dem UN-Beamten und erklärt: »Diese Frau weiß nicht, wo sie war und wie es möglich ist, den Sektor zu verlassen. Sie ist traumatisiert.«

Die Journalistin fühlt sich vom Strudel der Ereignisse mitgerissen. Das Interview mit der Hamburger Ärztin Carolyn Petermann war intensiv und bedrückend zugleich. Wie groß mag die Gefahr infektiöser Erkrankungen wirklich sein? Greift eine neue Seuche um sich, gegen die es noch keine Gegenmittel gibt? Wenn ja, wie groß war das Risiko, sich bei der Recherche im Krankenhaus selbst angesteckt zu haben? Dann der furchtbare Sturm, all die Toten und Schwerstverletzten, die sie in der Notaufnahme des Krankenhauses gesehen hat. Laura Spinetti ist verstört. So viel Blut, so viel Leid! In ihrem Kopf läuft das Schrillen der Kliniksirenen noch immer wie ein Endlosband ab. Ständig tauchen Menschen in ihrer Erinnerung auf, die Opfer des Infernos geworden sind. Beim Gedanken an Hamburg muss die Journalistin schlucken: Die Stadt ist nicht wiederzuerkennen.

Und jetzt die dramatischen Berichte der armen Frau hier im Lager – hungernde Kinder, brutale Lagerverwalter. Wenn nur die Hälfte von dem stimmt, was diese Frau mir erzählt hat, ist es ein ausgewachsener Skandal, denkt Laura Spinetti, und halblaut entfährt es ihr: »Es wird stimmen, was diese Traudl Steinhuber sagt, denn sonst machen all die Sicherheitsvorkehrungen und No-Go-Zonen im Flüchtlingslager keinen Sinn!« Seit die Journalistin im Lager ist, wird sie ständig von Wachmännern und einem Presseoffizier begleitet. Hat die Lagerleitung etwa Angst, dass sie etwas entdeckt, was die Öffentlichkeit nicht wissen darf? Laura Spinetti hat sich schon lange gefragt, wo die vielen Waisenkinder aus den Klimabrennpunkten der Erde bleiben? Sie hat zwar über einen befreundeten Staatssekretär detaillierte Informationen über Transportmaschinen der Hilfsorganisation ClimatAid erhalten – diese Organisation transportiert ausschließlich Kinder über die Drehkreuze Frankfurt und Heathrow –, doch wo bleiben die kleinen Klimaflüchtlinge aus Asien, Afrika und Lateinamerika nach der Landung in Europa eigentlich? Laura beschließt, der Frau in dem seltsamen Dirndl zu glauben und die Zustände in diesem Lager genauer zu recherchieren. Ganz nebenbei will sie das Schicksal der Steinhubers im Auge behalten.

Traudl Steinhuber scheint aus ihrer Lethargie und Trauer erwacht zu sein, seit sie das Kindercamp entdeckt hat. Wie besessen verfolgt sie den Gedanken, den Kindern zu helfen. Sie plant eine Art Hilfskomitee, doch niemand will ihr glauben. Denn sie gilt als »die Irre«, die durch den Tod ihres Kindes den Verstand verloren hat. Immer wieder versucht sie, ins Kindercamp zu gelangen. Doch Anton Steinhuber lässt seine Frau nicht mehr aus den Augen.

Die Millionen-Völkerwanderung

Sicherheitsrisiko Klimawandel

»Ich bin Optimist und glaube an die menschliche Vernunft«
Ein Gespräch mit Hans Joachim Schellnhuber, Leiter des Potsdam-Instituts für Klimafolgenforschung

Die Millionen-Völkerwanderung

»Die Armut auf der Welt ist der größte Feind der Umwelt«, sagte uns Klaus Töpfer am Rande der vom Umweltprogramm der Vereinten Nationen (UNEP) und Daimler veranstalteten Magdeburger Umweltkonferenz im November 2005. Klaus Töpfer hat sich während seiner Zeit als Umweltminister intensiv für die Bewahrung der natürlichen Lebensgrundlagen und den Schutz der biologischen Vielfalt in Deutschland eingesetzt und trat als einer der Ersten energisch für eine internationale Zusammenarbeit zum Schutz der natürlichen Lebensgrundlagen ein. Er war wesentlicher Initiator für die in Rio de Janeiro 1992 von 154 Staaten unterzeichnete Klimarahmenkonvention, die die Stabilisierung der Treibhausgaskonzentration in der Atmosphäre zum Ziel hatte und 1994 in Kraft getreten ist. Bei der Folgekonferenz 1995 in Berlin wurde vereinbart, ein neues Protokoll auszuhandeln, in dem die Industrieländer sich verpflichten sollten, ihre Treibhausgasemissionen zu verringern. 1997 gab es als Folge davon bei der dritten Vertragsstaatenkonferenz in Kyoto das sogenannte Kyoto-Protokoll.

Möglicherweise war sein Engagement für einen stärkeren internationalen Umweltdialog und für ein gemeinsames Vorgehen gegen die Armut die Eintrittskarte für Klaus Töpfers späteres Amt als Chef des Umweltprogramms der Vereinten Nationen (United Nations Environment Programme), das er von 1998 bis 2006 innehatte. Unermüdlich reiste Töpfer in dieser Funktion um die Welt, um Repräsentanten der verschiedenen Staaten für eine konsequente Umweltpolitik durch Armutsbekämpfung, Klimaschutz und nachhaltige Entwicklung zu gewinnen und entsprechende Projekte zu initiieren.

Schaut man sich die Statistiken der Konvention für Biologische Vielfalt (CBD – Convention on Biological Diversity) an, so zeigt sich deutlich, dass Töpfer und andere Mahner für eine ganzheitliche Umweltpolitik, die auch soziale Aspekte berücksichtigt, recht behielten. In den reichen Industriestaaten ist der Rückgang von Tier- und Pflanzenarten zwar ebenfalls zu beklagen, doch mit dem rapiden Schwund in den armen Regionen der Erde ist das nicht zu vergleichen. Hier verschwinden Lebewesen von der Erdkugel, bevor sie überhaupt entdeckt sind. Das World Conservation Monitoring Center (WCMC) ist quasi eine weltweit agierende Artenregistratur. Experten des WCMC schätzen die Zahl bekannter Tier- und Pflanzenarten auf rund 1,75 Millionen. Die bisher noch unbekannten Arten werden auf bis zu 30 Millionen geschätzt. Die allermeisten Tiere und Pflanzen sind also noch gar nicht entdeckt und beschrieben, und das sind Tiere und Pflanzen, die für uns Menschen noch bedeutsam werden könnten. So manches Medikament konnte ja erst entwickelt werden, nachdem man Wirkstoffe in der Natur entdeckt hat – und viele davon stammten aus den Urwäldern. Aber auch jenseits von Nutzenerwägungen gibt es eine Vielzahl von Arten, die faszinierend sind und schon allein deshalb ein Existenzrecht haben. Doch wie kann man gegenüber Menschen argumentieren, die Not leiden? Wie soll man ihnen klarmachen, dass eine Art schützenswert ist und im Naturkreislauf eine wichtige, vielleicht heute noch nicht bekannte Funktion erfüllt, vielleicht sogar eines Tages für die Menschheit nützlich sein wird? Solange es ihnen an den grundlegenden Bedingungen ihrer Existenz mangelt, werden die Ärmsten der Armen kein Verständnis haben für solche Überlegungen. Über 1 Milliarde Menschen haben kein sauberes Trinkwasser. Über 850 Millionen Menschen gelten als unterernährt.

Die Menschen in Mitteleuropa dagegen leben im Wohlstand und sind trotzdem nicht in der Lage, durch ein

Wo die Menschen hungern
Schon jetzt ist die Nahrung auf der Welt ungleich verteilt. Durch den Klimawandel werden viele Regionen zu noch größeren Hungergebieten.
Quelle: nach FAO (2007)

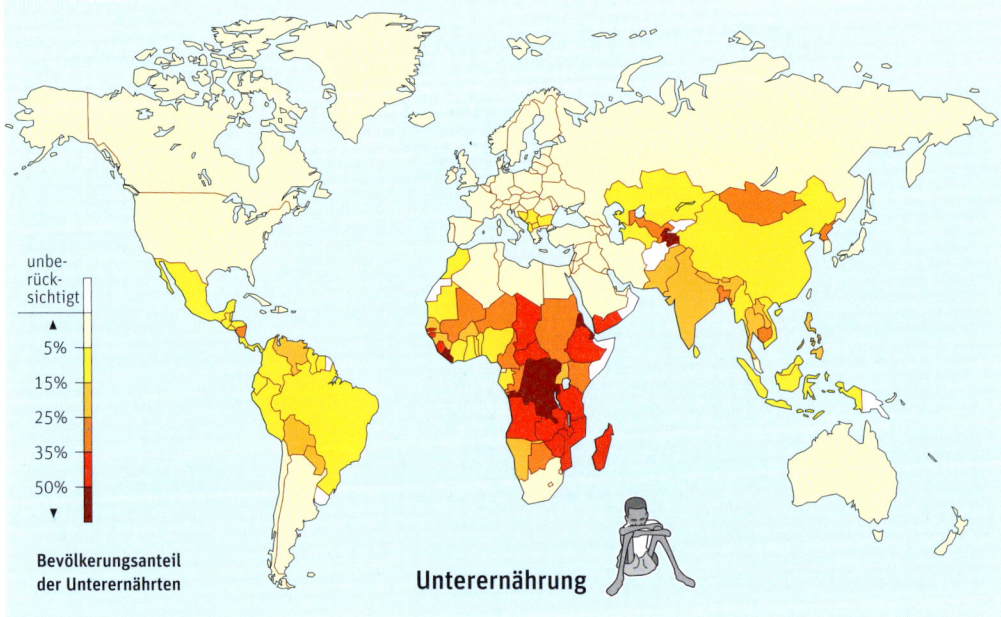

78

wenig Verzicht wertvolle Lebensräume zu bewahren, um die biologische Vielfalt zu erhalten. Bruno, der erste Bär, der nach 170 Jahren wieder auf deutschem Boden auftauchte, wurde zur Gefahr für Sicherheit und Ordnung erklärt. Die Rückkehr von Wolf und Luchs in die Wälder Deutschlands, Österreichs und der Schweiz empfinden viele Zeitgenossen als beängstigend und meinen, das sei mit unserer Zivilisationsgesellschaft unvereinbar. Wie können wir unter diesen Umständen von den Menschen in armen Regionen der Erde erwarten, dass gerade sie die Natur erhalten? Während daheim die Schwalbennester vom Haus entfernt werden, weil die Vögel die Hauswand beschmutzen könnten, erwarten dieselben Leute, dass sie im Urlaub in Südostasien, Afrika und Südamerika Tiger, Elefanten, Tapire und Jaguare fotografieren können. Dabei gilt ein simpler Satz: Überall, wo die Menschen nicht von der Natur profitieren, ist sie auf dem Rückzug. Wer kein sauberes Wasser und nicht genug zu essen hat, wer kein Dach über dem Kopf hat, ist schwer davon zu überzeugen, dass es wichtig ist, die Natur zu schützen.

So beginnt ein unheilvoller Teufelskreis. Wälder, die die Menschen mit Wasser, sauberer Luft, Brennmaterial, Früchten und medizinischen Pflanzen versorgen, werden abgeholzt. Seen und Flüsse werden überfischt, verschmutzt und zur Gewinnung von Weide- und Ackerland zerstört. Im Kampf ums nackte Überleben wird die Natur vernichtet. Die »grünen Lungen« schrumpfen, Trocken- und Wüstengebiete werden immer größer. Das geschieht nicht nur durch Konzerne, die die Holzvorräte und Edelmetalle in unverantwortlicher Weise plündern. Oft ist es auch schlicht die Not, die Menschen zwingt, Brennholz zu schlagen und so die verbliebenen Wälder noch weiter zu dezimieren. Immer näher rücken Ackerflächen an die letzten Naturparadiese heran. All das ist – neben dem Ausstoß klimaschädlicher Emissionen durch Verbrennungsprozesse in den Industriestaaten – Ursache und Folge des Klimawandels. Wer sich die Weltkarte anschaut, kann sich mühelos ausmalen, wie sich die Lage der Menschen in den armen Regionen der Erde durch den Klimawandel noch verschärfen wird.

Stichwort Wassermangel

Durch den Klimawandel und die Abholzungen verändern sich die Niederschlagsmengen. Gletscher schmelzen, und küstennahe Süßwasserreserven versalzen durch den Anstieg des Meeresspiegels. Bald werden all diese Faktoren dazu führen, dass die verfügbare Süßwassermenge für die Menschheit dramatisch abnimmt. Gleichzeitig wird die wachsende Weltbevölkerung die Nachfrage nach Wasser noch verstärken.

Stichwort Nahrungsknappheit

Bereits bei einer Erwärmung um durchschnittlich rund 2 Grad Celsius (bezogen auf 1990) kommt es zu einer weiteren Verschärfung der Ernährungssituation in vielen Entwicklungsländern. Tritt eine durchschnittliche Erwärmung von 2 bis 4 Grad Celsius ein, gehen Experten von einem weltweiten Rückgang der landwirtschaftlichen Produktivität aus. Wüstenbildung, Bodenversalzung und fortschreitende Wasserverknappung sind die Folge. Schon jetzt gibt es in Südostasien und Nordafrika so gut wie keine Flächenreserven mehr für eine Ausdehnung der Landwirtschaft.

Stichwort Zunahme von Sturm- und Flutkatastrophen

Steigt infolge des Klimawandels der Meeresspiegel weiter an, kommt es

Verfügbarkeit von Süßwasser auf der Erde
Die Darstellung darf nicht darüber hinwegtäuschen, dass Milliarden von Menschen keinen Zugang zu sauberem Trinkwasser haben. Der Klimawandel wird die Verteilung der Wasserressourcen erheblich beeinflussen. Ohne Wasser kein Leben und keine Zukunft. Viele Menschen werden bei einer Verschärfung des Wassermangels gezwungen sein, ihre Heimat zu verlassen. *Quelle: nach WRI (2007)*

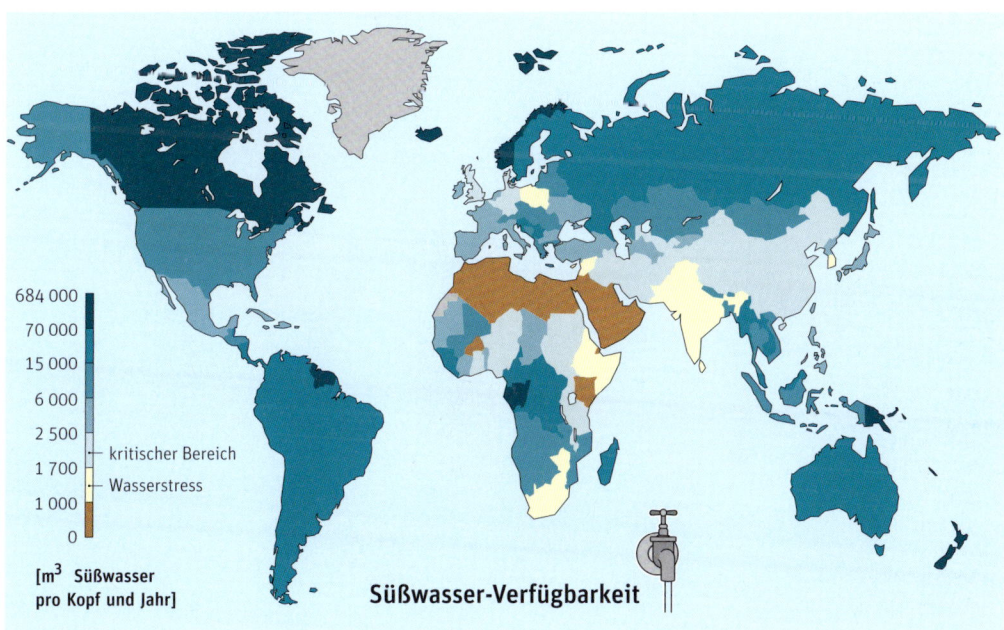

immer häufiger zu Stürmen und starken Regenfällen mit einer zuvor nie gekannten Intensität. Die Risiken von Naturkatastrophen steigen. Verstärkt wird das alles durch die Entwaldung der Flussoberläufe.

Krisenherd Klimawandel

Es gehört nicht viel Phantasie dazu, sich auszumalen, welche sozialen Erschütterungen der Klimawandel in den ohnehin schon krisengeschüttelten Regionen der Erde nach sich ziehen wird. Millionen von Menschen wären gezwungen, als Klimaflüchtlinge ihre Heimat zu verlassen. Ganz gleich, ob die Gründe für eine Flucht Dürre, Wasserknappheit oder der Kampf um Boden oder Bodenschätze sind: Es gibt viele Gründe für klimabedingte Konflikte und kriegerische Auseinandersetzungen. Die Experten des Weltklimarats IPCC gehen davon aus, dass bis zum Jahr 2035 weltweit über 200 Millionen Menschen ihre Heimat verlieren werden. Bis zur Mitte unseres Jahrhunderts könnten sogar über 600 Millionen Menschen als Klimaflüchtlinge unterwegs sein, denn mehr als 60 Prozent der Menschheit leben auf einem nur 100 Kilometer breiten Streifen entlang der Meeresküsten.

Darauf hat auch das von Dr. Achim Steiner geleitete Umweltprogramm der Vereinten Nationen (UNEP) hingewiesen. Vier Jahre lang haben 500 Wissenschaftler Daten für den Global Environment Outlook (GEO-4) zusammengestellt. Dieser globale Perspektivbericht macht deutlich, dass die Probleme der Menschen in sogenannten Entwicklungsländern zu den Problemen der reichen Nationen werden. Allzu oft verschließen wir die Augen vor den sich häufenden Schreckensberichten aus den Krisengebieten Afrikas und Asiens. Doch Afrika und Asien sind näher, als man denkt. Dass Armut-, Kriegs- und Klimaflüchtlinge in Europa ihr Heil suchen, liegt auf der Hand. Und so wird das Schicksal der Armen immer mehr auch zum Schicksal der Reichen.

Unaufhaltsam wächst der Flüchtlingsstrom

Was vor wenigen Jahren mit ein paar Bootsflüchtlingen begann, die im spanischen Teneriffa und auf der italienischen Mittelmeerinsel Lampedusa südwestlich von Malta angetrieben wurden, ist mittlerweile zu einem kontinuierlichen Flüchtlingsstrom angewachsen. Die Völkerwanderung von Süd nach Nord hat längst begonnen. Allein auf der kleinen, nur 4500 Einwohner zählenden Insel Lampedusa sind 2008 mehr als 30 000 Einwanderer über das Meer angekommen. Ständig werden geschwächte Menschen in alten klapprigen Booten aufgegriffen. Die Leichen von gekenterten und ertrunkenen Armuts- und Umweltflüchtlingen werden an den Strand gespült. Sie kommen aus Somalia, Äthiopien und dem Sudan, aus Eritrea, Uganda und dem Kongo. »Wir bekommen den großen Ansturm über das Meer nicht mehr in den Griff. Europa muss uns endlich helfen«, sagte Italiens Innenminister Roberto Maroni im Sommer 2008. Da hilft es wenig, wenn die Tageszeitung des Vatikan, der *Osservatore Romano*, dem hoffnungslos überlasteten Bürgermeister der Insel Lampedusa, Bernardino De Rubeis, vorwirft, nicht genug für die Flüchtlinge zu tun, wie der Journalist Thomas Migge in den *Stuttgarter Nachrichten* berichtete. Das Elend der Flüchtlinge und die sozialen Verwerfungen, die ein weiteres Anschwellen des Migrantenansturms von Armuts- und Klimaopfern mit sich bringt, ist nichts gegen das, was die Europäer und der reiche Rest der Welt in gemäßigten Breiten erwartet, wenn die Prognosen der Klimaerwärmung eintreffen. Die Welt wird ein einziger Krisenherd sein!

Europa

Aus dem Klimakatastrophen-Kontinent Afrika werden erst Hundertau-

Die Welt auf der Flucht
Bewaffnete Konflikte, Kriege, Nahrungs- und Wassermangel machen viele Menschen schon jetzt innerhalb ihrer Heimatländer zu Flüchtlingen (»Binnenvertriebenen«). Der Klimawandel wird die Situation dramatisch verschärfen, weil viele Gebiete langfristig unbewohnbar werden.
Quelle: nach IDMC (2007)

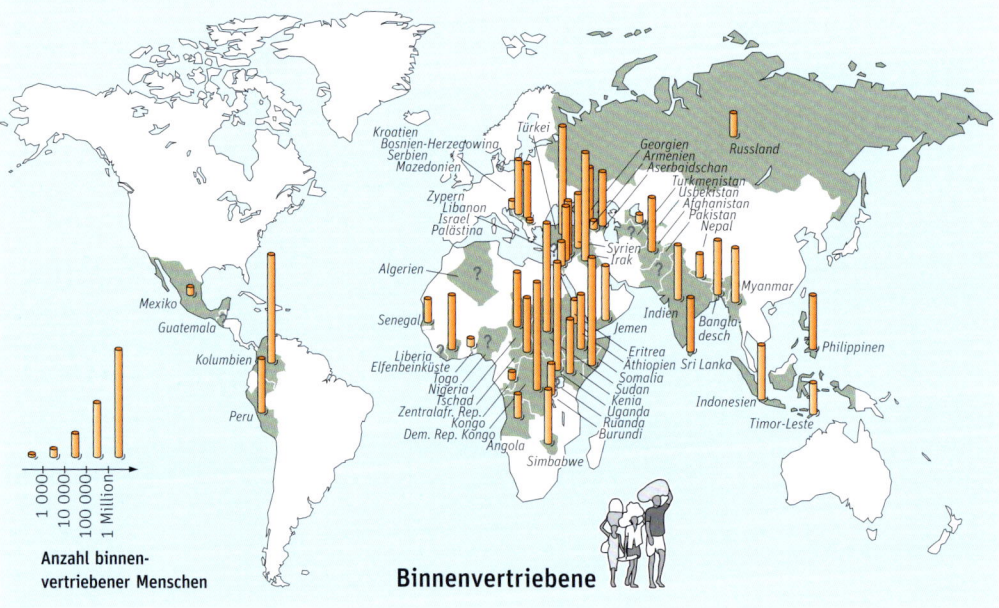

80

zen, noch nicht überall angekommen ist. Wir müssen aber dieses globale Problembewusstsein entwickeln, denn nur so können wir vermeiden, dass keiner handelt, weil jeder wartet, dass jemand anders den ersten Schritt tut.

Müssten wir nicht viel stärker die Armut bekämpfen und für mehr Gerechtigkeit weltweit sorgen, bevor wir in Deutschland und Mitteleuropa an die Umwelt denken können?

Man kann diese Dinge nicht voneinander trennen. Der Klimawandel birgt Gefahren für die Lebensgrundlagen vieler Millionen Menschen. Nehmen Sie den Sudan: Hier haben Hitze und Trockenheit Konflikte um Wasser, um Weidegründe und Ackerflächen geschürt, die letztlich in einen grausamen Bürgerkrieg mündeten. Umweltfragen sind Gerechtigkeitsfragen: Es geht um die Gerechtigkeit zwischen Menschen unterschiedlicher Regionen und Generationen. Natürlich stehen die Industrieländer besonders in der Verantwortung. Sie sind die Hauptverursacher des Klimawandels. Daher müssen sie ihren Ausstoß von Treibhausgasen besonders drastisch verringern. Die Auswirkungen des Klimawandels treffen gerade jene Länder besonders hart, die vergleichsweise wenig zu diesem Problem beigetragen haben und die auch nicht über den Wohlstand verfügen, sich an die veränderten Verhältnisse anzupassen. Wie wir internationale Klimapolitik gestalten, ist letztlich eine ethische Frage.

Sie sagen häufig auch unpopuläre Dinge und werden dafür von manchen angefeindet. Zum Beispiel, dass die Laufzeiten einzelner Atomkraftwerke wegen des Klimaschutzes verlängert werden müssten. Halten Sie die Atomkraft wirklich für die Lösung des Problems rund um fossile Brennstoffe?

Nein. Für den Neubau von Kernkraftwerken in Deutschland sehe ich weder die Notwendigkeit noch eine Berechtigung. Und global würde selbst ein massiver Ausbau der Kernenergienutzung nicht ausreichen, das Klimaproblem zu lösen. Was ich sage, ist, dass man angesichts der großen Herausforderungen, vor denen wir stehen, alle Optionen unvoreingenommen prüfen sollte. Die Nutzung der Kernenergie ist mit Risiken verbunden, und das Endlagerproblem ist nicht gelöst. Aber es ist eine Überlegung wert, die Laufzeiten bestimmter Meiler, die den höchsten technologischen Standards gerecht werden, zu verlängern, um mit den hierdurch erwirtschafteten Einnahmen die Entwicklung klimaneutraler Techniken zur Stromerzeugung voranzutreiben. Auf diese Weise könnte die Atomkraft zur Lösung zumindest beitragen.

Beim gordischen Klimaknoten mit all seinen Verwicklungen und Problemen – wo liegt Ihrer Meinung nach das größte Problem? Ist es die wachsende Weltbevölkerung?

Das Wachstum der Weltbevölkerung verschärft nur ohnehin bestehende Probleme. Die Herausforderung besteht darin, im Jahr 2050 etwa 9 Milliarden Menschen ein Leben in Würde zu ermöglichen. Das wird nur gelingen, wenn wir es schaffen, unsere Wirtschaftsweise auf eine neue, nachhaltige Basis zu stellen. Diese große Transformation – das ist der Begriff, den die Teilnehmer des Potsdamer Nobelpreisträger-Symposiums 2007 gewählt haben – ist nicht Aufgabe der Industrie allein, sie muss die gesamte Gesellschaft erfassen.

Was glauben Sie, Herr Schellnhuber, wie sieht die Welt in 100 Jahren aus?

Lassen Sie mich so antworten: Wenn wir dem Klimawandel nicht entschieden entgegenwirken, wird die Welt des Jahres 2100 eine völlig andere sein. Die globale Mitteltemperatur läge um 3 bis 5 Grad Celsius höher als heute. An manchen Orten wäre die Erwärmung noch höher. Der Meeresspiegel wäre vermutlich um etwa einen Meter gestiegen – einige Wissenschaftler befürchten noch mehr. Einige Regionen dieser Welt wären nur noch sehr bedingt bewohnbar. Viele Menschen würden sich aufmachen, ihre Heimat zu verlassen. Die Folgen solcher Wanderbewegungen sind bekannt: Entwurzelung auf der einen, politische Destabilisierungen auf der anderen Seite.

Aber ich bin Optimist und glaube an die menschliche Vernunft. Wir entscheiden darüber, wie die Erde in 100 Jahren aussieht. Klimaschutz ist nicht unmöglich. Wir verfügen bereits über Technologien, die es ermöglichen, den Treibhausgasausstoß massiv zu reduzieren. Wir können die globale Erwärmung auf 2 Grad Celsius gegenüber vorindustriellem Niveau begrenzen. Voraussetzung ist natürlich, dass wir die Zeit nicht ungenutzt verstreichen lassen. Es wäre sinnvoll, möglichst bald einen weltweiten Emissionshandel zu etablieren, den Transportsektor auf Elektromobilität umzustellen und intelligente Wege zum Technologietransfer zu entwickeln. In Potsdam entsteht gerade ein Institut, an dem weltweit führende Forscher im engen Dialog mit Wirtschaft und Politik Lösungen für die entscheidenden Fragen der Großen Transformation entwickeln werden. Die Entscheidung der Politik, dieses Institut hier anzusiedeln, hat mich in meinem Optimismus durchaus bestärkt.

Prof. Hans Joachim Schellnhuber (Jahrgang 1950) leitet das Potsdam-Institut für Klimafolgenforschung (PIK) seit dessen Gründung 1992. Außerdem ist er stellvertretender Vorsitzender des Wissenschaftlichen Beirats der Bundesregierung Globale Umweltveränderungen (WBGU) und wurde während der G-8- und EU-Ratspräsidentschaften Deutschlands im Jahr 2007 zum wissenschaftlichen Chefberater der Bundesregierung in Fragen des Klimawandels und der internationalen Klimapolitik ernannt. Als Mitglied der Sachverständigengruppe Energie und Klimawandel berät er auch den EU-Kommissionspräsidenten. 1993 wurde er Professor für Theoretische Physik an der Universität Potsdam. Seit 2005 lehrt er zudem als Gastprofessor an der Universität Oxford. Schellnhuber wurde für seine Arbeit vielfach ausgezeichnet, unter anderem mit dem Titel »Commander of the Most Excellent Order of the British Empire« (CBE); 2007 erhielt er den Deutschen Umweltpreis, 2008 den B.A.U.M.-Umweltpreis.

Land unter

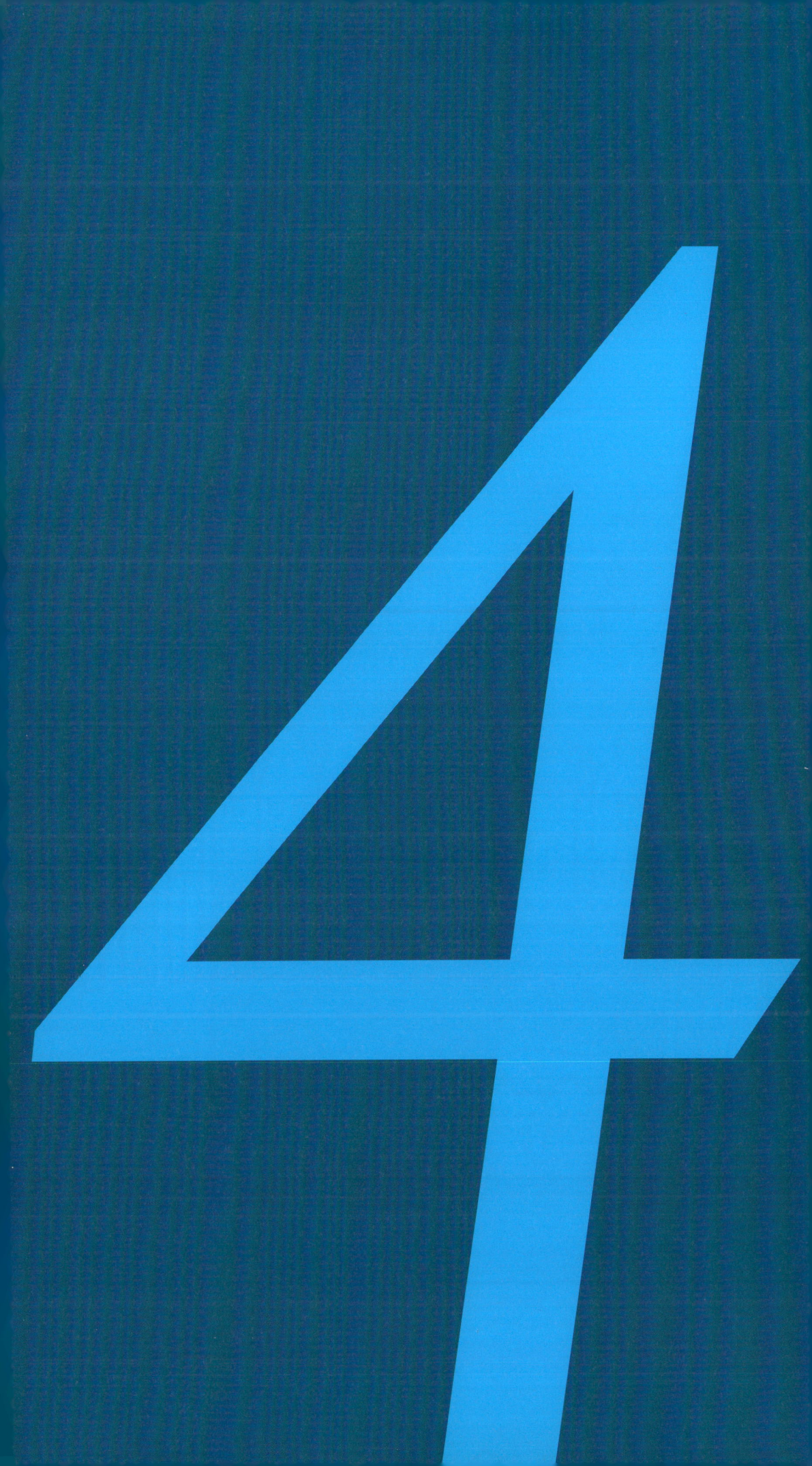

4. Kapitel: Land unter

Szenario 2035

Der Klimawandel bringt Berge ins Wanken: Im August 2008 hat eine Schlammlawine sich ihren Weg durch ein Dorf im Oberwallis gebahnt. Die Ursache: Unterirdische Wassertaschen des Münstergletschers waren ausgelaufen. Oberhalb des Dorfes durchbrachen die Geröllmassen eine Dammsperre, der Münstigerbach trat über die Ufer.

Im Newsblock auf ihrer Armbanduhr sieht Anna-Sofie über Internetwatch-Sat die kleine Kapelle, hinter der sie mit Labrador Bruno und ihrem Bruder Philipp in den Ferien immer gespielt hat. Mit der Watchcam ihrer Uhr zoomt sie die Kapelle heran. Da erfasst eine Schlammflut das Gebäude. Sekunden später geht die Kapelle in der Geröll- und Schlammlawine unter. Unfassbar! Auf dem Friedhof hinter dieser Kapelle war Anna-Sofie mit dem Hund der Wirtsleute herumgetobt, bis der Pfarrer aus dem Gemeindehaus kam und lachend sagte: »Ach, ihr seid das! Ich dachte schon, die Toten stehen auf.«

Ist der Pfarrer jetzt tot? Und was ist mit Bruno, dem Hund? Dann fällt Anna-Sofie das Baby der Steinhubers ein. Sie starrt auf ihre Armbanduhr und hofft auf weitere Informationen.

Anna-Sofie ist geschockt: War das tatsächlich die Kapelle von Hochzellhaus? Und wenn sie es war, was ist dann aus Anton und Traudl geworden? So eine Familie hatte sie sich immer gewünscht. Anton war ganz anders als ihr strenger Vater. Er verstand ihre Liebe zu Pferden und war mit ihr und Philipp in die Berge gewandert, wo sie nach dem Aufstieg auf einem Felsen in der Sonne gesessen und Brotzeit gemacht hatten. Der Almwirt hatte Käse und saftige Tomaten aus dem Rucksack geholt, frisches Wasser mit einem winzigen Schluck Wein gemischt und mit den Kindern auf ihre »erste Gipfelerstürmung« angestoßen. »Wisst ihr, dass wir auf einem ehemaligen Gletscher sitzen?«, hat er die beiden gefragt. Sie wusste nicht einmal, was ein Gletscher ist.

Mit Traudl Steinhuber hat Anna-Sofie über all die Jahre hinweg ganz altmodisch E-Mail-Kontakt gehalten. Sie hätte die fröhliche Frau liebend gern gegen ihre nörgelige Mutter eingetauscht. Über das Touchscreentelefon durfte sie sich jederzeit die neuesten Bruno-Filme von der Familie in Tirol herunterladen und Baby-Fotos gucken. Jetzt versucht Anna-Sofie die Nummer per Fingerprint einzugeben, aber sie bekommt keine Verbindung. Dann erscheint plötzlich das Gesicht von Traudl Steinhuber formatfüllend auf ihrer Armbanduhr. Darunter steht: »Herbergswirtin aus dem Todesdorf«. Jetzt hat sie Gewissheit: Es *war* die Kapelle in Tirol!

89

4. Kapitel: Land unter

»Daddy, die Steinhubers sind in den Climate News!«, schreit Anna-Sofie. Doch Patrick Strunzdorf ist mit ganz anderen Dingen beschäftigt und sagt nur lapidar: »Du sollst den Sender doch nicht gucken.« Anna-Sofie kreischt: »Papa, Mama! Die Traudl ist im Fernsehen. Alle sind tot!« Ungläubig setzt sich Marie Strunzdorf neben ihre Tochter und starrt ebenfalls auf den Bildschirm der Armbanduhr. Nach dem Bericht aus Tirol blickt sie ihren Mann vorwurfsvoll an und sagt: »Patrick, ich habe Angst! Ich will weg aus Köln!«

»Ihr denkt immer nur an euch!«, schreit Anna-Sofie. »Habt ihr nicht kapiert? Die Steinhubers sind tot!« Aber Marie Strunzdorf sagt bloß: »Die können gar nicht tot sein – die sind ja in den News.« Patrick Strunzdorf schüttelt den Kopf und sagt zu seiner Frau: »Überleg doch mal, was du sagst. Die Steinhubers leben in den Bergen. *Da* ist etwas passiert, *hier* sind wir sicher.« Und schon streiten die Eltern wieder einmal um das Thema Nummer eins: in Köln bleiben oder vor den ständigen Überschwemmungen des Rheins fliehen und nach Süddeutschland ziehen?

Marie Strunzdorf stimmt die altbekannte Klage an: »Alle unsere Sachen sind nass oder klamm und riechen stockig. Nichts wird mehr richtig trocken. Die guten Möbel von Mutter schimmeln auf der Rückseite. Sogar die Wiechers von nebenan ziehen weg, aber *du* willst wohl bleiben, bis wir alles verloren haben!« Ihre Insektenstiche jucken, die schwüle Hitze quält Marie Strunzdorf mehr als ihren Mann. »Ich krieg hier ständig Kopfschmerzen, weil es so stickig ist und alles nach Moder riecht.«

Patrick Strunzdorf gibt sich ungerührt, doch das ständige Nörgeln seiner Frau geht ihm auf die Nerven. »Sei endlich ruhig!«, faucht er und blättert im elektronischen Tagebuch seiner Firma. Seit die Ausläufer von Hurrikan Xenia, der über Hamburg niederging, auch große Teile von Köln wieder unter Wasser gesetzt haben, ist der Ingenieur arbeitslos. Der Investor seiner Firma hat nach dem Hurrikan von einem Tag auf den nächsten sein Geld aus Deutschland abgezogen.

»Ihr seid selbstsüchtig, stur und böse!«, schreit Anna-Sofie. »Ich hasse euch!« Sie muss hier weg, dringend, sonst dreht sie noch durch. Unter Tränen schnappt sie sich die Moskitomaske fürs Gesicht und zieht ihre wasserabweisende Jacke über. »Du bleibst hier!«, befiehlt der Vater, doch Anna-Sofie ist schon aus dem Raum gerannt. »Wo willst du denn wieder hin?«, ruft die Mutter ihr hinterher. Dabei kennen die Eltern die Antwort: In den Reitstall.

Was das Reiten betrifft, sind sich Patrick und Marie Strunzdorf ausnahmsweise einig: Das Hobby ihrer Tochter ist nach der Insekteninvasion und den rätselhaften Fiebererkrankungen einfach zu gefährlich geworden. »Der Reitstall ist ein Seuchenpfuhl, der gehört geschlossen!«, schreit der Vater wütend. »Ich werde die Terminatorbehörde benachrichtigen«, droht er. Wenn es nach ihm ginge, wären die Pferde längst terminiert und der Stall geschlossen.

»Es regnet und stürmt schon wieder«, ruft die Mutter Anna-Sofie besorgt hinterher, »bleib doch hier!« Aber da fällt schon die Haustür ins Schloss, und auf dem Monitor der Hausanlage für Innerwohnliche Sicherheit sehen die Eheleute, wie ihre Tochter die Treppen hinunterrennt und aus dem Haus stürmt. »Das ist *deine* Erziehung«, sagt Patrick Strunzdorf und blickt vorwurfsvoll zu

Durch die steigende Wassertemperatur an der Meeresoberfläche werden die Hurrikane mit mehr Energie versorgt. Die Folge: Häufigkeit und Zerstörungskraft von Wirbelstürmen und Orkanen nehmen zu.

4. Kapitel: Land unter

seiner Frau hinüber. Die lacht einmal auf und verschwindet wortlos im Badezimmer. »Schluckst du wieder deine Ich-stell-mich-tot-Pillen?«, ruft er ihr hinterher. Kommentarlos spült sie die Antidepressiva mit einem Schluck abgestandenem Bier hinunter, denn das städtische Trinkwasser kann man längst nicht mehr gefahrlos trinken. Schon vor dem Hurrikan war das Wasser aus dem Hahn nur noch zur Körperpflege geeignet. Marie hört, wie ihr Mann etwas von all dem vielen Geld murmelt, das »diese Beruhigungspillen« kosten, und giftet zurück, dass sie mit dem Geld ihrer Eltern wohl machen kann, was sie will. Als sie sich umdreht, steht Philipp vor ihr und sagt: »Mama, bitte hör auf. Streitet euch doch nicht immer.«

Anna-Sofie ist aufgewühlt. Um wieder zu sich zu finden, macht sie eine Reihe von Umwegen, so dass sie erst nach über zwei Stunden mit ihrem kleinen Schlauchboot am Reitstall ankommt. Sie erschrickt, als sie das Amphibienfahrzeug des Terminators mit der dreidimensionalen Aufschrift »Seuchenaufsicht« sieht. Im Kofferraum sind Sprühraketen für die Ausbringung von Insektiziden und verschiedene Tötungsgeräte wie Beschallungskanonen für Nager und entlaufene Haustiere und die Elektrowellenbullets für Pferde. Vom Boot aus hört sie, wie der Reitlehrer beschwichtigend auf die Beamten einredet und die Schließung des Reiterhofs zu verhindern versucht: »Unsere Schüler sind alle gesund! Und die Pferde auch.« Doch die Männer von der Seuchenaufsicht schütteln die Köpfe. Anna-Sofie kann nicht genau verstehen, was sie sagen. Sie hört nur Wortfetzen: »drei Tage Aufschub«, »Entschädigung für Turnierpferde«, »fünf Mädchen erkrankt«.

Sie schleicht an den Männern vorbei zu den Ställen, die bereits vor langer Zeit auf Schwimmpontons erbaut worden sind. Der wohlhabende Besitzer einer Solar- und Photovoltaikfirma hatte damals die ersten Schwimmställe errichtet, um sicherzustellen, dass seine Pferde auch dann im Trockenen stehen, wenn der Rhein über die Ufer tritt. Heute sind alle Pferde in Schwimmställen untergebracht. Der Reitlehrer hat Anna-Sofie einmal erzählt, dass die Menschen in den Niederlanden die letzte große Flut nur deshalb so zahlreich überlebt haben, weil sie schon vor Jahren in schwimmende Amphibienhäuser umgesiedelt wurden. In Köln wird jetzt auch über ein solches Projekt nachgedacht.

Wie auf einer Arche dümpeln die Pferde in ihren Boxen auf dem stinkenden Rheinwasser, das schon vor Monaten die Weide in einen trüben Pfuhl verwandelt hat. Trotz der sengenden Sonne will das Wasser einfach nicht zurückgehen. Es ist zur Brutstätte für zahllose Insekten geworden, und besorgte Eltern lassen ihre Kinder nicht mehr zu den Pferden. Die Tiere sind in einem schlechten Zustand. Die Pferde in den billigen Boxen sind halb verhungert, andere sehen krank und elend aus. Nur ihrer Stute geht es gut, denn Anna-Sofie kommt vorbei, soft es geht, und schaut nach dem Tier.

Sheila wirft den Kopf nach hinten und wiehert freudig, als sie Anna-Sofie erblickt. Das Mädchen streichelt ihr Pferd zärtlich und pustet Sheila sanft in die Nüstern. »Ja, das magst du gern«, sagt sie und gibt dem Tier einen freundschaftlichen Klaps. Dann flüstert sie in die Pferdeohren: »Hab keine Angst, ich werde nicht

Trotz der Deiche hat der Anstieg des Meeresspiegels fatale Folgen für die Niederlande: »Wir sind gerüstet für einen Meter«, sagt Pavel Kabat, Leiter des Nationalen Klimaprogramms der Niederlande. »Vielleicht ist auch einsfünfzig machbar.« Das sei der Worst Case, von dem seine Regierung ausgehe.

4. Kapitel: Land unter

zulassen, dass sie dir etwas antun.« Das Pferd nickt gerade so, als habe es verstanden, was Anna-Sofie gesagt hat. Dann hört das Mädchen wieder die drohende Männerstimme: »... kommen die Pferde der Boxen A bis F zum Terminator.« Sie sieht das Gesicht des Reitlehrers. Er wirkt bedrückt und schweigt. »Es gibt eine behördliche Anordnung.« Der andere Mann trägt einen Schutzanzug und verweist auf all die Insekten, die auf dem Gelände herumschwirren: »Uns gehen die Insektizide aus, unsere Sprühraketen sind überbucht, wir können uns nicht auch noch um Reitpferde kümmern.« Dann reden die Männer über Kosten, Entschädigungen und Versicherungspolicen. Schließlich springt der Motor des Amphibienfahrzeugs an, und die Beamten verlassen den Reiterhof.

»Sie wollen die Pferde töten!« Anna-Sofie ist verzweifelt. Sheila muss hier weg. Aber dafür braucht sie die Hilfe ihres Bruders. Sie müssen die Stute in dem schwimmenden Bootshaus verstecken, das Anna-Sofie vor Tagen an einem ungenutzten Rheinarm ausfindig gemacht hat. Das Bootshaus steht leer und wird nicht mehr benutzt. Dort wäre Sheila in Sicherheit. Während Anna-Sofie etwas feuchtes Futter in die Box gibt, muss sie plötzlich wieder an Familie Steinhuber denken. Wieder und wieder versucht sie eine Verbindung über das Touchscreentelefon herzustellen, doch vergebens.

Marie Strunzdorf steht mit einem Korb feuchter Wäsche im »Solar-Cellar« der Nachbarin. »Braucht Kevin vielleicht wieder etwas Nachhilfe in Nanotechnik?«, fragt sie mit einem Bitten in der Stimme. Ihren Adviser-Scan für die Oberschule hat sie damals entwerten müssen, als sie mit Anna-Sofie schwanger war; ihr Mann hat es so gewollt. Seither sind siebzehn Jahre vergangen, und das ist in der Entwicklung der Nanotechnik eine Ewigkeit. Heute ist Marie Strunzdorf selbst als Nachhilfelehrerin für die Kid-Class nicht mehr gefragt. Die Nachbarin blickt mitleidig auf sie herab. »Nein, nein, lassen sie nur«, sagt sie und fügt hinzu: »Meine Solartümmler sind für die nächsten vierundzwanzig Stunden ausgebucht. Aber trinken Sie doch ein gut gekühltes Gläschen Sekt mit mir, Frau Strunzdorf. Wir ziehen nämlich in drei Tagen aus Köln weg...« Sofort fangen die Insektenstiche bei Marie Strunzdorf wieder an zu jucken. Immer, wenn sie nervös und ängstlich ist, blühen die Stiche förmlich auf. »Nur nicht kratzen«, denkt sie und nickt höflich. »Wie nett – wollen Sie wirklich so eine wertvolle Flasche aufmachen?« Die Nachbarin ist in Tratschlaune. Sie lässt den Korken knallen und fragt: »Haben Sie eigentlich schon von dem Mann gehört, der seinen Solarstrom gegen ... – na, Sie wissen schon – jungen Frauen angeboten hat?« Dann erzählt sie von den Plänen ihres Mannes: »Er verkauft unsere alten Solaranlagen hier in Köln, und wir gehen runter nach Bayern an den Inn. Dort haben wir ein völlig autarkes Energiehaus gekauft. Es ist sogar schwimmfähig. Man weiß ja nie, was kommt. Und wenn es dort eine Sintflut gibt? Mein Mann ist immer auf alles vorbereitet.« Die Frau prostet Marie Strunzdorf zu.

Sofort peinigen die Insektenstiche Marie erneut, und ein Gefühl der Hoffnungslosigkeit macht sich in ihrer Magengrube breit, während gleichzeitig brennender Neid aufsteigt, als würde er

4. Kapitel: Land unter

durch den Sekt noch zusätzlich angefacht. Sie blickt auf den Korb mit feuchter Wäsche und fühlt sich klein und elend. »Haben Sie noch Lebensmittel in unseren Kühlfächern?«, fragt die Nachbarin. »Denken Sie doch bitte daran, Ihr Kühlgut rechtzeitig herauszuholen und die Kühlmiete zu zahlen.« Marie Strunzdorf nickt niedergeschlagen. Sie überlegt, was sie mit den vielen Lebensmitteln machen soll. Das meiste wird verderben. Mit letzter Kraft schaut sie der Nachbarin in die Augen und sagt betont munter: »Na, das wird ja ein Festessen – mein Mann wird sich freuen!«

Obwohl der Mann der Nachbarin nur einfacher Nanotechniker ist, hat die Familie es zu etwas gebracht. Sie haben damals rechtzeitig auf alternative Energien gesetzt und später bei Stromausfällen ein Kühlmonopol in der Bornstraße aufbauen können. Aus allen Häusern haben die Anwohner ihre Lebensmittel zum Kühlen in die Bornstraße 5 gebracht. Geschäftstüchtig, wie sie ist, hat die Nachbarin sogar »Hygieneminuten« in ihrem Badezimmer vermietet: Gegen Geld konnte man bei ihr baden, sich rasieren und die Haare föhnen. »Ich sage Ihnen, Frau Strunzdorf, auch wir haben unser Geld nicht im Schlaf verdient«, versichert die Nachbarin. »Sie glauben ja gar nicht, wie gefährlich es ist, Stromminuten zu vermieten. In Remscheid wurde neulich eine Solarfamilie überfallen und von Stromräubern aus der eigenen Straße so lange als Geiseln gehalten, bis vier Familien ihre Strombedürfnisse erfüllt hatten.« Als sie dann noch von einer Gruppe berichtet, die sich die »Klima-Killer« nennt und Jagd auf Auswanderer und Umweltasylanten macht, hört Marie Strunzdorf schon längst nicht mehr zu.

»Ich ertrage das alles nicht mehr«, gesteht Marie Strunzdorf der Nachbarin schließlich in einem Anfall von Verzweiflung. »Der modrige Gestank, die Schwüle, die Insekten. Dann kein Strom und kein Trinkwasser, und mein Mann ist und bleibt so verdammt stur«, sagt sie verbittert. »Er ist eben ein echter Kölscher Jung und will hierbleiben. Auch die Kinder sind gegen einen Weggang.« Die Nachbarin gießt noch etwas Sekt nach und lacht: »Ja, in Zeiten wie diesen muss man mobil sein und auf alles vorbereitet.« Marie Strunzdorf beißt sich auf die Lippen und ärgert sich, dass sie so offen war, von ihren Sorgen zu sprechen.

»Derzeit ist kein einheitliches Risiko- und Krisenmanagement bei Unternehmen, Staat und anderen Akteuren erkennbar. Ein [lang andauernder und überregionaler] Stromausfall [...] wäre eine nationale Katastrophe mit [...] Schäden für die gesamte Gesellschaft.«
Grünbuch Öffentliche Sicherheit, Berlin 2008

Philipp will auch nicht weg aus Köln. Hier spielt er im Fußballverein, hier leben seine Freunde, hier fühlt er sich wohl. Nur blöd, dass die Fußballplätze unter Wasser stehen oder völlig aufgeweicht und deshalb schon lange gesperrt sind. Doch der Vater sagt, dass der Rhein sich irgendwann in sein Flussbett zurückzieht. Dann kann er wieder Fußball spielen. Fußball haftet zwar etwas Altmodisches an, aber Philipp spielt lieber draußen als in der virtuellen Welt vor den Großbildschirmen in den Computerhallen, wo seine Klassenkameraden hingehen. Jetzt kramt er auf dem Dachboden in den alten Sachen der Großeltern. Irgendwo müssen hier die DVD der Fußballweltmeisterschaft 2006 und das alte Abspielgerät sein. Das war ein Super-Festival; sein Trainer schwärmt heute noch davon. Damals waren die Menschen glücklich, obwohl es ein heißer Sommer war. Da ist ja die DVD! Auf dem Umschlag ist eine jubelnde Blondine zu sehen, die sich in die Deutschlandfahne gewickelt hat und Philipp entgegenlacht. Nach dem *Handbuch für Krisenzeiten* hat Philipp mit Hilfe

An Inconvenient Truth gewann 2007 einen Oscar als bester Dokumentarfilm. Am Beispiel der Aufklärungskampagne von Al Gore, dem ehemaligen Vizepräsidenten der USA, zeigt Regisseur Davis Guggenheim die Ursachen und die Folgen der globalen Erwärmung.

des Trimmrads ein Notstromaggregat gebaut. Die Eltern wissen nichts davon. Er legt die DVD ein, steigt aufs Rad und tritt kräftig in die Pedale. Der Film läuft an. Doch nicht die Fußball-WM 2006 erscheint auf dem Bildschirm, sondern der Al-Gore-Film *An Inconvenient Truth* (»Eine unbequeme Wahrheit«).

Anna-Sofie lässt den batteriegetriebenen Außenborder an und tuckert mit ihrem Schlauchboot die überfluteten Straßen entlang Richtung Bornstraße. Kurz bevor sie um die Ecke biegt und das Haus der Eltern ansteuert, hört sie die ängstliche Stimme von Oma Anja, ihrer Nachbarin. Ihr Kater Flöhchen ist aus dem Fenster gesprungen und droht in den schmutzigen Fluten zu ertrinken. Ein junger Mann versucht vom Schnellboot des Technischen Hilfswerks aus, den Kater zu ergreifen, doch das Tier rutscht ihm aus den Händen und fällt ins Wasser zurück. Oma Anja fleht, dass der junge Mann es noch einmal versuchen möge, aber der Bootsführer will ihn daran hindern. Anna-Sofie hört, wie der Typ befiehlt: »Lass das Vieh doch absaufen – wir haben Besseres zu tun, als eine Katze zu retten!« Doch der junge THW-Helfer springt einfach ins Wasser und ergreift den Kater. »Das kostet dich deinen Job, Türke«, schreit der Bootsführer. In diesem Augenblick erreicht Anna-Sofie mit ihrem Schlauchboot den jungen Mann, und er übergibt ihr Flöhchen.

»Hallo, ich heiße Mehmet«, sagt der THW-Helfer in schwäbischer Mundart und schaut Anna-Sofie direkt in die Augen. Überglücklich drückt Oma Anja das durchnässte und verängstigte Tier an sich. »Danke euch beiden! Danke! Vielen, vielen Dank!« – »Du kannst sehen, wie du zur Einsatzzentrale zurückkommst, Türke!«, schreit der THW-Bootsführer Mehmet an. »Das gibt eine Abmahnung beim nationalen Katastrophenzentrum!« Dann legt er den Gashebel um und jagt mit aufschäumender Bugwelle davon. »Auch verboten«, sagt Mehmet und lacht.

»Du bischt mir ja ein komischer Türke«, sagt das Mädchen und macht sich über sein Schwäbisch lustig. Aber dann wird sie schon wieder ernst und verspricht, ihn zur Einsatzzentrale zu bringen. In diesem Augenblick hört Mehmet über Aid-Com, dass die THW-Kräfte nach Tirol beordert werden. »Dort gab es schon wieder einen Erdrutsch«, sagt er und gibt sich Mühe, Hochdeutsch zu reden. »Alle Einwohner sind verschüttet.« Anna-Sofie steigen Tränen in die Augen, als sie an Familie Steinhuber denkt. »Ich weiß«, sagt sie. »Und bald wird auch noch mein Pferd getötet...« Mehmet muss weg, aber vorher tauschen sie noch ihre Mobilnummern aus.

Nicht nur im Inland ist das 1950 gegründete Technische Hilfswerk (THW) im Einsatz – von der Sturmflut in Hamburg 1962 oder dem Grubenunglück von Lengede 1963 bis zu den Hochwassern an Elbe und Oder 2002 –, sondern rund um den Globus. Der erste Einsatz des THW im Ausland galt der Bekämpfung eines der verheerendsten Hochwasser in den Niederlanden 1953.

Als Anna-Sofie zu Hause ankommt, streiten die Eltern wieder. Die Mutter wirkt ein bisschen angetrunken. »So ein kleiner Nanotechniker hat mehr Verstand als du«, macht sie dem Vater Vorwürfe, während die Climate News laufen. »Da – sieh hin!« Auf der aufrollbaren Plasmafilmfläche an der Wand läuft eine Liveschaltung nach Bangladesch. Man sieht eine riesige Wasserfläche, auf der Plastikschüsseln, Schlafmatten und tote Haustiere mit aufgeblähten Bäuchen treiben. Der Kommentator sagt gerade »... keine Spur von Leben mehr. Der Flüchtlingstreck hat Indien erreicht. Die ersten Ankömmlinge der vier Millionen Obdachlosen warten in Kalkutta auf Hilfsschiffe, die sie nach Hamburg bringen sollen. Von dort werden die Flüchtlinge dann

4. Kapitel: Land unter

auf Lager in Mecklenburg-Vorpommern und Brandenburg verteilt...« Andere werden nach Frankreich, Skandinavien und in die baltischen Länder verschifft. Wenn die Lager in Ostdeutschland voll sind, müssen auch die westlichen Bundesländer Flüchtlingskontingente aufnehmen. In der Arktis tobt ein Krieg um die wenigen verbliebenen Bodenschätze. Russland hat im Norden ganze Regionen mit Atomsprengköpfen gesperrt. Mittlerweile wird ernsthaft diskutiert, ob der Weltklimarat Zugriff auf die UN-Einsatztruppen haben soll.

»Die Welt ist auf der Flucht, aber mein Mann hat Sitzfleisch. Du kannst die Verantwortung für eine Familie überhaupt nicht tragen. Das hat schon meine Mutter gesagt...«, klagt Marie Strunzdorf. Trocken entgegnet er: »Du kannst dich ja gern mit den Bangladeschis in den Lagern um eine Suppe streiten. Ich bleib hier!«

Anna-Sofie hält sich demonstrativ die Ohren zu und lässt die beiden allein. Sie sucht Philipp. Sicher steckt er wieder auf dem Dachboden. Und tatsächlich findet sie ihn dort oben, wie er gebannt auf das alte DVD-Abspielgerät des Großvaters starrt. »Was machst du da?«, fragt sie. Philip wendet kaum den Kopf. »Das musst du dir ansehen – Mama hat recht: Die Welt geht unter...«, entgegnet er.

Anna-Sofie setzt sich neben ihn und hört sich an, was ein Mann namens Al Gore schon vor dreißig Jahren gesagt hat. »Unsere Eltern wissen es schon ganz lange«, sagt Philipp enttäuscht. »Dabei sagt Papa immer, es wird alles gut – aber das stimmt gar nicht.« Anna-Sofie nimmt ihren Bruder in den Arm. Dann fragt sie: »Magst du mit mir Sheila vor dem Terminator retten und in ein geheimes Bootshaus am Rhein bringen?«

Keine Frage, Philipp ist mit von der Partie. Bevor es dunkel wird, wollen sie zum Reitstall aufbrechen. »Wir können die Solaraußenborder nicht brauchen – wir müssen rudern«, sagt Philipp abenteuerlustig. »Ich weiß, wie es geht.« Unbemerkt schleichen beide aus dem Haus. Sie wissen, dass sie bis zur Sperrstunde nicht zurück sein werden, aber sie wollen es trotzdem riskieren. »Und wie kommen wir dann ins Haus?«, fragt Anna-Sofie. »Das klären wir später«, sagt ihr Bruder. Sie knufft ihn liebevoll in die Rippen. Es gibt niemanden, den sie so liebt wie ihren Bruder. Oder vielleicht doch? Der Türke aus Baden-Württemberg war nett. Schade, dass er wegmusste, er hätte sicher geholfen, Sheila in Sicherheit zu bringen. Aber wahrscheinlich ist er jetzt schon mit dem THW auf dem Weg nach Tirol.

E s wird schneller dunkel, als die Geschwister vermutet haben. Wie auf ein heimliches Kommando hin verschwinden alle Menschen plötzlich von den Straßen. Philipp und Anna-Sofie bleiben allein zurück. Die Ruderblätter klatschen lärmend ins Wasser, und sie kommen nur mühsam voran. »Geht es nicht schneller?«, fragt Anna-Sofie ungeduldig und denkt an das Schnellboot des THW, das heute Nachmittag wie ein Blitz am Horizont verschwunden war. Mehmet war wirklich süß. Sie träumt vor sich hin, während Philipp sich mit dem Rudern abmüht. Als die Sonne untergegangen ist, tauchen überall seltsame Gestalten auf. Ein Obdachloser mit Rastalocken treibt auf einem Floß aus zusammengebundenen Luftmatratzen über die Straßen und schreit etwas Unver-

Im Meeresgrund des Arktischen Ozeans sollen bis zu 25 Prozent des weltweiten Vorkommens an Erdöl und Erdgas lagern. Wenn durch die Erwärmung das Eis erst so weit geschmolzen ist, dass die Arktis ganzjährig befahrbar ist, lohnt der Abbau. Das weckt Begehrlichkeiten: Russland hat im August 2007 seine Flagge in den Meeresboden unter dem Nordpol gepflanzt.

ständliches zu ihnen herüber. »Der will Gras«, sagt Philipp. »Dabei sind doch alle Wiesen überflutet...« Anna-Sofie lacht: »Mann, Gras ist nicht gleich Gras, du Blödmann!« Sie leuchtet mit ihrer aufgeladenen Solartaschenlampe in die Dämmerung, doch die aufkommende Dunkelheit verschluckt den Lichtstrahl.

Im ersten Stock einer Wohnruine brennt ein offenes Feuer. Wie Geister tanzen die Schatten der Bewohner auf der gegenüberliegenden Häuserwand. Es riecht nach verbranntem Fleisch und Alkohol. Technomusik, wie man sie früher gehört hat, dröhnt zu ihnen herüber. Die Typen lärmen und johlen, eine Flasche macht die Runde, und ein Joint kreist. Philipp versucht, möglichst unbemerkt unter dem Fenster vorbeizurudern. »Weißt du, wo wir sind?«, fragt er, aber Anna-Sofie hat keine Ahnung. In der Dunkelheit sieht alles so anders aus. Es gibt nur wenige Lichtquellen in der Stadt. Wie zahnlose Münder gähnen die Fensterrahmen der leerstehenden Häuser in die Nacht. »Es ist gruselig«, sagt Philipp und wagt es kaum, seine Ruder einzutauchen. In dem trüben Wasser schwimmen fette Ratten, die furchtlos bis an das Schlauchboot herankommen. In der Ferne hören sie Hunde kläffen. Überall huschen bedrohliche Gestalten durch die Dunkelheit. Dann hören sie Männerstimmen, die streiten, ein aggressives, unverständliches Palaver. Eine Gruppe Afrikaner zieht einen schwimmenden Container an einem Tau in eine Hofeinfahrt. Als die Männer Anna-Sofie und Philipp bemerken, hebt einer drohend die Hand, und ein zweiter schreit wütend in ihre Richtung. »Gib her«, sagt Anna-Sofie und will Philipp die Ruder aus der Hand nehmen, doch das kleine Schlauchboot schwankt heftig und kentert. Anna-Sofie schluckt jede Menge Dreckwasser und hustet und spuckt. Philipp will seiner Schwester helfen, doch er findet keinen Boden unter den Füßen und strampelt wie ein ertrinkender Hundewelpe, bis einer der Afrikaner die beiden aus dem Wasser zieht.

Dann geht alles sehr schnell: Die Polizei kommt in einem Schnellboot angerauscht, nimmt die Afrikaner fest und beschlagnahmt den Container. Später sitzen die Strunzdorf-Kinder gemeinsam mit den Dieben auf der Wache. »Food?«, fragt ein Polizist einen der Afrikaner. Der nickt und antwortet auf Deutsch: »Ja, Reis.« Der Container gehört dem Roten Kreuz und wurde aus der Gemeinde St. Georg entwendet. »Ihr beklaut die Hungernden«, sagt der Beamte vorwurfsvoll. »Wir haben auch Hunger«, entgegnet der Schwarze und sieht ihn mit durchdringendem Blick an.

Die Stimmung ist gedrückt. Im kargen Licht der Schreibtischlampe ziehen immer mehr Insekten ihre Kreise. »Wie ein Insektenkarussell«, denkt Anna-Sofie. Sie friert und hält ihren fröstelnden Bruder in den Armen. Die nassen Sachen kleben auf der Haut. Philipp wirkt auf die Mücken wie ein Magnet auf Eisenspäne. Unablässig muss er sich kratzen. »Die saugen all mein Blut aus«, sagt er müde zu seiner Schwester. »Was jetzt wohl aus Sheila wird?« Anna-Sofie ist traurig. Wie im Zeitraffer ziehen die Bilder des Tages durch ihren Kopf: die Kapelle, Traudl Steinhuber, das Baby und Bruno, die Pferdeställe, der junge Türke und der Mann auf der alten DVD. Wie hieß der noch gleich? Al Gore, richtig. Rauchende Schlote, schmelzende Eisberge – und dann der Untergang. »Sie haben es gewusst«, sagt Anna-Sofie halblaut und schließt die Augen.

Je mehr Klimawandel, desto mehr Ratten: „Warmes Klima in Verbindung mit reichlich Nahrungsvorräten bedeutet eine extrem hohe Vermehrungsrate", sagt Dr. Richard Kraft von der Zoologischen Staatssammlung München. Mit den Ratten verbreiten sich auch gefährliche Bakterien und Viren, die Krankheiten wie Hirnhautentzündung, die Pest und auch lebensbedrohliche Fiebererkrankungen übertragen.

4. Kapitel: Land unter

Dann kommen die Eltern und holen die beiden ab. Sie sagen kein Wort. Erst zu Hause haut der Vater einmal auf den Tisch und verkündet: »Jetzt reicht's! Wir ziehen weg von Köln...«

Anna-Sofie will nicht weg – auf keinen Fall! Was soll aus den Pferden, was soll aus Sheila werden? Außerdem hat sie insgeheim gehofft, dem jungen Türken wieder zu begegnen. Sie ist verliebt. Still und verstockt hockt sie in ihrem Zimmer und beobachtet durch die offene Tür, wie ihre Mutter verzweifelt versucht, möglichst viele Habseligkeiten in die wenigen Kisten zu verstauen, die der Vater für den Umzug in den Schwarzwald mitgebracht hat. »Wie armselige Flüchtlinge ziehen wir weg von Köln«, klagt Frau Strunzdorf. »Alles lassen wir zurück – das Silberbesteck, die Tischwäsche, das wertvolle Essgeschirr, die alte Tiffanielampe, die Teppiche und Gemälde...« Patrick Strunzdorf hat versucht, einige Wertsachen auf dem Flüchtlingsmarkt zu Geld zu machen. Doch es herrscht ein Überangebot an sperrigen Möbeln, wertvollen Teppichen, energieaufwendigen Elektrogeräten und Luxusartikeln. Niemand hat ihm etwas abgekauft. »Wir lassen alles in der Wohnung, was wir nicht auf den Sammeltransporter verladen dürfen«, ordnet er an. Und zu Anna-Sofie gewandt sagt er streng: »Du musst dich auf Kleidung beschränken; deinen ganzen Musik- und Pferdekram können wir ohnehin nicht mitschleppen.« Tränen fließen. Eine Stunde später verlässt die Familie ihre Wohnung. Als Patrick Strunzdorf die Tür abschließen will, lacht seine Frau bitter auf. »Lass doch, wir kommen ja eh nicht zurück...«

Nur mit Mühe erreicht Familie Strunzdorf die Zentrale Sammelstelle für den Abtransport Richtung Süddeutschland. Dort kommt es noch einmal zu Schwierigkeiten und Auseinandersetzungen: Für zwei Kisten ist kein Platz mehr auf dem Transporter. Schweren Herzens lässt Frau Strunzdorf letztendlich einen Teil ihrer Kleidung und Wäsche einfach auf der Straße stehen. Tränen trüben ihren Blick. Patrick Strunzdorf streitet noch mit dem Fahrer des Sammeltransporters, doch dann muss er auf eine viel zu schwere Werkzeugkiste verzichten. »Ich brauche das Werkzeug für meine Arbeit«, argumentiert er. Doch der Fahrer ist strikt: »Wollen Sie mit oder mit Ihrem Werkzeug in Köln bleiben...?« Widerwillig beugt sich Strunzdorf der Anordnung.

Nur Philipp bekommt von der Aufregung wenig mit. Er hat hohes Fieber und dämmert im Arm seiner Schwester dahin.

Nach dem großen Tauen kommt der große Untergang

Der Infarkt des blauen Herzens

Klimaanpassungsstrategien durch vorbeugenden Hochwasserschutz

Die wichtigsten Überschwemmungstypen im Überblick

»Beispielsweise werden sich Zentral- und Nordeuropa auf eine Zunahme von Stürmen, Hagel und Überschwemmungen vorbereiten müssen«
Ein Gespräch mit Dr. Joachim Faber, Vorstand bei der Allianz SE, München

Nach dem großen Tauen kommt der große Untergang

Schmale Boote mit Auslegern aus Bambusstangen liegen am Strand. Ihre Besitzer, die in der Nacht draußen vor der Insel gefischt haben, dösen in kleinen, mit Palmwedeln gedeckten Bambushütten vor sich hin. Jetzt, um die Mittagszeit, ist das Thermometer auf 50 Grad Celsius in der Sonne geklettert. Es ist nur noch im Schatten auszuhalten. Der blütenweiße Sandstrand, den das Meer aus feinstzermahlenen Korallen und Muscheln angespült hat, blendet in den Augen. Zum ersten Mal wird uns klar, dass man auch in den Tropen schneeblind werden kann. Der Sand ist so heiß, dass schon beim Gedanken ans Barfußlaufen die Fußsohlen brennen. Das Meer ist an diesem windstillen Sommertag wie glatt gebügelt. Nur ab und an schnellen ein paar fliegende Fische aus dem Wasser und schießen wie Pfeile durch die Luft, um dann wieder abzutauchen. Zusammen mit Paciencia Milan sind wir im Gebiet der Cuatro Islas in der Camotessee, einem Bereich des südchinesischen Meeres vor der Philippinen-Insel Leyte, unterwegs. Paciencia Milan engagiert sich als Vorsitzende der Baybay Rainforestation Foundation gemeinsam mit Lisa Dadole von der Vereinigung für regionalen Fischerei- und Küstenschutz von der großen Nachbarinsel Leyte für die Bewahrung der einmaligen Inselwelt. Was Besucher, die zum ersten Mal hierherkommen, anmutet wie ein Urlaubsparadies aus dem Bilderbuch, bietet den Menschen auf den Inseln nur ein bescheidenes Auskommen. Das klare Meer hat zwar eine große Vielfalt an Tieren und Pflanzen hervorgebracht, doch ihre Zahl ist klein. »Deshalb haben die Menschen hier in den Korallenbänken immer wieder mit Dynamit gefischt, um mehr Fische zu fangen. Das hat die Lebensgrundlage vieler Meeresbewohner zerstört und damit auch der Menschen, die auf den Fang angewiesen sind«, sagt Paciencia Milan. Die Professorin ist Meeresbiologin und hat ein von NatureLife-International unterstütztes Projekt für die nachhaltige Nutzung der Ressourcen in Küstenbereichen entwickelt. Das Wichtigste an dem Projekt: Es schließt die Bedürfnisse der Menschen mit ein. Heute können die Inselbewohner wieder mehr Fische fangen. Jahrelang hat die engagierte Frau dafür gekämpft, die Menschen zu überzeugen. Geduldig hat sie bürokratische Hindernisse beseitigt und mit wissenschaftlichen Erkenntnissen für ihre Ideen geworben. So ist ein Projekt entstanden, das Mensch und Natur gleichermaßen hilft.

War vielleicht alles umsonst? »Was nützt das alles, wenn der Meeresspiegel steigt?«, meint Milan, die langjährige Präsidentin der philippinischen Visayas State University. Sie ist viel herumgekommen in der Welt und kennt die Verhältnisse. Besorgt zeigt sie auf den schmalen Streifen zwischen dem Strand und den dahinterliegenden Felsen. »Hier leben vierzig Familien weitgehend im Einklang mit der Natur. Wo sollen sie hin, wenn der Meeresspiegel auch nur um 50 Zentimeter steigt?« Schon jetzt schlagen die Wellen bei Taifunen weit in die Insel hinein. »Taifune haben in den letzten Jahren an Zahl und Heftigkeit zugenommen«, erklärt uns Lisa Dadole. Auch sie hat Meeresbiologie studiert und ist eine genaue Beobachterin der Natur. Vierzig Familien könnte man sicherlich auf die nur drei viertel Bootsstunden entfernte Insel Leyte umsiedeln, doch auch dort ist der bewohnbare Küstenstreifen oft nicht breiter als zwei Kilometer. Was für Touristen lediglich den Verlust eines Postkartenmotivs in der einen oder anderen Urlaubsregion bedeutet, wäre für die Menschen in den Küstengebieten schlichtweg eine Katastrophe: der Verlust ihrer Heimat. Und der Meeresspiegel steigt unaufhaltsam.

Wenn das große Tauen der Gletscher und Eispanzer erst richtig eingesetzt hat, herrscht an den dichtbesiedelten Küsten dieser Erde Land unter. Satellitenmessungen zeigen heute einen kontinuierlichen Anstieg des Meeresspiegels von 2,3 bis 2,7 Millimeter pro Jahr. Das mag nach wenig bis nichts klingen, doch die Geschehnisse, die zu diesen Zahlen führen, haben apokalyptische Folgen. Es wird der Tag kommen, an dem wir mit großen Zahlen rechnen müssen. Allein die thermische Ausdehnung von Wasser – warmes Wasser hat mehr Volumen und braucht deshalb mehr Platz als kaltes Wasser – hätte bei einem durchschnittlichen weltweiten Temperaturanstieg von 2 Grad Celsius einen Meeresanstieg von 80 Zentimeter zur Folge. Käme es zum vollständigen Abschmelzen der Pole, würde der Meeresspiegel um 60 bis 80 Meter steigen! Spätestens dann müssten die Landkarten der Erde neu gezeichnet werden.

Viele hundert Millionen Menschen in aller Welt leben in Küstenregionen. Megacitys wie Bangkok, Jakarta, Mumbai (Bombay), Kalkutta, Shanghai, Karatschi und Hongkong liegen direkt oder nahe am Meer. »20 Prozent davon befinden sich sogar unter dem mittleren Meeresspiegel und zwei Drittel unter dem Wasserstand bei extremer Sturmflut«, so Dr. Wolfgang Kron vom Bereich Geo-Risiko-Forschung bei der Münchener Rückversicherungsgesellschaft. Aber auch Tokio, New York und Hamburg sind vom steigenden Ozean bedroht. Künftige Klimadramen spielen sich nicht nur in Entwicklungsländern ab.

Am theatralischsten wird wohl Venedig im Adriatischen Meer versinken. Die Lagunenstadt mit ihren Palästen wird ein einziger Canal Grande sein, wenn die Klimakatastrophe zuschlägt. Wird »Mose«, das aufwendige Sperrwerk mit dem biblischen Namen, das eine der wertvollsten Metropolen europäischer

---

Zunahme der materiellen Schäden durch Naturkatastrophen

Die wichtigsten Ursachen/Gründe
Bevölkerungszunahme
Steigender Lebensstandard
Konzentration von Bevölkerung und Werten in Großstadträumen
Besiedlung und Industrialisierung stark exponierter Regionen
Anfälligkeit moderner Gesellschaften und Technologien
Steigende Versicherungsdichte
Änderung der Umweltbedingungen

Dass Naturkatastrophen häufigere und schwerere Schäden zur Folge haben, ist nicht nur naturgegeben.
Quelle: Münchener Rück

Die Selbsthilfefähigkeit der betroffenen Region ist deutlich überstiegen, wenn ein oder mehrere der folgenden Faktoren zutreffen:

- Überregionale oder internationale Hilfe ist erforderlich
- Anzahl der Todesopfer geht in die Tausende
- Anzahl der Obdachlosen geht in die Hunderttausende
- Substantieller Gesamtschaden
- Erhebliche versicherte Schäden

Was ist eine Naturkatastrophe? Definition der Münchener Rückversicherungsgesellschaft für große Naturkatastrophen. *Quelle: Münchener Rück*

Kultur schützen soll, die Stadt retten können? Mose soll die Pegelstände regulieren und die historische Kulisse vor dem Untergang bewahren. Experten haben da so ihre Zweifel. Eines ist sicher: Die Welt wird über den Tod in Venedig, das Untergehen der Lagunenstadt, weinen.

Auch in den Niederlanden kämpft man gegen den steigenden Meeresspiegel. Gut ein Drittel der Landmasse des Königreichs liegt nämlich unter dem Wasserstand bei einer extremen Sturmflut. Clevere Architekten bauen bereits »Amphibienhäuser«: Sie schwimmen wie Boote, wenn das Wasser kommt. Das erinnert von fern ein wenig an Noah, der seine Arche gebaut hat, während alle anderen noch ihre Felder bestellten. Noah wurde von ihnen verlacht. Die niederländischen Architekten sind dagegen gut im Geschäft. In den Niederlanden hat man Respekt vor dem Meer. Denn man weiß seit Generationen, was passieren kann, wenn das Wasser kommt.

Doch wenn Städte wie Lagos betroffen sind, wird es weder Mose noch Archebauer wie Noah geben, denn Nigeria ist arm und hat kulturhistorisch wenig zu bieten. Dafür leben 15 Millionen Menschen in der Metropole am Golf von Guinea. Und sie haben dem Atlantik nichts entgegenzusetzen.

Das Urlaubsparadies der Malediven kalkuliert den Untergang seines gesamten Staatsgebiets schon lange ein. Repräsentanten der Malediven waren die Ersten, die an die internationale Staatengemeinschaft appellierten, endlich konkrete Schritte gegen den Klimawandel und den damit verbundenen Meeresanstieg zu unternehmen; Südpazifikstaaten wie Tuvalu haben längst Evakuationspläne entwickelt. Auch in Indien leben viele Millionen Menschen direkt am Meer. Auf Meereshöhe liegende Länder wie Bangladesch sind bei steigendem Meeresspiegel als erste vom Untergang bedroht. 70 Millionen Menschen verlieren ihre Heimat, wenn die Temperaturen wie erwartet weltweit um nur 2 Grad steigen und Bangladesch in den Fluten versinkt. Dann wird das gesamte Staatsgebiet von den Flüssen Ganges und Brahmaputra vollends in ein gigantisches Mündungsdelta verwandelt. Zu sintflutartigen Überschwemmungen ist es auch schon durch die Gletscherschmelze im Himalaya gekommen, denn die großen Flüsse Indus, Mekong, Jangtse und Ganges werden letztlich aus Gletschern gespeist. Sind die Himalayagletscher eines Tages verschwunden, werden die Menschen verdursten. Wenn die Flüsse für immer versiegen, bleiben über 500 Millionen Menschen in Asien ohne Trinkwasserversorgung zurück (siehe auch Kapitel 6, »Die Erde verdurstet«).

Die Golfküste im US-Staat Louisiana versinkt bei ständig steigender Tide schon heute immer ein bisschen weiter im Meer. Der Atlantik zeigt seine Zerstörungskraft auch dann, wenn sich kein Hurrikan über ihm zusammenbraut. Oft stehen die Friedhöfe an ganz normalen Tagen unter Wasser. Wellen lecken gierig an den Grabsteinen, gerade so, als wollten sie Schlimmeres ankündigen. Wenn der Meeresspiegel steigt, wird das Land des Jazz & Blues versinken. New Orleans kann spätestens seit Hurrikan Katrina im Sommer 2005 den letzten Blues anstimmen.

Wenn das Grönland-Eisschild – der zweitgrößte Süßwasserspeicher der Erde – schmilzt, würde der Meeresspiegel sogar um 6 bis 7 Meter steigen. Klimaexperten wie Mojib Latif vom Leibniz-Institut für Meereswissenschaften in Kiel gehen davon aus, dass ein beträchtlicher Teil des grönländischen Eispanzers bis zum Jahr 2100 geschmolzen sein könnte. Fest steht: In der letzten tropischen Warmzeit der Erde vor rund 125 000

Der Infarkt des blauen Herzens

In den Weltmeeren schlägt ein gigantisches blaues Herz. So wie das Blut mit Hilfe des menschlichen Herzens durch Arterien und Venen gepumpt wird und in die entlegenen Winkel des Körpers gelangt, so zirkuliert das Meerwasser wie in einem weltumspannenden Blutkreislauf rund um den Globus. Meeresforscher sprechen vom »Ocean Conveyor Belt«, dem Förderband im Ozean. Der Golfstrom des Atlantiks ist Teil dieses Systems. Auch er wird durch das blaue Herz in Gang gehalten und macht das Leben in unseren Breiten erst möglich.

Der Amerikaner Henry Stommel blickte in den sechziger Jahren des 20. Jahrhunderts als erster Forscher staunend in das schlagende Herz der Weltmeere. Er wurde zum Vater der Ozeanographie. Vier Jahrzehnte später arbeitet Stefan Rahmstorf am blauen Herzen. Rahmstorf ist Professor für die Physik der Ozeane am Potsdam-Institut für Klimafolgenforschung. Als Autor hat er unter anderem am vierten Sachstandsbericht des Weltklimarats IPCC mitgearbeitet. Wenn Rahmstorf in die Tiefe geht, sind Laien schnell verloren, so komplex und kompliziert sind die Zusammenhänge, die sich zwischen Strömung, Wind und Salzgehalt des Meeres abspielen. Auch für Professor Rahmstorf sind noch viele Fragen offen.

Doch eins scheint gewiss: Damit das blaue Herz der Weltmeere auch in Zukunft schlagen kann, müssen Temperatur und Salzgehalt stimmen. Die Wissenschaft spricht von der »thermohalinen Zirkulation« (»thermo« steht für die Temperatur, »haline« für den Salzgehalt). Bei einer Klimakatastrophe kann das Meeresherz einen schweren Infarkt erleiden. Denn wenn die Gletscher schmelzen, das Grönlandeis taut, die Eisschilde von Arktis und Antarktis sich auflösen, fließt unglaublich viel Süßwasser ins Meer. Der Salzgehalt ändert sich dramatisch. Und das schlägt den Weltmeeren aufs blaue Herz.

Was mit der Erde passiert, wenn dieses blaue Herz nicht mehr im Takt schlägt, wagen selbst mutige Wissenschaftler nicht vorherzusagen. Ein derart dramatisches Ereignis hat es seit Menschengedenken nicht gegeben.

Klimaanpassungsstrategien durch vorbeugenden Hochwasserschutz

Durch die Verbauung der Talauen und die Umwandlung jahrhundertelang genützter Grünlandflächen in Maisflächen, wegen aufgrund von Bodenversiegelung und Kanalisierung gestiegener Abflussmengen und -geschwindigkeiten sowie wegen häufiger vorkommender Starkniederschläge und anderer Ursachen sind manche Flüsse schon innerhalb weniger Jahre zu mehreren sogenannten Jahrhunderthochwassern angeschwollen. Wirksamer Klimafolgenschutz erfordert ein ganzheitliches Vorgehen beim Auen- und vorsorglichen Hochwasserschutz. Maßnahmen sind:

- Erhaltung intakter Talauen
- Schaffung natürlicher Abflussverhältnisse mit Rückhaltemöglichkeiten
- Entsiegelung von Flächen
- Renaturierung der Auen
- Rückverlegung von Deichen
- Neubau von Deichen mit großem Abstand zum Fließgewässer
- Aufweitung der Bach- beziehungsweise Flussquerschnitte
- aktives Flächenmanagement
- Innenentwicklung vor Außenentwicklung
- keine weitere Flächenversiegelung
- Bau von Rückhaltebecken und Poldern sowie Schaffung von Wasserrückhalteflächen (Retentionsräume)
- Hochwassermanagement
- Risikoaufklärung potentiell Betroffener
- finanzielle Vorsorge

Jahren lag der Meeresspiegel vier Meter höher als heute. Dass dieses Worst-case-Szenario eintritt, wagt heute noch niemand zu denken. Doch ein Meeresanstieg von weltweit 49 Zentimetern liegt durchaus im Bereich des Möglichen. Jedenfalls nach den Daten, die der Weltklimarat IPCC schon 2001 veröffentlicht hat. Der IPCC-Bericht von 2007 hat die Befürchtungen bestätigt. Damit wird der Anstieg des Meeresspiegels zu einem der größten Probleme der Menschheit.

UN-Experten schätzen, dass in dreißig Jahren über 200 Millionen Küstenbewohner ihre Heimat verlieren, weil mit dem Anstieg des Meeres ihre Häuser zerstört, Felder überschwemmt und Trinkwasserbrunnen versalzt werden. Manche Experten rechnen sogar mit über 635 Millionen Klimaopfern entlang der Meeresküsten! Die meisten dieser Menschen siedeln heute am Meer und in den Uferzonen großer Flüsse: Gebiete, die oft nur wenige Meter über dem Meeresspiegel liegen. Durch den Klimawandel wird ihre Heimat unbewohnbar. Das Flüchtlingshilfswerk der Vereinten Nationen UNHCR (United Nations High Commissioner for Refugees) schätzt, dass mit jedem Anstieg des Meeresspiegels um einen Zentimeter eine Million Menschen vertrieben werden. Und wenn das Meer erst einmal da ist, dringt Salzwasser tief ins Land: Es zerstört die Trinkwasserbrunnen und gefährdet die Bewässerungssysteme der Felder. Das Meer, das unzähligen Lebewesen in den Ozeanen das Leben schenkte, kommt an Land, um zu töten. Auch wertvolles Weltkulturerbe, viele antike Stätten und historische Baudenkmale ebenso wie einmalige Naturlandschaften, wird mit dem Anstieg des Meeresspiegels und den damit verbundenen Überschwemmungen vernichtet. Nach Einschätzung des Stockholmer Umweltinstituts SEI (Stockholm Environment Institute) könnten über hunderttausend geschützte Orte mit unersetzlichen Kulturschätzen vom Anstieg des Meeresspiegels, von Überschwemmungen und vermehrten Niederschlägen betroffen sein.

Was die Fluten auch im Binnenland anrichten können, hat sich bei der europäischen Flutkatastrophe im August 2002 gezeigt, als beim Elbhochwasser die Dresdener Semperoper schwer beschädigt wurde. Nur mit knapper Not konnten wertvolle Gemälde und andere Kunstgegenstände aus dem Untergeschoss des Dresdener Zwingers, einem der wichtigsten Kulturtempel Deutschlands, geborgen und vor den Wasser- und Schlammmassen in Sicherheit gebracht werden.

Wenn Bäche zu Wildwasserströmen werden

»Sieht es so aus, wenn die Welt untergeht? Menschen stehen fassungslos vor ihren zerstörten Häusern. In der Luft liegt eine Mischung aus Moder- und Ölgeruch. Helfer tragen wie in Trance braune Brühe aus den Häusern.« So beschrieb ein Journalist der *Stuttgarter Nachrichten* die Unwetterkatastrophe von Jungingen im baden-württembergischen Zollernalbkreis. Am Abend des 2. Juni 2008 erlebten die Menschen zwischen Hechingen und Jungingen die neue Sintflut. Die Starzel, sonst ein kleiner Bach, der in den Neckar fließt, wurde nach einem heftigen Starkregen zum reißenden Wildwasserstrom. Der spülte Autos wie Pappkartons davon, riss Straßen und Gehwege auf und setzte Wohnhäuser und Geschäfte meterhoch unter Wasser und Schlamm. Mehrere Menschen wurden in ihren Fahrzeugen eingeschlossen. Mitarbeiter des Junginger Gemeinde-Bauhofs retteten sie, indem sie mutig mit dem Unimog in die Fluten fuhren und die Autoscheiben einschlugen, um die Menschen zu befreien. Doch für zwei ältere Frauen, deren Auto fortgerissen wurde, und eine alte Dame, die sich aus ihrem überfluteten Keller nicht befreien konnte, gab es keine Hilfe mehr. Sie starben in den Fluten.

Das menschliche Leid, das die sich häufenden Hochwasser mit sich bringen, ist nur schwer zu beschreiben. Den Behörden und Versicherungen bleibt nichts anderes übrig, als die Sachschäden zu quantifizieren. In Hechingen, so berichtete der Erste Beigeordnete der Kommune Klaus Conzelmann im SWR-Fernsehen, lagen die Schäden an privaten Immobilien nach einer einzigen Schreckensnacht bei 15 Millionen Euro, und bei kommunalen Liegenschaften, Straßen und Wegen belief sich der Schaden auf 7 Millionen. Doch es waren noch mehr Gebiete betroffen, die Schäden waren letztlich viel höher. In solchen Fällen wird den Betroffenen von den Landesregierungen oft unbürokratische Hilfe zugesagt. Materielle Hilfe ist immer dann nötig, wenn sich Geschäfte – wie es in Hechingen der Fall ist – in Hochwasserzonen befinden und Überflutungs-

Die wichtigsten Überschwemmungstypen im Überblick

Art	Ursache	Gefährdete Bereiche	Schadenvorsorge	Schadenfaktoren	Schäden
Sturmflut	– hohe Wasserstände durch Windstau – hohe Wellen	schmale Küstenstreifen	– Vorwarnung – Deiche – frühzeitige Evakuierung	– Salzwassereintrag – Wellenkräfte	– sehr hoch – sehr geringe Frequenz (Küstenschutz ist gut)
Flussüberschwemmung	– andauernde, ausgiebige, großräumige Niederschläge – evtl. Schneeschmelze	– immer wieder dieselben Bereiche in Flussnähe	– Erhaltung und Schaffung von natürlichen Wasserrückhaltebereichen – technischer Hochwasserschutz – temporärer Objektschutz – Umlagerung mobiler Gegenstände – rechtzeitige Vorwarnung	– lange Wassereinwirkung – Kontamination des Wassers (zum Beispiel durch Öl, Keime)	– hohes Schadenpotential – geringe Frequenz
Sturzflut	– lokale Starkregen (Gewitter)	– jeder beliebige Ort, auch fernab von Gewässern, kann betroffen sein	– Flucht	– mechanische Wirkung des schnellfließenden Wassers – u. U. starke Schlamm- und andere Sedimentablagerungen	– Einzelereignis; relativ geringe Schäden – Erosionsschäden – hohe Frequenz (nicht am selben Ort)

Gefahrenklasse (GK)	Gefährdung	Wahrscheinlichkeit von Überschwemmungen	Anteil an der gesamten Siedlungsfläche	Versicherbarkeit	
1	sehr gering	Bereiche, die seltener als im Durchschnitt einmal in 200 Jahren überschwemmt werden	86,4 %	voll gegeben	Quelle: W. Kron, Münchener Rück Zoneneinteilung der deutschen Versicherungswirtschaft zur Gefährdung durch Flussüberschwemmungen Quelle: W. Kron, in: Klimawandel – und danach?
2	gering	Bereiche, die durch Hochwasser alle 10 bis 50 Jahre betroffen sind	9,2 %	voll gegeben	
3	mäßig	Bereiche, die durch Hochwasser alle 10 bis 50 Jahre betroffen sind	1,3 %	grundsätzlich gegeben	
4	hoch	Talbereiche, die im Mittel einmal in 10 Jahren oder öfter betroffen sind	3,1 %	im Allgemeinen nicht gegeben	

schäden nicht versicherbar sind. Die kleinen Geschäfte und Handwerksbetriebe, die im ländlichen Raum ohnedies auf dem Rückzug sind, hätten nach solchen Überschwemmungen oft keine Zukunft mehr, wenn es keine finanzielle Hilfe gäbe. Doch das wird künftig immer schwieriger werden, denn in vielen Regionen Mitteleuropas muss mit einer Zunahme von Flutkatastrophen gerechnet werden. Wo soll das Geld für Entschädigungen und finanzielle Hilfen herkommen? Was kann künftig überhaupt noch versichert werden? Und wie hoch werden die Versicherungsprämien sein? Wer soll all die Schäden bezahlen?

Weil Überschwemmungskatastrophen in den vergangenen Jahren signifikant zugenommen haben, ist ein Umdenken dringend erforderlich. Sicherlich die wichtigste Maßnahme zur Begrenzung der Klimaerwärmung ist die Reduzierung der Verbrennung fossiler Energieträger. Klimamodelle und die Trends der letzten Jahre zeigen, dass wir künftig deutlich mildere und feuchtere Winter erleben werden. Niederschläge fallen häufiger und großflächiger als Regen statt wie früher als Schnee auf die Erde. Das hat einen erheblichen Einfluss auf das Überschwemmungsrisiko, denn wenn Schnee fehlt, kann er nicht mehr als Puffer wirken, und die Fluten laufen ungebremst in die Bäche und Flüsse. Hinzu kommt, dass der Boden wegen der im Winter geringeren Verdunstung wassergesättigt ist. Das hat denselben Effekt wie eine Bodenversiegelung, das heißt, der Wasserabfluss wird dadurch noch mehr beschleunigt, es kommt leichter zu Überflutungen.

Extreme Hochwasser treten vornehmlich im Winter in den Monaten Dezember bis Februar auf. »In erster Linie werden sie durch das Niederschlagsverhalten von Westwetterlagen verursacht«, so Professor Dr. Hans J. Caspary von der Hochschule

Globale Emissionen von Klimagasen in CO$_2$-Äquivalent im Jahr 2000

	Elektrizitätserzeugung	25 %
	Landnutzungsänderung inklusive Entwaldung	18 %
	Landwirtschaft ohne Landnutzungsänderung	14 %
	Transport	14 %
	Industrie	14 %
	Gebäude	8 %
	Sonstige	7 %

Die Grafik zeigt, dass – neben der öffentlichen Diskussion über die Art der Elektrizitätserzeugung und des Verkehrs – die Fragen der Klimagefährdung durch Landwirtschaft und Landnutzungsänderung unterschätzt werden.
Quelle: Stern (2007)

für Technik in Stuttgart. Er fordert – wie viele andere Hochwasserexperten auch –, dass die Klimaveränderung bei der Planung von Hochwasserschutzmaßnahmen berücksichtigt wird: Wir brauchen im Hochwasserschutz eine Klimastrategie. Dazu gehört, dass vorhandene Hochwasserrisiken nicht ständig ignoriert und verharmlost werden. Jahrelang hat man in Deutschland, Österreich und der Schweiz Gewässer begradigt, in Beton- und Stahlkorsetts gezwängt und natürliche Überschwemmungsgebiete eingedämmt, die das Frühjahrshochwasser aufnehmen können. Gefährdete Überschwemmungsgebiete und bedrohte Tallagen wurden mit Gewerbe- und Wohngebieten zugepflastert. In vielen Fällen haben sich Kommunen sogar gerichtlich gegen Bauverbote der Gewässerschutzbehörden gewehrt. So ist das kurzfristige Nutzendenken überall auf der Welt die Ursache für menschliches Leid und Milliardenschäden.

Die Natur hat ihre eigenen Gesetze. Naturprozesse finden in längeren Zeiträumen statt, die sich der Mensch oft nicht ausmalen kann. Und die Natur ist an demokratische Beschlüsse nicht gebunden. Ein Gemeinde- oder Stadtratsgremium kann mit großer Mehrheit beschließen, dass in eine Talaue gebaut wird, weil das Risiko gering sei. Doch die Politiker und Verwaltungsbeamten können Wasser nicht fernhalten. »Die Gefährdung von New Orleans war vor dem Hurrikan Katrina bekannt, das Überflutungsszenario und seine Folgen waren genau untersucht worden, und es gab Verbesserungsvorschläge. Doch der technische Schutz der Stadt wurde vernachlässigt. Die Bevölkerung ignorierte die latente Gefahr; vielleicht wird New Orleans auch deshalb ›The Big Easy‹ genannt«, meint Wolfgang Kron. Kron hatte 1990, als die Vereinten Nationen die Internationale Dekade zur Verringerung von Naturkatastrophen (IDNDR: International Decade for Natural Desaster Reduction) ausriefen, die Position des Sekretärs im wissenschaftlichen Beirat für die deutsche IDNDR-Kommission übernommen und wies frühzeitig auf einen Umstand hin, der so selbstverständlich klingt, aber nur zu oft übersehen wird: dass Schäden immer dort entstehen, wo sich Menschen befinden und wo Vermögenswerte geschaffen werden.

Eigentlich könnten die Menschen wissen, wo extreme Hochwasser zu erwarten sind, denn überall in den Tälern entlang von Rhein, Main, Donau, Elbe, Oder und Neckar befinden sich Hochwassermarken an den Häusern, die von früheren Flutkatastrophen künden. Doch das Gedächtnis der Menschen ist kurz, und so wurden die Tallagen überbaut. Die Siedlungsexpansion ging immer weiter. Straßen und Wege, Plätze und viele andere versiegelte Flächen verschärfen die Hochwassergefahren. Zwar sind die Probleme bei den Entscheidungsträgern in Deutschland, Österreich und der Schweiz bekannt, und es gibt sogar eine Wasserrahmenrichtlinie der Europäischen Union, die darauf abzielt, naturnahe Gewässerökosysteme wiederherzustellen, doch zwischen dieser Zielsetzung und der Verwirklichung konkreter Maßnahmen klafft eine viel zu große Lücke. Es ist höchste Zeit, dass die Kommunen überörtlich und damit ganzheitlich zu denken beginnen. Das heißt, dass zum Beispiel Gemeinden, die an Oberläufen von Bächen und Flüssen liegen, Verantwortung gegenüber den Unterliegern zeigen. Planer und Politiker, die die Täler schützen wollen, haben es bislang noch schwer, ihre Ziele durchzusetzen. Was Gemeinde- und Stadträte und Entscheider auf kommunaler Ebene brauchen, ist ein soziales Risikobewusstsein. Gerade für wirksame Klimaanpassungsstrategien ist es erforderlich, Talauen frei zu halten, bauliche Belastungen zu verhindern und – wenn möglich – zu entfernen. Bäche und Flüsse brauchen als Lebensadern der Landschaft wieder mehr Platz. Wirksamer Auenschutz hilft, wertvolle Lebensräume für heimische Tier- und Pflanzenarten zu erhalten und die Attraktivität der Landschaft zu erhöhen. Vorsorgender Hochwasserschutz als Anpassung an die Klimafolgen ist überlebenswichtig!

Die Menschen in Bangladesch haben wenig Möglichkeiten, etwas für den Hochwasserschutz zu tun. Schon ihre geographischen, geomorphologischen und hydrologischen Verhältnisse machen es nahezu unmöglich, Hochwasseranpassungsstrategien zu verwirklichen. Doch in Mitteleuropa gibt es viele Möglichkeiten, Schäden zu minimieren. Künftig wird es nicht mehr genügen, von der »öffentlichen Hand« Vorkehrmaßnahmen zu erwarten; jeder muss im reichen Europa selbst die Verantwortung übernehmen.

Hochwasserkatastrophen

4. Kapitel: Land unter

Die weltweit 10 teuersten Überschwemmungen für die Volkswirtschaft 1980-2007

Datum	Schadenereignis	Gebiet	Gesamt-schäden (Mio US$)	Versicherte Schäden (Mio US$)	Todesopfer
Mai-Sept. 1991	Überschwemmungen	China	13 600	410	2 628
27.06.-15.08.1993	Überschwemmungen	USA	21 000	1 300	48
21.06.-20.09.1993	Überschwemmungen	China	11 000	.	3 300
Juli-Aug. 1993	Überschwemmungen	Bangladesch, Indien, Nepal	8 500	.	2 953
04.-06.11.1994	Überschwemmungen, Sturzflut	Italien	9 300	65	68
24.07.-18.08.1995	Überschwemmungen	Nordkorea	15 000	.	68
27.06.-13.08.1996	Überschwemmungen	China	24 000	445	3 048
Mai-Sept. 1998	Überschwemmungen	China	30 700	1 000	4 159
13.-20.10.2000	Überschwemmungen, Erdrutsche	Europa	8 500	470	38
12.-20.08.2002	Überschwemmungen, Unwetter	Europa	16 500	3 400	39

Diese nackten Zahlen der zehn teuersten Überschwemmungen lassen nicht das menschliche Leid erahnen, das sich dahinter verbirgt.
Quelle: Münchener Rück (2008)

Die 10 teuersten Naturkatastrophen der Welt für die Volkswirtschaft 1980-2007

Datum	Schadenereignis	Gebiet	Gesamt-schäden (Mio US$)	Versicherte Schäden (Mio US$)	Todesopfer
23.-27.08.1992	Hurrikan Andrew	USA	26 500	17 000	62
Juni-Aug. 1993	Überschwemmungen	USA: Mississippi	21 000	1 300	48
17.01.1994	Erdbeben	USA: Northridge	44 000	15 300	61
17.01.1995	Erdbeben	Japan: Kobe	100 000	3 000	6 430
Juni-Aug. 1996	Überschwemmungen	China	24 000	450	3 048
Mai-Sept. 1998	Überschwemmungen	China	30 700	1 000	4 159
07.-21.09.2004	Hurrikan Ivan	Mexiko, USA, Karibik	23 000	13 800	125
23.10.2004	Erdbeben	Japan: Niigata	28 000	760	46
25.-30.08.2005	Hurrikan Katrina	USA	125 000	61 600	1 322
19.-24.10.2005	Hurrikan Wilma	USA	20 000	12 400	42

Während Erdbeben echte Naturkatastrophen sind, die von uns Menschen nicht beeinflussbar sind, können wir durch konsequenten Klimaschutz dazu beitragen, einem weiteren Anstieg von Überschwemmungen und Wirbelstürmen entgegenzuwirken und durch Klimaanpassungsstrategien und Vorsichtsmaßnahmen die Auswirkungen wenigstens abzumildern.
Quelle: Münchener Rück (2008)

»Beispielsweise werden sich Zentral- und Nordeuropa auf eine Zunahme von Stürmen, Hagel und Überschwemmungen vorbereiten müssen«

Ein Gespräch mit Dr. Joachim Faber

Herr Dr. Faber, in welchem Maße haben Stürme, Überschwemmungen und Dürre zugenommen? Sehen Sie im Klimawandel eine Ursache dafür?

Joachim Faber: Den einzelnen Wirbelsturm auf den Klimawandel zurückzuführen wäre nicht seriös. Die sichtbare und nachweisbare Zunahme der wetterbedingten Naturkatastrophen insgesamt sehen wir jedoch im Zusammenhang mit dem Klimawandel. Als global agierender Versicherer hat die Allianz die Möglichkeit, umfassende Schadensstatistiken zu erstellen und auszuwerten. Derzeit beobachten wir insbesondere einen Trend zu häufigeren Überschwemmungsereignissen.

Regional werden sich Veränderungen in den Ereignismustern von wetter- und klimabedingten Naturkatastrophen sehr unterschiedlich ausprägen. Beispielsweise wird sich Zentral- und Nordeuropa auf eine Zunahme von Stürmen, Hagel und Überschwemmungen vorbereiten müssen. Es wird mittlerweile davon ausgegangen, dass große länderübergreifende Orkane, wie der Orkan Kyrill Anfang 2007, häufiger auftreten werden. Auch Teile der Alpenregionen werden sich mehr und mehr auf sehr intensive lokale Hagelschläge und Überschwemmungen einstellen müssen. Anders sieht es in Südeuropa aus, wo man eher Trockenheit und den damit in Verbindung stehenden Wassermangel als Herausforderung annehmen muss. Mögen diese Primäreffekte für die Industriestaaten heute noch relativ harmlos klingen, so sind die volkswirtschaftlichen und globalen Auswirkungen kaum absehbar. Ebenso unstrittig ist, dass die Hauptfolgen des Klimawandels vor allem die Entwicklungsländer treffen werden. Abgesehen von den häufig klimatisch ungünstigen Lagen dieser Länder, ist die Zunahme von Wetterextremen aufgrund der fragilen Ökosysteme und der schwachen Infrastruktur für diese Länder besonders kritisch. Der Anstieg des Meeresspiegels um 1 Meter würde beispielsweise etwa 15 Prozent der Landfläche von Bangladesch unter Wasser setzen.

Wie hoch sind die volkswirtschaftlichen Schäden?

Die Versicherungsbranche geht davon aus, dass sich die volkswirtschaftlichen Kosten für wetterbedingte Naturkatastrophen etwa alle zehn Jahre verdoppeln werden. In den letzten dreißig Jahren hat es eine Verfünfzehnfachung der wetterinduzierten Versicherungsschäden gegeben. Eine Studie der Allianz besagt, dass die durchschnittlichen Versicherungsschäden für Naturkatastrophen in einem Zeitraum von 2010 bis 2019 bei gut 40 Milliarden US-Dollar pro Jahr liegen werden. Bei zunehmenden Versicherungsdichten können sich die jährlichen durchschnittlichen Schäden sogar auf das Dreifache belaufen.

Rechnen Sie mit einem weiteren Anstieg?

Ja. Der Klimawandel ist nicht aufzuhalten. Seine Auswirkungen sind durch tiefgreifende Maßnahmen und Vorgaben der Politik und Weltgemeinschaft in Hinblick auf Emissionen und Umwelt in seiner zukünftigen Ausprägung nur noch abzuschwächen. Hinzu kommen sozioökonomische Aspekte, die auch in Zukunft eine nicht zu unterschätzende Rolle für die Schadenstatistiken der Versicherungswirtschaft haben werden. Der Trend zur Urbanisierung hat sich während des letzten Jahrhunderts konstant beschleunigt. 1950 wohnten etwa 30 Prozent der Weltbevölkerung in Städten, heute sind es bereits 50 Prozent. Für das Jahr 2025 erwarten die Vereinten Nationen, dass etwa 60 Prozent der Weltbevölkerung in Städten leben. 2020 werden voraussichtlich 75 Prozent der Menschen auf unserer Erde in einem Streifen von 60 Kilometern entlang der Küsten wohnen. Die damit einhergehende Zunahme von Wertekonzentrationen und Versicherungsdichten ist eine beachtliche Herausforderung für das Risikomanagement der Versicherungsindustrie.

Lassen sich die Folgen der Klimakatastrophe in Zukunft überhaupt noch versichern?

Die Versicherungswirtschaft trägt für ihre Märkte und Kunden eine besondere Verantwortung. Wohlstand und Konjunktur sind eng mit der Leistungsfähigkeit der Versicherungswirtschaft verknüpft. Sie kann finanziellen Schutz vor existenzbedrohenden Ereignissen bieten, und ihre Risikomanagementprodukte erlauben den Kunden mehr Spielraum für Investitionen. Eine Grundvoraussetzung für die Versicherbarkeit von klimabedingten Ereignissen ist ein adäquates Risikomanagement. Hierfür muss der Versicherer seine Risiken kennen und verstehen, was insbesondere bei wetterbedingten Großereignissen, die einem chaotischen System entspringen, eine besondere Herausforderung ist. Auf Basis seiner Erkenntnisse kann der Versicherer durch geeignete Maßnahmen den Versicherungsbestand optimieren. Eine Möglichkeit ist die regionale Streuung von Versicherungsrisiken, um im Schadensfall nicht den gesamten Versicherungsbestand zu gefährden. Ziel ist es, dem Kunden somit langfristig Versicherungsschutz zu adäquaten Preisen bieten zu können.

Allerdings kann die Versicherbarkeit von wetterbedingten Naturkatastrophen langfristig nur gewährleistet werden, wenn Tarife risikogerecht sind. Hier muss auch die öffentliche Hand ihre Rolle überdenken. Beispielsweise ist die Ausweisung von günstigem Bauland in Hochrisikoflutzonen gefährlich. Zu beobachten ist auch, dass sich der Staat immer wieder zu Versicherungsengagements in Gefährdungsregionen verleiten lässt. Doch der Auftritt des Staates als Erstversicherer, etwa in Form des National Flood Insurance Program in den Vereinigten Staaten, ist problematisch. Die Verträge sind in der Regel subventioniert, und somit entsprechen die Tarife nicht dem Risiko. Häufig fehlt auch eine Risikobeteiligung des Kunden, wie ein angemessener Selbstbehalt, die sein Bewusstsein hinsichtlich des eingegangenen Risikos schärft. Dadurch entstehen Fehlallokationen von großer volkswirtschaftlicher Relevanz, die im Schadensfall von der Gemeinschaft der Steuerzahler mit zu tragen sind. Künstlich niedriggehaltene Versicherungstarife verleiten den Versicherungsnehmer, das Risiko zu unterschätzen oder sogar zu vernachlässigen.

Sehen Sie Möglichkeiten, ärmeren Menschen den Zugang zu Versicherungsleistungen – etwa durch Mikroversicherungen – zu ermöglichen?

Das tun wir bereits. Denn gerade arme Menschen sind von Risiken und insbesondere auch von denen des Klimawandels noch elementarer betroffen als Menschen in entwickelten Ländern. Seit 2006 arbeiten wir mit den Organisationen CARE International und PlaNet Finance zusammen, um Versicherungsprodukte und -vertriebswege zu entwickeln, die auf die Bedürfnisse dieser Kunden zugeschnitten sind. Wir sind bereits in Indien, Indonesien, Ägypten, Senegal, Kamerun und Madagaskar aktiv und haben inzwischen rund 2 Millionen Mikroversicherungskunden. Obwohl die Versicherungsprämien mit teilweise weniger als 1 Euro pro Jahr sehr niedrig sind, können wir dank der Unterstützung durch Nichtregierungsorganisationen ein umfangreiches Leistungspaket anbieten, von Kreditlebensversicherungen über Katastrophenversicherungen im Fall von Naturkatastrophen bis hin zu Krankenversicherungen. Der Mikroversicherungsmarkt ist angesichts von 3 Milliarden Menschen, die von weniger als 2 US-Dollar pro Tag leben müssen, groß. Herausforderung ist es, mit niedrigen Prämien Schutz vor den elementaren Risiken zu bieten und trotzdem eine Rendite zu erwirtschaften, die eine Ausweitung des Angebots für alle Kunden möglich macht.

Unternehmen wie die Allianz SE und die Münchener Rück haben schon früh auf die Probleme des Klimawandels aufmerksam gemacht. Können Sie nicht stärker auf die Politik einwirken, konsequenter zu handeln?

Wir haben uns früh des Themas angenommen und unser Engagement in den letzten Jahren auch international erheblich ausgebaut. Neben unserer Mitarbeit bei der UNEP Finance Initiative nutzen wir auch unsere Partnerschaft mit dem World Wide Fund for Nature (WWF), um neue Lösungen für den Klimaschutz zu entwickeln und um Kunden und Öffentlichkeit zu informieren. Zuletzt haben wir mit dem WWF die »G8 Climate Scorecards« veröffentlicht, mit denen wir die G-8-Staaten und die fünf größten Schwellenländer einer genauen Analyse im Hinblick auf ihre Klimaperformance unterziehen. Damit machen wir die Anforderungen an eine Politik deutlich und nachvollziehbar, die wir benötigen, um den Übergang in eine CO_2-arme Wirtschaft erfolgreich zu gestalten.

Auch in Zukunft werden wir unsere Anforderungen an eine nachhaltige Klimapolitik offen formulieren und gleichzeitig unsere Expertise als weltweite Risikomanager und Investoren einbringen. Gerade als Finanzdienstleister können wir unseren Beitrag optimieren, wenn die Politik einen langfristig tragfähigen Rahmen schafft, innerhalb dessen Investitionen getätigt und Produkte entwickelt werden können.

Nehmen wir einen heißen Sommer – vielleicht in zehn oder zwanzig Jahren. Das Kühlwasser für Atomkraftwerke wird knapp – dann folgt die Stilllegung, weil die Brennstäbe nicht mehr hinreichend gekühlt werden können. Das kostet Millionen am Tag. Ganz zu schweigen von den Produktionsausfällen in den Industriebetrieben. Sind klimabedingte Stromausfälle und die Folgen überhaupt versicherbar?

Versorgungssicherheit bei Strom und anderen lebenswichtigen Gütern ist ein zentrales Thema für jede Volkswirtschaft. Die Stromanbieter und auch die Politik stellen sich dieser Anforderung mit einem ganzen Bündel von Maßnahmen. Dazu gehören der Mix verschiedener Energieträger wie Atomkraft und Kohle, die Investitionen in die Stromnetze, aber auch die zunehmenden Investitionen in die sogenannten erneuerbaren Energien. Wir sehen die Atomkraft insbesondere aufgrund der ungelösten Frage der Endlagerung als Übergangstechnologie. Ziel muss es sein, Schritt für Schritt, aber konsequent die Abhängigkeit von der Atomkraft ebenso wie von den fossilen Energieträgern zu reduzieren, um gleichzeitig den Anforderungen der Versorgungssicherheit und des Klimaschutzes gerecht zu werden.

Sind Klimaspätfolgen wie weltweite Hungersnöte durch Ernteausfälle, die Unbewohnbarkeit ganzer Küsten- und Gebirgsregionen mit eventuellen Umsiedlungsprogrammen überhaupt versicherbar?

Weltweite Hungersnöte erleben wir bereits heute und hoffen auf spürbare Fortschritte im Rahmen der Millennium Development Goals der Vereinten Nationen. Wir sind alle gefordert, dieses dramatische Elend so schnell und nachhaltig wie möglich zu beenden. Dabei wollen wir unseren Beitrag auch hier durch Mikroversicherungslösungen leisten, und wir werden die Risiken des Klimawandels in unser Vorgehen einbeziehen.

Auch bei regionalen Auswirkungen des Klimawandels kann die Versicherungsindustrie einen Beitrag leisten. Allerdings sind diese Szenarien von geopolitischer Dimension, und die zuständigen Stellen, die Regierungen und die Vereinten Nationen, müssen sie frühzeitig antizipieren und Vorsorgemaßnahmen treffen. Eine engere Zusammenarbeit mit der öffentlichen Hand ist auch bei kleiner dimensionierten lokalen Fragestellungen entscheidend. So ist es von Vorteil, wenn Versicherer frühzeitig bei Raumplanungsmaßnahmen eingebunden sind. Die Erfahrungen und Kenntnisse der Industrie zu derartigen Themen werden noch zu wenig genutzt.

Dr. Joachim Faber (Jahrgang 1950) ist Vorstandsvorsitzender der Allianz Global Investors AG und Mitglied des Vorstands der Allianz SE, München. Er kam 1997 als Finanzchef und Vorstandsmitglied zur Allianz-Versicherungs AG und zeichnet für den Aufbau der Sparte Asset Management als drittes Kerngeschäftsfeld der Allianz-Gruppe verantwortlich. Vor seinem Wechsel zur Allianz war er während vierzehn Jahren für die Citicorp in Frankfurt und London tätig. Zwischen 1995 und 1997 leitete er das Kapitalmarktgeschäft in Europa, Nordamerika und Japan.

Angriff
der Insekten

5. *Kapitel:* Angriff der Insekten

SZENARIO 2035

Wie in Trance setzt die junge Mutter auf ihrem Weg durch den Busch einen Fuß vor den anderen. Sie will ins Flüchtlingslager nach Kampala, denn der Dorfälteste hat gesagt, dass von der ugandischen Hauptstadt aus ein Transport des Deutschen Roten Kreuzes in Richtung Europa startet und alle mitfliegen dürfen, die ein Baby haben. Die junge Frau ist geschwächt. Es ist schon mehrere Tage her, dass sie ausreichend gegessen hat. Sie murmelt im Wechsel beschwörende Worte oder summt ein Kinderlied. Der Singsang ihrer Stimme beruhigt das Baby an ihrer Brust. Der Säugling schlummert friedlich und zufrieden. In dem fahlen Gestrüpp am Rand der staubigen Piste sucht die Mutter nach Kräutern, Wurzeln und Rinde, um daraus eine Suppe zu kochen. Gegen Abend würde sie nur zu gerne ein Feuer machen und sich ausruhen, bevor es vor Sonnenaufgang weitergeht. Sie sammelt ein paar Blätter von den Sträuchern, so wie die Alten es ihr beigebracht haben. Sie muss wieder zu Kräften kommen, damit ihr Baby überleben kann. Doch die Sträucher geben kaum etwas her. Und wo soll das nötige Wasser herkommen? Ihre Brüste hängen schlaff und leer an ihr herab. Der Körper der stillenden Mutter ist ausgemergelt. Sie läuft beinahe mechanisch vorwärts wie ein Marathonläufer auf den letzten Metern vor dem Ziel. Die Adern an ihren Schläfen pulsieren, ihr Geist ist wie umnebelt.

Als sie mit letzter Kraft das Missionskrankenhaus St. Mary's in Gulu erreicht, etwa 300 Kilometer nördlich von Ugandas Hauptstadt Kampala, hängt der kleine Körper des Kindes schlaff und leblos in dem Tuch auf ihrem Rücken. Die Dorfbewohner in Gulu tuscheln. Sie sagen: »Das Baby ist verhext – es hat Blut geweint!« Heimlich hat die Frau das tote Kind in einen Plastiksack verschnürt und nachts hinter dem Zeltlager des Roten Kreuzes notdürftig unter Steinen in der trockenen Erde verscharrt. Der Aufnahmeprozess der jungen Frau in das Flüchtlingslager verläuft problemlos: Ärzte der Seuchenaufsicht stufen sie als gesund ein und teilen sie für den Transport nach Frankfurt ein. Sie hat Glück, dass sie auch ohne Kind mitdarf.

Das St. Mary's Lacor Hospital liegt einige Kilometer nördlich von Gulu, mitten im Krisengebiet des seit 1986 von einem Bürgerkrieg heimgesuchten Landes. Es bietet nicht nur medizinische Versorgung, sondern auch Unterschlupf für täglich etwa 6000 bis 8000 Menschen – meist Kinder –, die Abend für Abend viele Kilometer zurücklegen, um im Schutz des Spitals die Nächte zu verbringen.

5. Kapitel: Angriff der Insekten

Samantha gehört mit über 10 Millionen anderen Afrikanern zum »Kontingent Afrika«, das Deutschland nach den Richtlinien des UNO-Flüchtlingskommissariats UNHCR aufnehmen muss. Über 300 Millionen Afrikaner sind 2035 auf der Flucht und müssen irgendwo in Europa unterkommen. Die Klimakatastrophe hat aus Afrika einen Friedhof gemacht. Die Menschen verhungern und verdursten, sie krepieren an Tuberkulose und Malaria, an Aids und anderen rätselhaften Infektionskrankheiten. Wer kräftig genug ist, flieht Richtung Europa. So wie Samantha aus Uganda.

Drei Monate nach ihrer Ankunft stirbt Samantha in der Zentralen Quarantänestation in Deutschland. Ihr Tod ist schrecklich: Aggressive Viren zerfressen ihre Blutgefäße, greifen die Zellen an und zersetzen die Organe. Das Gewebe verflüssigt sich wie bei einem Verwesungsprozess. Besonders heftig betroffen sind Leber, Nieren und Milz. Die junge Frau blutet aus allen Körperöffnungen, erbricht Teile ihrer zersetzten Eingeweide und bleibt trotz aller Schmerzen bis zur letzten Minute bei Bewusstsein. Sie stirbt einen langsamen Tod. Der Krankheitsverlauf erinnert an Ebola, doch die Ärzte sind sich sicher: Es ist eine bislang unbekannte Infektion. Was war im fernen Afrika geschehen? Hat der Säugling etwas verschluckt, das ihn krank gemacht hat, und damit die Mutter infiziert? Wurde die Frau von einem Tier gebissen oder von Insekten gestochen? Niemand kennt die Antwort. Auch die Virologen und Tropenmediziner der Weltgesundheitsorganisation WHO nicht.

Bei Ebola handelt es sich um ein durch Viren hervorgerufenes »hämorrhagisches Fieber« (hohes Fieber, einhergehend mit inneren Blutungen), das in bis zu 90 Prozent der Fälle tödlich verläuft – eine Therapie dagegen ist noch nicht gefunden.

»Eines steht fest: Es ist eine Art hämorrhagisches Fieber, aber es ist kein Ebola«, erläutert Carolyn Petermann im Interview mit Laura Spinetti. Präzise beschreibt die Ärztin, was im Körper der Afrikanerin abgelaufen ist. »Am Anfang haben winzige Thrombosen die Adern mit geronnenem Blut wie mit rotem Schlamm verstopft. Im weiteren Prozess wurden die Gefäße porös, und die Blutgerinnung ist kollabiert.« Laura Spinetti erträgt die Fotos von der Obduktion kaum, die die Ärztin ihr auf den Computer überspielt. »Im Endstadium scheint es, als löse sich der Mensch wie in einem Säurebad von innen auf«, erklärt Carolyn Petermann, die nur im Schutzanzug und mit Sauerstoffmaske zu den Patienten mit der unbekannten Krankheit kann. Der Verlauf dieser neuen Infektion endet immer tödlich. Die Patienten bluten aus Mund und Nase, Augen und Ohren. Jeder Tropfen ihrer Körperflüssigkeit ist hochinfektiös. In allen Ausscheidungen wimmelt es nur so von Viren: Im Speichel und im Erbrochenen der Patienten, im Urin und vor allem im Blut und Schweiß befinden sich viele Millionen Viren. »Sogar in einem Tropfen Tränenflüssigkeit haben wir Millionen Viren gefunden. Ja, sie scheinen Blut zu weinen«, sagt Carolyn Petermann.

Der Krieg der Viren beginnt mit einem Angriff auf die Zellen des Patienten. »Ihr Ziel ist es, die Zelle zu knacken. Wie Haftminen setzen sich die Viren von außen an die Zellwand.« Dr. Petermann projiziert eine Computersimulation an die Wand des Konferenzzimmers. Laura Spinetti sieht, wie ein kugelrundes grünliches Monster mit wabbeligen Bewegungen auf eine Körperzelle zuschwimmt. »Damit das Virus nicht vom Abwehrsystem des Körpers als Feind erkannt wird, tarnt es sich als Blutkörperchen und überlistet den Eingang zur Zelle mit einem DNA-Schlüssel. Die Zelle hält die Fälschung für körper-

5. Kapitel: Angriff der Insekten

eigene DNA, doch der Schlüssel ist nur ein intelligenter Nachbau: Die Viren können DNA-Schlüssel nachbauen.« Und dieser nachgebaute Schlüssel funktioniert perfekt: »Innerhalb kürzester Zeit öffnet das Virus sich den Zugang zur Zelle.« Laura Spinetti ist fasziniert und schockiert zugleich. Die Journalistin verfolgt den Vorgang im Computer wie einen Krimi. Kaum ist das Virenmonster in der Zelle angelangt, explodiert es wie eine Bombe. Unzählige Viren platzen auf und arbeiten fieberhaft an ihrer Vermehrung. Wie mit Hilfe eines Kopierers vervielfältigen sie sich millionenfach. Dazu benutzen sie das vorhandene DNA-Material der Zelle.

Ist die Zelle ausgeplündert, überfallen die Viren wie eine Armee alle Nachbarzellen. Parallel zu diesem Eroberungsfeldzug schalten andere Viren injizierte Medikamente einfach aus. »Diese Viren haben eine Art Arbeitsteilung entwickelt, sie arbeiten im Verbund«, erklärt die Ärztin. »So, als hätten sie ein Gehirn!« Es gibt Viren, die sind nur für die Abwehr der Medikamente zuständig. Sie arbeiten wie eine Wasserpumpe; zunächst nehmen sie die Medikamente auf, doch nur, um sie Sekunden später über eine Art Leitung wieder aus ihrem Virenkörper herauszupumpen. Mit unheimlicher Geschwindigkeit spulen diese Viren ihr tödliches Programm ab. »An eine umfassende Bekämpfung dieses ein zehntausendstel Millimeter großen Zellkillers ist im Augenblick nicht zu denken«, sagt die Ärztin müde. »Um Viren gezielt bekämpfen zu können, müssen wir sie sehr genau kennen. Erst dann kann die Entwicklung eines wirksamen Medikaments folgen.« Doch diese neuen Viren sind extrem wandlungsfähig. Selbst wenn die Erforschung von Gegenmitteln gelingt, ist es oft nur ein kurzer Erfolg. Viren verändern permanent ihr Aussehen und damit ihre Strategie. »Und schon stehen die Mediziner wieder am Anfang.« Die menschliche Intelligenz hinkt diesem teuflischen Programm immer ein paar Schritte hinterher.

Generell kommt bei der Bekämpfung von Viruserkrankungen ein schwerwiegendes Problem hinzu: »Viren werden erst in den Zellen aktiv. Zerstören wir die Viren, zerstören wir die Zellen – und der Patient stirbt.« Carolyn Petermann ist in ihrem Element: »Das Zusammenspiel unterschiedlicher Viren, die sich gegenseitig positiv beeinflussen, ist ein völlig neues Gebiet. Die Virologie steht in dieser Frage erst am Anfang.« Die Ärztin doziert: »Mit der Einwanderung gefährlicher Moskitos und Zecken hatten wir plötzlich nicht nur Malaria in Europa. Alle gefährlichen tropischen Krankheiten erobern seit Anfang 2016 in rasantem Tempo die nördlichen Breitengrade und setzen ihren Siegeszug um die Welt fort: Gelbfieber, West-Nile-Fieber, Dengue-Fieber, um nur einige zu nennen. Die Liste ist lang. Viren sind winzig klein, und doch sind sie ein mächtiger Feind der Menschheit geworden.«

Durch die Klimaveränderung konnten sich Viren und Infektionskrankheiten immer weiter ausbreiten. Jahr für Jahr fallen Millionen Menschen den kleinen Killern zum Opfer. Sie lauern überall: an Türgriffen und unter Schuhsohlen, in den Pfützen vor der Haustür, in Klimaanlagen, in der Atemluft in Büros und Bussen. Viren werden per Handschlag ausgetauscht oder durch Anhusten übertragen, doch in erster Linie werden sie jetzt, 2035, durch Insekten verbreitet. Nicht jedes Virus arbeitet dabei gleich. »So unterschiedlich die vielen tausend verschiedenen Viren sind, so unterschiedlich starten sie ihren Angriff auf den Körper«, erklärt die Ärztin. »Einige

Von einem »Krieg« spricht auch der Göttinger Immunologe Jürgen Wienands, wenn er beschreibt, wie Viren sich einer Zelle bemächtigen und ihr Erbgut in sie einschleusen. Dieser Krieg weitet sich aus, denn durch Klimawandel und grenzenlose Mobilität kommen auch tropische Krankheitserreger immer weiter in der Welt herum.

Von einer Zunahme der Erkrankung an Dengue-Fieber berichtet das Deutsche Grüne Kreuz: »Unter den etwa 50 Millionen Fällen pro Jahr befinden sich 500 000 Fälle von hämorrhagischem Dengue-Fieber und 12 000 Todesfälle. [...] Die Ursachen dieser Entwicklung sind unter anderem eine zunehmende Überbevölkerung in vielen Tropengebieten [...] Hinzu kommen Klimaveränderungen, die tropischen Stechmücken neue Verbreitungsgebiete eröffnen.«

5. Kapitel: Angriff der Insekten

legen die Nervenzellen im Rückenmark lahm, andere wieder schädigen Leberzellen und befallen den Darm. Oder sie siedeln sich in Bronchien und Lungenflügeln an, die FSME-Viren des Zeckenfiebers wandern sogar ins Gehirn. Immer wieder entvölkern Virenattacken ganze Stadtteile und legen das Leben für eine Weile lahm. Doch ich fürchte, alles, was wir bisher gesehen haben, ist nur ein Abklatsch dessen, was uns mit diesen neuen Viren bevorsteht«, sagt Dr. Petermann.

Laura Spinetti ist entsetzt: »Das ist ja schrecklich! Da müssen doch sofort die Flüchtlingsströme aus Afrika gestoppt werden. Schließlich besteht doch Seuchengefahr!« Carolyn Petermann blickt ihr ernst in die Augen und sagt nachdrücklich: »Der Ausbruch dieser Viren ist nicht auf Afrika beschränkt. Wir haben ähnliche Krankheitsbilder bei Patienten, die aus den einstigen Permafrostgebieten in Sibirien und Kanada kommen. Ich bitte Sie trotzdem, keine Panik zu verbreiten. Wir wissen einfach noch zu wenig über diese neuen Viren.« Dann lacht die Ärztin leicht hysterisch auf. »Habe ich neu gesagt?! Nein, neu sind sie nicht. Diese perfekten Killer sind vielleicht viele hunderttausend Jahre alt. Sie haben auf ihrer Zeitreise extremer Hitze und eisiger Kälte widerstanden, bevor sie irgendwann aus ihrem Todesschlaf erwacht sind, als die Permafrostböden auftauten. Ihr Vernichtungswerk hat gerade erst begonnen.«

Laura Spinetti will noch einen Blick in die Isolierstation werfen, doch die Ärztin rät ihr ab. »Wer sich den hochinfektiösen Kranken nähert, muss speziell gekleidet sein, um sein eigenes Leben zu schützen«, sagt sie. Die Krankenschwestern betreten die Isolierstation nur in Gummistiefeln und Schutzanzügen. »Es ist schwer, verschwiegene Pflegekräfte für unsere Isolierstation zu bekommen«, sagt die Ärztin. »Selbst unsere Tropenmediziner haben Angst, die Kranken zu behandeln.« Wer mit diesen Patienten in Kontakt kommt, muss eine Schweigepflichterklärung unterschreiben. »Wir wollen keine Massenpanik in der Bevölkerung«, betont die Ärztin. »Ich bitte Sie deshalb dringend, Ihr Wissen zunächst noch als Hintergrundinformation für sich zu behalten.«

Laura Spinetti nickt. Sie will der engagierten Ärztin keine Schwierigkeiten machen. Um Bilder für ihren Bericht zu bekommen, darf Spinetti mit einer Sondergenehmigung der Klinikleitung in den Forschungslabors filmen. Unter exakt kontrollierbaren Laborbedingungen wurde hier ein Dorf nachgebaut, wie es sie überall in Afrika gibt. Die Hütten sind aus Lehm, es wachsen Bananenstauden und Gräser an einem künstlich angelegten Tümpel. Die Wissenschaftler wollen die Insekten erforschen, die in dieser Umgebung gedeihen. Mit Hilfe des Kunstdorfs haben die Forscher schon erste Antworten gefunden: Zum Beispiel, dass Blutgruppe, Alter und Geschlecht der Patienten völlig bedeutungslos sind, aber der Atem- und Schweißgeruch für Insekten eine wichtige Rolle spielt. Was das Opfer gegessen hat, ist für die Blutsauger demnach nicht unwesentlich. Die Ausdünstungen nach einem ausgiebigen Reisgericht locken vor allem Moskitos an. »Außerdem ›fliegen‹ sie auf käsigen Schweißgeruch der Füße«, sagt ein Mitarbeiter und grinst über den Wortwitz. »Vor allem Anopheles gambiae, die gemeine Malariamücke, ist auf Menschenblut fixiert«, erklärt der Insektenforscher der Journalistin. »Sie würde eher verhungern, bevor sie Tierblut trinkt.« Mit ihren Antennen können diese Moskitos ihre

Wenn Permafrostböden tauen, dann können aus diesen Dauerfrostböden, die weite Teile der Nordhalbkugel bedecken, plötzlich nicht nur gut erhaltene Mammuts, sondern auch Viren auftauchen – Forscher haben aus dem gefrorenen Boden Alaskas schon Teile des Virus entdeckt, das 1918 und 1920 die Spanische Grippe mit Millionen von Toten ausgelöst hatte.

5. Kapitel: Angriff der Insekten

Opfer über weite Entfernungen wahrnehmen. Wie auf einem Radarstrahl fliegt Anopheles dann auf der Duftspur geradewegs an die Quelle. »Sie trinken sich satt und übertragen dabei diverse Krankheiten«, sagt der Mitarbeiter von Dr. Petermann. »Es gibt viele unterschiedliche Ansätze, die Killer zur Strecke zu bringen«, erklärt er mit einem Seitenblick auf die Ärztin. Dann sagt er wie ein Admiral: »Wir müssen den Feind vernichten, bevor er stechen kann.« Carolyn Petermann hat das Labor schon verlassen, da fügt der junge Mann noch wichtigtuerisch an: »Bei unserer Forschung spielen Moskitos jedoch nur eine untergeordnete Rolle – draußen drohen bereits ganz andere Gefahren…«

Bis Ende der vierziger Jahre des 20. Jahrhunderts war die Anopheles-Mücke auch in Norddeutschland beheimatet, und in heißen Sommern kam es regelmäßig zu kleinen Malariaepidemien.

Der Mitarbeiter von Carolyn Petermann ist Mitglied der »Klima-Killer«. Noch agieren die meist jungen Männer wie ein Geheimbund, ohne öffentliches Aufsehen zu provozieren. Doch das soll sich bald ändern. Verschwörerisch drückt er der Journalistin eine »Einladung zum Abwehrkampf gegen Schädlinge« in die Hand und flüstert: »Immer mehr Angestellte des Klinikpersonals können nicht länger schweigen. Kommen Sie doch heute Abend einfach bei uns vorbei.«

Längst sind Gerüchte über die neuen Viren nach außen gedrungen. Vor wenigen Tagen haben Jugendliche die Beseitigung von Leichen auf dem Seuchenfriedhof der Klinik beobachtet. Eigentlich ging es um eine Mutprobe, als sich die vier Jungen nachts auf dem Klinikgelände herumtrieben. Entsetzt beobachteten sie, wie ein Beerdigungstrupp in Schutzkleidung zwei verschnürte Leichensäcke mit Desinfektionsmitteln besprühte und in vorgebohrte Löcher versenkte. Die Erdlöcher waren am Tag vorher metertief in die Erde getrieben und mit Beton ausgekleidet worden, damit die Leichen in 20 Meter Tiefe nicht mit Grundwasser in Berührung kommen können. Als zusätzliche Sicherheitsmaßnahme wurden sie vorher in wasserdichte Schwimmsäcke gewickelt. Der Krankenhausdirektor wollte die Leichen nicht verbrennen lassen, wohl weil er fürchtete, das unbekannte Virus selbst dadurch nicht unter Kontrolle zu haben. Verstört haben die Jungen ihren Eltern von dem nächtlichen Erlebnis erzählt, doch die konnten dieses »Schauermärchen« gar nicht glauben.

Angst, Nervosität und Unsicherheit sind im Umfeld der Klinik seit Wochen spürbar. Es kommt sogar vor, dass Ärzte und Krankenschwestern in Geschäften und Restaurants nicht mehr bedient werden. Ein Oberarzt wird sogar von der eigenen Familie ausgegrenzt. Er hat das gemeinsame Haus verlassen, weil seine junge Frau sich aus Angst vor Ansteckung weigert, mit ihm weiter unter einem Dach zu leben.

Die Angst vor Ansteckung kann selbst zu einer Epidemie werden. Ob Pestkranke im Mittelalter oder Aidskranke in den achtziger Jahren: Betroffene oder Risikogruppen wurden zu allen Zeiten schnell und erbarmungslos ausgegrenzt.

Eine Reinigungskraft, die auf der Isolierstation der Klinik Putzgeräte sterilisiert, hat ebenfalls Kontakt zu den Klima-Killern aufgenommen und von einer »Geheimstation mit lauter infektiösen Ausländern« berichtet. Georg Grasser, Chef der Klima-Killer, verfügt über Informationen aus den unterschiedlichsten Quellen. Er spricht von »erdrückendem Beweismaterial«, das er gegen die Klinik und die »Ausländerpolitik der Vereinten Nationen« gesammelt hat.

»Nelson kommt aus Malawi – er hat Aids in unsere Stadt gebracht«, verkündet Grasser bei dem Vortrag »Abwehrkampf gegen Schädlinge«. Laura Spinetti sitzt in der letzten Reihe und hört genau zu. »Sie bringen Krankheiten – gefährliche Krankheiten«, fährt Georg Grasser fort. Dann fabuliert er von einer »neuen Seuche«, die aus Afrika kommt. »Gefährlicher und tödlicher als Aids«, prophezeit er und zeigt Fotos von Flüchtlingen. »Das ist Lekeloni – sie hat eine unheilbare Form von Tuberkulose.« Während Laura Spinetti sich noch fragt, wo Grasser all die Fotos der Flüchtlinge und ihre Krankengeschichte herhaben mag, flimmern »Joanna und Agatha« über die Großleinwand – »Prostituierte aus Afrika, die ihre Freier schon mit den Tränen, die sie weinen, um Mitleid zu erregen, infizieren können...«

Georg Grasser ist angetrunken. Früher hat er als selbständiger Anlagenbauer gutes Geld verdient, doch seine Firma ging durch die Klimakatastrophe bankrott. Heute hält er sich mit Gelegenheitsjobs über Wasser, aber so prekär seine wirtschaftliche Lage auch ist, sein Verstand arbeitet scharf und analytisch. Eben noch hat er für einen miserablen Stundenlohn auf der Quarantänestation der Klinik als Desinfektionsarbeiter geschuftet, doch er ist besser vernetzt als der Chefarzt, kennt Politiker, namhafte Wissenschaftler und Prominente. Jetzt genießt er den Applaus des Publikums bei seiner flammenden Rede. Erst vor zwei Jahren hat sich Grasser den Klima-Killern angeschlossen, doch in der Hierarchie des »Geheimbunds«, wie er ihn anfangs nannte, ist er aufgrund seiner Intelligenz schnell aufgestiegen. »Wir fordern die Schließung der Grenzen«, posaunt er in den Saal. »Die Vereinten Nationen müssen uns vor kriminellen und vor allem vor kranken Elementen schützen! Unsere Bürgerwehr kann nicht überall sein – noch sind wir viel zu wenige ...« Laura Spinetti verlässt die Veranstaltung. Noch mögen die Klima-Killer nur eine Splittergruppe der ausländerfeindlichen Bewegung sein. Doch ihr unverhohlener Aufruf zur Gewalt gegen Flüchtlinge bleibt sicher nicht ungehört.

Die primitiven Schlägertrupps der Aktionsgruppe drohen Georg Grasser über den Kopf zu wachsen. Radikale Tendenzen innerhalb des Vereins haben sich verselbständigt und drohen völlig aus dem Ruder zu laufen. Nach der Veranstaltung geht Grasser auf dem Weg in seine triste Einzimmerwohnung am Drugs-and-Drinks-Shop vorbei und kauft sich eine Flasche Wodka. Seit Emmi ihn verlassen hat, greift er immer öfter zum Alkohol, um sich zu beruhigen. Seine Frau konnte mit der Verbitterung ihres Mannes und vor allem mit seinem Rechtsruck nicht mehr leben. Jetzt hockt Grasser vor dem Multivisionsgerät auf der Couch und versucht, die News über die Pleite der Renten- und Pensionskasse zu verstehen. »Was haben die Scheißpolitiker mit unserer Krankenversorgung und den Renten gemacht?«, sagt er laut. Er wird sich langsam, aber sicher betrinken. Sein Blick wandert zu dem Pinbrett an der Wand gegenüber, zu den Fotos, die ihn und seine Frau am Strand von Watamu in Kenia zeigen. »Alte Erinnerungen«, murmelt er. »Damals«, murmelt Grasser ins Wodkaglas, »damals war die Welt noch in Ordnung.«

Grasser leidet unter seiner Einsamkeit. Wenn Depressionen ihn niederdrücken, sperrt er die Welt einfach aus. Dann zieht er die schweren Vorhänge zu und starrt ins Dämmerlicht, das aus dem Stoff sickert. An diesen Tagen trinkt er schon vormittags. Trotz all der Insekten, die im Zimmer herumschwirren, liegt er halbnackt auf einem verschwitzten Bettlaken, weil er unter der drückenden

5. Kapitel: Angriff der Insekten

Schwüle in dem schlecht belüfteten Raum leidet. Sein aufgedunsener Körper ist von quälenden Insektenstichen übersät, die er aufkratzt, bis sie sich entzünden. Obwohl er die Wodkaflasche fast geleert hat, kann Grasser keinen Schlaf finden. Er denkt an Emmi: wie fröhlich sie war …! Er vermisst ihren warmen Körper, an den er sich nachts geschmiegt hat. Sie wollten Kinder, aber es hat nicht geklappt. Jetzt ist er schon dreiundfünfzig Jahre alt. »Vorbei«, murmelt Grasser voller Selbstmitleid und lässt sein verpfuschtes Leben Revue passieren. Erst gegen vier Uhr senkt sich ein gnädiger Schlaf über ihn.

Zu dieser Zeit ist Laura Spinetti bereits auf dem Weg zum Flughafen. Im Auftrag der internationalen Journalistenstiftung der Vereinten Nationen soll sie über das Flüchtlingselend auf den Philippinen berichten. Manila ist eines der vielen Flüchtlingszentren in Asien. Aus allen Teilen des Landes strömen die Klimaflüchtlinge in die Hauptstadt. Sie alle wollen aufs Festland. Und dann möglichst nach Europa. Doch für die Philippinen ist Russland als Aufnahmegebiet bestimmt.

Zu den jugendlichen Flüchtlingen in der Stadt, mit denen Laura Spinetti spricht, gehört Erlyn. Das Mädchen versucht, auf der Straße zu überleben, ohne sich zu prostituieren. Auf einer der vielen brennenden Müllkippen, den »Smokey Mountains«, steht die hübsche Teenagerin bis zu den Knien im Dreck. Mit einem Eisenhaken durchwühlt sie den Müll. Erlyn sucht im beißenden Rauch brennender Abfälle, ätzender Chemikalien und dem unerträglichen Gestank verwesender Ratten nach allem, was fest ist und sich für ein paar Cent beim Schrotthändler verkaufen lässt: Glas, Plastik, Metall, Pappe – und Kerzenstummel. Die Kerzen will sie vor dem Grab ihres kleinen Bruders anzünden. Er wurde auf der Müllkippe geboren und ein paar Monate später auch hier verscharrt. Morgen will Erlyn mit dem wenigen Geld, das sie sich vom Munde abgespart hat, ins Flüchtlingslager gehen. Sie wird Leo mitnehmen. Er ist erst acht. Ein Priester hat den Jungen auf der Straße aufgegriffen. Zwischen all den Autos auf dem sechsspurigen Highway lief er einfach geradeaus, dem Wahnsinn nahe. Erlyn wird ihn nicht zurücklassen. Er ist ihre Familie. Wo Erlyns Eltern sind, weiß sie nicht. »Meine Eltern haben mich nicht geliebt. Ich bin schon lange allein«, sagt sie zu Laura Spinetti und wiederholt: »Leo ist meine Familie.« Sie will nur eins: dem Alptraum entrinnen. In einer zerschlissenen Plastiktüte hat sie ihre Habseligkeiten für die Flucht verstaut: zwei Pappbecher, vier Kerzenstummel, ein zerlumptes T-Shirt und ein altes Handtuch.

Auf den Smokey Mountains, Müllbergen, die zum »Wahrzeichen« von Manila wurden, leben bis zu 20 000 Menschen, die ihren Lebensunterhalt damit verdienen, alles nur irgend Verwertbare aus dem Müll zu klauben und zu verkaufen.

»Stadt der verstümmelten Kinderseelen« nennt ein Mitarbeiter der Welthungerhilfe Manila. Er bearbeitet die Flüchtlingspapiere für Waisenkinder. »Es ist so schwer, eine Auswahl zu treffen«, sagt er zu Laura Spinetti. »Die Kinder kriechen wie Zombies durch die Straßen, hocken apathisch in Hauseingängen und wühlen wie Tiere im Müll nach etwas Essbarem.« Die Ärmsten der Armen müssen in Manila bleiben. Der Mann von der Welthungerhilfe sagt lapidar: »Sie würden die Flucht ohnehin nicht überleben.« Er zeigt auf einen Jungen am Straßenrand, der ein Stück verschimmeltes Brot in Händen hält. Der Junge strahlt. Er ist glücklich, dass er etwas zu essen hat. Der Mann von der Welthungerhilfe dreht sich zu Laura um und sagt: »Dieser da hat keine Chance, der Katastrophe hier auf den Philippinen zu entgehen.« Laura dreht sich entsetzt weg.

Macht uns die Klimaveränderung krank?

»Es ist weiterhin damit zu rechnen, dass neue Mückenarten einwandern und sich etablieren können«

Ein Gespräch mit Prof. Dr. Ute Mackenstedt, Parasitologin an der Universität Hohenheim

Macht uns die Klimaveränderung krank?

»Bitte, bitte, Mama, Papa«, sagt die kleine Anna, »der Hund ist so süß, lass uns doch das arme Tier mit nach Hause nehmen.« Aller Widerstand nützt nichts, schließlich geben die genervten Eltern ihrer Tochter nach. Und so bekommt der verwilderte Mischlingshund aus Spanien ein neues Zuhause: eine hochkomfortable Unterkunft in der Nähe von Darmstadt. Der Streuner von der Costa Dorada bei Tarragona wird »Paco« getauft. Die neuen Hundebesitzer ahnen nicht im Geringsten, dass ihr Schützling gefährliche blinde Passagiere mit nach Deutschland bringt. Annas Eltern unternehmen gerne ausgedehnte Spaziergänge durch Wälder, Wiesen und Felder, und sie sind froh, dass sie dank des Hundes auch Anna häufiger überreden können, mitzugehen. Paco lockt sie vom Computer weg.

So oder so ähnlich ist die »Braune Hundezecke« mit dem wissenschaftlich komplizierten Namen »Rhipicephalus sanguineus« in unsere Breiten gelangt. Zecken gibt es auch hier, mag man denken, da kommt es auf ein paar eingeschleppte Arten aus dem Mittelmeerraum nicht an. Weit gefehlt! Denn die Braune Hundezecke gilt als Hauptüberträger des sogenannten Mittelmeerfiebers. Dieses wird durch Rickettiosen ausgelöst (der Name geht auf den Erstbeschreiber Howard Taylor Ricketts zurück, einen Pathologen). Bei den Rickettiosen handelt es sich um Bakterien, die sich in Zellen einnisten und diese dann zu einem trojanischen Pferd werden lassen. Bei der Erkrankung kommt es stellenweise zu einem Verschluss der Kapillargefäße und zu Mikrozirkulationsstörungen. Vor der Verschlussstelle treten rote Blutkörperchen aus, die bei Befall der Haut zu auffälligen Flecken führen. Deshalb wird die Erkrankung auch als Mittelmeerfleckfieber bezeichnet. Das Fieber kann lokal und harmlos verlaufen; es kann aber auch zu erheblichen Blutungen in der Lunge, der Leber und im zentralen Nervensystem kommen. Dann führt die Infektion zum Tode.

»Noch sind keine Fälle von Mittelmeerfieber in Deutschland bekannt geworden. Mit der Etablierung dieser Infektionskrankheit ist aber jeden Augenblick zu rechnen«, sagt Professor Dr. Peter Kimmig vom Landesgesundheitsamt in Baden-Württemberg. Kimmig weist darauf hin, dass die Braune Hundezecke bei den derzeitigen Temperaturen in Deutschland im Freien nicht überleben kann. Mit der Klimaerwärmung ist jedoch jederzeit mit ihrer Ansiedlung zu rechnen. Schon jetzt komme es in Häusern und Wohnungen immer wieder zum massiven Befall mit den Krankheitsüberträgern, und davon kann durchaus eine Infektionsgefahr ausgehen. Für Kimmig und andere Epidemiologen ist bei einem weiteren Anstieg der Durchschnittstemperaturen in Mitteleuropa zwar nicht mit Pest und Cholera zu rechnen, doch die Zuwanderung sogenannter Vektoren wie Stechmücken, Zecken und Milben, die Infektionen übertragen, nimmt zu, und damit wächst die Gefährdung. Das zeigt etwa das Beispiel des Dengue-Fiebers: In den Tropen ist Dengue in den Städten längst zu einem großen Gesundheitsproblem geworden. Dort wird die Krankheit das ganze Jahr über auf den Menschen übertragen. Besonders groß ist das Risiko in Monaten mit starken Regenfällen und hoher Feuchtigkeit. Zwischen 50 und 100 Millionen Menschen erkranken jedes Jahr an Dengue-Fieber. »Wie sich weltweit gezeigt hat, kommt es zuerst zu einer Ausbreitung des Vektors – also des Überträgers –, in diesem Fall der Gelbfiebermücke Aedes aegypti. Dann folgt der Infektionserreger, so dass sich die betreffende Infektionskrankheit fest etablieren kann«, erläutert Kimmig. Mit steigenden Temperaturen wächst auch die Gefahr, dass sich die Gelbfiebermücke und mit ihr der Dengue-Erreger weiter nach Norden ausbreitet.

Die ersten Tigermoskitos, wissenschaftlich »Aedes albopictus«, wurden bereits in Deutschland gesichtet. Diese Stechmücken gelten als effiziente Überträger verschiedener Infektionskrankheiten. Dazu gehören neben dem Dengue-Fieber auch Chikungunya und das Gelbfieber. Die Gefahr durch Tigermoskitos ist nur eines von vielen Beispielen, die zeigen, wie das Naturgefüge durch das Handeln des Menschen verändert wird. Eigentlich gibt es keine Tigermoskitos in Europa. Erst mit dem Gebrauchtreifenhandel wurde das Insekt vor etlichen Jahren nach Südeuropa eingeschleppt. Die Insekten und deren Eier gelangten über kleinste Wasserpfützen in den Reifen in neue Gebiete. Wie ein Alien auf einem fremden Planeten breitet sich das Insekt seither unaufhaltsam nach Norden aus und ist bereits bis in die Normandie vorgedrungen. Mittlerweile haben sich kältetolerante Stämme der Tigermoskitos gebildet, die auch in kühleren Klimazonen fortpflanzungsfähig sind.

Steigen die Temperaturen weiter an, dann ist auch mit der Einwanderung von Krankheitserregern zu rechnen, etwa mit dem durch die Schafzecke Dermacentor marginatus übertragenen Q-Fieber (auch Krimfieber oder Balkangrippe genannt). Q-Fieber kann sich als eine Art Sommergrippe mit Fieber, Mattigkeit, Schüttelfrost, Glieder- und Kopfschmerzen zeigen. Es kann auch zu Entzündungen der Leber und der Lunge kommen, sogar das zentrale Nervensystem kann betroffen sein. Besonders gefährlich ist chronisches Q-Fieber. Es führt zu einem Befall der Herzklappen und letztendlich zu deren Zerstörung. Schwangere sind bei einer Q-Fieber-Erkrankung den Risiken von Fehl- und Frühgeburten ausgesetzt. Noch schlimmer ist jedoch, dass sich bei an Q-Fieber er-

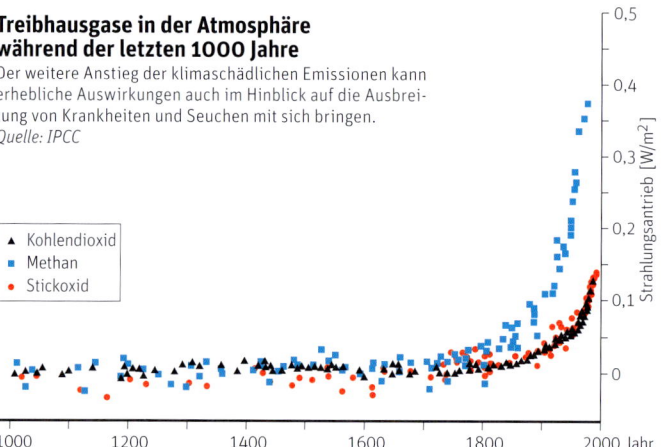

Treibhausgase in der Atmosphäre während der letzten 1000 Jahre
Der weitere Anstieg der klimaschädlichen Emissionen kann erhebliche Auswirkungen auch im Hinblick auf die Ausbreitung von Krankheiten und Seuchen mit sich bringen.
Quelle: IPCC

krankten Schwangeren chronisches Q-Fieber herausbildet, das ohne Behandlung weitere Fehlgeburten zur Folge hat. Noch besteht laut Kimmig großer Forschungsbedarf, doch bei einer globalen Erwärmung rechnen Gesundheitsexperten mit der weiteren Ausbreitung der Dermacentor-marginatus-Zecke und damit auch mit der Ausbreitung des Q-Fiebers.

Andere Krankheiten, die sich über einwandernde Vektoren bei stärkerer Klimaerwärmung ausbreiten können, sind Leishmaniose (auch als Pappataci-Fieber oder Sandmückenfieber bezeichnet). Bei der Leishmaniose – benannt nach dem Erstbeschreiber, dem britischen Tropenarzt Sir William Boog Leishman – gibt es verschiedene Erscheinungsformen: Die Haut-Leishmaniose führt zu Geschwüren. Eine andere Form der Leishmaniose befällt innere Organe wie die Milz, die Leber und das Knochenmark. Die Schleimhaut-Leishmaniose führt zu Zerstörungen im Mund- und Nasenbereich. Normalerweise können die Sandmücken, die die Leishmaniose übertragen, in unseren Breiten mit Jahresmitteltemperaturen unter 10 Grad Celsius nicht existieren. Doch nach Aussage des Umweltbundesamts wurden in Baden-Württemberg Sandmücken festgestellt, die als erster Nachweis für diese Krankheitserreger in Deutschland gelten.

Inwieweit sich die durch die Anopheles-Stechmücke übertragene Malaria über die Alpen nach Norden ausbreiten wird, vermag niemand zu sagen. Man geht davon aus, dass es im 18. und 19. Jahrhundert auch in klimatisch gemäßigten Breiten Englands, Schwedens und Finnlands zahlreiche Malariafälle gegeben hat. Durch hygienische Maßnahmen und das Trockenlegen von Sümpfen und anderen Feuchtgebieten konnte die Erkrankung ausgerottet werden. Heute, da wir wissen, dass Sumpfgebiete für die Bewahrung einmaliger Tiere und Pflanzen überlebensnotwendig sind, werden diese Feuchtgebiete geschützt. Aber was passiert, wenn die mühsam unter Schutz gestellten letzten Moore und Sümpfe – die Heimat der Kraniche, Schwarzstörche und vieler anderer gefährdeter Arten – plötzlich wieder von Malaria übertragenden Mücken besiedelt werden? Sicher ist, dass das Risiko von Malariainfektionen mit den Temperaturverhältnissen zusammenhängt. Manche Wissenschaftler befürchten, dass weite Teile Europas bis hinein nach Zentralasien sowie Gebiete in den USA mit einer Verdopplung des Malariarisikos rechnen müssen.

Was machen die Armen?

Gibt es in Europa und im Norden Amerikas Möglichkeiten, durch die Optimierung der Hygienestandards möglichen Krankheitserregern zu begegnen, die mit steigenden Temperaturen einwandern? Die Antwort steht aus. Die Menschen in den armen Ländern jedoch haben ganz sicher kaum eine Chance. Mit jedem Tag, der vergeht, verschärft sich ihre Situation. 40 Prozent der Weltbevölkerung leben schon jetzt in malariagefährdeten Gegenden. Das sind rund 2,4 Milliarden Menschen in über 100 Staaten der Erde. Die Weltgesundheitsorganisation (WHO) geht davon aus, dass jährlich über 1 Million Menschen an Malariainfektionen sterben, die meisten Opfer sind Kinder. Jedes Jahr werden 400 bis 500 Millionen Menschen neu infiziert. Wieder trifft es die Ärmsten der Armen, denn mehr als 80 Prozent der Malariafälle betreffen Länder südlich der Sahara in Afrika.

Auch Hitze macht krank

Wenn es heiß wird, hilft den Menschen nördlich der Alpen als Sofortmaßnahme die Dämmung ihrer Häuser und Wohnungen. Durch Wärmedämmung wird im Winter unnötiger Energieverlust vermieden, doch sie hilft auch als Vorsorge gegen Hitzestress. Der Hitzesommer 2003 in Frankreich zeigte, was passieren kann: Das Klima macht nicht nur krank, es fordert auch Tote. Die Sterblichkeitsrate stieg auf über 60 Prozent und damit auf mehr als 14 000 Tote allein in Frankreich. Für Europa wurden über 35 000 Hitzetote errechnet. Jede Investition in Wärmedämmungsmaßnahmen ist deshalb auch konkreter Gesundheits- und Lebensschutz. Steigt die Temperatur über mehrere Tage an, kommt es in den Nächten nicht zu einer richtigen Abkühlung. Das bedeutet Dauerstress für den menschlichen Kreislauf: Hitze lässt das Herz schneller schlagen; der Blutdruck sinkt. Durch die erhöhte Transpiration verliert der Körper viel Flüssigkeit. Gerade bei älteren und geschwächten Menschen ist das Herz-Kreislauf-System so überfordert, dass Lebensgefahr besteht. An extrem heißen Tagen – so wurde festgestellt – sterben in Shanghai oder New York dreimal so viele Menschen wie an normal warmen Tagen.

Mit der Hitze kommt also für viele Menschen der Tod. Die Klimaveränderung kennt kein Erbarmen: Hitzewellen häufen sich. So gab es in den USA im Sommer 2007 den zweitwärmsten August seit 1894. Auf der Nordhalbkugel war 2004 das achtwärmste Jahr seit Beginn der systematischen Temperaturmessungen mit Instrumenten, die 1860 begannen. Wie Peter Höppe, Leiter des Bereichs Geo-Risiko-Forschung der Münchener Rückversicherungsgesellschaft, Ende Dezember 2008 gegenüber der Presse betonte, fallen die bislang zehn wärmsten Jahre seit Beginn der systematischen Temperaturaufzeichnungen in den Zeitraum von 1996 bis 2008.

Auch Waldbrände, wie sie in den vergangenen Jahren zunehmend in Griechenland, Bulgarien und anderen südeuropäischen Ländern wüteten, fordern vermehrt Todesopfer. In Australien, Nordamerika und Teilen von China sah die Waldbrandbilanz nicht besser aus.

»Es ist weiterhin damit zu rechnen, dass neue Mückenarten einwandern und sich etablieren können«

Ein Gespräch mit Prof. Dr. Ute Mackenstedt

Frau Mackenstedt, immer wieder hört man, dass mit der Klimaerwärmung gebietsfremde Tierarten stärker nach Norden vordringen. Müssen wir befürchten, dass damit früher bei uns nicht vorkommende Krankheitserreger eingeschleppt werden?
Ute Mackenstedt: Ja, es ist damit zu rechnen, dass durch die Einwanderung neuer Arten auch neue Krankheitserreger eingeschleppt werden. Hier spielen insbesondere die sogenannten Vektoren eine große Rolle. Es handelt sich zum Beispiel um Zeckenarten wie die Braune Hundezecke, die im Mittelmeerraum weit verbreitet, aber bisher noch nicht nach Deutschland beziehungsweise Mitteleuropa vorgedrungen ist. Neue Zeckenarten übertragen Krankheitserreger, die es hier in Mitteleuropa noch nicht gibt.
Es ist weiterhin damit zu rechnen, dass neue Mückenarten (zum Beispiel Aedes albopictus) einwandern und sich etablieren können, auch diese übertragen ein anderes Spektrum von Krankheitserregern. Es ist daher unbedingt notwendig, dass solche Entwicklungen genau überdacht werden. Leider können wir bei vielen Vektoren nicht genau sagen, ob, und wenn ja, wie weit sie bereits verbreitet sind, es fehlen uns schlicht grundsätzliche epidemiologische Daten.

Worin sehen Sie als Parasitologin die größten durch den Klimawandel hervorgerufenen Gefahren für Mensch und Tier?
Ich möchte keine Infektionserkrankung herausheben. Eine große Gefahr würde ich darin sehen, wenn die Einwanderung von neuen Arten völlig unbemerkt abläuft und wir nicht erkennen, dass hier Gefahren bereits vorhanden sind. Wichtig ist ebenfalls, dass Untersuchungen kontinuierlich durchgeführt werden; eine einmalige Erhebung von Daten hilft nicht, da die Ergebnisse dann nicht eingeordnet werden können.

Geowissenschaftler und Klimatologen rechnen bei einem weiteren Anstieg der Durchschnittstemperaturen mit dem allmählichen Auftauen der Permafrostböden, so etwa in Sibirien oder im Norden von Kanada und Alaska. Besteht da nicht die Gefahr, dass plötzlich Krankheitserreger freigesetzt werden, die über Jahrtausende vor sich hin »schlummerten« und noch gar nicht bekannt sind?
Diese Frage lässt sich schwer beantworten. Ich möchte aber auf eines hinweisen: Die Änderung der klimatischen Bedingungen ist nur ein Aspekt in einem Infektionsgeschehen. Gerade Parasiten haben sehr häufig hochkomplizierte Entwicklungszyklen, die mehrere Wirte einschließen. Das reine »Aufwachen« von Krankheitserregern muss daher nicht zwangsläufig zu erhöhten Infektionsrisiken führen, wenn andere Parameter nicht ebenfalls gegeben sind. Andere wichtige Einflüsse stellen die Landnutzung, die Artenzusammensetzung, die Bevölkerungsdichte oder auch die medizinische Versorgung dar. Nehmen Sie zum Beispiel die

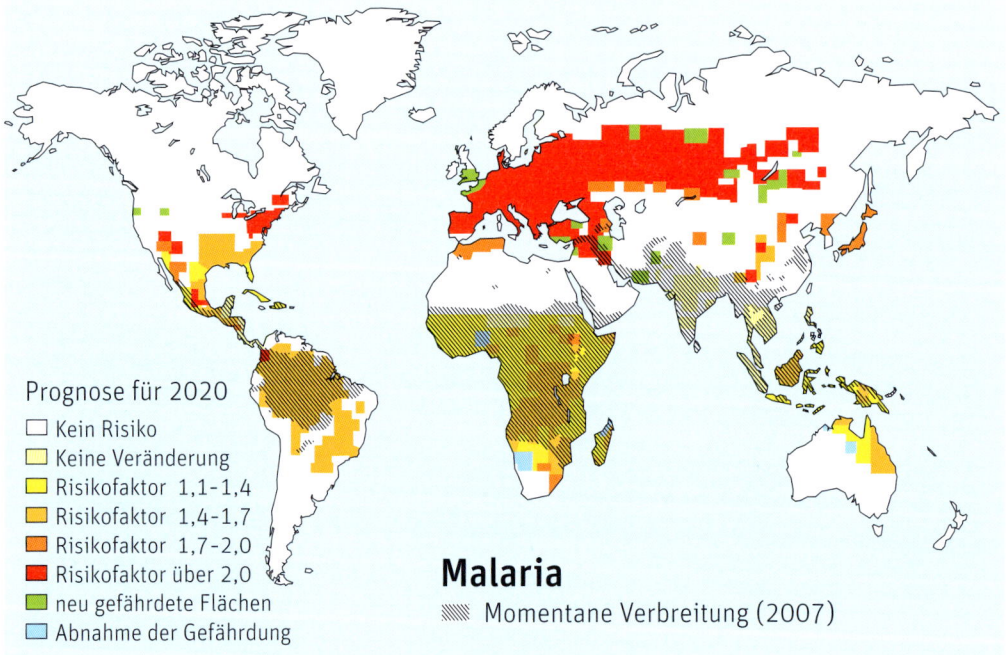

Rückt die Malaria durch den Klimawandel wieder nach Norden vor?
Die Grafik zeigt die gegenwärtige Verbreitung und prognostizierte Risikogebiete für den Zeitraum ab 2020. Die vereinfachte Darstellung berücksichtigt nicht die Hygienestandards der verschiedenen Regionen. Doch sind diese bei sich verschlechternden Umweltbedingungen und Zeiten verstärkter Überschwemmungen einerseits und Wassermangel andererseits in der bisherigen Qualität aufrechtzuerhalten?
Quelle: nach Deutsche Gesellschaft für Tropenmedizin und internationale Gesundheit (2007)

Malaria, die bekanntermaßen sehr lange in Europa verbreitet war. Der Erreger ist heute hier nicht mehr endemisch, und die Experten stimmen darin überein, dass sich diese Parasitose nicht mehr in Europa festsetzen kann, da sich zum Beispiel die ökologischen Bedingungen, die Landnutzung und auch die medizinische Versorgung völlig verändert haben.

Wenn bei zunehmender Klimaerwärmung neue Krankheitserreger bei uns auftauchen, können sich da einzelne Menschen überhaupt noch schützen?

Hier müssen wir genau unterscheiden. Natürlich werden auch heute schon viele Krankheitserreger nach Europa eingeschleppt. Denken Sie an die Touristen, die ihren Urlaub in entlegenen Regionen der Welt verbringen, in denen sie natürlich mit Krankheitserregern in Berührung kommen, die sie durchaus nach Deutschland einschleppen können. Diese Fälle haben wir bereits heute. Sie haben nicht dazu geführt, dass große Teile der Bevölkerung hier vor Ort erkrankten, da die Infizierten in den meisten Fällen schnell isoliert und anschließend behandelt werden konnten. Dieses Auftauchen von Krankheitserregern ist anders zu bewerten als die Einwanderung und andauernde Etablierung von Krankheitserregern. Hier sind die bereits genannte Überwachung der Veränderungen und die damit verbundene Risikoabschätzung sehr wichtig. Darüber hinaus ist es absolut notwendig, dass die betroffenen Behörden und Forschungseinrichtungen abgestimmt handeln. Denken Sie an Wild- und Nutztierkrankheiten, die nur durch aufeinander abgestimmtes Verhalten wirksam eingedämmt werden konnten.

Was sollen die Menschen beachten, wenn sie etwa in Wald und Feld unterwegs sind?

Zunächst ist es schön, wenn sie in Wald und Feld unterwegs sind, und sie sollten es sich auch nicht durch eine übertriebene Angst vor Infektionen und Krankheitserregern nehmen lassen. Sie sollten sich aber über mögliche Risiken informieren – ich denke hier an Zecken und die von ihnen übertragenen Krankheitserreger – und entsprechende Vorsorge treffen. Das ist ja durchaus möglich. Aber nochmals: Es ist wichtig, dass Risiken nicht überschätzt werden und etwa dazu führen, dass sich unser Leben nur noch in sterilen und hygienisch einwandfreien Räumen abspielt.

Prof. Dr. Ute Mackenstedt (Jahrgang 1955) studierte Biologie und Sportwissenschaften an den Universitäten Köln und Bochum und habilitierte 1995 an der Ruhr-Universität Bochum. Sie hat den Lehrstuhl für Parasitologie am Institut für Zoologie der Universität Hohenheim inne und beschäftigt sich mit Wirt-Parasit-Interaktionen. Zuvor forschte sie mehrere Jahre an der University of Technology in Sydney, Australien. Zudem ist sie Vorsitzende der »Euroleague for Life Sciences«, eines Lehrverbunds europäischer Spitzenuniversitäten auf dem Gebiet Agrar- und Forstwirtschaften, Tierwissenschaften sowie Ernährungs- und Umweltwissenschaften.

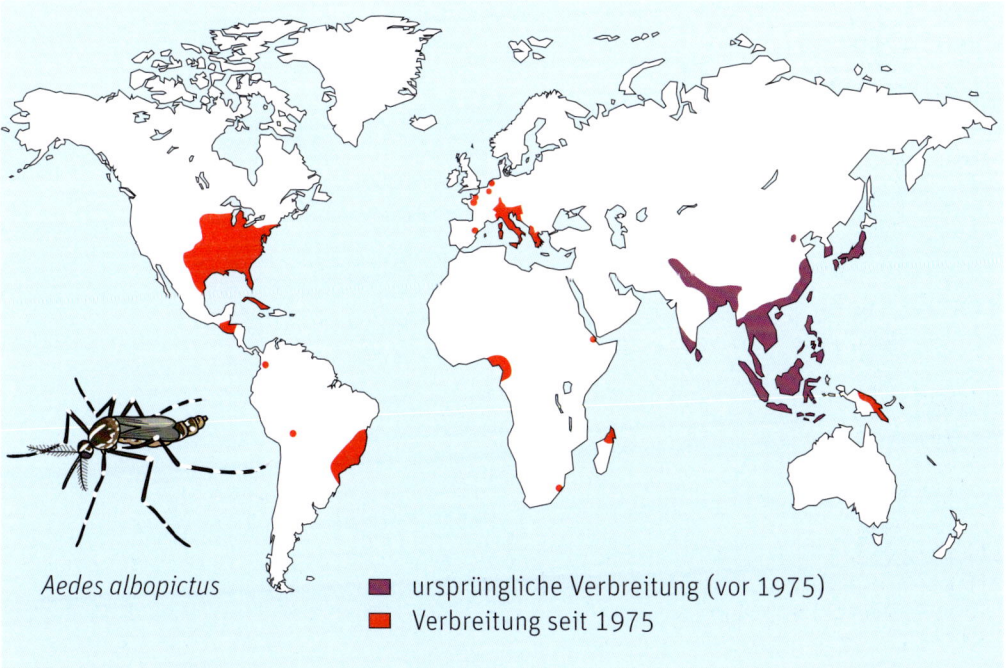

Aedes albopictus

■ ursprüngliche Verbreitung (vor 1975)
■ Verbreitung seit 1975

Kleiner Plagegeist mit großem Verbreitungspotential
Der Tigermoskito Aedes albopictus – Überträger gefährlicher Krankheiten – hat einen unglaublichen Siegeszug rund um den Erdball angetreten. Mit fortschreitender Klimaerwärmung ist mit einer stärkeren Verbreitung nördlich der Alpen zu rechnen.
Quelle: nach Landcare Research New Zealand

Die Erde verdurstet

6. Kapitel: Die Erde verdurstet

Szenario 2035

Nein, lass mich in Ruhe!« Matthias Höffner will schlafen, einfach nur schlafen, denn der Krisenstab des Gemeinderats hat wieder bis in den frühen Morgen hinein getagt. Schon seit Tagen und Wochen ist der Bürgermeister im Dauerstress. Eine Hiobsbotschaft jagt die andere, auf jede Krisensitzung folgt gleich die nächste. »Wenigstens einmal ausschlafen, richtig ausschlafen«, murmelt der Achtundfünfzigjährige im Halbschlaf. Doch Melanie, seine vier Jahre jüngere Frau, lässt nicht locker. Sie kennt ihren Matthias zu genau und weiß, wie ungemütlich er werden kann, wenn man ihn nicht an seine Pflichten erinnert. Denn Matthias Höffner ist ein verlässlicher Typ. Das hatte sie schon gemerkt, als sie diesen dunkelhaarigen Typ mit dem markanten Schnauzbart im Jahr 2002 bei einem Feuerwehrball kennenlernte. Dem schlanken akkuraten Mann, damals der mit fünfundzwanzig Jahren jüngste Bürgermeister des Landes, war anzumerken, dass er weiß, was er will. Es fiel Melanie zwar nicht ganz leicht, aber nach dieser Begegnung mit Höffner trennte sie sich von einem Tag auf den anderen von ihrem Freund Alexander, von dem sich die ehrgeizige BWL-Studentin immer nur gebremst gefühlt hatte. An seiner Seite wäre sie sicher als Heimchen am Herd gelandet. Viel zu oft saß Alexander hinter dem Computer, bis sie gemerkt hatte, dass er nicht, wie er immer vorgegeben hatte, an neuen Programmen zur Darstellung von Klimamodellen arbeitete, sondern sich nächtelang mit Computerspielen und Flugsimulationen beschäftigte. Der schnittige Matthias Höffner erschien ihr damals wie der personifizierte Befreiungsschlag. Und sie hatte sich nicht geirrt: Der geradlinige und engagierte Verwaltungsmann ist sich selbst seither ebenso treu geblieben wie Melanie. Bloß an seinem Äußeren sind die Jahre nicht spurlos vorübergegangen. Viele Ratssitzungen und Vereinsfeste, zu wenig Bewegung, ungesundes und viel zu spätes Essen und die vielen Bierchen und Weinchen, die bei so vielen Anlässen seine Gurgel hinunterrannen, gaben ihm seine jetzige Figur. Von der einst üppigen Haarpracht ist nicht mehr viel zu sehen. Untersetzt und mit leichtem Beamtenbuckel wirkt er wie ein mittelalterlicher Mönch.

»Zu Beginn des 21. Jahrhunderts steht die Erde mit ihren vielfältigen Lebensformen einschließlich der mehr als 6 Milliarden Menschen vor einer ernsthaften Wasserkrise. Alle Anzeichen weisen darauf hin, dass sie sich zunehmend verschärft und weiter anhalten wird, wenn keine Gegenmaßnahmen ergriffen werden.«
Weltwasserbericht der UNO, 2003

Aber was zählen schon Äußerlichkeiten. Der »Schultheiß«, wie ihn die Leute respektvoll nennen, ist bei den Bürgern beliebt und weit über die Grenzen seines Gemeindegebiets hinaus geachtet, denn Matthias Höffner hat nichts von seiner Dynamik eingebüßt, im Gegenteil. Selbst in schweren Zeiten hat er immer noch etwas Positives gesehen. »›Geht nicht‹ gibt's nicht«, hat er immer gesagt. Deshalb wurde er von seinen Kumpels mitunter spöttisch als Berufsoptimist bezeichnet. Im Lauf seiner vielen Amtsjahre wusste er frühzeitig die Zeichen der Zeit zu erkennen und hat viel bewirkt. Wenn es um das Wohl und Wehe der Bürger ging, handelte er immer rasch und entschlossen.

Als seine Schwarzwaldgemeinde nach mehreren Hitzesommern erneut von einer Trockenperiode heimgesucht wurde, rang er den Gemeinderäten ein Notstandsprogramm ab. »Wir brauchen Trinkwasser und keine Badeanstalten« war sein Motto. Und gegen erheblichen Widerstand der Bevölkerung wurde das Kur- und Heilbad ebenso geschlossen wie das Freibadgelände und die Lehrschwimmbecken der Schule. Höffner, der nimmermüde Strippenzieher, verstand es, sowohl in Berlin als auch bei seiner eigenen Landesregierung Gelder für ein ehrgeiziges Gemeindeprogramm mit dem Titel »Wasser ist Zukunft« loszueisen.

Fast hätte ihn das die Wiederwahl gekostet. Denn sooft Höffner der Zeit voraus war und Entwicklungen ahnte, so träge waren viele Bürgerinnen und Bürger, wenn es um die Umsetzung ging. Und so bildete sich eine Bürgerinitiative, die ihn in einem Bürgerentscheid noch vor der Wahl zu Fall bringen wollte. Doch die hatte die Rechnung ohne Höffner gemacht. Früh schmiedete er Allianzen und gewann – nicht zuletzt durch die emsige Beantragung von Bundesverdienstkreuzen und anderen Auszeichnungen – treue Weggefährten und die Anerkennung der Medien. Später musste auch der Sprecher der Bürgerinitiative »Wellness-Future« zugeben, dass Höffner wieder einmal frühzeitig die richtigen Schritte eingeleitet hatte. Das Heilbad war überdacht und ebenso wie das frühere Kurzentrum und das Lehrschwimmbecken zu einem gigantischen Wasserbehälter umgebaut worden. In Zeiten der Wasserbezugsscheine waren diese modernen Wasserspeicher plötzlich wertvoller als Gold. Parallel dazu hatte Höffner in jedem Teilort von Tannenberg unterirdische und oberirdische Zisternen anlegen lassen.

Die Widerstände der amtlichen Wasserwirtschaft waren zunächst enorm gewesen. »Zisternenwasser darf niemals an die öffentliche Wasserversorgung angeschlossen werden«, sagte der zuständige Ministerialbeamte Siegfried B. Träger bei einem Besuch in der Gemeinde. Er strengte sogar ein Verwaltungsverfahren an, mit dem die Gemeinde gezwungen werden sollte, die Landeszuschüsse wieder zurückzugeben, die Höffner mit der Begründung beantragt hatte, er wolle Großaquarien für Aquakulturen bauen, nachdem durch den sauren Regen in den Schwarzwaldbächen schon längst keine Forellen mehr gefangen werden konnten. Meeresfische gab es damals schon nur zu horrenden Preisen zu kaufen, denn die Meere waren leer gefischt, und die technisch hochgerüsteten Fangflotten kamen zumeist mit leeren Kühllagern in die Häfen zurück.

Höffner war es auch, der den Gemeinderäten immer wieder einhämmerte: »Wir müssen unsere eigene Energiepolitik betrei-

6. Kapitel: Die Erde verdurstet

ben. Wir dürfen nicht abhängig werden.« Nach dem verheerenden Wintersturm Oscar im Jahr 2015 kündigte Höffner die Stromlieferverträge mit den überörtlichen Energieanbietern und ließ gleich mehrere Blockheizkraftwerke errichten. Der Brennstoff: Holzhackschnitzel aus den weitläufigen Kommunalwäldern, in die sich nach den Stürmen und Trockenzeiten kaum mehr Touristen verirrten. Um das am Boden liegende Tourismusgeschäft zu kompensieren, setzte Höffner auf Tagungstourismus. Er motivierte die hilflosen Hoteliers, aus dem Tourismusverband auszutreten und auf eigene Ideen zu setzen. Bald wurde Tannenberg zum Mekka von Klimaschützern und solchen, die es werden wollten. Kongresse unter dem Titel »Climate Talks« erwiesen sich als Tagungsmagneten, die ein internationales Fachpublikum anlockten.

Doch irgendwann war auch Bürgermeister Höffner mit seinem Latein am Ende. Gewaltige Winterstürme wechselten mit Starkniederschlägen ab, die aus idyllischen Schwarzwaldbächen reißende Flüsse machten. Jetzt rächten sich die Flussbaumaßnahmen aus den siebziger Jahren des vorigen Jahrhunderts, bei denen die Flüsse in eine Art betonierte Zwangsjacke gequetscht worden waren. In ihren Betonkorsetts brachten die Gewässer die Fluten immer schneller zu Tal und hinterließen nur rotbraune Schlammfelder. Die Rettungskräfte des Technischen Hilfswerks und die Feuerwehr waren hoffnungslos überfordert. Wo der rotbraune Schlamm nicht gleich beseitigt werden konnte, bildeten sich Trockenrisse. Teile des Gemeindegebiets sahen aus wie die Wüsten in Nevada. Jetzt dauert die Trockenzeit schon über zwei Jahre. Die anhaltende Dürre hat die Gegend im Klammergriff. Immer mehr Bäume sterben ab. Tannen gibt es so gut wie keine mehr. Und manche Schwarzwaldhöhen erinnern eher an den schütteren Bewuchs der Taiga. Dabei hat man es im Vergleich zu den Kommungen entlang von Rhein und Neckar noch relativ gut. Dort liegen wegen des niedrigen Wasserstands immer wieder Schiffe auf dem Grund, und Kraftwerke müssen vom Netz genommen werden, weil das Kühlwasser fehlt.

Noch hat Höffners Gemeinde genug Material, um Holzhackschnitzel für die Energieversorgung sicherzustellen, noch funktionieren die Photovoltaikanlagen, die die Gemeinde systematisch aufbauen ließ. Doch täglich betet der Bürgermeister darum, dass nicht erneut ein Hagelsturm die längst nicht mehr versicherbaren Solarzellen zerstört. »Nein, Hagel wird so schnell nicht eintreffen«, hat Höffner noch am Vorabend seine Kommunalpolitiker beruhigt. Dabei hoffen alle auf Wasser, und sei es in Form von Hagel. Im Zentralwasserspeicher des einstigen Kommunal- und Kurbads befindet sich nur noch für wenige Tage Trinkwasser. Vor zwei Wochen erst hatte Höffner mit Hilfe der Staatsanwaltschaft einen uneinsichtigen Gartenbesitzer inhaftieren lassen, weil er Trinkwasser zweckentfremdet und sein kleines Gemüsegärtchen hinter dem Haus gewässert hatte. Seit langem gibt es eine Rechtsgrundlage im Nationalen Wassersicherstellungsgesetz (WSG), das die Rationierung und Zuteilung von Wasser in Krisenfällen ermöglicht.

»Jeden Tag eine Krise«, murmelt der Bürgermeister noch, bevor ihm bewusst wird, dass seine Frau ihn behutsam wachrüttelt. »Kann man denn nicht ein einziges Mal ausschlafen?«, brummt er

Holzhackschnitzel werden mit mobilen Hackern hergestellt, die Altholz und anderes nicht zum Verkauf geeignetes Holz wie Äste oder Bruchplatten verarbeiten. Mittlerweile werden Holzhackschnitzel aber auch in eigens dafür angepflanzten »Kurzumtriebsplantagen« produziert.

26. Juli 2006: »Zwei badenwürttembergische Atomkraftwerke arbeiten nur noch mit Ausnahmegenehmigung und müssen wohl schon bald ihre Leistung weiter drosseln. Das Kühlwasser aus dem Neckar reicht bei den Niedrigwasserständen nicht mehr aus und wird dann zu warm. Wird es in den Neckar zurückgeleitet, wird das Ökosystem zusätzlich durch das aufgewärmte Wasser gestört.«
Meldung des Naturschutzbunds (NABU) Baden-Württemberg

> *»In den 51 untersuchten Hitzewellen in Südwestdeutschland im Zeitraum zwischen 1968 und 1997 stieg die Todesrate im Durchschnitt um 3,9 Prozent über den saisonalen Mittelwert. Bei der stärksten Hitzewelle im Juni 1987 trat 24 Stunden nach dem heißesten Tag sogar eine Zunahme der Todesfälle um 12 Prozent auf.«*
> ÄrzteWoche 2004

verärgert. »Das geht jetzt nicht«, sagt Melanie bestimmt. »Landrat Haasenkamp ist am Telefon. Er will dich dringend sprechen, sehr dringend!« Wie elektrisiert schnellt der Bürgermeister aus dem Bett, in dem er gerade mal zweieinhalb Stunden Ruhe gefunden hatte. Instinktiv weiß er, dass Haasenkamp, den er in seiner Eigenschaft als Mitglied des Kreistags schätzen gelernt hat, wirklich nur in Notfällen anruft. Die beiden sparen sich unnötige Floskeln. »Was gibt's, Herr Landrat?«, fragt Höffner. Der Schweiß rinnt ihm nur so von der Stirn, so sehr macht ihm die Hitze zu schaffen, die sich schon morgens um sechs wie ein mächtiger Bleischild über die Landschaft legt. Für die Alten, Kranken und Schwachen ist die anhaltende Hitze mörderisch. Binnen weniger Tage sind in Tannenberg schon 180 vorwiegend alte Menschen dem Hitzestress erlegen. Doch an solche Hiobsbotschaften hat sich Höffner in den vergangenen Jahren schon gewöhnt; irgendwann stumpft auch der engagierteste Bürgermeister ab.

Landrat Haasenkamp, der promovierte Jurist, kommt ohne Umschweife zur Sache: »Jetzt haben wir den Salat. Unser Landkreis muss zusätzlich 250 000 Klimaflüchtlinge aufnehmen. Wir haben schon eine Aufteilung vorgenommen – 4000 muss Ihre Gemeinde nehmen.« Höffner stockt der Atem. In einer unbewussten Bewegung fasst er sich mit der rechten Hand an die Brust, wo er in den letzten Tagen immer wieder einen stechenden Schmerz verspürt hat. Er hätte wohl etwas Sport treiben oder wenigstens Golf spielen sollen. Doch jetzt ist für diese Erkenntnis keine Zeit. »Höffner! Sind Sie noch da, Höffner? Sagen Sie doch was!«, ruft der Landrat ganz entgegen seiner sonst so ruhigen Art ins Telefon.

Er ist selbst mächtig unter Druck, denn vor einer halben Stunde hat er einen Anruf von Regierungspräsident Dr. Christian Wolf erhalten, der ihn über den Beschluss des Lagezentrums informiert hat. Im Landeslagezentrum werden alle Maßnahmen in Bezug auf Katastrophen und andere außergewöhnliche Vorkommnisse koordiniert. Diesmal ging es um die Klimaflüchtlinge. Nachdem bei dem letzten schweren Sturm über Mittel- und Ostdeutschland zahlreiche Strommasten wie Streichhölzer umgeknickt sind, ist der Bahnverkehr vollkommen zum Erliegen gekommen. Innerhalb kürzester Zeit entschied der Nationale Sicherheitsrat deshalb, dass die eigentlich zur Unterbringung in den Flüchtlingslagern von Brandenburg und Mecklenburg-Vorpommern vorgesehenen Klimaopfer bis auf weiteres in Süd- und Westdeutschland untergebracht werden müssen. Höffner jedoch weiß davon noch nichts, und so stammelt er entgeistert ins Telefon: »Ja, ich bin noch da. Aber wir haben doch die klare politische Ansage, dass alle Klimaflüchtlinge in den Osten müssen!«

Dafür hatte Höffner Schulter an Schulter mit Haasenkamp vehement gekämpft. Als Vorstandsmitglied des Deutschen Gemeindetages hatte er sich gemeinsam mit Haasenkamp, der seinen Einfluss als Vorsitzender des Ausschusses »Klimafolgenmanagement und Menschenrechte« im Deutschen Landkreistag geltend machte, für eine Gesetzesnovelle im Bundestag eingesetzt. Die ostdeutschen Bundesländer, die einen unbeschreiblichen Bevölkerungsverlust hinnehmen mussten, weil die Menschen auf der Suche nach besseren Arbeitsbedingungen schon seit Beginn des Jahrhunderts in Scharen nach

Westen abwanderten, hatten keine Chance, Mehrheiten gegen die Unterbringung der Klimaflüchtlinge zu bilden. Nachdem Sachsen aus der Front der Ostländer ausgeschert war und sich mit dem Freistaat Bayern gegen Mecklenburg-Vorpommern, Brandenburg und Sachsen-Anhalt verbündet hatte, wurden die Klimaflüchtlinge, die nach dem Beschluss des Weltsicherheitsrats zum deutschen Kontingent gehörten, in den entvölkerten Nordosten der Republik abgeschoben. Deutschland verpflichtete sich freiwillig, 300 000 eigentlich für die Schweiz und Österreich vorgesehene Klimaflüchtlinge aufzunehmen. Im Gegenzug ließ man sich Energielieferungen aus den Wasserkraftwerken der beiden Alpenländer zusichern. Doch keiner hatte daran gedacht, dass die Gletscher so schnell schmelzen. Heute litten auch die höheren Alpenregionen unter Hitzestress, und man war schon froh, wenn die wenigen verbliebenen Menschen in den Alpentälern mit Wasser versorgt werden konnten. An konstante Energiegewinnung durch Wasserkraft war nicht zu denken.

Im Handumdrehen waren von Potsdam bis hinauf nach Rügen großflächige Flüchtlingscamps eingerichtet worden. Die Verwaltung übertrug man den Friedenstruppen der Vereinten Nationen, die auch das Oberkommando bei der Evakuierung der afrikanischen und zentralasiatischen Dürregebiete haben. Überall versuchen die Menschen, der Hitze und der Dürre zu entkommen. Täglich berichten die *Climate News* von neuen Schreckensmeldungen. Das UN-Flüchtlingskommissariat und die Ernährungs- und Landwirtschaftsorganisation der Vereinten Nationen FAO (Food and Agriculture Organization) geben die Todeszahlen nur noch aufgerundet in Tausenderziffern an. Längst hat sich die Wüste in weiten Teilen Spaniens und Portugals breitgemacht und erstreckt sich bis in die südlichen Regionen Italiens und Griechenlands. Große Teile Südfrankreichs und des Balkans sind versteppt.

Höffner hat das Vordringen der Wüste in Spanien selbst erlebt. Seine Eltern hatten ein Ferienhaus an der Costa Blanca, wo er glückliche Kindheitstage verbracht hatte. Auch mit seiner Frau war er zu Beginn ihrer Ehe immer wieder nach Calpe gefahren. Doch dann wurde das Wasser knapper, die Fahrten immer teurer. Nun ist das Haus schon lange verlassen; die Ferienanlage eine Geisterstadt. Die Natur holt sich zurück, was man ihr genommen hat.

»Hallo, Höffner, sind Sie noch da? Hallo?!«, ruft der Landrat in die Leitung. Fragen über Fragen schießen Höffner durch den Kopf: Wie sollen die Klimaflüchtlinge mit Wasser versorgt werden? Wo kommen genügend Lebensmittel her? Wie soll die öffentliche Ordnung aufrechterhalten werden? Und wo sollen all die Leute überhaupt untergebracht werden? Höffner steht klatschnass da; sein Pyjama ist durchnässt von Schweiß, und daran ist jetzt nicht mehr allein die Hitze schuld. Unvermittelt platzt es aus ihm heraus: »Herr Haasenkamp, also wissen Sie, das mach ich nicht mehr mit. Wir haben ja einiges ertragen, haben für uns selbst gesorgt und die Region gesichert. Brav haben wir die No-Go-Areas in den Wäldern eingerichtet. Noch haben unsere Leute hier Wasser. Aber auch das geht zur Neige. Wie sollen wir denn 4000 Klimaflüchtlinge verkraften? Sie sprachen doch von rund 4000? Das gibt doch Terror und Gewalt. Das kann ich den Menschen hier nicht antun!« Immer lauter und aufgeregter wird die Stimme des Bürgermeisters. Am Schluss schreit er ins Telefon: »Wir haben ja schon manches mit-

Die Ausbreitung von Wüsten ist auf menschliche Einflussnahmen zurückzuführen: auf Holzschlag, Ackerbau in Trockengebieten, Überweidung durch intensive Viehzucht und Wasservergeudung. In Spanien sind über 30 Prozent des Landes von der Wüstenbildung bedroht.

2002 wurde in Italien der landesweite Notstand ausgerufen – wegen der Flüchtlingswellen, die in das Land drängen. Seither wurde der Notstand jedes Jahr verlängert, unter der Mitte-links-Regierung von Romano Prodi ebenso wie zuletzt im Juli 2008 von Silvio Berlusconi.

einander durchgestanden, Haasenkamp, aber das hier lasse ich mir nicht bieten! Wir haben doch klare Regelungen, dass Umweltflüchtlinge in den ostdeutschen Gebieten untergebracht werden!«

Der Landrat, ansonsten ein lebensfroher und umgänglicher Zeitgenosse, kehrt in solchen Situationen den nüchternen Juristen heraus und reagiert eiskalt. Ruhig, aber bestimmt sagt Haasenkamp: »Also, mein lieber Höffner, Sie wissen, dass ich Sie sehr schätze, und auch Ihre Verdienste und Ihre jahrelange Mitarbeit im Kreistag bleiben unvergessen. Doch jetzt haben wir andere Zeiten. Die vom Regierungspräsidenten übermittelte Anordnung des Innenministeriums habe ich Ihnen schon weitergeleitet. Sie finden sie mit allen notwendigen Ausführungsbestimmungen, die wir für das Kreisgebiet im Rahmen der Notstandsadministration erlassen haben, in Ihrem Rathaus.«

Schon oft haben sich die beiden heftige Wortduelle geliefert. Auch wenn sie im Grunde am gleichen Strang zogen, gab es doch immer wieder Punkte, bei denen heftig um Lösungen gerungen wurde. Aber nie hat man einander verletzt, nie war einer der beiden nachtragend – sehr zum Kummer der Widersacher in der eigenen Partei und den anderen Fraktionen. Allerdings hatte einer den anderen auch noch nie so in Bedrängnis gebracht wie jetzt. »Und was, wenn wir hier in Tannenberg den Beschluss nicht vollziehen und uns weigern?«, murrt Höffner ins Telefon, obwohl ihm dämmert, dass er keine Chance hat. Der Landrat erklärt ihm denn auch klipp und klar, dass er Höffner dann binnen weniger Stunden des Amtes entheben werde. Das Landratsamt würde einen Amtsverweser einsetzen, der dann gemeinsam mit den bereits anrückenden Bundeswehrsoldaten und der Blauhelmtruppe die notwendigen Maßnahmen veranlassen würde.

»Und was sind die notwendigen Maßnahmen?«, will Höffner wissen. Der Landrat entgegnet kühl, dass umgehend Notunterkünfte bereitgestellt werden müssen und auch privater Wohnraum zu beschlagnahmen sei. »Ihre rund 14 000 Einwohner können doch 4000 Flüchtlinge stemmen!«, sagt Haasenkamp fordernd. »Sie haben gut reden«, entgegnet der Bürgermeister, während er schon Hemd und Hose überstreift. Dann murmelt er noch etwas von Obrigkeitsstaat, Notstandsgesetzen und Bürgerwehr ins Telefon. Seit die Aufwiegler aus der Gruppe der Klima-Killer agitatorische Reden auf dem Marktplatz halten und immer mehr Zulauf haben, ist es schon schwer genug, Ruhe und Ordnung aufrechtzuerhalten. Es ist noch nicht so lange her, da kam es beim Einsatz des Technischen Hilfswerks während der letzten Flut zu einem Zwischenfall: Mehmet Özyk, ein junger türkischer Helfer, war von Randalierern bedroht und sogar verprügelt worden. Sie hatten ihn für einen Klimaflüchtling gehalten.

Höffner will jetzt so schnell wie möglich ins Rathaus. Vielen Gemeindeoberhäuptern geht es in diesem Moment wie ihm. Im Moselstädtchen Beilstein hat es Bürgermeister Volker Merz erwischt. Fassungslos schaut er aus dem Fenster seiner Dienststube. Vor ihm liegen die einst so üppigen Rebhänge. Die Gegend war berühmt für ihre Weine. Riesling, Grau- und Spätburgunder erhielten Spitzenauszeichnungen. Doch dann kam die Hitze. Vor allem die Weißweintrauben kochten geradezu in der früher so segensreichen Sonne. Dann stellten die Winzer auf südliche Rotweinsorten um. Doch nur wenige Betriebe überlebten den Struk-

6. Kapitel: Die Erde verdurstet

turwandel. Der Weinbau wurde zu teuer – viele Menschen konnten sich die Weine einfach nicht mehr leisten. Weite Teile der Hänge verbuschten. »Hätten die uns früher Leute geschickt, die uns im Weinberg und auch sonst geholfen hätten, dann wären wir nicht so schlimm dran«, murmelt der Bürgermeister vor sich hin. Doch das sind rückwärtsgewandte Überlegungen, die ihm jetzt nichts nützen. Von weitem sieht er schon die ersten UN-Lastwagen. Hier rollt an, was er und Tausende andere lange verdrängt haben: Die Welt befindet sich in Zeiten der größten jemals dagewesenen Völkerwanderung. Überall lungern abgerissene Habenichtse auf den Straßen. Sie betteln um Brot und Wasser, siedeln in den von der Hitze verbrannten ehemaligen Grünanlagen der Dörfer und Städte, auf den braun gewordenen Wiesen und haben Teile der Blumenpflanzungen in dürre Gemüsebeete verwandelt. Die alten Leute trauen sich kaum noch auf die Straße.

In Tannenberg lehnt Höffner unterdessen den hastig von seiner Frau zubereiteten Kaffee ab und springt aus dem Haus. Wie von der Tarantel gestochen rennt er an bizarren abgestorbenen Bäumen vorbei. Wo früher Rosen, Margeriten und andere Blumen wuchsen, stehen nur einige vertrocknete Gräser. Für die Morgensonne, die jetzt hinter dem Höhenkamm glutrot aufsteigt, hat er ebenso wenig ein Auge wie für den wolkenlosen Himmel, an dem bunt schillernde Bienenfresser ihre Kreise ziehen. Anfang des Jahrhunderts hatten sich die Vogelkundler noch über diese exotischen Vögel gefreut, die nur ganz selten bis in die warmen Gegenden des Kaiserstuhls vordrangen. Doch jetzt sind sie fast überall präsent. Die Auerhähne dagegen zieren heute nur noch die Schützenscheiben in den Gaststuben; sie sind ebenso aus dem Schwarzwald verschwunden wie Tannenhäher und Waldlaubsänger.

Lange Zeit waren die farbenprächtigen Bienenfresser nur am Mittelmeer anzutreffen. »Seit den neunziger Jahren ist der Bienenfresser auch in Deutschland zu Hause. Wir haben hier mittlerweile 500 Brutpaare«, sagt Franz Bairlein, Direktor des Deutschen Instituts für Vogelkunde in Wilhelmshaven.

Mit langen Schritten eilt Höffner durch die Straßen und Gassen. Seit langem beschränkt er das Autofahren auf absolute Notwendigkeiten. Kein Wunder bei Dieselpreisen von 15 Euro pro Liter. Wegen der häufigen Stromausfälle hat er auch kein Elektrofahrzeug angeschafft. Auf dem Marktplatz, wo heute rote Plastikgeranien die Häuser schmücken, weil echte Blumen viel zu schnell vertrocknen, kommt dem Bürgermeister schon Patrick Strunzdorf entgegen, der Kommunale Energiemanager (KEM). Seit immer wieder mit Wassermangel und Stromausfällen gerechnet werden muss, gehören die Wassermeister, Klärwärter und Haustechniker zu den wichtigsten Mitarbeitern in den Kommunen und stehen bei der Besoldung mit den Gemeindekämmerern auf einer Stufe. Höffner war froh, dass er mit Patrick Strunzdorf einen tüchtigen und durchsetzungsfähigen Energiemanager gefunden hatte. Seinen Bewerbungsunterlagen nach hatte ihn der Bürgermeister eigentlich gar nicht einstellen wollen weil der Informatikingenieur so lange arbeitslos war. Doch im persönlichen Gespräch machte er keinen schlechten Eindruck. Die Familie Strunzdorf war nach den schweren Überschwemmungen in der Kölner Gegend nach Tannenberg gezogen. Höffner war dankbar für jeden kompetenten Neuzugang, denn wenn die Einwohnerzahl unter 8000 sinkt, würde Tannenberg seine Selbständigkeit verlieren.

Seinen früheren KEM Andreas Schwenker hatte ihm wenige Wochen zuvor Landrat Haasenkamp abgeworben. Zunächst war

6. Kapitel: Die Erde verdurstet

Höffner darüber stinksauer, doch dann dachte er: »Wer weiß, wofür das gut ist. Dann habe ich beim Landrat wieder mal was gut.« Strunzdorf machte jedenfalls einen passablen Eindruck, auch wenn er nicht direkt vom Fach war. Doch schließlich wollte Höffner einen durchsetzungsfähigen Energiemanager. Schnell hatte er ihm das Du angeboten und freundschaftliche Bande aufgebaut, denn eines war Höffner immer klar: Er musste sich auf personelle Eckpfeiler in der Gemeinde verlassen können. Nur dann war überhaupt noch etwas zu steuern.

»Sie sind schon da!«, ruft Strunzdorf dem Bürgermeister aufgeregt entgegen. »Draußen auf dem Sportplatz sind die ersten Flüchtlingstransporter angekommen. Die Blauhelme und die Bundeswehr verlangen Wasser für die Leute.« Der Bürgermeister läuft ins Rathaus, um sich die vom Landrat angekündigte Anordnung am PC anzuschauen. Dann macht er sich mit Strunzdorf zusammen auf den Weg zum Sportplatz.

Höffner wäre nicht Höffner, wenn er selbst in ausweglosen Situationen nicht alles versuchen würde, und so ruft er direkt beim Regierungspräsidenten an. Er kennt Christian Wolf von vielen Parteitagen. Wolf hat ihm schon immer gefallen. Zwar stört Höffner die Eitelkeit des sechzehn Jahre jüngeren Juristen, doch ihm imponiert auf der anderen Seite, dass Wolf Biss hat und Verantwortung übernimmt, wenn es darauf ankommt. Tatsächlich wird Höffner, den man im Regierungspräsidium sehr schätzt, gleich zum Präsidenten durchgestellt. Der Bürgermeister sprudelt sofort drauflos: »Christian, du musst uns gleich helfen; jetzt haben die uns doch tatsächlich Flüchtlingskontingente zugeteilt! Wo soll ich nur mit den Leuten hin? Schon jetzt sind meine Wasserspeicher leer – und du weißt, dass wir uns damals nicht an die Bodenseewasserleitung haben anschließen lassen. Aber der Seespiegel sinkt ja schon seit Jahren, das würde jetzt auch nichts mehr nützen. Kannst du die 4000 für uns vorgesehenen Afrikaflüchtlinge nicht umdirigieren – runter ins Rheintal? Da ist es zwar auch trocken, und es gibt kein Wasser, aber das sind die Flüchtlinge doch gewohnt. Lass uns hier unseren Frieden!« Höffners Redeschwall ist nicht zu bremsen. Während er in Panik zum Sportplatz rennt, hechelt er ins Telefon. Jetzt rächen sich die Bierchen, die er bei der nächtlichen Krisensitzung in sich hineingeschüttet hat. Stundenlang hatte er mit seinen Gemeinderäten darüber beraten, die Stromlieferung des eigenen Blockheizkraftwerks und der vielen Photovoltaikanlagen von Tannenberg an die tiefer im Tal gelegene Nachbargemeinde zu stoppen. Auch wenn er mit dem dortigen Bürgermeister seit vielen Jahren befreundet ist, war es an der Zeit, an sich selbst zu denken. »Das Hemd ist uns näher als der Kittel«, hatte er gegenüber den Gemeinderäten argumentiert.

Die erste Bodenseewasserleitung ging 1958 in Betrieb und wurde seither immer wieder ausgebaut. Heute beziehen rund 320 Gemeinden ihr Wasser aus dem Bodensee.

Das war heute Morgen. Jetzt hat er ein viel größeres Problem am Hals. Der Regierungspräsident ist seine letzte Hoffnung. Doch der wehrt gleich ab: »Matthias, lass mich bloß in Ruhe mit deinem Kaff. Du weißt, dass ich dich gut leiden kann und euch immer gerne helfe. Aber bei mir ist die Kacke selbst am Dampfen!« Dann hört Höffner nur noch, wie Wolf plötzlich laut schreit: »Was soll denn das? Lasst mich doch in Ruhe!« Die Verbindung bricht ab. Der Bürgermeister ahnt nicht, was sich gerade im Regierungspräsidium abspielt: Kommandan-

6. Kapitel: Die Erde verdurstet

ten und Einsatzleiter der Feuerwehren und des Technischen Hilfswerks sind in Wolfs Büro gestürmt. Sie wollen von ihm Fahrzeuge, Treibstoffkontingente, Geld und vor allem Wassergutscheine. »Wie sollen wir Wasser verteilen, wenn Sie nicht mehr Gutscheine freigeben?«, ruft THW-Gruppenleiter Helge Voigt. »Die Leute überfallen demnächst noch unsere Lager, die Wachmannschaft mussten wir schon verstärken. Das läuft hier nicht wie in Tannenberg. Die haben Zisternen. Warum haben Sie keine bauen lassen? Schon vor ein paar Jahren haben wir das gefordert! Ihre Rückhaltebecken sind doch versumpft und verschlammt oder vertrocknet. Das bisschen Wasser kann keiner trinken.« Wolf schluckt verlegen. Was soll er sagen? »Wenn die Leute wüssten, dass uns die Gelder für Tankwagen gestrichen wurden, weil wir sparen und haushalten mussten. Wahrscheinlich würden sie mich lynchen«, denkt er im Stillen.

Rückhaltebecken dienen eigentlich dazu, bei plötzlich auftretendem Starkwasser oder Flutgefahr das Wasser zu regulieren. Gebaut wie ein Staudamm, sind sie in der Regel leer oder nur teilweise gefüllt, können aber auch als Wassersammler und Vorratsspeicher eingesetzt werden.

Bürgermeister Höffner ist am Sportplatz angekommen. Gnadenlos brennt die Sonne. Lastwagen stehen hier und umgebaute Militärbusse, doch von Klimaflüchtlingen keine Spur. »Wo sind denn die Blauhelme und die Bundeswehrsoldaten?«, sagt er mürrisch zu Strunzdorf. Der hört als Erstes das Wimmern. Unter einem der Kommandofahrzeuge finden sie einen zusammengeschlagenen Blauhelmsoldaten. »Wasser, die suchen Wasser«, stammelt er. Dann wankt ein zweiter Mann zwischen den Autos hervor. Er hatte sich gerade noch in Sicherheit bringen können, berichtet er aufgeregt. »Als wir die Türen der Fahrzeuge aufgemacht haben, konnten wir die Menschen nicht mehr stoppen. Ist ja auch kein Wunder. Die Mannschaften, die die Flüchtlingskonvois begleiten, sind viel zu klein. Für 500 Leute stehen uns gerade mal 10 Mann zur Verfügung. Wie soll das funktionieren? Wir sind seit anderthalb Tagen unterwegs und konnten den Leuten nur einmal einen halben Liter Wasser geben. Das ist viel zu wenig, viel zu wenig!«, sagt der Soldat und schaut sich suchend nach seinen Kameraden um. »Wie soll das werden, wenn die anderen dreieinhalbtausend Flüchtlinge hier eintreffen?« Immer heißer brennt die Sonne jetzt auf den Schwarzwaldort. Längst sind die Vögel verstummt. Nur ein paar Zikaden sind aus den dürren Wipfeln der wenigen Bäume im ausgedörrten Kurpark zu hören.

Höffner läuft einfach weiter. »Kümmer du dich um die Leute!«, ruft er Strunzdorf zu. Er hat eine dunkle Ahnung, wo die Flüchtlinge hin sind. Schon von weitem hört er den Lärm. Nicht das fröhliche Lärmen wie von den Dorffesten, die er früher so liebte, sondern aggressiven, gewalttätigen Lärm. Immer mehr Gemeindebewohner kommen Höffner entgegen. Doch sie laufen verschreckt weiter, keiner bleibt stehen. Als er am Zentralen Wasserspeicher (ZWS), dem ehemaligen Mineral- und Heilbad, ankommt, sieht er das ganze Ausmaß der Katastrophe: Die ausgemergelten Klimaflüchtlinge hatten das Wasser buchstäblich gerochen und sich in Windeseile aufgemacht, Essen und Wasser zu suchen. Die Inhaberin der Bäckerei gegenüber dem altehrwürdigen Bäder- und Kurhaus, in dem einst prominente Gäste aus dem In- und Ausland ein und aus gingen, hatte keine Chance. Sie konnte sich gerade noch in die Backstube hinter dem Verkaufsraum flüchten. Es dauerte keine zwei Minuten, und die Bäckerei war ebenso geplündert wie der staatlich kontrollierte Dorfladen nebenan. Dann verschafften sich die durstleidenden Menschen Zutritt zum Wasserspeicher. Die

6. Kapitel: Die Erde verdurstet

Wachleute flüchteten, als sie die Horde anrücken sahen. Schnell war die Sicherheitstür aufgebrochen.

Langsam geht Höffner durch die Vorhalle. Der Lärm wird immer lauter. Dann kommt er in die zum Wasserspeicher umgebaute große Schwimmhalle. Fassungslos sieht Höffner, wie die Neuankömmlinge ins Wasser springen. Für manche ist es das erste Bad seit einem halben Jahr, das erste richtige Satttrinken seit vielen Wochen. »Wasser, unser Wasser!«, murmelt der Bürgermeister. Matthias Höffner fasst sich ans Herz.

Ein paar Tage später. Es ist Sonntagmorgen. Anna-Sofie sieht zuerst das Pferd. Keine Frage, es ist ein Kaltblüter. »Die erkenne ich doch an ihrem dicken Hintern«, denkt sie. Dann sieht sie den Jungen. »Mehmet!«, schreit Anna-Sofie. »Mehmet!« Plötzlich erinnert sie sich an all die Narben, die die entzündlichen Insektenstiche in ihrem Gesicht hinterlassen haben. Sie will ein Tuch vors Gesicht ziehen, doch der junge Türke hat sie schon gesehen. Er läuft zu ihr und nimmt sie in die Arme. »Dass du hier bist!«, staunt Anna-Sofie Strunzdorf. Dann lacht sie: »Ich habe es gehasst, dass wir hierhergezogen sind. Aber jetzt wird alles, alles gut – ach, Mehmet!« Aufgeregt fragt sie: »Und dein Pferd, wie heißt es – und was machst du hier?«

Der Mangel an Energie und Treibstoff lässt selbst Hilfsorganisationen auf einfache Pferdestärke zurückgreifen. »Mein Pferd heißt PS 2341«, sagt Mehmet. »Viele Pferde arbeiten für uns – und PS 2341 hilft eben beim Katastrophenschutz!« Dann fragt er Anna-Sofie, ob sie auf dem Kaltblüter reiten mag. Zum ersten Mal seit langer Zeit ist das Mädchen wieder glücklich. »Ja«, sagt sie. »Ja, gerne! Aber hast du etwas Wasser dabei? Ich hab solchen Durst!«

Mehmet schraubt seine altertümliche Thermoskanne auf und gießt frisches, kühles Wasser in die dickwandige Plastiktasse, die als Verschluss dient. Vorsichtig, damit kein Tropfen verlorengeht, reicht er Anna-Sofie das Wasser. Sie leert die Tasse in einem Zug. »Danke«, sagt sie und versucht, ihr Gesicht mit dem Tuch zu verhüllen. »Lass doch«, erwidert Mehmet liebevoll, nimmt ihre Hand mit dem Tuch in seine Hand, blickt in ihre Augen und zieht den Schal zurück. »Ich sehe so schrecklich aus.« Anna-Sofie senkt verschämt den Blick. »Meine Mutter sagt, ich sei selbst schuld. Ich habe die Stiche der Insekten aufgekratzt – die Wunden sind vernarbt...«

Mehmet streichelt ihr übers Haar. »Für mich siehst du toll aus, Anne«, sagt er leise und bildet mit den Händen eine Räuberleiter. »Worauf wartest du? Komm, steig auf – PS 2341 wartet schon.« Sanft hebt er die junge Frau aufs Pferd, schwingt sich ebenfalls hoch und nimmt die Zügel in die Hand. Gemächlich schreitet PS 2341 durch die verlassene Landschaft. Für Anne-Sofie geschieht das alles wie im Traum. Gott hat Humor, denkt sie und lächelt; in all den Wirren lässt er es zu, dass ich Mehmet wiederfinde. In diesem Augenblick dreht er sich zu ihr um und sagt: »Allah ist mächtig – wie sonst hätten wir einander finden können!«

Anna-Sofie wäre vor Lachen beinahe vom Pferd gefallen. Sie lacht und lacht, bis Tränen fließen. Zum ersten Mal nach vielen Monaten fühlt sie sich wieder leicht und glücklich. Trotzdem: Eine gewisse Schwere bleibt. Wie ein dunkler Schatten lasten die Geschehnisse der letzten Wochen auf ihrer Seele. Es ist so viel passiert.

»Wo ist Philipp?«, fragt Mehmet plötzlich. Und schlagartig wiederholen sich die furchtbaren Bilder. Sie spulen sich in ihrer Erinnerung ab wie ein schlechter Film. Anna-Sofie hört wieder, wie Philipp im Fieberwahn phantasiert. Fußballszenen quälten sein krankes Hirn. Er lag in ihren Armen, als sie dichtgedrängt mit anderen Flüchtlingen auf dem Transport von Köln Richtung Süddeutschland waren. Wie im Schnelldurchgang rauschen all die Gesichter der Menschen noch einmal an Anna-Sofie vorüber, die mit ihr auf der Ladefläche campieren mussten. Da war die alte Frau, die stumm erduldete, dass ihr eigener Sohn ihre Ration Wasser wegtrank. Die Mutter mit dem Säugling, der bis zur Erschöpfung schrie und widerlich nach eingetrocknetem Urin und Erbrochenem roch. Der Winzling hatte die Windeln voll. In der äußersten Ecke saß Di-Campo. Seine Musik hatte Millionen begeistert, und er hatte Millionen verdient. Was hatte er nur mit dem vielen Geld gemacht, das er sich in all den Jahren ersungen hat? Jetzt war der Superstar einer von ihnen – ein Flüchtling auf dem Weg ins Unbekannte. Er litt unter den Umständen und sah trotzdem noch immer aus wie ein Gentleman.

Philipp war nur noch ein schwitzender Körper mit nassen Haaren und großen Fieberaugen. Niemand sah, wie schlecht es ihm ging. Selbst die Eltern nicht. Sie waren nur mit dem Hausrat beschäftigt. Mutter weinte, weil sie Wäsche und Geschirr zurücklassen musste; Vater wollte sein Werkzeug nicht in Köln lassen. »Philipp braucht dringend einen Arzt und Medizin«, hatte Anna-Sofie damals gesagt. Doch niemand hörte ihre Worte, niemand reagierte. »Er muss nur durchschlafen, dann ist alles wieder gut...« Das waren die Worte der Mutter, kurz bevor Philipps Körper sich aufbäumte, um gleich darauf für immer zusammenzusacken.

»In Australien kommt es jedes Jahr zu Buschfeuern. Doch diesmal schuf eine Kombination aus extremer Hitze und Dürre ideale Bedingungen für die Brände.« ZDF-Nachrichten zu den australischen Buschbränden mit mehr als 180 Toten und Tausenden Obdachlosen am 7. Februar 2009

Stundenlang hielt Anna-Sofie den toten Körper ihres Bruders im Arm. Mehrmals suchte sie in dem Gedanken Zuflucht, dass das vielleicht alles nur ein schlimmer Traum war. Niemand sollte wissen, dass Philipp tot war. Anne-Sofie schaukelte ihn wie ein Baby und drückte seinen toten Körper an ihre Brust. Sie spürte, wie die Wärme aus dem Körper wich. Schwer und kalt lag er in ihren Armen. Sie fürchtete, entdeckt zu werden. Nur nicht loslassen. Was würden die anderen Menschen mit ihrem toten Bruder machen? Was, wenn sie ihn einfach aus dem Flüchtlingstreck werfen und Philipp am Straßenrand zurückbleibt? Anna-Sofie beschloss, den Bruder nicht loszulassen. Niemals! Erst bei der Ankunft gab sie den Leichnam frei. In ihren Alpträumen hält sie ihn auch heute noch im Arm – Nacht für Nacht.

»Er ist tot«, antwortet Anna-Sofie auf Mehmets Frage. Er drückt sie an sich und schweigt. Dann sagt er unvermittelt: »Sorge dich nicht: Philipp wird immer bei uns bleiben.«

Die Erde im Schwitzkasten

Was passiert, wenn es zu heiß wird?

Blühen die Obstbäume bald im Dezember?

»Nur wer spritsparende Fahrzeuge anbietet, wird noch hinreichenden Absatz finden«
Ein Gespräch mit Prof. Dr. Andreas Troge, Präsident des Umweltbundesamts

Die Erde im Schwitzkasten

Ein leichter, frühlingshafter Wind streicht durch das Astgewirr von Zistrosen und Erdbeerbäumen. So weit das Auge reicht, verwandeln lila Blüten des Schopflavendels, weiße Teppiche von Kamilleblüten und andere Blumen das Land in ein einziges Blütenmeer. Es scheint, als hätten impressionistische Maler ihre Farben über der Landschaft verteilt. Unter uralten Stein- und Korkeichen grasen schwarze Schweine, rote und graue Rinder. Anderswo blöken Schafe, und über allem liegt ein Duft wie von einem riesigen Kräutergarten.

Wir stehen auf einem Hügel in der Extremadura, einer dünnbesiedelten autonomen Region im Südwesten Spaniens. Die Landschaft erinnert an eine Mischung aus afrikanischer Savanne, englischer Parklandschaft und mitteleuropäischer Obstwiese. »Seit mehr als zweitausend Jahren leben die Menschen der Extremadura im Einklang mit der Natur; so entstand eines der größten Bioreservate Europas«, erzählt uns Jesús Garzón und zeigt auf einen Felsen gegenüber, über dem sich mit kräftigen Flügelschlägen einige Geier in den stahlblauen Himmel hochschrauben. »Gänsegeier, Mönchsgeier!«, ruft Suso, wie Jesús Garzón von seinen Freunden genannt wird, in perfektem Deutsch mit dem für Spanier typischen rollenden »R«. Der Sechzigjährige ist auf der Iberischen Halbinsel weithin als ökologischer Vordenker bekannt und kämpft seit Jahrzehnten für die Bewahrung der einmaligen Landschaft.

Mit dem Beitritt Spaniens in die Europäische Union in den achtziger Jahren drohten Eukalyptusplantagen, Staudämme und intensiv bewirtschaftete Ackerflächen das uralte, faszinierende Landschaftsmosaik zu zerstören. Jesús Garzón trommelte internationale Hilfe zusammen und konnte – unter anderem mit Hilfe der Stiftung Europäisches Naturerbe – trotz mancher EU-Sünden die schlimmsten Landschaftseingriffe verhindern, den Eukalyptusanbau stoppen und so weite Teile der Dehesas, dieser lichten Hartlaubwälder mit den knorrigen Kork- und Steineichen, erhalten.

Unzählige Zugvögel aus Mittel-, West- und Nordeuropa machen sich in jedem Herbst in die Extremadura auf. Für Kraniche, Ringeltauben, Kiebitze, Rotmilane, verschiedene Lerchenarten und andere Zugvögel ist das alte Hirtenland, von dem einst Conquistadoren wie Francisco Pizarro und Hernán Cortés nach Südamerika auszogen, seit Jahrhunderten die angestammte Winterheimat. »Auch die Menschen wussten die ökologisch üppige, aber durch extreme Klimabedingungen karge Landschaft zu nutzen«, sagt Jesús Garzón. Rechtzeitig bevor im Sommer die Sonne die Landschaft ausbrennt, trieben die Hirten Schafe und Rinder jedes Jahr bis zu 800 Kilometer weit nach Norden in die Südausläufer der Pyrenäen und des Kantabrischen Gebirges. »Diese halbnomadische Wirtschaftsweise hat die natürlichen Ressourcen optimal genutzt«, erklärt Garzón. Heute nimmt fast niemand mehr die Mühe auf sich, diese Wanderviehwirtschaft oder »Transhumanz« über große Distanzen hinweg durchzuführen. Lange Zeit hat man sich stattdessen lieber auf die EU-Bewässerungsprojekte und die Stauseen verlassen.

»Doch mit dem Klimawandel kommt eine Gefahr auf uns zu, gegen die agrarpolitische Fehlentwicklungen der EU fast nichts sind«, sagt Garzón. In den vergangenen Jahren habe sich das Wetter spürbar geändert. Immer wieder kommt es zu langanhaltenden Niederschlägen und Überschwemmungen. Andererseits werden die Hitzeperioden heftiger – so heftig, dass wegen des Wassermangels schon in manchen Sommern das Vieh notgeschlachtet werden musste. »Geht das so weiter, haben wir hier bald Verhältnisse wie in der Sahara«, meint Jesús Garzón besorgt.

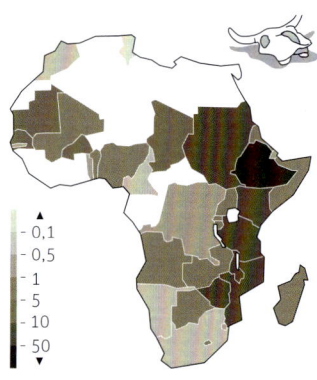

Betroffene [in Millionen]

Desertifikation
Die zunehmende Verwüstung von Land führt zu Versorgungsengpässen und Hungersnöten bis zur Unbewohnbarkeit mancher Gegenden. Die Grafik zeigt die Situation der zwischen 1971 und 2000 von Dürre betroffenen Bevölkerung in Afrika.
Quelle: nach UNEP / GRID-Arendal

Nicht nur Garzón, auch die Experten des Weltklimarats befürchten die Versteppung und Verwüstung ganzer Landstriche durch extreme Trockenperioden in Südeuropa. Jesús Garzón setzt sich deshalb für eine an trockene Verhältnisse angepasste Landwirtschaft ein. Mehrfach hat er bereits internationale Nomadenkongresse veranstaltet. »Weil man vom alten Wissen der an die Natur angepassten Menschen jetzt noch lernen kann, bevor es zu spät ist«, erklärt er. Gelingt es nicht, die Intensivlandwirtschaft und den damit verbundenen erheblichen Wasserverbrauch zurückzufahren, angepasste und ressourcenschonende Landwirtschaftsmodelle zu etablieren und weltweit das Klimaruder herumzureißen, werden Landschaften wie die Extremadura und weite Teile Südfrankreichs, Portugals, Süditaliens und Griechenlands versteppen und verwüsten. Die weitere Abwanderung der Menschen aus den ländlichen Räumen wäre eine der ersten Folgen. Dadurch würden die urbanen Zonen weiter anwachsen, was wiederum die Wasser- und Energieprobleme noch mehr verschärft. Es gehört nicht viel dazu, sich vorzustellen, dass dann schon bald eine Wanderung von Südeuropäern nach Mittel- und Nordeuropa einsetzt.

Aber auch die übrige Welt, nicht nur Südeuropa, kommt immer mehr in den klimatischen Schwitzkasten. Weltweit zählten elf der zwölf Jahre zwischen 1995 und 2007 zu den wärmsten seit Beginn der meteorologischen Aufzeichnungen (siehe auch Kapitel 5, »Angriff der Insekten«). Nach Feststellungen des Weltklimarats war die Temperaturzunahme in den letzten fünfzig Jahren doppelt so hoch wie in den letzten hundert Jahren. Das zeigt sich insbesondere auch in der Arktis, die sich doppelt so stark erwärmt hat wie im globalen Mittel.

Welche umfassenden Folgen Hitzewellen und Dürren haben, zeigte sich bereits in der Antike. Im 22. Jahrhundert vor Christi Geburt hat eine katastrophale Dürre zum Untergang eines Weltreichs geführt: Damals ist das Alte Reich Ägyptens aus den Geschichtsbüchern verschwunden.

In unserer Zeit haben Hitzewellen, Überschwemmungen und Stürme viele Millionen Menschen getötet, ihnen ihre Heimat geraubt, sie obdachlos gemacht und zur Flucht getrieben.

Jedes Jahr sterben im statistischen Durchschnitt 80 000 Menschen an den Folgen einer Naturkatastrophe. Mit steigenden Temperaturen werden immer mehr Menschen von extremen Klimaereignissen betroffen sein.

Die Erde hat Fieber, und der schwerkranke, schwitzende Patient kostet die Menschheit viel Geld. In den kommenden fünfzig Jahren müssen allein in Deutschland mindestens 800 Milliarden Euro investiert werden, um Klimakrankheiten zu kurieren. Das hat das Deutsche Institut für Wirtschaftsforschung errechnet. Die volkswirtschaftlichen Schäden betreffen uns alle. Extreme Sommer schaden der Landwirtschaft; Ernteausfälle lassen sich irgendwann auch durch Subventionen nicht mehr decken. Immer mehr Bauern verlieren Haus und Hof. Auch die Forstwirte stöhnen. Schädlinge verbreiten sich in biblischem Ausmaß, Waldbrände vernichten nach langanhaltender Trockenheit wertvolle Waldgebiete.

Hitze bringt Krankheit und Kosten

Es bedurfte wohl der katastrophalen Hitzewelle im Jahr 2003, um die Menschen in Europa erstmals aufzurütteln. Zwischen Juni und August kletterten die Temperaturen in diesem Jahr anhaltend, bis sie schließlich deutlich über 40 Grad Celsius lagen. Die Hitzeschäden einer einzigen Saison schlugen in Europa mit 13 Milliarden Euro zu Buche. In Spanien, Portugal und Griechenland brannten die Wälder. Die Wasserstände von Rhein und Donau, Elbe und Themse, Po und Loire fielen auf Rekordniveau und erreichten bedrohliche Tiefstände. Wasser wurde knapp. Trinkwasser war plötzlich ein kostbares Gut. Nicht nur in der Extremadura mussten Bauern ihr Vieh notschlachten. Aber nicht nur Menschen und Tiere haben Durst, auch Kraftwerke brauchen Kühlwasser, um die Stromversorgung zu sichern. Plötzlich machte sich die Angst um Energie breit.

Wenn es immer heißer wird, wird der Mensch immer kränker. Als die Hitze Europa lahmlegte, hatten die Totengräber Hochsaison. Über 7000 Menschen starben allein in Deutschland an hitzebedingten Erkrankungen, in ganz Europa lag die Zahl der Hitzeopfer nach Angaben der Münchener Rückversicherung bei über 35 000 Toten. Die Weltgesundheitsorganisation (WHO) schätzt, dass der durch menschliche Einflüsse verursachte Klimawandel in den vergangenen dreißig Jahren jährlich mindestens 150 000 Menschenleben gekostet hat. Dabei sind nicht nur Hitzetote, sondern auch Opfer durch Starkniederschläge eingerechnet. Und für 2030 rechnet die WHO infolge der Klimaerwärmung mit einer Verdopplung der Todesfälle.

Dass gerade die Schwachen betroffen sind, gilt auch in den Industrieländern. Während heute in Deutschland im Durchschnitt 25 000 Menschen im Sommer mit Hitzebeschwerden ins Krankenhaus eingeliefert werden, müssen wir bei klimabedingter Erwärmung schon im Jahr 2050 mit über 150 000 Hitzepatienten rechnen.

Das Bruttosozialprodukt erleidet ebenfalls schwere Hitzeschäden, denn bei Temperaturen von mehr als 26 Grad lässt die Leistungsfähigkeit generell nach. Und längst sind neue Hitzekrankheiten im Anmarsch: Die Zahl der Allergien wächst, denn Pollen kennen keine Jahreszeiten mehr und sind den größeren Teil des Jahres unterwegs. Zecken sind ebenfalls auf dem Vormarsch; sie verbreiten sich flächendeckend in Deutschland, erobern den Norden und haben Borreliose und Hirnhautentzündung im Gepäck (siehe Kapitel 7, »Die Schöpfung steht kopf«).

Die Wetterküche ist heiß

Die Sommer werden heiß und trocken: langanhaltende Dürreperioden drohen; Herbst und Frühjahr dagegen werden von heftigen Regengüssen geflutet. Die Wissenschaftler des Weltklimarates IPCC erwarten für Deutschland eine Erhöhung der Niederschläge um 10 Prozent. Auch weltweit sieht es nicht besser aus. Die World Meteorological Organization (WMO) hat 2007 mit 12,7 Grad den wärmsten Januar seit Beginn der Wetteraufzeichnungen gemessen. Es war das Jahr immer neuer Hitzerekorde und das heißeste seit Menschengedenken. In Großbritannien war es im April 2007 so warm wie zuletzt vor 348 Jahren. Im Juni plagten zwei Hitzewellen den Südosten Europas, im Herbst stöhnten die Amerikaner dann unter einer Hitzewelle. China wurde von der schlimmsten Dürre seit Jahrzehnten geplagt. Und 2008 ging es so weiter: Schon Januar und Februar waren in Deutschland deutlich zu warm, Obst- und Zierbäume blühten so früh wie nie zuvor.

Seit 1988 sprechen Experten von einer »sehr warmen Periode«. Mit der Hitze heizt sich die Atmosphäre auf: Es entsteht mehr Wasserdampf, und der bringt heftige, mitunter sintflutartige Niederschläge. In den letzten fünfzehn Jahren fiel überdurchschnittlich viel Regen in Deutschland. 1997 drohten bei der Oderflut alle Dämme zu brechen, 2002 verwüstete die Elbeflut Dresden und große Teile Ostdeutschlands. 1994, 1998 und 2001 gingen als Kraftwerke Regenjahre in die Geschichte ein (siehe auch Kapitel 4, »Land unter«).

Das »System« Wetter gerät überall aus den Fugen, die Wetterextreme nehmen zu. Während der Osten von Nord- und Südamerika, der Norden Europas und Zentralasien mit steigenden Niederschlägen zu kämpfen haben, herrschen anderswo Trockenheit und Dürre: Der Mittelmeerraum verdurstet. Teile Südostasiens und Afrikas leiden unter extremer Dürre. In der Sahelzone haben kürzere Vegetationszeiten immer wieder zu Ernteausfällen und Hungersnöten geführt. Seit den siebziger Jahren leiden die Tropen und Subtropen unter ungewohnt lang andauernden Dürren. Die US-Staaten Minnesota, Missouri, Illinois und Kansas im Mittleren Westen werden ebenfalls von verheerenden Trockenperioden geplagt; der Boden ist wie vom Winde verweht, das Vieh musste – wie schon mehrfach in Zentral- und Südspanien – wegen des Wassermangels geschlachtet werden. Der Norden und Westen Chinas versteppt, im Landesinneren dehnt sich die Wüste Gobi immer weiter aus. Seit den siebziger Jahren hat sich der Anteil sehr trockener Gebiete auf der Erde von 12 Prozent auf heute 30 Prozent erhöht – fast ein Drittel der Erde verdurstet.

Die Ursache für diesen Glutofen ist längst bekannt: Es sind die langlebigen Treibhausgase, die den Planeten aufheizen. Sie haben exorbitant zugenommen, seit die Wirtschaftswunderschornsteine rauchen. Mit Beginn der Industrialisierung stiegen die gefährlichen Klimagase in die Atmosphäre. Die schlimmsten Anheizer heißen Kohlendioxid, Methan und Distickstoffoxid. Eine so hohe Kohlendioxidkonzentration wie heute hat es in 650 000 Jahren nicht gegeben.

Bis zum Jahr 2020 werden weit über 250 Millionen Afrikaner unter Wasserknappheit leiden. Viele machen sich deshalb auf in eine vermeintlich bessere Welt: In Afrika gibt es bereits mehr Flüchtlinge aufgrund des Klimawandels als infolge von Kriegen und Bürgerkriegen.

6. Kapitel: Die Erde verdurstet **Daten und Fakten**

Was passiert, wenn es zu heiß wird?

Dann ...
- steigt der Meeresspiegel
- schmelzen die Gletscher
- geht Ackerland verloren
- verdurstet Vieh
- gibt es mehr Wüsten
- ändert sich das Wetter
- breiten sich neue Krankheiten aus
- kommt es zu ausgedehnten Waldbränden
- sterben die Korallen
- bleiben ausreichende Ernten aus
- fressen Insekten noch verbliebene Felder und Wälder kahl
- herrschen Hunger und Durst
- nimmt die Zahl der Armutsflüchtlinge zu

Das Ende von Afrika?

Hunger war im Süden Afrikas schon immer ein zentrales Thema, doch mit dem Klimawandel erreicht die Plage biblische Ausmaße. Länder wie der Sudan können ihre Menschen schon lange nicht mehr ernähren. Malawi, Mosambik, Simbabwe, Botswana und Sambia sind anfällig für Missernten. Mali, Tschad und der Sudan drohen zum verdorrten Niemandsland zu werden. Auch der Norden ist von langanhaltenden Dürreperioden bedroht. Die Ackerflächen in Marokko, Tunesien und Ägypten sind kaum mehr zu bewässern, viele Millionen Nordafrikaner werden in ihrer Heimat nicht mehr satt. 46 Prozent der Landfläche Afrikas sind Wüste. Auf dieser Fläche kämpfen schon heute 465 Millionen Menschen unter ärmlichsten Bedingungen um Nahrung und Wasser.

Aber nicht nur das Trinkwasser wird knapp, auch der Boden. Besonders das für die Ernährung Ägyptens so wichtige Nildelta ist davon betroffen, denn hier steht dem wertvollen Ackerboden die Versalzung bevor. Durch die Klimaerwärmung drohen dem Kontinent Ernteausfälle bis zu 50 Prozent.

In Australien geht's heiß her

Heute ist Sydney eine Stadt mit übersprudelnder Lebensfreude. Sydneysider baden an über 300 Traumstränden. Surfer gleiten elegant auf den Wellen des Pazifiks dahin. Ihr Motto ist: »Life is a beach!« – »Das Leben ist ein Strand«, pure Lebensfreude unter südlicher Sonne.

Doch schon in wenigen Jahrzehnten könnte die größte Strandstadt der Welt eine Wüste sein: Sydney verdurstet! Klimaforscher prophezeien, dass bis 2070 die Tagestemperatur in Australien im Sommer um 7 Grad steigt und damit dauerhaft über 40 Grad liegt. Monsterwellen werden von Bondi-Beach und all den anderen Traumstränden nichts übriglassen: Experten rechnen damit, dass es über hundert Meter hohe Wellen geben könnte – Wellen, die kein noch so geschickter Surfer je reiten kann.

Ohne Trinkwasser wird Sydney öd und leer sein. Schon seit Jahren gibt es schlimme Dürrezeiten in New South Wales. Die Menschen haben sich längst an die Rationierungen von Wasser gewöhnt: Rasen sprengen, Pools auffüllen, Autos waschen – all das ist im australischen Sommer verboten. Für Wissenschaftler steht fest: Im Jahr 2070 wird »water restriction« ein Dauerzustand sein. Damit Sydney als Stadt überleben kann, müssten die Menschen schon heute ihren Wasserverbrauch um die Hälfte senken. Doch daran denkt jetzt noch niemand. Auch wenn es um den Ausstoß von Kohlendioxid geht, am anderen Ende der Erde wird immer noch geprasst, obwohl die weltweite Erwärmung das Leben »down under« massiv bedroht. Mit ihrem Pro-Kopf-Ausstoß an CO_2 liegen die Australier zusammen mit den Amerikanern an vorderster Klimafront.

Der UN-Klimarat hält keine guten Nachrichten für Australien bereit: Bis 2020 geht die Artenvielfalt dramatisch zurück, 2030 wird das Trinkwasser im Süden und Osten knapp, die Landschaft

Wo Flüchtlinge und Umsiedler herkommen und wo sie hingehen: Die zehn größten Herkunftsländer und Aufnahmestaaten

Der Klimawandel wird die Fluchtbewegungen dramatisch verschärfen.
Quelle: nach UNHCR (2007)

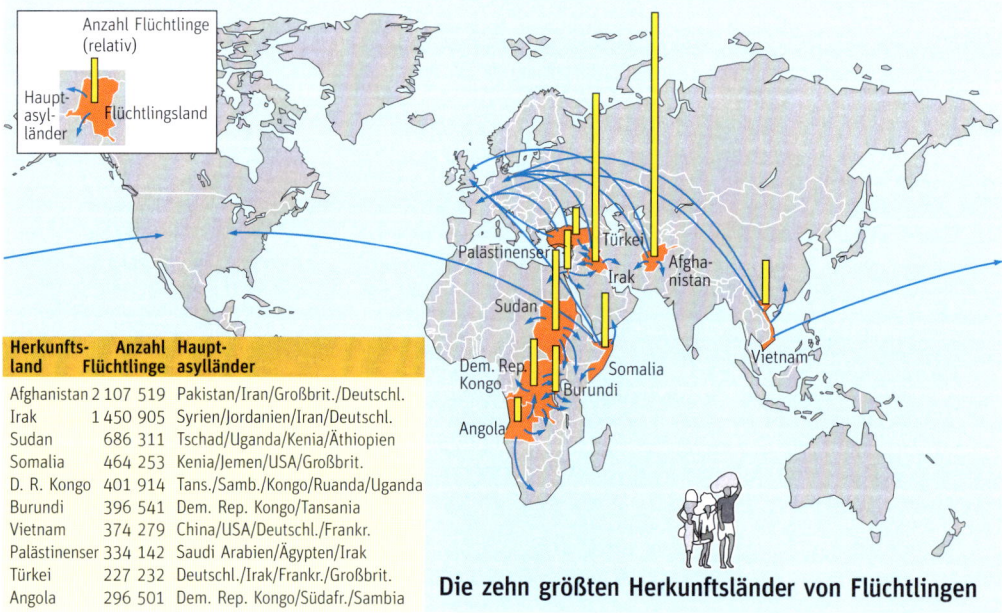

Herkunftsland	Anzahl Flüchtlinge	Hauptasylländer
Afghanistan	2 107 519	Pakistan/Iran/Großbrit./Deutschl.
Irak	1 450 905	Syrien/Jordanien/Iran/Deutschl.
Sudan	686 311	Tschad/Uganda/Kenia/Äthiopien
Somalia	464 253	Kenia/Jemen/USA/Großbrit.
D. R. Kongo	401 914	Tans./Samb./Kongo/Ruanda/Uganda
Burundi	396 541	Dem. Rep. Kongo/Tansania
Vietnam	374 279	China/USA/Deutschl./Frankr.
Palästinenser	334 142	Saudi Arabien/Ägypten/Irak
Türkei	227 232	Deutschl./Irak/Frankr./Großbrit.
Angola	296 501	Dem. Rep. Kongo/Südafr./Sambia

Die zehn größten Herkunftsländer von Flüchtlingen

und mit ihr die Landwirtschaft verdurstet, Buschfeuer verbrennen die letzten Wälder. Und 2050 gehören Sturmfluten und Überschwemmungen zum Alltag – die Küsten werden unbewohnbar. Das Leben wird kein Strand mehr sein...

Wenn die Glut die Wälder sterben lässt

Der extreme Hitzesommer 2003, als vor allem Mittel- und Westeuropa in den Schwitzkasten genommen wurden, könnte schon bald in Deutschland, Österreich und der Schweiz die Regel sein. Analysen des Instituts für Atmosphäre und Umwelt (IAV) an der Frankfurter Goethe-Universität zufolge stieg die Wahrscheinlichkeit für ähnliche Hitzesommer seit Mitte der achtziger Jahre um das Zwanzigfache. Dabei fielen die Temperaturen damals ohnehin schon aus dem Rahmen. »Nach den Regeln der Statistik heißt das: Innerhalb nur weniger Jahrzehnte können aus Jahrhundertphänomenen praktisch ganz normale Ereignisse werden, die alle paar Jahre zu erwarten sind«, sagt Peter Höppe, der bei der Münchener Rück den Bereich Geo-Risiko-Forschung leitet. Auf Deutschland bezogen, heißt das: Vor allem der Südwesten wird unter zunehmenden Hitzesommern leiden.

Für die Wälder nicht nur in Deutschland, sondern auch in nördlichen Gefilden und in ganz Mitteleuropa hat die Klimaerwärmung dramatische Folgen. Zwar können die meisten Laubbäume Extremsituationen wie im Sommer 2003 überstehen, indem sie ihre Blätter vorzeitig abwerfen und so die Transpiration und damit den Wasserbedarf beträchtlich reduzieren. Doch die Bäume werden generell anfälliger für Schädlinge und Pilze. Unter wärmeren Bedingungen vermehren sich Schadinsekten wie der Schwammspinner, der Große und der Kleine Frostspanner und der Eichenwickler stark und machen sich über unsere Wälder her. Kommen noch andere Hitzeschäden wie Sonnenbrand, Stammrisse und die schwarze Holzfäule an den Bäumen hinzu, kollabieren die Wälder, wie wir sie heute kennen. Macht sich dann in Süddeutschland Macchie breit, niedriges Buschwerk, wie wir es aus Südeuropa kennen? Sicher ist, dass bestimmte Baumarten in höheren Regionen wachsen werden, während andere sich nach Norden zurückziehen. Irgendwann könnten die typischen Buchenwälder verschwunden sein, denn mit fortschreitender Erwärmung wird die Buche in den niedrigeren Lagen (bis zu 500 bis 600 Meter über dem Meeresspiegel) mit der Zeit von der Eiche abgelöst. Den Plänen der Forstwirtschaft, sich mit einer anderen Zusammensetzung der Wälder dem Klimawandel anzupassen, sind Grenzen gesetzt. Weltweit kann Holzmangel eine Folge des Klimawandels sein.

Wie kann man die Wälder bei großer Trockenheit vor Bränden schützen? Wo soll das Wasser herkommen, um die Waldbrände zu bekämpfen, wenn Flüsse und Bäche austrocknen? Löschwasser steht nur in Küstennähe in ausreichendem Maß zur Verfügung. Meereswasser jedoch richtet wegen des Salzes auf den durch jahrelangen sauren Regen und die Hitze ohnehin bereits geschädigten Waldböden unabsehbare Schäden an. Was Hitzesommer für die Waldbrandbekämpfung bedeuten, zeigte sich 2003: Die Feuerwehren mussten um 30 Prozent häufiger zur Bekämpfung von Bränden ausrücken als noch im Jahr zuvor.

Nimmt die durchschnittliche globale Erwärmung gegenüber vorindustriellen Zeiten um mehr als 3 Grad Celsius zu, könnten die Wälder der gemäßigten Breiten und die sogenannten borealen Wälder in der nördlichsten Vegetationszone absterben. Das liegt zwar in weiter Ferne, wird aber im schlimmsten Fall von den Wissenschaftlern nicht mehr ausgeschlossen, wenn der Klimaerwärmung nicht energisch entgegengesteuert wird. Nicht nur das Umweltbundesamt (UBA) sieht darin einen der möglichen Kipppunkte des Klimas. Die borealen Wälder umfassen mehr als ein Drittel der weltweiten Waldfläche von rund 15 Millionen Quadratkilometern und sind die vorherrschende Waldform der Nordhalbkugel, die sich zwischen dem 50. und dem 70. Breitengrad über Asien, Europa und Nordamerika erstreckt. Meist handelt es sich um Nadelwälder, die im hohen Norden in die baumlose Tundra übergehen und am südlichen Rand ihres Verbreitungsgebiets in die Wälder der gemäßigten Breiten, die wir aus Deutschland, Österreich und der Schweiz kennen. In der Vergangenheit haben Umweltschützer immer wieder kritisiert, dass weite Teile der borealen Wälder zur Gewinnung von Schnittholz und Pa-

Energiebilanz der Erde in Prozent des Eintrags und Austrags von Energie

Durch den natürlichen Treibhauseffekt wird die Erdoberfläche aufgeheizt und das Leben auf der Erde erst möglich gemacht. Wird der natürliche Treibhauseffekt jedoch künstlich verstärkt – hervorgerufen durch die Emission treibhauswirksamer Gase –, heizt sich die Temperatur auf der Erde überdurchschnittlich auf. Der Planet bekommt Fieber. *Quelle: nach IPCC, Rahmstorf u. Schellnhuber*

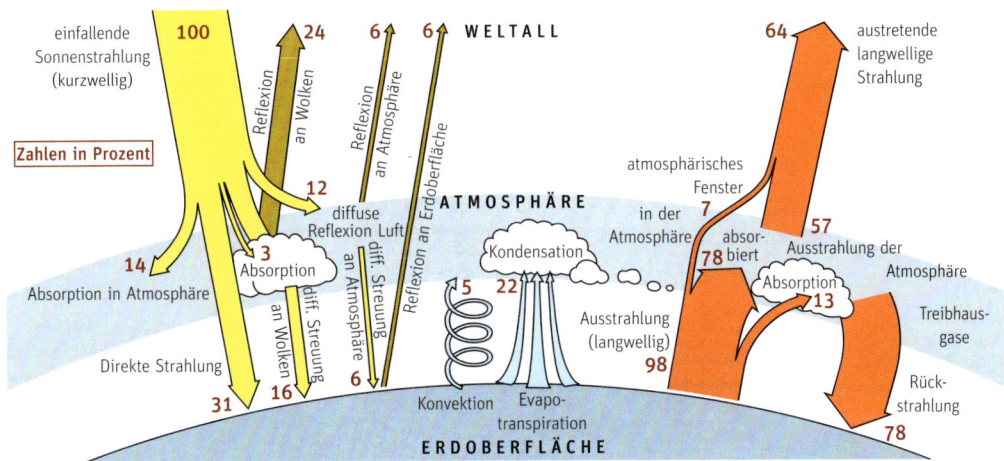

pier großflächig abgeholzt und nicht nachhaltig genützt werden. Durch die Rodung der Wälder wird weniger Kohlendioxid aus der Luft gebunden, und es kommt zu einer Abnahme der Bodenfeuchte. Das kann dazu führen, dass im Boden gebundenes CO_2 freigesetzt wird. Damit wird die Gefahr des Zusammenbruchs der borealen Wälder weiter verschärft.

Wenn Flüssen das Wasser ausgeht

Wassermangel hat erhebliche Auswirkungen auf die Lebewesen der Fließgewässer, auf den Wein- und Obstbau und die Landwirtschaft. »Bei einer Häufung von Niedrigwasserperioden wird die Wasserwirtschaft dauerhaft mit Problemen konfrontiert, wie wir sie im Niedrigwasserjahr 2003 erleben konnten. Bedingt durch die unterschiedlichen Niederschlagsmengen und die überdurchschnittlich hohen Lufttemperaturen war es zu niedrigen Abflüssen und hohen Wassertemperaturen in allen Gewässern Baden-Württembergs gekommen. Die Gewässertemperaturen erreichten beziehungsweise überschritten kurzfristig die kritische Temperatur von 28 Grad Celsius«, erläutert Peter Fuhrmann, Leiter der Abteilung Wasser und Boden des Umweltministeriums Baden-Württemberg. Die hohen Wassertemperaturen, so der Gewässerschutzexperte, haben durch lokale Sauerstoffdefizite zu einigen größeren Fisch- und Muschelsterben im Rhein und Neckar geführt. Aber auch für die Energieversorgung hat der Wassermangel Folgen: Wasserkraftwerke bringen nur verminderte Energieleistungen, und wenn die Temperaturen zu hoch sind und die Wasserabflussmengen zu gering, müssen Kraftwerke an Neckar und Rhein ihre Leistung runterfahren. »Mehrere Kraftwerke wurden ganz abgeschaltet«, sagt Fuhrmann. Befürworter der Kernenergie, die im Betrieb von Atomkraftwerken eine Lösung zur Vermeidung von CO_2 sehen, dürften angesichts solcher Ereignisse zumindest bei längerfristiger Betrachtung die Argumente ausgehen. Andererseits spricht einiges dafür, die Laufzeit der in Deutschland existierenden Atomkraftwerke für einen Zeitraum von rund fünfzehn Jahren zu verlängern: Atomkraft als Überbrückungstechnologie auf dem Weg zu einer Elektrizitätsversorgung auf der Basis erneuerbarer Energien.

Doch an diesem Punkt scheiden sich die Geister. Nichts war in den vielen Gesprächen und Diskussionen, die wir bei den Recherchen zu diesem Buch führten, so umstritten wie die Frage der Laufzeitverlängerung von Atomkraftwerken. Sollte es in der Bundesrepublik eine solche Verlängerung geben, ist nur zu hoffen, dass Hitzeextreme wie im Sommer 2003 ausbleiben. Denn Atomkraft ist ohne Kühlwasser nicht möglich.

Blühen die Obstbäume bald im Dezember?

Wer das Geschehen in der Natur aufmerksam beobachtet, hat sicher bemerkt, dass sich die Jahreszeiten zu verschieben scheinen. Das war schon nach der Jahrtausendwende zu bemerken: Der Beginn der Kirsch-, Zwetschgen- und Apfelblüte verlagerte sich immer weiter nach vorne im Jahr. Der Deutsche Wetterdienst (DWD) verzeichnete den frühesten registrierten Blütenbeginn 2003 im Rheingau am 3. April. Im Jahr 2007 blühten in Geisenheim die ersten Apfelbäume schon am 9. April; 2008 tauchten bereits Ende März die ersten Apfelblüten auf. Letztlich – so kommentierte die DWD-Agrarmeteorologin Brigitte Klante das Geschehen – hat die Frühjahrsblüte seit 1988 jedes Jahr früher eingesetzt; einzige Ausnahme war 1996. »Klimatologisch hat sich damit definitiv etwas geändert«, meinte Klante. Am Beispiel der Apfelblüte in Geisenheim ergibt sich nach Ermittlungen der Meteorologen folgender durchschnittlicher Blühbeginn:
1896 bis 1941: 24. April
1947 bis 2007: 22. April
Eine ähnliche Entwicklung wie bei den Apfelbäumen ist auch bei Forsythien festzustellen. Der aus dem Gebiet der heutigen Türkei stammende Zierstrauch zählt in vielen Gärten und Parks seit langem als blühender Frühlingsbote. Nach den Aufzeichnungen des DWD blühte die Forsythie in Hamburg sechzehnmal früher als am 26. März, dem Mittelwert für diesen Standort. 2008 lag die erste Forsythienblüte bereits zwei Monate früher. 1945, als die Durchschnittsdaten ermittelt wurden, wäre das undenkbar gewesen. Was erwartet uns noch? Blühen in Zukunft die Kirschen und Äpfel schon im Dezember?

Weltweiter Anstieg der Durchschnittstemperaturen und künftige Entwicklung auf Basis verschiedener Modellszenarien

Auch bei Annahme konsequenter Klimaschutzmaßnahmen ist ein globaler Temperaturanstieg nicht mehr zu verhindern. Ziel muss sein, den Anstieg auf die prognostizierten 2 Grad Celsius Durchschnittstemperatur zu begrenzen.

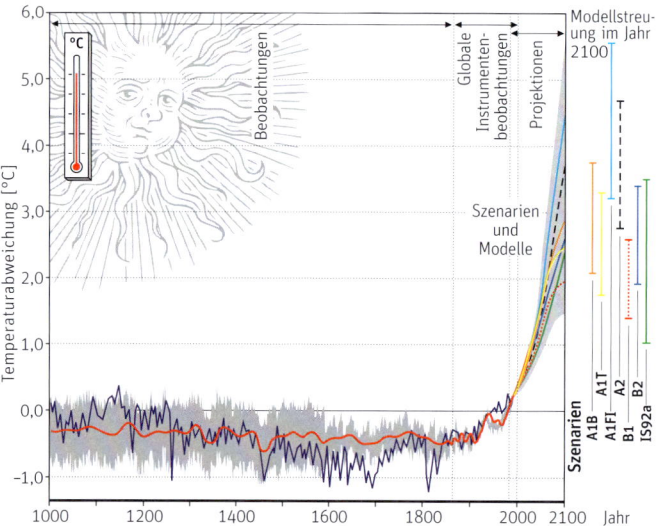

»Nur wer spritsparende Fahrzeuge anbietet, wird noch hinreichenden Absatz finden«

Ein Gespräch mit Prof. Dr. Andreas Troge

Herr Prof. Troge, der Klimawandel verändert die Welt – sorgen Sie sich um die Generation der Enkel?
Andreas Troge: Wer heute jung ist, dürfte den Klimawandel selbst in Europa deutlich zu spüren bekommen – viele Ältere wohl weniger. Bereits jetzt schmelzen Grönlands Eismassen, der Meeresspiegel steigt, und der Regenwald am Amazonas trocknet aus. Für uns, unsere Kinder und Enkel müssen wir alles daransetzen, den Klimawandel aufzuhalten, so schnell es geht. Denn gerade wir in den Industrieländern haben – angesichts unseres hohen Wohlstands – viel zu verlieren. Und wir müssen uns an die bereits heute unvermeidlichen Folgen des eingetretenen Klimawandels anpassen. Beides verringert die Risiken erheblich.

Die Weltbevölkerung wächst immer weiter. Ballungszentren verschlingen immer mehr fossile Ressourcen wie Kohle und Erdöl, aber auch Wasser. Können die natürlichen essentiellen Lebensgrundlagen der Menschen auch für die nächsten Jahrzehnte noch gesichert werden?
Die Menschen – hauptsächlich die in den Industrieländern – verbrauchen heute ein Vielfaches mehr an natürlichen Ressourcen, als nachhaltig, also auf Dauer, möglich ist. Um unseren Lebensstandard und den künftiger Generationen zu sichern, ist es wichtig, Energie und Rohstoffe viel sparsamer zu nutzen. Ein Großteil an Effizienz lässt sich produktionstechnisch erreichen, etwa indem Erzeugnisse so hergestellt werden, dass sie sich einfach reparieren und wiederverwenden lassen. Voraussichtlich reicht das allein nicht, um den absoluten Verbrauch zu senken. Wir müssen unseren Konsum weniger energie- und rohstoffintensiv gestalten. Deshalb ist es notwendig, dass der Staat die Anbieter solcher Produkte, die zu hohen Energie- oder Rohstoffverbräuchen führen, dazu verpflichtet, die Verbraucherinnen und Verbraucher zu informieren. Und zwar mit klaren, verlässlichen und nachprüfbaren Informationen zur Energie- und Rohstoffinanspruchnahme. Wir brauchen Kennzeichnungspflichten für umweltgerechte Produkte, beispielsweise Label für energiesparende Geräte.

Gibt es überhaupt Klimakatastrophenpläne? Etwa für extreme Hitzeperioden, Überschwemmungen durch langanhaltende Starkregenfälle oder Orkane?
Nicht jedes extreme Naturereignis ist gleich eine »Klimakatastrophe«. Wichtig ist bei dieser Frage: Werden im Bevölkerungs- und Katastrophenschutz Klimaänderungen und deren Folgen berücksichtigt? Die Antwort heißt: Ja! Erstens, weil der Bevölkerungs- und Katastrophenschutz schon immer beispielsweise auf extreme Wetterereignisse wie Stürme ausgerichtet ist. Zweitens, weil die zuständigen Behörden in Deutschland in den letzten Jahren auch die wahrscheinlichen Folgen künftiger Klimaänderungen in den Planungen des Bevölkerungs- und Katastrophenschutzes ausdrücklich berücksichtigen.

Was muss aus Ihrer Sicht sofort geschehen, um die schlimmsten Auswirkungen der nicht mehr von der Hand zu weisenden Klimaveränderung abzumildern?
Wir brauchen eine deutsche Anpassungsstrategie an den Klimawandel. Die Strategie der Bundesregierung soll konkrete Anpassungsoptionen und -maßnahmen enthalten. Ein Beispiel hierfür ist das Thema Gesundheit. Eine stärkere Aufklärung der Bevölkerung und des medizinischen Fach- und Pflegepersonals über die Risiken hoher Temperaturen kann hier helfen. Auch sind die Änderungen der Intensität und Häufigkeit verschiedener extremer Wetterereignisse in der Planung der wasserwirtschaftlichen Infrastruktur zu berücksichtigen.

Inwieweit können hierbei erneuerbare Energien eine Lösung bieten?
Mit der Nutzung der erneuerbaren Energien – vor allem Wind, Wasserkraft und Biomasse – hat Deutschland im Jahr 2007 etwa ein Siebtel seiner energiebedingten Kohlendioxidemissionen vermieden. Erneuerbare Energien stellen also eindeutig ein Standbein der Lösung dar – nicht weniger und nicht mehr. Nicht weniger, weil sie uns erheblich von den Umweltwirkungen und den Risiken des Abbaus, Transports, der Nutzung und Entsorgung fossiler und nuklearer Energieträger entlasten. Nicht mehr, weil

Prof. Dr. Andreas Troge (Jahrgang 1950) leitet seit 1995 das Umweltbundesamt (UBA). Aufgabe der 1974 in Berlin eingerichteten Behörde ist die wissenschaftliche Unterstützung des Bundesumweltministeriums – von gesundheitlichen Fragen des Umweltschutzes über die wissenschaftliche Begleitung der einschlägigen Gesetzgebung bis zur Sammlung, Aufbereitung und Bereitstellung von Umweltdaten –, aber auch die Information der Öffentlichkeit in Fragen des Umweltschutzes. Nach dem Studium der Volkswirtschaft war Troge von 1981 bis 1986 Umweltreferent beim Bundesverband der Deutschen Industrie und von 1986 bis 1990 Geschäftsführer des Instituts für gewerbliche Wasserwirtschaft und Luftreinheit e.V., bevor er 1990 zunächst als Vizepräsident in das UBA eintrat. Als Honorarprofessor für Umweltökonomie an der Universität Bayreuth umfassen seine Hauptforschungsgebiete Themen wie Umweltökonomie und die Theorie und Praxis der Wirtschaftsordnungen.

»erneuerbar« zwar mit »dauerhaft verfügbar«, nicht aber mit »beliebig viel« gleichzusetzen ist. Zwar ist Sonnen- oder Windenergie an vielen Stellen verfügbar, wo sie auch gebraucht werden. Um sie zu nutzen, müssen wir aber ebenso Arbeit und Kapital, Rohstoffe und Landschaft einsetzen. Und auch erneuerbare Energien sind nicht immer in Gänze umweltgerecht. Ich erinnere an die Konflikte zwischen dem Einsatz von Biomasse für Lebens- und Futtermittel versus dem Einsatz für Energie- und Rohstoffversorgung. Wir müssen also – als zweites Standbein – Energie generell möglichst effizient nutzen und die dafür heute verfügbaren Möglichkeiten rasch umsetzen. Nur dann lassen sich die erneuerbaren Energien umweltgerecht, ökonomisch und sozial sinnvoll nutzen.

Was muss Ihres Erachtens geschehen, damit die Welt »einen Gang runterschaltet«?
Wir müssen erkennen, dass ein weniger energie- und rohstoffintensiver Lebensstil nicht Wohlstandsverzicht, sondern Wohlstandsgarantie für eine längere Zeit bedeutet. Denn angesichts der wachsenden Weltbevölkerung und ihres steigenden Pro-Kopf-Einkommens wäre die Folge des »Weiter so«, dass steigende Knappheiten zu steigenden Preisen und extremen Umweltbelastungen führten. Einen Vorgeschmack hierauf haben wir ja mit den steigenden Energie- und Rohstoffpreisen in den letzten Jahren erlebt. Weniger Naturverbrauch und Wohlstand kann man beispielsweise miteinander in Einklang bringen, indem man auf kurzen Strecken vom Pkw auf das Fahrrad umsteigt oder zu Fuß geht. Neben dem langfristigen positiven Effekt für das Klima tut man vor allem kurzfristig seiner Gesundheit etwas Gutes, fühlt sich fitter, tut etwas für die Figur und stärkt seine Abwehrkräfte. Wir, und damit meine ich uns in den Industrieländern, müssen den Aufholwunsch der sich entwickelnden Länder akzeptieren und gerade deshalb zeigen, wie man aus den Erfahrungen der Industrieländer für sich intelligente Schlüsse ziehen kann.

Das Umweltbundesamt ist ja auch für Politikberatung in Sachen Ökologie und Umweltvorsorge zuständig. Was empfehlen Sie Politikern in puncto Klimaschutz?
Eine unserer Empfehlungen lautet, den Energieverbrauch in Deutschland bis zur Mitte des Jahrhunderts zu halbieren, den Anteil der erneuerbaren Energien auf die Hälfte dieses niedrigeren Energieverbrauchs zu steigern und so den Ausstoß klimaschädlicher Treibhausgase um bis zu 80 Prozent zu reduzieren. Das ist in Deutschland technisch machbar und wirtschaftlich tragfähig. Wichtig ist, den bereits eingeschlagenen Weg zum Ausbau der erneuerbaren Energien fortzuführen. Statt im Klimaschutz nachzulassen, wofür es leider derzeit einige Zeichen in der EU gibt, ist noch mehr zu tun. Glaubwürdigkeit zeigt sich im Hier und Heute. Und Glaubwürdigkeit im Klimaschutz ist mit jener Planungssicherheit für Investitionsentscheidungen identisch, die gerade jene Wirtschaftskreise permanent einfordern, die sich am meisten gegen Klimaschutzmaßnahmen wehren, sofern sich die jeweiligen Unternehmen diesen anpassen müssten.

Was sollten die Global Player der führenden Industrienationen unternehmen, damit mit dem Klimaschutz Ernst gemacht wird?
Gerade weltweit agierende Unternehmen sollten ihre bisherigen Maßnahmen zum effektiven und effizienten Klimaschutz kritisch analysieren. Viele Unternehmen – übrigens auch Behörden und private Haushalte – nutzen ihre jeweiligen Energieeinsparpotentiale noch immer unzureichend. Angesichts auf Dauer steigender Energiepreise wird der Energieeinsatz immer wichtiger im Wettbewerb – denkt man allein an die vielen Energieeffizienzsteigerungen, die sich binnen drei bis fünf Jahren amortisieren. Ein gutes Beispiel sind Automobilhersteller. Sie müssen endlich das tun, was sie Mitte der neunziger Jahre der EU-Kommission versprachen, nämlich ihre Fahr-

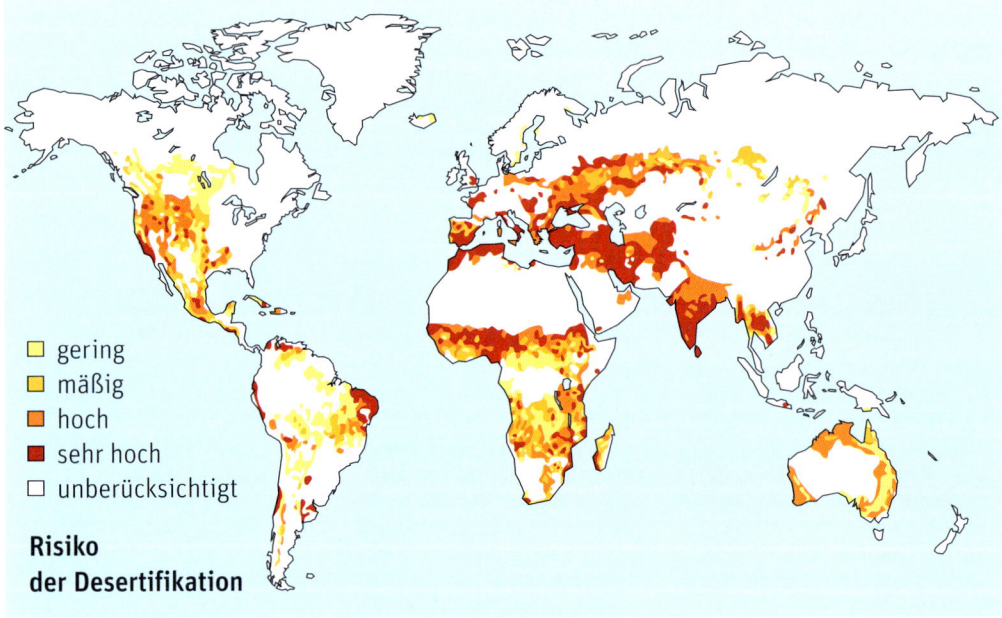

Desertifikations-Risikogebiete
Die Karte gibt in vereinfachter Darstellung einen Überblick zu den Risikogebieten, in denen mit Verwüstung infolge menschlichen (Fehl-)Handelns gerechnet werden muss.
Quelle: nach US Dept. of Agriculture

zeuge deutlich spritsparender machen. Die Techniken für erste große Schritte stehen am Markt schon lange zur Verfügung. Nur derjenige, der spritsparende Fahrzeuge anbietet, wird noch hinreichenden Absatz finden. Das warnende Beispiel der US-Automobilindustrie ist doch unübersehbar: Können sich immer weniger Menschen Autos wegen des hohen Spritverbrauchs leisten, so bricht die Nachfrage ein.

Durch frühe Mahner – und hierzu gehört ja auch das Umweltbundesamt – ist eigentlich vieles seit langem bekannt. Man denke nur an Dennis Meadows und seine Studie *Grenzen des Wachstums* **von 1972. Nahezu alle prognostizierten negativen Entwicklungen sind eingetreten; die Entscheidungsträger aus Politik und Wirtschaft haben so gut wie nicht oder viel zu spät reagiert. Wie lässt sich Ihres Erachtens verhindern, dass nicht weitere fünfunddreißig Jahre ins Land gehen, bis ernsthafte Maßnahmen ergriffen und konsequent umgesetzt werden?**

Es ist ja nicht so, dass in den letzten fünfunddreißig Jahren nichts passiert wäre. Die Umweltpolitik hat, nicht nur in Deutschland, für viele Bürgerinnen und Bürger die Lebensbedingungen spürbar verbessert. So haben zum Beispiel viele Flüsse wieder Trinkwasserqualität, die Luftqualität in den Ballungszentren hat sich verbessert, und vielerorts wurden Naturschutzgebiete eingerichtet. Besonders erinnere ich an die sogenannte ökologische Sanierung in den neuen Bundesländern mit Beginn der neunziger Jahre, die die Lebensbedingungen für Millionen Menschen schnell und durchgreifend verbesserte. Dennoch haben Sie recht, die bisherigen Erfolge sind nicht ausreichend. Politik, Unternehmen, Verbraucherinnen und Verbraucher sowie die organisierten Interessengruppen müssen sich noch stärker mit den Herausforderungen einer dauerhaft umweltgerechten Entwicklung auseinandersetzen. Und das heißt: bei sich selbst anfangen, statt auf andere zu weisen.

Ist Kernenergie eine Lösung, um Kohlendioxid und andere klimarelevante Emissionen einzudämmen?

Umweltschutz ist mehr als Klimaschutz, weshalb der Tunnelblick auf das CO_2 gefährlich ist. Wir dürfen nicht weniger Treibhausgase mit Risiken an anderer Stelle als Folge des Kernenergieeinsatzes erkaufen. Die Erfahrungen mit der Kernenergie zeigen, dass sie sich nicht für morgen eignet. Die Entsorgungsfrage ist ungeklärt, und auch die Risiken beim Kraftwerksbetrieb sind zu beachten. Störfälle – wie Tschernobyl – sind für Jahrzehnte nicht hinreichend sicher auszuschließen. Und seit dem 11. September 2001 sind auch terroristische Gefahren ins Kalkül einzubeziehen. Allein aus diesen Gründen ist die Kernenergie als Energiequelle der Zukunft nicht verantwortbar. Selbst falls man dies außer Acht ließe, wäre zu bedenken, dass die mit der kerntechnisch erzeugten Kilowattstunde verbundenen Treibhausgasemissionen auf dem Niveau einer Kraft-Wärme-Kopplungsanlage liegen, die ihre Nutzenergie aus Biomasse gewinnt. Ähnliches lässt sich für andere erneuerbare Energien sagen. Ich rate dazu, das von der Bundesregierung im August 2007 beschlossene Programm zum Klimaschutz zugunsten mehr Energieeffizienz und mehr erneuerbarer Energien konsequent zu realisieren und fortzuentwickeln. Das schafft Investitionssicherheit in die richtige Richtung.

Wie schaffen wir dann die Klimawende?

Der Klimawandel betrifft uns alle. Daher müssen alle Länder gemeinsam einen Beitrag leisten. Die Industrie- und bald auch die Schwellenländer werden den ärmsten Ländern auch finanziell helfen müssen, im globalen Klimaschutz mitzuwirken, und sie für die Nachteile des Klimawandels entschädigen müssen. Es ist wichtig, vor allem die Emissionen weltweit auf ein verträgliches Maß zu begrenzen. Hier gibt es Potential: Ein sich zunächst auf alle Industriestaaten, später weltweit ausbreitender Emissionshandel kann den Klimaschutz so wirtschaftlich wie möglich machen. Wie wirkungsvoll dieser sein wird, hängt von der Kraft ab, die die Staatengemeinschaft 2009 auf der Klimakonferenz in Kopenhagen aufbringt, um anspruchsvolle, kontrollierte Ziele zur Minderung der Treibhausgasemissionen für dieses und die nächsten Jahrzehnte zu setzen. Auch wir können als Bürgerinnen und Bürger vieles tun; zum Beispiel indem wir beim Neukauf von Elektrogeräten wie Kühlschränken und Waschmaschinen auf einen möglichst geringen Stromverbrauch achten.

Eine letzte Frage: Wie sieht Ihr ganz persönliches Klimaschutzprogramm aus?

Mein Programm, das ich selbst seit dem Jahr 2000 verfolge, lautet: Erstens den Stromverbrauch um 25 Prozent verringern. Das gelang mir – ohne die Anschaffung stromverbrauchsarmer Geräte –, indem ich alle Stromverbraucher mit preiswerten Steckdosenleisten ausstattete, um die Leerlaufverluste zu vermeiden.

Zweitens den privaten Treibstoffverbrauch um 50 Prozent verringern. Dazu begrenzten meine Frau und ich die mit dem privaten Pkw jährlich gefahrenen Kilometer auf die Jahreskilometerleistung, die wir mit dem Fahrrad zurücklegen – das sind gegenwärtig knapp 6000. Ferner machen meine Frau und ich Urlaub in Europa, vorzugsweise in Deutschland, so dass wir kein Flugzeug nutzen. Drittens den Heizenergieverbrauch um 20 Prozent senken. Allein mit bewusst niedrig eingestellten, aber durchaus komfortablen Raumtemperaturen – also ohne zusätzliche Wärmedämmung – und dafür etwas wärmerer Kleidung erreichen wir das. Viertens den indirekten Energieverbrauch mindern. Essen aus frischen Lebensmitteln der Saison selbst zuzubereiten, statt zur Tiefkühlkost zu greifen, verringert nicht nur den Energieverbrauch, sondern ist zudem kreativ und unterhaltsam. Generell gilt: Lieber seltener etwas teurer, aber qualitativ hochwertig einkaufen statt häufig Schnäppchen abgreifen. Denn wer billig kauft, der kauft zweimal.

Die Schöpfung steht kopf

Szenario 2035

Der europäische Einigungsprozess hat immer wieder die Frage aufgeworfen, wie weit die Übertragung von Kompetenzen von der nationalen auf die europäische Ebene gehen darf; mehrfach wurde das Bundesverfassungsgericht damit befasst. Im Oktober 1993 stellte es fest: »Voraussetzung der Mitgliedschaft [in einer supranational organisierten zwischenstaatlichen Gemeinschaft] ist aber, dass eine vom Volk ausgehende Legitimation und Einflussnahme auch innerhalb eines Staatenverbundes gesichert ist.«

Christian Wolf ist mit den Nerven fertig. Fix und fertig. Gerade hat er erfahren, dass seine Frau Rachel ihn verlassen hat. Die Nachricht kam per Video-SMS: »Sei mir nicht böse, mein Lieber. Aber ich sehe in Deutschland keine Zukunft mehr. Nicht für mich und erst recht nicht für Sven.« Sven, das ist ihr gemeinsamer Sohn. Beide wurden erst spät Eltern, und Sven war der ganze Stolz des engagierten Regierungspräsidenten. Rachel hat sich in Deutschland nie richtig heimisch gefühlt. Mit den Auswirkungen des Klimawandels nahm das Heimweh der Amerikanerin noch zu. Der Jurist hatte Rachel bei einem Postdoc-Studienaufenthalt an der Harvard University kennengelernt. Damals war er dreißig. Und alles war so gut gelaufen. Nie sitzengeblieben, Top Abi-Zeugnis und das Jurastudium in Tübingen in gerade mal zehn Semestern geschafft. Dann hat er gleich ein Promotionsstipendium durchgezogen, und dann hatte er noch die Möglichkeit, einen Auslandsaufenthalt anzuschließen. Seine Kenntnisse in Internationalem Recht wollte Wolf vertiefen, denn die Kompetenzen der Legislative hatten sich mehr und mehr nach Brüssel verlagert. Wolf, schon seit früher Jugend vorausschauend, spürte, dass dies erst der Anfang war. »Ihr werdet schon noch sehen«, hatte er einmal zu Studienfreunden gesagt, »Brüssel ist der Anfang vom Ende. Mit der Globalisierung und dem, was uns mit dem Klimawandel bevorsteht, werden Entscheidungen künftig mehr bei den Vereinten Nationen in Washington und Genf getroffen als bei uns im Land.« Es war einer der seltenen Momente, in denen er sich gehenließ und mit den anderen in einem studentischen Verbindungshaus versackte. Eigentlich feilte er lieber an seiner Karriere und büffelte Gesetzeskommentare, statt an den Saufgelagen seiner Kommilitonen teilzunehmen. Da gab es welche, die sich nur so durchs Grundstudium zitterten. »Wenn es ein Diplom oder einen Master für Bierkonsum gäbe, dann wärt ihr schon längst fertig«, lästerte er, wenn die anderen fürchteten, eine Prüfung nicht bestanden zu haben. Wolf versuchte stets, sich im Griff zu haben. Nie, so hatte er sich vorgenommen, wollte er sich eine

Blöße geben. »Immer aufpassen, nichts falsch machen, lieber mal abwarten«, war seine Devise. Das hat ihn auch zögerlich werden lassen. Fast hätte ihn das den Job gekostet und seine Karriere vorzeitig beendet.

Es war 2025, und angesichts des absehbaren Wassermangels nach mehreren Trockensommern hatte die Bundesregierung ein Sonderprogramm aufgelegt: Landkreise, die weiter als 120 Kilometer von großen Wasserspeichern entfernt waren, hatten die Möglichkeit, sich aus dem Fördertopf »Wasser ist Zukunft« bei einer Zuschussrate von 80 Prozent an Fernwasserleitungen anschließen zu lassen. So sollte eine Mindestwasserversorgung gewährleistet werden. Wolf war zu dieser Zeit Dezernent für den Bereich Ressourcenmanagement. Neben der Inneren Sicherheit war die Sicherung der Wasser- und Energieversorgung längst der entscheidende Aufgabenbereich der Verwaltung geworden, während die Bedeutung von Baurecht, Wasserrecht und anderen Rechtsbereichen geschwunden war. Wolfs damaliger Chef, Landrat Dr. Alexander Haasenkamp, war gerade in der Partnerregion Bergamo in Oberitalien unterwegs und für Wolf nicht erreichbar. So musste er selbst entscheiden. Denn nur, wer sich binnen vierundzwanzig Stunden anmeldete, hatte die Möglichkeit, bei dem Sonderprogramm, für das nur beschränkte Mittel zur Verfügung standen, dabei zu sein. »Windhundprinzip« nennen das Verwaltungsleute. Wolf erbat sich von Berlin eine Fristverlängerung, die jedoch abgelehnt wurde. Anfangs tröstete er sich damit, dass früher oder später ohnehin ein neues Programm aufgelegt würde. Auch setzte er voll auf die damals schon im großen Stil verwirklichten Wasserrückhaltebecken, die gegen den massiven Protest der Naturschützer auch in kleinsten Bachtälern errichtet worden waren. Die schönsten Landschaften waren mit sieben bis zehn Meter hohen Dämmen versehen worden, um im Rahmen von Anpassungsstrategien an den Klimawandel die Hochwassergefahr einigermaßen in den Griff zu bekommen. Denn schon ab 2016 war es vermehrt zu sommerlichen Starkniederschlägen gekommen, denen meist lange Trockenperioden folgten. In Wolfs Landkreis hatte man sich dazu entschlossen, die Rückhaltebecken etwas größer zu bauen, um einen »Dauerstau« – wie es die Wasserbauingenieure nennen – zu ermöglichen. »So sind wir für Hochwasser ebenso gerüstet wie für Niedrigwasser«, hatte damals Landrat Haasenkamp im Kreistag verkündet und entsprechende Zustimmung erhalten. Dass ihm diese Dauerstau-Wasserhaltung später schlaflose Nächte bereiten würde, hätte er sich damals nicht träumen lassen. Haasenkamp, der Wolf während dessen Zeit als Verwaltungsassessor kennen- und schätzen gelernt hatte, rettete ihn vor der Abberufung, als die Kreisräte sich beim Regierungspräsidenten und beim Innenminister beschwerten, dass nur wegen Wolfs Zögerlichkeit ein Anschluss an die Fernwasserleitung unterblieben sei. Dass auch durch eine Fernwasserleitung nur dann Wasser transportiert werden kann, wenn welches zur Verfügung steht, spielte bei den erregten Debatten keine Rolle.

Wolf hat schwitzige Hände, ständig kratzt er sich am Hals und an den Armen. Er ist allergisch gegen das Insektenschutzmittel TPC (Total Pest Control), das es nur über den Schwarzmarkt zu kaufen gibt. Doch die anderen Mittel wirken längst nicht mehr, und die Stechmücken verschiedenster Arten haben sich auch in den gemä-

---

»Unter Anpassungsstrategien versteht man Maßnahmen, die uns erlauben, besser in einem geänderten Klima leben zu können. Dazu gehören zum Beispiel Maßnahmen im gebäudetechnischen Bereich, um besser mit der Sommerhitze zurechtzukommen, oder im Bereich der Wasserversorgung und Bewässerung, um besser mit Dürren umzugehen.«
Christoph Schär, Professor am Institut für Atmosphären- und Klimawissenschaft der ETH Zürich

Seit Ende des 20. Jahrhunderts sind Aquakulturen – die Haltung und Nachzucht von im Wasser lebenden Tier- und Pflanzenarten – der Lebensmittelsektor mit dem schnellsten Wachstum. Jeder dritte Fisch, der weltweit verzehrt wird, stammt mittlerweile aus Teichen, Netzgehegen oder Tankanlagen. Weil durch die Massenhaltung das Risiko des Krankheitsbefalls groß ist, kommt es zu einem massiven Einsatz von Chemikalien und Antibiotika.

dramatisch sich die Welt in seiner dreißigjährigen Berufspraxis verändert hat. Jede beliebige Nachrichtensendung legt Zeugnis davon ab, sei es mit kleinen alltäglichen Meldungen wie der von vorhin über das von den Piranhas zerfleischte Kind, sei es mit einer drastischen Nachricht wie neulich, als vom Zusammenbruch der Ernährung mit Fisch berichtet wurde, weil plötzlich alle Aquakulturen geschlossen werden mussten. In den überdimensionalen Fischaufzucht- und Mastanlagen war ein Virus ausgebrochen; die Fische mussten in Verbrennungsanlagen vernichtet werden. Damit war die wichtigste Eiweißquelle der Menschen versiegt.

Zum Glück sind Ereignisse von solcher Tragweite noch die Ausnahme. An die täglichen Katastrophenmeldungen hat man sich ja schon gewöhnt: Riesige Heuschreckenschwärme aus Nordafrika sind in der Po-Ebene eingefallen. Buschbrände in Portugal, Zentral- und Nordspanien, Süditalien und Griechenland und in den zersplitterten Ländern des Balkans sind nicht mehr unter Kontrolle zu bringen; weil der Sprit für die Löschflugzeuge fehlt und viele Gebiete verwaist sind, werden die Brände sich selbst überlassen. Wolf fasst sich in den Nacken, wieder beginnt er sich zu scheuern. Seine Haut blutet. Durch die trockenen Sommer seit 2028 hatte es auch in Deutschland immer wieder gebrannt. Wolf, damals für den Katastrophenschutz beim Landratsamt zuständig, hatte Einsatzkontingente der Feuerwehr und des THW koordiniert und sie unter anderem in die brennenden Gebiete nach Niedersachsen und Brandenburg entsandt. Jetzt ist von den einstigen Hochwäldern nicht mehr viel übrig.

Aber nicht nur die Feuerwalzen haben die Bäume und Sträucher vernichtet. Weil es immer heißer wurde, die Böden immer öfter ausgetrocknet waren und der Grundwasserspiegel sank, verschwanden in den tieferen Lagen die Nadelwälder. Naturschützer hatten immer wieder kritisiert, dass Nadelbäume dort nicht standortgerecht seien. Als die Bäume starben, kamen Aberbillionen Borkenkäfer und vollendeten das Vernichtungswerk. Die Aufgabe der Käfer im Gefüge des Naturkreislaufs ist es ja, instabile Wälder vollends niederzumachen, um Platz für neue Natur zu schaffen. Doch die »neue« Waldnatur sieht ganz anders aus: Entstanden sind buschartige Gebiete, wie man sie früher nur aus den Mittelmeerregionen kannte. Durchs Gebüsch schleichen heute Mangusten und Ginsterkatzen, die man früher nur aus Nordafrika, dem Nahen Osten und Südspanien kannte. Für die Wälder der gemäßigten Breiten typische Vogelarten wie das Haselhuhn, die Waldschnepfe, die Ringdrossel und der Waldlaubsänger sind verschwunden, während andere Arten wie die Zwergohreule und der Rothalsziegenmelker neu eingewandert sind.

Auch außerhalb der Wälder haben sich Fauna und Flora verändert. Weil die kalten Winterwochen immer öfter ausblieben, konnten Arten überleben, die schon in den siebziger Jahren des 20. Jahrhunderts ausgesetzt wurden. In Wasserspeichern und Hochwasserrückhaltebecken, wie sie von Wolf gebaut wurden, findet man immer wieder exotische Schlangen. Biotope wie tiefere Altarme, Moore und größere Seen, die in den heißen Sommern nicht ganz austrocknen, werden von bis zu 80 Zentimeter langen Schnappschildkröten besiedelt. Im Morast sind die Schildkröten kaum zu erkennen; pfeilartig schnellt

7. Kapitel: Die Schöpfung steht kopf

und eigentlich mit ihrem amerikanischen Pass einreisen wollte. Aufgeregt wühlt sie in der Tasche nach dem anderen Pass. »Was ist los?«, fragt Sven. »Sei doch ruhig«, sagt sie in klarem Deutsch. Warum hat sie ihren Sohn aber auch nicht zweisprachig aufgezogen? Zu oft war er damals, als sie noch arbeitete, bei den Großeltern in der Schweiz. »You are German?!!«, klingt es aus der Kontrollkabine. Rachel murmelt etwas Unverständliches und wühlt weiter in ihrer Tasche. Schon sind zwei Beamte zur Stelle und führen sie zusammen mit Sven zur Seite.

Nervös holt Christian Wolf eine Sprühdose aus der Schublade seines Schreibtischcontainers. »TPC« steht auf der Dose. Er schüttelt die Dose und stellt fest, dass kaum noch etwas drin ist. Dabei fühlt er sich nur wohl, wenn er den Insektenkiller in seiner Nähe weiß. »So weit ist es schon gekommen«, denkt er sich. Dabei hatte er doch eigentlich chemiefrei leben wollen, hat immer Wert auf frisches Essen gelegt, sich der Anti-Gentech-Bewegung angeschlossen und sich für eine artgerechte Landwirtschaft eingesetzt. Und jetzt gehört er zu denen, die ständig zum Insektizid greifen. Wolf ist so in Gedanken, dass er von den Morgennachrichten, die auf dem großen Plasmabildschirm laufen, kaum Notiz nimmt. Doch jetzt schreckt ihn die Stimme des Nachrichtensprechers auf: »... erneut ist ein Kind Opfer von Piranhas geworden.« Wolf hört genauer hin. Ein paar Kinder hatten irgendwo am Fluss gespielt und waren ins Wasser gefallen. Während sich zwei ans Ufer retten konnten, wurde ein kleiner Junge binnen weniger Minuten von Piranhas zerfleischt. Das ist nicht der erste Fall dieser Art. Frustrierte Mitarbeiter von Aquarienzoos hatten vor vier, fünf Jahren, als die Heizkosten für die Tropenbecken nicht mehr aufzubringen waren, ihre Schützlinge in heimischen Flüssen und Seen ausgesetzt, weil sie nicht mit ansehen wollten, wie die jahrelang liebevoll gepflegten und gezüchteten Zootiere verrecken oder getötet wurden. Und nun leben an mehreren Stellen in Deutschland, Österreich und der Schweiz Piranhas in den Flüssen. Vor allem in der Nähe der Warmwassereinleitungen aus den Kühlsystemen der Kraftwerke bieten sich ihnen perfekte Lebensbedingungen. Auch verantwortungslose Privataquarianer setzen immer wieder Tiere aus. »Während unsere Natur vor die Hunde geht, gibt es immer mehr Exoten in Deutschland«, hatte vor wenigen Jahren Conrad Link vom Naturschutzreferat des Regierungspräsidiums zu Wolf gesagt. Mittlerweile haben sich die Menschen bereits daran gewöhnt, dass sich in Seen – oder in dem, was in den Trockenperioden davon übrig bleibt – immer wieder auch Alligatoren und Anakondas befinden können. Die Naturschutzexperten konnten das Ganze nicht mehr ausreichend dokumentieren. Die Naturschutzbehörden wurden aufgelöst und den Energie-Control-Stabsstellen zugeordnet. Die Regierenden hielten es für wichtiger, genügend Personal zur Verteilung von Mobilitäts-Kleinzertifikaten und Erdgas-, Diesel- oder Biodieselkontingentgutscheinen zu haben. »Biotope, die Naturschützer noch vor zwanzig Jahren geschützt haben, sind ohnehin weg«, war ein Argument, als der entsprechende Kabinettsbeschluss in Berlin getroffen wurde. Anfangs hat Wolf alle Veränderungen mit einer gewissen professionellen juristischen Nüchternheit begleitet, doch in letzter Zeit ist ihm immer klarer geworden, wie

500 000 Haustiere werden jedes Jahr in Deutschland ausgesetzt, darunter viele Exoten – von der Schnappschildkröte über den Kaiman bis zum Python.

7. Kapitel: Die Schöpfung steht kopf

»In den vergangenen 50 Jahren hat sich der gesamte Jahreszyklus um 1,7 Tage nach vorne verschoben. Dies berichten Forscher um Alexander Stine von der University of California in Berkeley im britischen Fachjournal Nature. Das bedeutet, dass Frühling und Herbst immer früher beginnen.«
dpa-Meldung vom 21. Januar 2009

chen zu gewinnen. Zu mächtig waren die Mineralölkonzerne, die sich flugs Landrechte beschafften, um sogenannte klimafreundliche Energie zu produzieren. Die Menschen im Umfeld der Nationalparks dagegen waren arm, hungrig und machtlos. So verschwanden in Südamerika Papageien und Tapire, Jaguare und viele andere Tierarten, zum Teil bevor sie überhaupt entdeckt worden waren. Brüllaffen und Faultiere gibt es nur noch in den Zoos, ebenso die Tiger, einst mächtige Herrscher in den südostasiatischen Dschungelwäldern. Auch die Tierwelt Afrikas – wohin Wolf gerne noch gereist wäre – ist am Ende. Den letzten Gorillas und Schimpansen wurde ihr Lebensraum geraubt, Nashörner wurden brutal abgeschossen.

Nachdem es um 2030 in vielen Regionen immer trockener wurde und die Erde sich sehr viel schneller veränderte, als zu Anfang des Jahrhunderts von den damals sehr angefeindeten Klimaforschern prognostiziert, gingen ganze Lebensgemeinschaften zugrunde. Dabei war es nicht die vom Menschen verursachte Klimaerwärmung allein, die das Leben auf der Erde durcheinanderwirbelte, sondern die Menschen beraubten sich ihrer eigenen Lebensgrundlagen durch Profitgier, Dummheit und Ignoranz. Schon um 2027 waren 90 Prozent der Frösche, Molche und Salamander auf der Erde verschwunden. Angefangen hatte es am Beginn des Jahrhunderts, als ein tödlicher Pilz nach Südamerika eingeschleppt wurde. Von dort aus verbreitete er sich durch illegale Tiertransporte dann in alle Welt. Das ist einer der wenigen Fälle, in denen die Ursachen für das Verschwinden einer Spezies so aufgeklärt werden konnten. Für viele andere gibt es keine schlüssigen Erklärungen, denn den Wissenschaftlern fehlt es an Mitteln, um die nötige Aufklärung voranzutreiben. Viel zu schnell ging das Sterben weiter, um wissenschaftlich exakte Daten zu erhalten. Viel zu wenig beweglich war aber auch ein großer Teil der Wissenschaftler, die ihre Kapazitäten lieber in die Grundlagenforschung steckten. Nur wenige entwickelten Rettungsszenarien nach dem Arche-Noah-Prinzip.

Wieder kratzt sich Wolf am Nacken und an den Armen. Er starrt auf das Bild mit dem blauen Himmel, dem weißen Korallensand und den malerischen Palmen. Doch das Seychellen-Eiland Ile Desroches, auf dem er mit Rachel so glückliche Tage verbracht hatte, gibt es nicht mehr. Mit dem Inselparadies sind auch die Eiablageplätze der Meeresschildkröten verschwunden. Aber Meeresschildkröten hatte es in den vergangenen Jahrzehnten ohnedies immer weniger gegeben. Sie starben einen qualvollen Tod, weil sie im Meer schwimmende Plastiktüten fraßen, die sie mit Quallen verwechselten. Andere erstickten in den kilometerlangen, herrenlos im Meer treibenden Geisternetzen, die nicht verrotten, weil sie aus stabilem Kunststoff sind. Gedankenlose Schiffsbesatzungen hatten überall auf den Ozeanen alte Netze und anderen Müll achtlos ins Meer geworfen.

Geisternetze und Plastiktüten, die im Meer treiben, sind tödliche Fallen für viele Meerestiere. 107 Tonnen Müll wurden 2002 nördlich der Hawaii-Inseln aus dem Meer gefischt. Dieser Müll im Meer ist für den Tod von rund 1 Million Seevögeln und 100 000 Meeressäugern und Schildkröten pro Jahr verantwortlich.

»Your passport please!« Rachel Wolf-Williams greift in die Handtasche, um ihren Pass herauszufingern. Ohne auf das Dokument zu schauen, schiebt sie es unter dem Panzerglas durch, das sie von dem Zollbeamten im New Yorker John F. Kennedy Airport trennt. »You are German?«, fragt der Officer mit einem komischen Unterton. »No, I'm US-citizen«, sagt Rachel und ärgert sich, dass sie unbewusst ihren deutschen Reisepass vorgelegt hat, obwohl sie doch die amerikanische Staatsbürgerschaft extra beibehalten hatte

7. Kapitel: Die Schöpfung steht kopf

ßigteren Lagen Süd- und Mitteldeutschlands so explosionsartig vermehrt, dass es in schwülen Nächten kaum noch auszuhalten ist. Vor lauter Nervosität und Juckreiz hat Wolf sich die Arme blutig gekratzt. Seine Gedanken drehen sich im Kreis. Er hatte immer schon befürchtet, dass sie ihn eines Tages verlassen und in die USA zurückkehren würde. Jetzt war es passiert. »Rachel, was machst du mit mir?« Wolf war verzweifelt. Die rothaarige Juristin war seine große Liebe. Sie hatte lange gezögert, mit ihm nach Deutschland zu gehen. Als Rachel dann schwanger wurde, schien das Glück perfekt. Das Paar hatte sich einem Spezialisten für extrakorporale Befruchtung anvertraut, und neun Monate später kam Sven auf die Welt. Rachel war damals schon achtunddreißig. Wolf schien es, als hätte sie sich in Deutschland eingelebt, und mit der Zeit verloren sich seine Ängste, dass sie ihn verlassen könnte. Doch dann, vor zwei Jahren, begann sie plötzlich von »going home« zu reden. Immer häufiger. Sie argumentierte mit den Folgen des Klimawandels: »Komm, lass uns gehen, wir haben doch in den USA noch viel mehr Wasser als ihr.« Schon das »ihr« hatte ihn gestört, es war für ihn, als hätte sie ihren deutschen Pass zerrissen und einen Ozean an Fremdheit zwischen sie beide gelegt. Ein anderes Mal hatte sie ihn angeschrien: »Was soll aus Sven werden, wenn es irgendwann kein Wasser mehr gibt? Was soll werden, wenn die verteufelten Moskitos noch mehr Mutanten bilden?« Dabei hatten sie selten Krach. »Wenn du nicht mitkommst, gehe ich alleine und nehme Sven mit«, hatte sie gedroht. Trotzdem hätte er nicht gedacht, dass sie das wahrmachen könnte. Ging es ihnen denn nicht gut? Als Regierungspräsident konnte er seiner kleinen Familie immerhin einen relativ gehobenen Lebensstandard bieten, und er erhielt mehr Mobilitätsgutscheine als andere. Und Rachel konnte ab und an arbeiten. Die Rechtsgutachten, die sie für eine international agierende Anwaltskanzlei übersetzte, würde sie zwar lieber selbst verfassen, aber dann müsste sie Sven zu einer Tagesmutter geben, und das wollte sie nicht.

Doch dann überschlugen sich die Ereignisse. Die Lebensmittelketten Aldi und Lidl wurden verstaatlicht. Mineralwasser und Säfte gibt es jetzt nur noch auf Bezugsschein. Die Zuteilung wurde nach der Familiengröße berechnet. Da konnte auch Wolf als Regierungspräsident keine Ausnahme für seine Familie herausschlagen. Auch Benzin gibt es nur noch über Gutscheine, die Abgabe ist auf zwölf Liter im Monat begrenzt.

Im Büro des Regierungspräsidenten ist es stickig heiß. Die Schwüle passt zu den Dschungel- und Tropenwaldbildern, die die Wände zieren. Es sind Aufnahmen, die Wolf bei seinen Reisen 2011, 2012 und 2013 in Costa Rica und zwischen 2012 und 2015 am unteren Amazonas und in Indien gemacht hat. Doch viele der Naturparadiese, für die Wolf im Freundeskreis auch Spenden gesammelt hat, gibt es nicht mehr. Auch die Satellitenüberwachung konnte die Vernichtung der Regenwälder nicht stoppen, die international agierenden Holzkonzerne waren zu gierig, zu mächtig waren die Konzerne, die Menschen in die letzten Tropenparadiese schickten, damit sie dort den Boden nach Gold, Edelsteinen und anderen Bodenschätzen aufwühlten. Zu mächtig auch waren die Rinderbarone, die die letzten Ureinwohner vertreiben oder, wenn sie nicht weichen wollten, erschießen ließen, um Weideflä-

Auf der Klimakonferenz der Weltgesundheitsorganisation (WHO) in Nairobi erklärte Solomon Nzioka vom kenianischen Gesundheitsministerium, dass selbst ein relativ geringer Temperaturanstieg die Zahl der Moskitos bereits verzehnfachen kann.

Auch in Nordamerika gibt es Urwälder – Kanada zum Beispiel beherbergt die letzten größeren Flächen gemäßigten Regenwalds der Erde. Noch jedenfalls, warnt Greenpeace. Denn zwischen 1990 und 2000 zerstörten Holzkonzerne auf dem gesamten nordamerikanischen Kontinent mindestens 12,3 Millionen Hektar Urwald – das entspricht dreimal der Fläche der Schweiz.

7. Kapitel: Die Schöpfung steht kopf

der Kopf mit seinen massiven Kiefern hervor, wenn sie überrascht werden. Ein Biss in den Unterarm eines Kindes kann den Arm mühelos durchtrennen. Alligatoren sind einfacher auszumachen. Für die Reptilien waren eigens »Reptile Control Troops« eingerichtet worden, die früher regelmäßig die Gewässer kontrollierten. Doch immer mehr Menschen weigerten sich, in die Nähe von Sümpfen und Wassertümpeln zu gehen, weil sie die Tigermoskitos fürchteten, die 2007 über die Schweiz nach Deutschland eingewandert waren. Zudem sind überall – sogar an der Nord- und Ostseeküste und in den skandinavischen Ländern – gefährliche Zeckenarten verbreitet. In vielen Regionen ist das Betreten der Wälder deshalb verboten, weite Teile wurden zu No-go-Areas erklärt; zu groß ist die Gefahr der Übertragung lebensgefährlicher Krankheiten.

2007 tauchte die Asiatische Tigermücke erstmals nördlich der Alpen auf, im Schweizer Kanton Aargau. Mittlerweile scheinen sich die Tigermoskitos in der Oberrheinischen Tiefebene heimisch zu fühlen – begünstigt durch die wärmer werdenden Klimabedingungen.

Horden illegaler Klimaflüchtlinge, die nicht mit den offiziellen Kontingenten der durch Blauhelmsoldaten koordinierten Transporte ins Land gekommen sind, siedeln in den Wäldern. Ausgehend von den gesperrten Zonen, hatten aus Afrika eingewanderte Warlords zusammen mit der Mafia schnell ihre Strukturen aufgebaut. Heute kontrollieren sie ganze Regionen. Die Klimaflüchtlinge machen Jagd auf Rehe, Hirsche und Wildschweine; ein Großteil der Wälder ist bereits leer geschossen. Durch illegalen Fleischhandel und den Kontakt mit Hehlern und Mittelsmännern sind Zecken und andere Schädlinge selbst in abgeschottete Städte gelangt. Auch neue Krankheitserreger und Killerviren wurden mit dem unkontrollierten Fleischhandel verbreitet.

Schon zwei Stunden sitzt Rachel jetzt zusammen mit Sven in einem kleinen, fensterlosen Raum. An der Wand hängt nur ein Poster mit der Aufschrift »USA for US-Citizens only«. In Gedanken ist sie bei ihren Eltern in Südkalifornien. Dort will sie hin. Vorher aber muss sie hier in New York ihren Banksafe mit dem Familienschmuck, den Goldmünzen und anderen Wertsachen leeren. »So habe ich immer ein Standbein in Amerika«, hat sie damals, kurz vor ihrer Übersiedlung nach Deutschland, gedacht, als sie das Schließfach eingerichtet hat. Dass sie in Kalifornien keine Heimat mehr erwartet, weiß Rachel noch nicht. Vor zwei Tagen wurde Südkalifornien evakuiert, und alle US-Bürger wurden in den Städten und Siedlungen entlang der kanadischen Grenze untergebracht. Es war eine der größten Evakuierungsaktionen in der Geschichte der Menschheit, und sie war als geheime Kommandosache durchgeführt worden. Die Regierung in Washington hatte sich entschieden, die Grenze zu Mexiko aufzugeben, weil die Menschen aus Mittel- und Südamerika einfach nicht mehr aufzuhalten waren. Das südliche Kalifornien und große Teile von Arizona und Texas wurden freigegeben. Neue Mauern und Zäune wurden gebaut, um den Refugee-Defense-Wall hinter den 34. Breitengrad zurückzuverlegen.

Die über 3000 Kilometer lange Grenze zwischen den USA und Mexiko verläuft um den 30. Breitengrad herum. Ende September 2006 billigte der US-Senat den Bau eines 1125 Kilometer langen Grenzzauns, der illegale Einwanderer zurückhalten soll.

Plötzlich geht die Tür auf. Zwei massig wirkende uniformierte Männer betreten den Raum. »You are not a real US-citizen, Sie sind nicht wirklich Bürgerin der USA«, sagt einer von ihnen mit Nachdruck. Rachel will etwas erwidern, doch da poltert der bullige Kerl gleich los: »Sie haben auch die deutsche Staatsbürgerschaft. Wissen Sie nicht, dass wir seit vier Wochen ein neues Gesetz haben und nur noch echte US-Bürger ...« – »Ich *bin* aber US-Bürgerin. Meine Eltern leben hier, ich bin hier geboren!«, fällt Rachel ihm ins Wort. Sie ist fassungslos. »Sie können erzählen, was Sie wollen, bei uns läuft das nicht. Sie dürfen hier nicht einreisen.« – »Ja, was soll dann aus mir werden? Ich will nicht zurück nach Europa!« Rachel schreit es heraus und zieht ihren Sohn eng an sich heran. Doch der Officer ist längst mit anderen Fällen beschäftigt.

»Sie müssen rüber, im Tagungszentrum warten die Leute schon.« Wie von weit, weit her vernimmt Wolf die Stimme seiner Sekretärin. Vorsichtig hatte sich Inge Belgrad ins Zimmer geschlichen. Sie spürt immer, wenn ihrem Chef irgendetwas auf der Seele brennt, auch wenn sie ihn nie fragen würde, was ihm fehlt. Stattdessen versucht sie ihr Bestes, um ihm wenigstens einen Teil des unvermeidbaren Verwaltungsärgers vom Hals zu halten. »Sie bluten ja, soll ich ein Pflaster holen?«, fragt sie besorgt. »Lassen Sie nur«, wehrt Wolf dankend ab. Für den Termin im Tagungszentrum hat er jetzt keinen Sinn. Er denkt an Rachel und Sven. Wolf macht sich Sorgen. Als Regierungspräsident bekommt er auch manche Information, die nicht oder noch nicht für die Öffentlichkeit bestimmt ist, und so hat ihn heute früh die Nachricht erreicht, dass in den südlichen USA ganze Landstriche aufgegeben werden. Dort dringen jetzt Klimaflüchtlinge aus Mittel- und Südamerika ein. Außerdem soll eine neue Stechmückenplage Nordamerika heimsuchen, mit der sich neue Erreger des West-Nile-Fiebers zu verbreiten scheinen. Die Insekten stammen aus den Sümpfen Alaskas und Nordkanadas, wo der Morast aus den aufgetauten Permafrostböden ideale Brutgebiete für Moskitos und unbekannte Bakterien aller Art bietet, die jahrhundertelang im »ewigen« Eisboden wie in einem Tresor weggeschlossen waren.

Hätte Wolf diese Informationen doch bloß früher gehabt! Vielleicht hätte er Rachel dann davon abhalten können, in die USA zu fahren. Aber sie hatte ihre Vorbereitungen in aller Heimlichkeit getroffen. Sie wolle mit Sven für ein paar Tage zu seinen Großeltern in die Schweiz nach Flims, hatte sie gesagt, dort sei es gerade etwas kühler. Und er hatte zugestimmt. »Ja, das ist gut. Geht nur zu Oma und Opa«, hatte er gesagt. Seit Monaten schon hatte Wolf ein schlechtes Gewissen, weil er seine Eltern so lange vernachlässigt hatte. Viel zu selten hat er sie angerufen. Sein Vater war schon achtzig Jahre alt und seine Mutter mit sechsundsiebzig auch nicht mehr die Jüngste.

Wolf seufzt. Er muss los. Die Unterarbeitsgruppe Pest Control des Nationalen Sicherheitsrats, der schon 2028 eingerichtet worden war, hatte zu einem Krisentreffen ins Konferenzzentrum geladen. Mit dabei: Wolfs ehemaliger Mentor Landrat Haasenkamp als Vertreter des Deutschen Landkreistages und Bürgermeister Matthias Höffner, den der Klimaausschuss des Deutschen Städte- und Gemeindebunds entsandt hat. Als Wolf in der Vorhalle eintrifft, sieht er die beiden heftig gestikulierend miteinander diskutieren. Zuerst erkennt er den dritten Gesprächspartner nicht. Erst als der sich umdreht, wird ihm klar: Björn Hansen, der Bundestagsabgeordnete aus Hannover. Aufgeregt kratzt sich Wolf an den Armen. »Hansen, dieses Arschloch!« Wolf hatte den fast gleichaltrigen Juristen während seines USA-Aufenthalts kennengelernt. Anfangs fand er ihn noch ganz sympathisch, doch bald merkte er, dass Hansen immer nur auf seinen Vorteil aus war. Als ihm der Niedersachse dann noch Rachel ausspannen wollte, war es vorbei mit der Freund-

Der Landkreistag und der Deutsche Städte- und Gemeindebund sind kommunale Spitzenverbände, die auf Bundesebene wie auf europäischer Ebene die Interessen der Städte und Kreise vertreten.

schaft. Doch das Schicksal schreibt manchmal seltsame Geschichten: Immer wieder sollte Wolf auf Hansen treffen. »Klar«, dachte er, »im Programm für das Krisentreffen war ja auch ein Hansen angekündigt.« Doch an Björn Hansen hatte er nicht gedacht, als er das las.

Ohne Begrüßung faucht er Hansen an: »Was machst du hier, du Schuft?« Der geht unwillkürlich zwei Schritte zurück. Doch Wolf packt ihn am Arm: »Seit wann kümmerst du dich denn um Krisenmanagement? Damit ist doch kein Geld zu verdienen. Du machst doch nichts, ohne dass es dir was einträgt!«

Erstaunt schauen sich Haasenkamp und Höffner an. Höffner fasst sich unwillkürlich ans Herz. So außer sich haben sie Wolf noch nie erlebt. Sonst ist er doch immer die Korrektheit in Person. Haasenkamp fürchtet schon, dass sich die beiden Männer gleich prügeln werden. Doch in diesem Moment kommt die Bundesinnenministerin herein, und mit ihr betreten immer mehr Verwaltungsleute, Politiker und Vertreter von Bürgeraktionen den Saal. Hansen macht sich aus Wolfs Griff frei und schließt sich ohne ein Wort den anderen an.

Nach einer kurzen Eröffnung durch den gastgebenden Ministerpräsidenten Irfan Ocac ergreift die Bundesinnenministerin Stefanie von Morsberg das Wort: »Meine verehrten Damen und Herren, lassen Sie mich gleich zur Sache kommen. Die Lage ist viel ernster, als wir alle dachten. Ich will nicht verhehlen, dass uns das ganze Ausmaß der Klimakatastrophe überrennt und an den Rand unserer Kapazitäten bringt. Wir konnten ja nicht ahnen, dass ...« Weiter kommt die Politikerin nicht. »Und ob Sie es gewusst haben!«, ruft eine junge Frau empört dazwischen.

Die Bodyguards der Ministerin haben keine Chance. Schon hat sich Laura Spinetti des Mikrofons bemächtigt. Sofort wird sie von zwanzig, dreißig Leuten umringt, die die Journalistin abschirmen. In den letzten Monaten hatte Laura Spinetti immer wieder seltsame Morddrohungen erhalten. Plötzlich tauchen an verschiedenen Stellen des Kongresssaals Kameras auf. »Wer hat denn die Scheißkameras zugelassen, das ist eine nichtöffentliche Veranstaltung!«, schreit Hansen und stürmt zum Rednerpult. Doch er wird schon nach wenigen Schritten festgehalten. »Der ganze Saal ist unterwandert!« Hilfesuchend blickt sich Hansen zu den Bodyguards der Ministerin um. »Alles, was hier geschieht, wird live in den *Climate News* übertragen«, ruft Laura Spinetti triumphierend ins Mikrofon. Verschämt ziehen die Bodyguards am hinteren Ende des Konferenzsaals die Hände aus ihren ausgebeulten Jacketts. Instinktiv hatten sie zu ihren Waffen gegriffen.

»Keine Angst, wir gehören nicht zu den Klima-Killern. Wir wollen nur für Öffentlichkeit sorgen. Wir wollen nur, dass meine Rechercheergebnisse öffentlich gemacht werden. Wir wollen denen eine Stimme geben, die niemand hören will. Warum lassen Sie die Leute im Unklaren? Was geht eigentlich hier vor?« Es ist still geworden im Kongresssaal. Laura senkt ihre Stimme: »Darf ich Ihnen Dr. Carolyn Petermann vom Universitätsklinikum Eppendorf aus Hamburg vorstellen?«

Laura Spinetti kennt sich selbst nicht wieder. Ihre Stimme bebt. »Es muss endlich etwas getan werden. Warum klärt keiner die

300 Millionen Ratten gibt es schätzungsweise in Deutschland, und durch den Klimawandel werden ihre Lebensbedingungen immer besser. »Warmes Klima in Verbindung mit reichlich Nahrungsvorräten bedeutet eine extrem hohe Vermehrungsrate«, sagt Dr. Richard Kraft von der Zoologischen Staatssammlung München besorgt. Zwei Ratten können bis zu 2000 Nachkommen zeugen.

»Jede fünfte Pflanzenart in Deutschland könnte bis zum Jahr 2080 Teile ihres heutigen Verbreitungsgebiets verlieren.« Meldung in *Natur und Landschaft*, November 2008

Bevölkerung auf? Neue Krankheiten verbreiten sich rasant in den Städten. Hier habe ich Frau Dr. Petermann mitgebracht. Ich fordere alle auf, Frau Petermann jetzt anzuhören!« Carolyn Petermann legt los. Es sprudelt nur so aus ihr heraus: »Wir beobachten seltsame Infektionskrankheiten«, sagt sie und räuspert sich. »Die Menschen sterben wie die Fliegen. Ich vermute, wir haben es mit Mutationen zu tun. Auch die Ratten ...«

Aufgeregt unterbricht die Journalistin sie, als sie Björn Hansen in der Menschenmenge erspäht: »Wissen Sie eigentlich, dass es in Deutschland Klima-Killer-Gangs gibt, die gnadenlos Menschen jagen? Wissen Sie auch, dass sie heimlich von einem hier im Saal unterstützt werden? Ja, schauen Sie nicht so unschuldig drein, Herr Hansen!«, ruft Laura Spinetti in den Saal. »Sie sind es doch! Sie haben doch schon vor der Zuteilung von UN-Flüchtlingskontingenten gemeinsame Sache mit den Schleppern gemacht. Sie haben Geld damit verdient, dass Sie Flüchtlinge ins Land holten. Menschen, die Krankheiten eingeschleppt haben. Und jetzt unterstützen Sie heimlich die Klima-Killer. Wer gibt Ihnen denn jetzt das Geld dafür?!« Wolf zuckt zusammen. Er hat Hansen viel zugetraut, doch wenn es stimmt, was die Journalistin gerade von sich gibt, dann übersteigt das alles Vorstellbare.

Laura redet sich in Rage: »Was macht eigentlich der Nationale Sicherheitsrat?« Bürgermeister Höffner platzt fast vor Wut. Da rackert er sich jahrelang ab, gründet ein Bürgerkomitee im Nationalen Sicherheitsrat, und nun muss er sich so etwas anhören: »Es muss endlich etwas gegen all die Ratten unternommen werden, die wie im Mittelalter die Vorräte vernichten und Infektionskrankheiten übertragen!« Höffner, der gerade nach vorne stürmen wollte, setzt sich langsam wieder hin. »Sie hat recht, aber was sollen wir machen?«, denkt er. Nicht nur in den Städten, sondern vor allem in den ländlichen Gebieten haben sich die Ratten explosionsartig vermehrt. Seit die Abwässerkanäle in den Trockenzeiten nicht mehr regelmäßig geflutet und durchspült werden, leben die Ratten in einem wahren Eldorado.

Unruhe macht sich breit. Hansen dreht sich um. Er weiß, was kommt. Heimlich hat er noch eine Nachricht absetzen können. Jetzt stürmen bewaffnete Milizen den Saal ...

Laura Spinetti und Dr. Carolyn Petermann werden brutal überwältigt und abgeführt. »Das geschieht in diesem Land mit Kritikern, die die Wahrheit ans Licht bringen«, schreit die Journalistin aufgelöst in die Kameras der *Climate News*. Wenig später sitzt sie zusammen mit der Ärztin auf einem harten Betonbett in einer fensterlosen Verhörzelle. »Wie im tiefsten Mittelalter«, sagt sie. »Diese Arrestzelle gab es schon in den neunziger Jahren des letzten Jahrtausends.«

Carolyn Petermann nimmt die Umgebung kaum wahr. Sie ärgert sich, dass sie nicht präzise und schnell zur Sache gekommen ist. »Ich hätte gleich die Mutationen bei den Insekten beschreiben müssen«, sagt sie wie zu sich selbst. »Von den Viren und Bakterien, gegen die wir Ärzte machtlos sind, wissen die Menschen ja nichts. Nur ein kleiner Kreis von Wissenschaftlern hat Informationen über das Ausmaß. Es gibt gleich mehrere Ursachen für das tödliche Fieber, das sich überall auf der Welt ausbreitet. Alle reden nur von den Ratten und Moskitos. Die wahren Killer kommen aus dem Permafrost...«

7. Kapitel: Die Schöpfung steht kopf

Mit dem Auftauen der Böden in den Permafrost-Regionen Sibiriens, Kanadas und Skandinaviens wurden auf einmal Erreger frei, die zur Zeit der Mammuts auf der Erde existierten. Die Extremophilen überlebten die Jahrtausende eingeschlossen im Tresor des ewigen Eises in einer Art Dämmerschlaf. Mit dem Tauwetter durch die Erderwärmung sind die Killer plötzlich erwacht. »Wir wissen noch nicht einmal, was das für Erreger sind«, sagt Carolyn Petermann zu Laura Spinetti. »Wir wissen nur eins: Es sind urzeitliche Tötungsmaschinen, die schon die Mammuts und Säbelzahntiger gepeinigt haben. Heute wüten sie wie die Pest im Mittelalter – und ein Mann wie Bürgermeister Höffner macht sich Sorgen um Ratten!«

Die Journalistin regt sich derweilen über ganz andere Dinge auf. Trotz all der herrschenden Not haben einige Politiker nichts anderes zu tun, als ihr ganz persönliches Süppchen zu kochen. »Es geht ihnen nur um Macht«, murmelt sie gedankenverloren und hat »diesen Hansen« vor Augen. »Menschen wie ihn hat es immer schon gegeben – korrupt, eiskalt und nur auf ihren eigenen Vorteil bedacht.« Sie weiß auch, dass die Zeit der Egomanen vorbei sein muss. »Nur wenn jetzt alle Nationen an der Problemlösung arbeiten, haben wir eine Chance.« Unwillkürlich denkt sie an die historischen Worte des ersten schwarzen Präsidenten der Vereinigten Staaten. »We can ...!« Er hatte den Menschen damals Hoffnung gebracht. Doch die globalen Probleme waren zu mächtig, die Klimakatastrophe war schon zu weit fortgeschritten. Der Beginn seiner Präsidentschaft brachte ein Fünkchen Hoffnung in die Welt. Doch die Erwartungen der Menschen waren zu groß. »Sachzwänge ...«, sagt sie zusammenhanglos und für Carolyn Petermann völlig unverständlich. »Sachzwänge haben diesen Präsidenten schnell besiegt.« Wie ein Überschallflugzeug jagte die Zivilisation von einer Katastrophe in die nächste. Irgendwann sprach niemand mehr vom »globalen Dorf« – es war vom »globalen Haus« die Rede. So nah brachte die Katastrophe die Menschen zusammen.

»Vielleicht ist es ja das Ende«, philosophiert Laura, und Carolyn fragt: »Was für ein Ende? Glaubst du, die Sicherheitskräfte töten uns ...?« Dann denkt die Ärztin wieder an die Mutationen ihrer Insekten. Sie hat keine Angst.

Die konstatierte Frühlingsverschiebung um 1,7 Tage kommt dem Wiener Klimaforscher Herbert Formayer als gering vor. »Es gibt Studien, wonach die Vegetationsperiode sogar schon um elf Tage früher beginnt«, meint der Forscher von der Universität für Bodenkultur.
Bericht vom *pressetext.austria* vom 22. Januar 2009

Wir vernichten unser Naturerbe

Faszinierende biologische Vielfalt. Wie lange noch?

»Die meisten Medien haben einfach nicht hingesehen und hingehört«

Ein Gespräch mit Volker Angres,
Redaktionsleiter Umwelt beim ZDF

Wir vernichten unser Naturerbe

»Wie mag es hier wohl in fünfundzwanzig Jahren aussehen?«, fragt der Professor ganz in Gedanken. Aus den Worten des Schwaben spricht eher eine Antwort als eine Frage, ein beklemmendes Gefühl angesichts des unabwendbaren Verlusts einer reichen Kulturlandschaft und Heimat. Ratlosigkeit beherrscht den Biologen, der so viel von der Welt gesehen hat, wenn er daran denkt, was der Klimaverlauf in Zukunft bringt. Dabei wirkt der großgewachsene Siebenundsechzigjährige, als könnte ihn nichts so schnell umhauen. Mit seinem grauen Sechstagebart und der zeitlosen Brille erinnert Friedhelm Göltenboth an Sean Connery, wie wir ihn aus dem Indiana-Jones-Kinohit *Der letzte Kreuzzug* und der Verfilmung von Umberto Ecos Mittelalterepos *Der Name der Rose* kennen.

Nicht nur wir fühlen uns an Sean Connery erinnert: Aus einer Gruppe japanischer Touristen, die vor der Tübinger Stiftskirche den Professor musterten, wagte sich eine Japanerin vor, um nach einem Autogramm zu fragen. Göltenboth schrieb in Englisch auf die Titelseite des Stadtprospekts: »Welcome in Tübingen! Yours Friedhelm«.

Am frühen Morgen hatten wir uns auf dem Marktplatz getroffen, um für unser Picknick einzukaufen. Knusprig frisches, herzhaft duftendes Brot, Räucherschinken aus dem nahen Schwarzwald, Schafs- und Ziegenkäse von der Schwäbischen Alb und ein gutes Tröpfchen Wein von den Hängen des Hohenneuffen. Denn unweit der »Outlet Metropole« Metzingen, wo Edelklamotten bekannter Modedesigner angeboten werden, gedeiht auf vulkanischem Boden ein hervorragendes Tröpfchen.

Der Einkaufsbummel entlang der Marktstände und Delikatessenläden machte uns wieder einmal deutlich, dass Biodiversität – die Vielfalt der Tiere und Pflanzen und ihrer Lebensräume – schon beim Essen anfängt. Und genau über Biodiversität haben wir uns bei unserer Tour mit Friedhelm Göltenboth unterhalten. »Kommt einfach mal nach Tübingen, dann zeige ich euch, was ich unter Biodiversität einer Kulturlandschaft verstehe«, hatte Göltenboth wenige Wochen zuvor am Telefon gesagt. Jetzt führt er uns an einem herrlichen Maitag über den Tübinger Schlossberg zum Spitzberg. »Botaniker und Insektenkundler bekommen schon beim Namen ›Spitzberg‹ glänzende Augen«, sagt er und erklärt, dass das Mosaik aus ehemaligen Weinberggrundstücken, kleinen Trockenrasen, bewirtschafteten Weinbergen und kleinen Obstgärten mit ihren uralten Apfel- und Birnen-, Kirsch- und Zwetschgenbäumen eine überaus hohe Biodiversität aufweist. »Hier gibt es eine Vielzahl von Wildbienen und Käfern und zahlreichen Schmetterlingen, auch viele Orchideenarten wie etwa Mücken-Händelwurz und Fliegen-Ragwurz sind nachgewiesen worden«, meint Göltenboth, der während seines Studiums an der Tübinger Universität oft hierhergekommen ist, um sein theoretisches Wissen über die sogenannte Taxonomie, also die Einteilung und Unterscheidung von Pflanzen und Tieren, in freier Natur anzuwenden. »Pflanzen und Tiere sind mir draußen in der Natur allemal lieber als in floristischen und faunistischen Sammlungen!«, sagt der Professor. Dann zeigt er auf eine Hummelorchis. Ein leichtes Anheben der Augenbrauen verrät seine Begeisterung, gerade so, als ob Sean Connery in der Rolle des William von Baskerville nach langem Suchen einen versteckten Geheimcode entdeckt hätte.

Schon bald sehen wir einen plumpen, tief bläulich-schwarz glänzenden Käfer. »Das ist ein Ölkäfer Meloe – ein Weibchen. Es hat zwischen 2000 und 5000 Eier im aufgedunsenen Hinterleib, die es durch die Gegend

Das Ende der grünen Lungen
In rasantem Tempo werden die Wälder der Erde vernichtet, als ob sie Feinde von uns Menschen wären. Die Grafik gibt in vereinfachter Darstellung einen Überblick über die Waldabnahme und Waldzunahme zwischen 2000 und 2005. Doch nicht überall, wo die Waldfläche zunimmt, handelt es sich um intakte Natur. Als »Wald« werden oft auch monotone Einheitsforsten und Plantagen bezeichnet. Mit der Vernichtung der Wälder und die Umwandlung in Plantagen gehen unersetzliche Lebensräume einer faszinierenden Tier- und Pflanzenwelt verloren.
Quelle: nach FAO

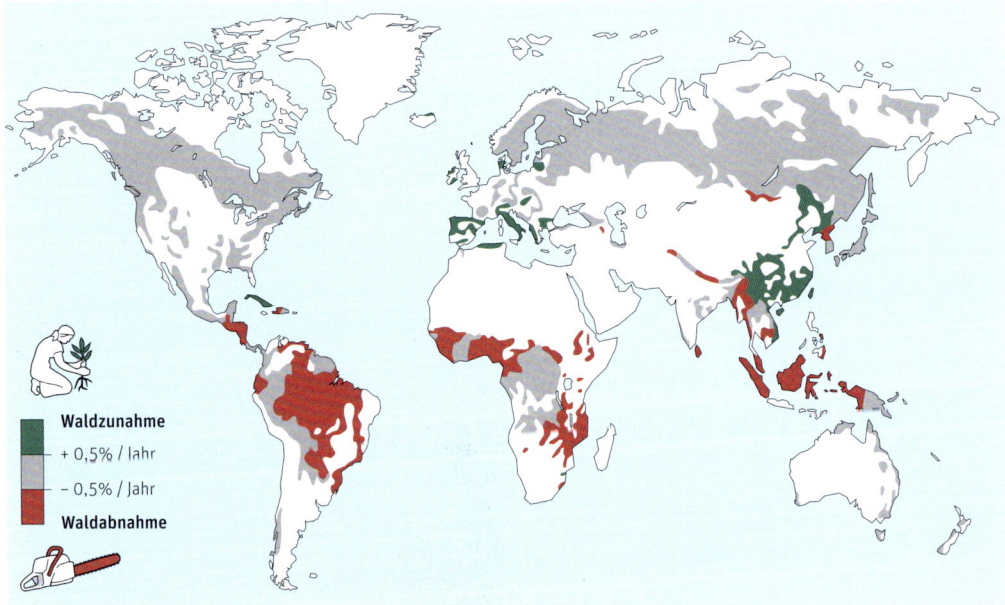

Weltweites Artensterben　　　　　　　　　　　　　　*7. Kapitel:* Die Schöpfung steht kopf

schleppt«, sagt Göltenboth und erläutert die Zusammenhänge und Wechselwirkungen der Natur anhand der komplizierten Fortpflanzungs- und Verhaltensbiologie der Ölkäfer: Wenn aus den im Boden abgelegten Eiern die kleinen Larven geschlüpft sind, klettern sie auf Blütenpflanzen und warten, bis ein Insekt vorbeikommt. Nur im Erdstollen bestimmter Wildbienenarten haben die Larven eine Überlebenschance. Dafür müssen sie den richtigen »Blütenjet« besteigen, um mit der Wildbiene in ihr Nest zu gelangen. Dort springen sie genau in dem Moment ab, wenn die Biene ihr Ei in eine mit Pollen gefüllte Brutzelle legt. Die Larve kann sich von dem Bienenei ernähren, und anschließend, nach ihrer Verwandlung in ein anderes Larvenstadium, macht sie sich über den Nektar- und Pollenvorrat der Biene her. »Alle Ölkäferlarven, die nicht die richtigen Transportbienen erwischen, gehen elendig drauf«, erklärt Friedhelm Göltenboth, und nachdenklich sagt er: »Diese Tiere können sich nicht anpassen. Trotz des komplizierten Systems blieb die Art über viele Jahrtausende am Leben. Die genauen Wirkungsmechanismen sind noch nicht eingehend erforscht, doch schon sind wir Menschen dabei, die Lebensgrundlagen dieser interessanten Insekten zu zerstören – so wie wir auch die Lebensgrundlagen vieler anderer Tier- und Pflanzenarten zerstören. Dabei hat die Menschheit nur eine Überlebenschance, wenn sie sich an die Spielregeln der Natur hält.« Es fällt dem Professor nicht schwer, ein schnelles Wandertempo beizubehalten und gleichzeitig über komplizierte Sachverhalte zu referieren. »Wir Menschen haben gegenüber allen anderen Geschöpfen die einmalige Möglichkeit, mit Hilfe unseres über Generationen angehäuften Wissens und mit modernen Technologien Risiken vorausschauend abzuschätzen und entsprechend darauf zu reagieren. Eine Ölkäferlarve, die nicht das richtige Transportinsekt erwischt, hat keine Chance. Wir jedoch haben die Möglichkeit, wissenschaftliche Daten zu analysieren und Techniken anzuwenden, um die Lebensgrundlagen, die Biotope und die Klimaverhältnisse, auf die wir angewiesen sind, zu bewahren. Leider klammert sich die Menschheit viel zu sehr an falsche Techniken, falsche Methoden – gerade so, als ob wir blinde Ölkäferlarven wären!« Ölkäfer und andere Tierarten haben bis jetzt überlebt, doch um die Menschheit wird es schlecht bestellt sein, wenn wir die Spielregeln der Natur nicht beachten.

Nach anderthalb Stunden sind wir an der Wurmlinger Kapelle angekommen. Hier bilden Weinberge, Heideflächen und einzelne Gehölze ein malerisches Landschaftsbild. Im Vergleich zu den weiten Ackerflächen der umgebenden Gäulandschaft fühlen wir uns an diesem Ort wie in längst vergangener Zeit. »Hier hat es auch vor hundert oder zweihundert Jahren nicht anders ausgesehen«, meint Göltenboth und gerät ins Schwärmen: »Die Poeten Friedrich Hölderlin, Ludwig Uhland und Christoph Martin Wieland sind schon hierhergewandert und haben so manches Fläschchen Wein geleert. Und auch wenn es nicht verbrieft ist, so war sicherlich Johann Wolfgang Goethe, der häufig in Tübingen weilte, gemeinsam mit Dichter- und Philosophenkollegen hier draußen!« Nur gab es damals mehr Schafe und Ziegen in der Gegend. »Durch die Beweidung ist die einmalige Kulturlandschaft erst entstanden«, erklärt er uns.

Wir holen die Gläser aus dem Rucksack und entkorken mit einem Plopp die erste Weinflasche. Unser Picknick ist eröffnet. Das Bauernbrot, Schinken, Schafs- und Ziegenkäse schmecken bei dieser herrlichen Aussicht doppelt so gut. Wir blicken weit ins Land. Zur Linken liegt die Schwäbische Alb wie eine mächtige lange und blaue Mauer. Wir haben einen klaren Tag erwischt. Von weitem können wir die Burg Hohenzollern, Stammsitz der Preußen, erkennen. Geradeaus liegt Rottenburg, wo sich einst die Römer im klimatisch günsti-

Die von Wäldern bedeckten Regionen der Erde
Zusammen mit den Algen der Weltmeere sind Wälder die wichtigsten grünen Lungen der Erde.
Quelle: nach FAO

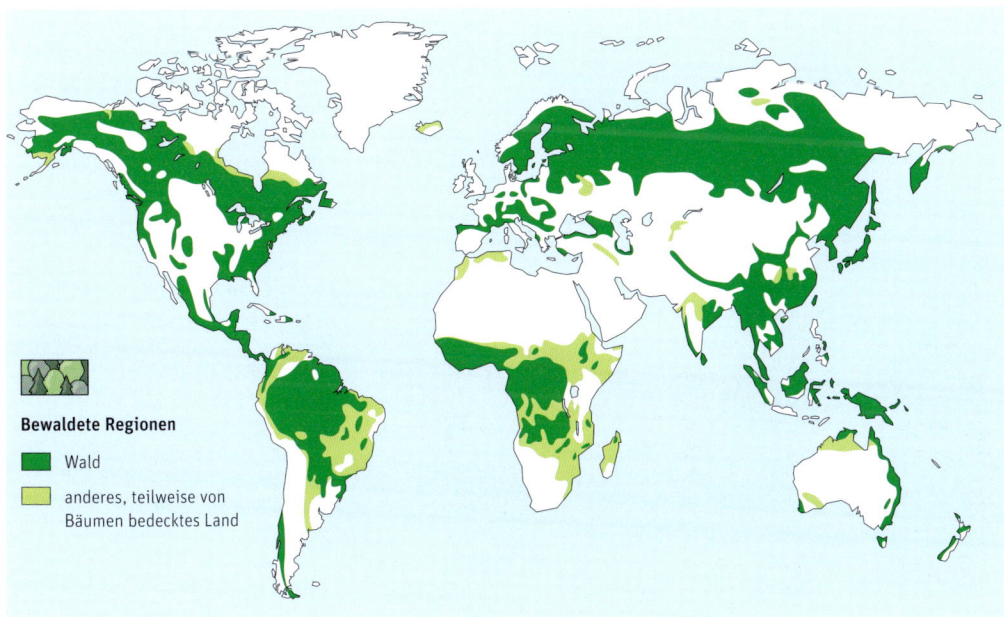

165

gen Neckartal niederließen. Auf der rechten Seite reicht die fruchtbare Gäuebene bis hinüber zum Schwarzwald. Heute kommen eher Ökologen und Naturschützer als Dichter und Poeten zur Wurmlinger Kapelle, um den Ausblick zu genießen. »Die Trockenrasen hier gelten als nördlichste Vorposten rein mediterraner Faunenelemente«, sagt der Professor und nimmt einen kräftigen Schluck aus dem Rotweinglas. Dann schneidet er ein Stück Brot ab und fährt fort: »Heute erfreuen wir uns als Naturliebhaber an solchen Elementen. Doch schon bald könnten wir hier mehr Mittelmeerklima haben, als uns in diesen Breiten lieb ist.« Wie wird es in einem Vierteljahrhundert hier aussehen?

Wir betrachten die Umgebung genauer und diskutieren heftig. Die alten Obstbäume rund um den Hügel der Wurmlinger Kapelle zeigen jetzt schon Dürreschäden. In den trockenen Sommern der vergangenen Jahre haben sie einfach zu wenig Wasser abbekommen. Noch ein paar Hitzeperioden, und die Veteranen aus Opas Obstgarten werden vollends absterben. Dann ist es vorbei mit der überschwenglichen Blütenpracht, die die uralten Apfel- und Birnbäume alljährlich im April und Mai mit ihren Abermillionen weißen und rosa Blüten hervorbringen und die die Landschaft in ein gigantisches Blumengebinde verwandelt. Mit den alten Bäumen verschwinden auch die an gemäßigtes Klima angepassten Vogelarten wie Goldammer und Baumpieper. In den viele Jahrhunderte alten Weinbergen wird kein Wein mehr gedeihen; bei einem weiteren Anstieg der Durchschnittstemperaturen trocknen die Trauben in der prallen Sonne ein. »Dann gibt es hier allenfalls noch Rosinen«, ruft Friedhelm Göltenboth scherzhaft. Auch die bunte Welt der Trockenrasen ist in Gefahr. Noch leuchten Wundklee, Skabiosenflockenblumen, Salbei und Wiesenbocksbart als Blütenpotpourri um die Wette. Grillen zirpen, Hummeln fliegen schwerfällig von Blüte zu Blüte, und Schmetterlinge gaukeln im zarten Frühlingswind – kein Wunder, dass uns Mörikes Gedicht »Frühling lässt sein blaues Band / Wieder flattern durch die Lüfte« in den Sinn kommt. Doch die Böden hier sind sehr wasserdurchlässig; Trockenrasen könnten schnell zu Halbwüsten werden. »Was sich heute in Südspanien schon deutlich abzeichnet, kann dann auch die Umgebung der Wurmlinger Kapelle bestimmen. Vielleicht wandern in die Heckenzonen mediterrane Hartlaubgewächse wie Erdbeerbaum und Zistrosen mit wachsigen und ledrig aussehenden Blättern ein«, meint Göltenboth. »Die Landschaft ist dann von einer Macchie bestimmt, wie man sie aus Spanien und Süditalien kennt, oder von einer Garrigue, wie sie Teile Südfrankreichs kennzeichnet. Auch solche Biotope sind natürlich Lebensräume – aber sie sind für unsere Gegend noch nie typisch gewesen. Spätestens Ende Mai werden Gräser, Kräuter und Blumen vertrocknet sein. Die Landschaft präsentiert sich dann verbrannt wie viele Gegenden in Spanien, Italien und Griechenland schon ab Mitte Mai. Schreitet die Klimaerwärmung fort, entstehen hier Trockensteppen.«

»Wie schnell Arten durch den Klimawandel aussterben oder verdrängt werden, vermag niemand vorherzusagen«, betont Göltenboth. Dass ein fortschreitender Klimawandel jedoch eklatante Änderungen mit sich bringt, darin sind sich die meisten Artenschutzexperten sicher. Das bedeutet nicht nur eine Verschiebung von Arealgrenzen. Ganze Ökosysteme und Lebensgemeinschaften werden, je nach regionalen Verhältnissen, einen tiefgreifenden Wandel erfahren. Im Lauf der Erdgeschichte sind durch klimatische Schwankungen – man denke nur an die letzte Eiszeit – Arten aus ihren Lebensräumen verdrängt worden. Oft haben sie anderen Platz gemacht. Doch jetzt vollzieht sich der Wandel in einer Geschwindigkeit, bei der sich viele Organismen nicht mehr anpassen können. »Die Natur wird das sicher im Laufe von Jahrtausenden oder Jahrmillionen irgendwie wieder ausgleichen. Sie braucht uns Menschen nicht«, meint Friedhelm Göltenboth. »Aber das wird lange, sehr lange dauern, und ob Menschen übrig bleiben, die geeignete ökologische Nischen finden, ist mehr als fraglich, wenn wir mit der Umweltzerstörung so weitermachen wie bisher.«

Dass sich der Klimawandel schon heute erheblich auf die Biodiversität auswirkt, ist nicht mehr von der Hand zu weisen. So haben Wissenschaftler des Limnologischen Instituts (Seekunde) der Universität Konstanz zusammen mit der Arbeitsgruppe Bodenseeufer (AG BU) festgestellt, dass bei extremen Niedrigwasserständen am Bodensee – einem der wichtigsten Trinkwasserspeicher Europas, von dem mehr als 2,5 Millionen Menschen ihr Trinkwasser erhalten – schon jetzt für manche Fischarten das Wasser zu warm ist. Im Jahr 2003 sammelten Fischer im Bereich des Untersees und des Rheins tonnenweise tote Fische

Direkte und indirekte Wirkungen von Trockenheit und Hitze auf Bäume
Bei weiterer Klimaerwärmung werden die Wälder Mitteleuropas dem Hitzestress ausgesetzt sein, und unser gewohntes Waldbild wird sich einschneidend verändern.
Quelle: nach Schröter, FVA BW

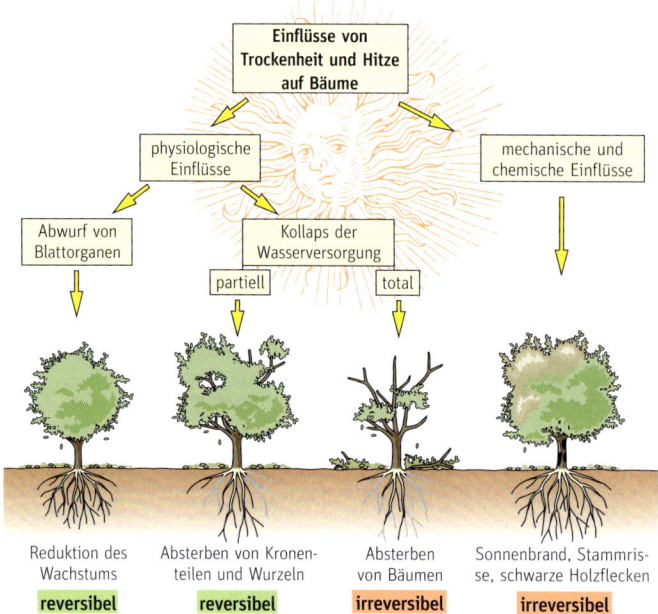

Weltweites Artensterben   *7. Kapitel:* Die Schöpfung steht kopf

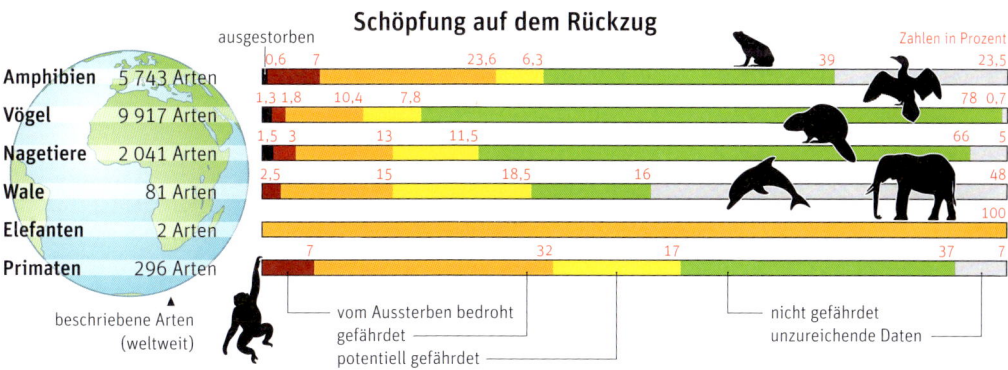

Schöpfung am Ende?
Die Menschheit hat es fertiggebracht, innerhalb weniger Jahrzehnte viele Tier- und Pflanzenarten auszurotten oder deren Lebensräume so zu dezimieren, dass sie kurz vor der Ausrottung stehen. Darunter gibt es viele Tier- und Pflanzenarten, die noch nicht einmal entdeckt und beschrieben sind. Die Grafik zeigt exemplarische Tiergruppen und deren Gefährdungsgrad nach der *Roten Liste gefährdeter Spezies* der Internationalen Union zum Schutz der Natur.
Quelle: nach IUCN (International Union for Conservation of Nature) (2008)

ein; es waren seltene Äschen. Bislang sind das dramatische Einzelerscheinungen, doch wenn weitere extrem heiße Sommer folgen, könnte das Gefüge der Bodenseefauna kräftig durcheinandergewirbelt werden.

Gleichzeitig wandern fremde, wärmeliebende Arten ein. Dazu gehören Höckerflohkrebse, Schwebgarnelen und Körbchenmuscheln. Weil die Neuankömmlinge kaum Feinde haben, können sie Schäden bei den angestammten Lebensgemeinschaften hervorrufen. Überall sorgt die Klimaerwärmung für Änderungen dieser Art in Fauna und Flora, aber noch merken es erst einige wenige Experten. Sie schlagen Alarm. Früher weitverbreitete Vogelarten, die im Bereich von Wiesen brüten, sind heute nicht nur durch die Biotopvernichtung bedroht. Die extreme Frühjahrswärme lässt das Gras schneller wachsen – doch manche Vögel brauchen zur Brutzeit freie Sicht, um Feinde rechtzeitig zu erkennen. Ist die Vegetation zu hoch, verlassen sie früher oder später ihren angestammten Lebensraum. Zu diesen Vogelarten gehören unter anderem Kiebitz, Bekassine und der Große Brachvogel.

Am Bodensee gibt es noch weitere Effekte, die stellvertretend für die Situation anderer Voralpenseen stehen: Wegen der milderen Winter wird das Wasser in der Tiefe nicht richtig durchmischt. Kaltes Oberflächenwasser sinkt nicht mehr in tiefere Schichten, dadurch nimmt die Sauerstoffkonzentration ab. Das wirkt sich nach der Studie des Limnologischen Instituts der Universität Konstanz auf den Nährstoffhaushalt des Sees aus und greift in die Unterwasserlebensgemeinschaft ein.

Das Leben im Bodensee ist seit Jahrtausenden auf Wasserschwankungen eingestellt. Normalerweise ist der Wasserstand im Juni/Juli am höchsten und in den Wintermonaten am niedrigsten. Über die Jahrhunderte hinweg hat es immer wieder Ausschläge nach oben oder unten gegeben. Doch nach den Beobachtungen des Seenforschungsinstituts in Langenargen haben die Extreme zugenommen. Das Hochwasser von 1999 schädigte etwa 20 Prozent der Schilfbestände. Nur langsam haben sich die Schilfgürtel erholt. Davon sind unter anderem Fischarten betroffen, deren Brut im Schilf groß wird. Auch Trockenzeiten verändern die Bodenseelandschaft. Nach extremen Trockenjahren hat sich an vielen Stellen die hier nicht heimische kanadische Goldrute ausgebreitet, wodurch die Bestände seltener Arten wie Orchideen und sibirischer Schwertlilien beeinträchtigt werden.

Mitte der neunziger Jahre haben sich Vogelfreunde noch über exotisch anmutende Vogelarten wie den buntschillernden Bienenfresser gefreut, der plötzlich im südwestbadischen Raum in der Nähe des Kaiserstuhls häufiger gesichtet wurde. Doch heute kommen die »Ornis« – wie die Ornithologen von anderen Umweltschützern liebevoll spöttisch genannt werden – mehr und mehr ins Grübeln. Nördliche Vogelarten werden immer weiter Richtung Eismeer verdrängt, weil sich ihr Lebensraum durch den Klimawandel verändert hat. Andere Vogelarten wie der Kranich und der Weißstorch werden künftig nicht mehr »ziehen«, vermuten die Vogelschützer. Kommt es dann zu überraschenden Kälteeinbrüchen – und sei es nur für ein oder zwei Wochen –,

finden sie keine Nahrung mehr und müssen elend verhungern. Irgendwann bricht dann die gesamte Population zusammen.

Überall auf der Welt fällt Naturfreunden auf, wie sich die Tier- und Pflanzenwelt verändert: In Alaska verdunsten jahrtausendealte Seen und Teiche, der Lebensraum vieler Watvögel trocknet aus. Immer mehr Meeresregionen leiden unter Sauerstoffarmut; zuerst sterben die Lebewesen in Bodennähe, später die weiter oben lebenden Meeresbewohner. 1995 waren schon 305 Meeresregionen davon betroffen, heute sind es über 400 mit einer Gesamtfläche von 245 000 Quadratkilometern. Das entspricht einer Fläche, die so groß ist wie zwei Drittel der Bundesrepublik Deutschland.

Auswirkungen des Klimawandels auf die Biodiversität

Die Zerstörung von Natur – etwa durch die Vernichtung von Wäldern und Mooren – führt zum Verlust von Lebensräumen und damit zum Verlust der Tiere, die an diese Lebensräume angepasst sind. Mit der Zerstörung von Natur wird der Klimawandel verstärkt, was wiederum zu weiterer Zerstörung von Lebensräumen führt. Die Auswirkungen auf das Ökosystem Erde sind immens! Noch sind längst nicht alle Wirkungs- und Rückkopplungsmechanismen bekannt. Bis jedoch alles wissenschaftlich ergründet ist, wird es für viele Tier- und Pflanzenarten zu spät sein, denn: »Bei einer Erwärmung zwischen 2 und 3 Grad bis zum Jahr 2100 sind weltweit 20 bis 30 Prozent aller Arten bedroht. Fällt die Erwärmung noch dramatischer aus und liegt bei 4 bis 5 Grad, verschwindet mit großer Wahrscheinlichkeit etwa die Hälfte der Arten«, sagt Professor Hans Joachim Schellnhuber vom Potsdam-Institut für Klimafolgenforschung (PIK). Aber trotz aller Mahnungen von Umweltschützern gehen der Raubbau an der Natur, die Zerstörung von Lebensräumen, die Verfolgung und Ausrottung von Tierarten, die Übernutzung von Pflanzen- und Tierbeständen ungebremst weiter. Der Verlust von Biodiversität einerseits und der Klimawandel andererseits verhalten sich wie eine unkontrollierte Kettenreaktion: Ursache und Auswirkung verstärken sich gegenseitig.

Welche Einflüsse Klimaveränderungen auf die Biodiversität ausüben, untersucht Dr. Kathrin Vohland, Wissenschaftlerin am PIK, mit Hilfe verschiedener Szenarien und Modellprojektionen. Sie ist wissenschaftliche Mitarbeiterin von Professor Dr. Wolfgang Cramer, der die Abteilung »Forschungsfeld Klimawirkung und Vulnerabilitäten« leitet. Wir treffen Kathrin Vohland nach einer Diskussionsveranstaltung in Stuttgart, auf der sie leidenschaftlich komplizierteste Vorgänge beschrieben hat. Man merkt ihr an, dass sie angesichts der Klimaszenarien und der zu erwartenden Auswirkungen auf die Biodiversität persönlich betroffen ist. Selbst für Optimisten sind die nüchternen Fakten mehr als besorgniserregend. Kathrin Vohland nennt uns die wichtigsten Auswirkungen des Klimawandels auf die Biodiversität: Die Temperaturerhöhung wirkt auf den Lebenszyklus (Phänologie) vieler Pflanzen und Tiere.

Viele hundert Zeitreihen, die für einen Zeitraum von fünfzehn Jahren stehen, zeigen auf, dass sich der Beginn der Blüte und der Blattaustrieb wesentlich früher einstellen. Die Laubverfärbung im Herbst verschiebt sich immer weiter Richtung Jahresende. Weil sich dadurch die Vegetationsperiode verändert, reagieren auch die Tiere auf die höheren Temperaturen. Zugvögel kehren aus ihren südeuropäischen und afrikanischen Winterquartieren früher nach Mitteleuropa zurück. Kommt es dann zu unvorhergesehenen Kälteeinbrüchen, sind die Verluste hoch. Manche Insektenarten bilden durch die verlängerte Saison mehr als eine Generation aus. Das gilt auch für Schädlinge. Deshalb wird der Klimawandel wohl auch zu deutlich höheren Ernteverlusten durch Insekten führen.

Sonnenlicht, Wasser, Nährstoffe und die Bodenverhältnisse bestimmen letztlich das Vorhandensein von Pflanzen und die Konkurrenz zur übrigen Vegetation. Wenn es trockener oder feuchter, wärmer oder kühler wird, setzen sich auch die Artengemeinschaften anders zusammen. Beispielsweise rückt die Baumgrenze in den Bergen weiter nach oben.

Die Tiere reagieren ebenfalls auf Veränderungen im Wärmehaushalt der Natur; das macht sich zum Beispiel durch verlängerte oder erhöhte Aktivität bemerkbar. Auch das Fressverhalten ändert sich. Davon profitieren unter anderem Tigermoskitos, die Chikungunya, Dengue- und Gelbfieber übertragen können. Verschiedene Zeckenarten sind durch den Klimawandel ebenfalls auf dem Vormarsch

(siehe auch Kapitel 5, »Angriff der Insekten«, S. 122).

Gelingt es nicht, die Erhöhung der Durchschnittstemperaturen auf maximal 2 Grad zu begrenzen, werden wir uns von vielen liebgewordenen Landschaften verabschieden müssen. Manchen Mitmenschen mag das zunächst gar nicht auffallen. Vielleicht sind sie sogar von der exotischen Anmutung der einen oder anderen Pflanzenart begeistert. Viele Reisende finden Palmen im Tessin »herrlich mediterran«, doch die Ausbreitung der chinesischen Hanfpalme in diesem südlichsten Zipfel der Schweiz ist ein auffälliges Beispiel für die Ausbreitung von sogenannten Neophyten – pflanzlichen Neubürgern. Sie sind ein Symbol der Klimaveränderung. »Die Hanfpalme wurde schon vor Jahrzehnten zur Zierde am Lago Maggiore angepflanzt«, weiß Dr. Mario Broggi, der früher die Eidgenössische Forschungsanstalt für Wald, Schnee und Landschaft (WSC) leitete. Seit etwa 1980 verjüngt sich die Palme auf natürliche Weise von selbst und muss stellenweise schon massiv bekämpft werden, sagt Broggi.

Höhere Temperaturen wirken sich auch auf flache Gewässer, auf Rinnsale und Bäche aus. Deshalb gab es in den letzten Jahren mit ihren trockenen Sommern in manchen Gegenden kaum Gelbbauchunken, Bergmolche, Fadenmolche und Feuersalamander. Der Nachwuchs litt unter der Trockenheit –die Kinderstube in Form von Pfützen und anderen Kleingewässern oder kleinen Quelltümpeln ist schlichtweg ausgetrocknet, bevor die

Nichts wird bleiben, wie es ist
Die Temperaturänderungen in verschiedenen Regionen Europas haben gravierende Folgen für die jeweilige Fauna und Flora. Mit dem seit 1980 zu beobachtenden Klimawandel ist ein so schneller Prozess im Gang, dass sich viele Arten wohl nicht mehr anpassen können.
Quelle: nach IPCC, PIK, UBA, WBGU

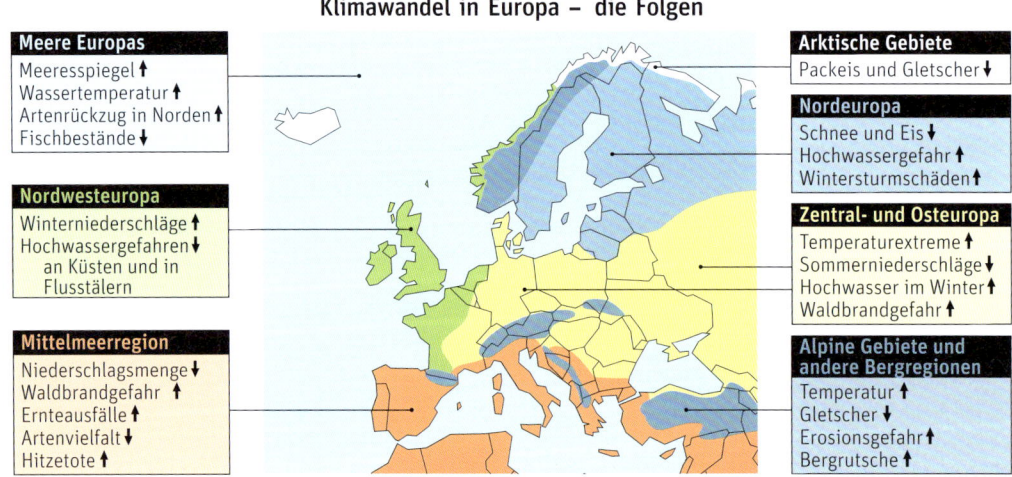

Klimawandel in Europa – die Folgen

Meere Europas
Meeresspiegel ↑
Wassertemperatur ↑
Artenrückzug in Norden ↑
Fischbestände ↓

Nordwesteuropa
Winterniederschläge ↑
Hochwassergefahren ↑
an Küsten und in Flusstälern

Mittelmeerregion
Niederschlagsmenge ↓
Waldbrandgefahr ↑
Ernteausfälle ↑
Artenvielfalt ↓
Hitzetote ↑

Arktische Gebiete
Packeis und Gletscher ↓

Nordeuropa
Schnee und Eis ↓
Hochwassergefahr ↑
Wintersturmschäden ↑

Zentral- und Osteuropa
Temperaturextreme ↑
Sommerniederschläge ↓
Hochwasser im Winter ↑
Waldbrandgefahr ↑

Alpine Gebiete und andere Bergregionen
Temperatur ↑
Gletscher ↓
Erosionsgefahr ↑
Bergrutsche ↑

Weltweites Artensterben

7. Kapitel: Die Schöpfung steht kopf

Opfer des Klimawandels in Mitteleuropa

Bei anhaltendem Temperaturanstieg werden sich Fauna und Flora in Deutschland und dem Alpenraum grundlegend wandeln. Die abgebildeten Arten stehen für ganze Lebensgemeinschaften.

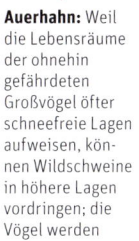

Forelle: verliert ebenso wie andere auf kühle Fließgewässer angewiesene Arten den Lebensraum, wenn Bäche zu warm werden.

Gelbbauchunke: hat überall dort keine Zukunft mehr, wo in den zu trockenen Sommern Kleingewässer austrocknen.

Kreuzkröte: braucht flache Pfützen, die mit dem durchschnittlichen Temperaturanstieg vielerorts verschwinden.

Erdkröte: wacht in milden Wintern zu früh aus dem Winterschlaf auf; bei plötzlich einbrechendem Frost erfrieren die Tiere.

Kuckuck: Weil dieser Vogel spät aus den afrikanischen Winterquartieren zurückkommt, haben die Wirtsvögel ihre Brut schon fast beendet.

Kiebitz: Seine Brut- und Nahrungsgebiete, wie Moore und feuchte Niederungsgebiete, trocknen buchstäblich aus, oder die Vegetation wächst durch den vorgezogenen Frühjahrsbeginn zu früh auf.

Auerhahn: Weil die Lebensräume der ohnehin gefährdeten Großvögel öfter schneefreie Lagen aufweisen, können Wildschweine in höhere Lagen vordringen; die Vögel werden gestört.

Larven sich zum fertigen Amphibium entwickeln konnten. Manche Bäche sind so warm, dass bald keine Forellen und andere kälteliebende Fische mehr in dem Wasser leben können. Über Jahrhunderte stabile Lebensräume verändern sich dramatisch, und ganze Lebensgemeinschaften drohen zusammenzubrechen.

Dr. Hans Bibelriether, Forstwissenschaftler und bis 1998 Leiter des Nationalparks Bayerischer Wald und Mitbegründer der Föderation der National- und Naturparke Europas (heute Europarc), berichtet von Wildschweinen, die in warmen, schneeärmeren Wintern bis in höhere Gebiete der Mittelgebirge vordringen können. Störungsempfindliche Auerhühner werden dadurch aufgescheucht und verbrauchen im Winter zu viel Energie; und zur Brutzeit im Frühjahr sind die Küken des Auerwilds wiederum durch die Wildschweine gefährdet, die oft schon die Eier fressen und den Fortbestand der Art gefährden.

Es gibt viele Beispiele für die Auswirkung des Klimawandels auf die heimische Tier- und Pflanzenwelt. Der Naturschutzbund Deutschland (NABU) hat darauf hingewiesen, dass es bei fortschreitender Erwärmung den Kuckuck nur noch in Kinderliedern geben wird: Aus unserer Landschaft wird er verschwunden sein. Der spät aus seinem zentralafrikanischen Winterquartier zurückkehrende Vogel legt bekanntlich sein Ei in die Nester anderer Vögel. Doch der Brutschmarotzer wird zum Unglücksvogel, weil viele Arten ihre Jungvögel schon großgezogen haben, bevor der Kuckuck seine Eier in ihre Nester legen kann. »Wer zu spät kommt, den bestraft das Leben«, sagte Michail Gorbatschow einst im Hinblick auf die Veränderungen durch den Demokratisierungsprozess in der damaligen Sowjetunion. Das gilt in diesem Fall für eine Vogelart, die über Jahrtausende Wälder, Sümpfe und Moore in Mitteleuropa bevölkert hat. Der Kuckuck ist nur ein Beispiel für viele andere Tierarten, die die Auswirkungen des Klimawandels unmittelbar zu spüren bekommen.

Dabei ist die Natur durch den Raubbau des Menschen schon jetzt weltweit auf dem Rückzug:

- Seit Ende der achtziger Jahre sind mehr als ein Drittel der Mangrovenwälder der Erde vernichtet worden.
- Die Fläche der Regenwälder wurde in den letzten hundert Jahren halbiert.
- Jährlich wurden seit dem Jahr 2000 6 Millionen Hektar Primärwald weltweit vernichtet. Auf zehn Jahre gerechnet sind das 600 000 Quadratkilometer, eine Fläche, größer als Spanien und Portugal zusammen.
- In der Karibik sind die Hartkorallen stellenweise schon auf 10 bis 20 Prozent des ursprünglichen Bestands zurückgegangen.
- Bei den Amphibien und Säugetieren verschwanden seit 1988 weltweit zwischen 12 und 52 Prozent der untersuchten Arten.
- Untersuchungen bei 3000 Populationen wildlebender Arten zeigen, dass sich die Anzahl der ursprünglichen Bewohner der Binnengewässer seit Mitte des letzten Jahrhunderts halbiert hat. Bei den Landtieren hat die Individuendichte durchschnittlich um 30 Prozent abgenommen.
- Wissenschaftler gehen davon aus, dass täglich 150 Arten aussterben – darunter viele, die noch gar nicht entdeckt sind.

Der vom Menschen beeinflusste Klimawandel wird das Artensterben noch weiter beschleunigen. Naturschützer versuchen weltweit seit 1975, die Verantwortlichen in Politik und Wirtschaft wachzurütteln und auf den drohenden Verlust der biologischen Vielfalt und die negativen Auswirkungen auf die Lebensgrundlagen des Menschen aufmerksam zu machen. Doch bislang haben die Hinweise auf die Schönheit und Einmaligkeit der Natur und auf das Lebensrecht aller Geschöpfe keine nachhaltige Wirkung erzielt – und das trotz der Fürsprache einzelner prominenter Kämpfer in Sachen Umweltschutz wie des ehemaligen Bundesumweltministers und späteren Chefs des Umweltprogramms der Vereinten Nationen Klaus Töpfer, des ehemaligen Präsidenten der Vereinigten Staaten und späteren Nobelpreisträgers Jimmy Carter oder des ehemaligen südafrikanischen Präsidenten und Nobelpreisträgers Nelson Mandela. Viel zu spät reift die Erkenntnis, dass der Verlust der Vielfalt auch ein großer ökonomischer Verlust ist und die Menschheit teuer zu stehen kommen wird. Auch wenn Idealisten es nicht wahrhaben wollen: Die Aussagekraft von Zahlen ist leider überzeugender als ethische und moralische Argumente! In puncto Klimaschutz sind die Verantwortlichen der Internationalen Staatengemeinschaft gerade erst aufgewacht, genauso wie die Verantwortlichen in der Wirtschaft. Als der Finanzwissenschaftler Nicholas Stern mit dem nach ihm benannten *Stern-Report*, den er für das britische Finanzministerium fertigte, aufgezeigt hat, welche immensen Summen aufgebracht werden müssen, wenn die Temperaturen ansteigen, standen die Folgen des Klimawandels plötzlich jedem ganz konkret vor Augen. Doch wie bewertet man das Leid der Menschen, die wegen anhaltender Dürre- oder Überschwemmungsgefahr ihre Heimat für immer verlassen müssen? Wenn Millionen Menschen kein frisches Trinkwasser zur Verfügung steht, wenn sie in den Abfallbergen der Zivilisationsgesellschaft in Millionenstädten dahinvegetieren, können nackte Zahlen ihrer Not kein Gesicht geben!

Verbietet sich angesichts der unvorstellbaren Tragödien, die der Klimawandel für viele Erdbewohner mit sich bringt, nicht die Frage nach dem »Wert« einer Tier- oder Pflanzenart? Sicher nicht! Die Hauptsache ist, dass wir uns für die Zusammenhänge in der Natur zu interessieren beginnen. Denn wir wissen immer noch nicht genug. Bislang noch vernichten wir die Daseinsgrundlagen alles Lebendigen, bevor wir überhaupt die Rätsel der Natur ergründen und von ihr lernen konnten. So war es mehr als richtig und wichtig, dass Bundesumweltminister Siegmar Gabriel 2008 über die Parteigrenzen hinweg gemeinsam mit Bundeskanzlerin Angela Merkel die Erstellung eines Kyoto-Protokolls für den Artenschutz forderte.

Ähnlich dem *Stern-Report*, der die ökonomischen Lasten eines ungebremsten Klimawandels berechnet, sollte mit dem *Stern-Bericht zur Artenvielfalt* der Wert der Tier- und Pflanzenwelt taxiert werden. Dabei geht es nicht nur um die ethische Frage der Bewahrung der Schöpfung; es geht vor allem um die Begrenzung des Klimawandels. Erst wenn wir mit dem Blick auf die Stabilität des Klimas Ökosysteme aus monetärer Sicht betrachten, scheint es die Bereitschaft zu geben, etwas für ihren Schutz zu tun. So wurde eine Arbeitsgruppe um den indischen Physiker und Ökonomen Pavan Sukhdev von der Bundesregierung und der EU-Kommission damit beauftragt, den Wert der Biodiversität zu ermitteln. Die ersten Ergebnisse der Studie wurden bei der CBD-Konferenz zur biologischen Vielfalt (Convention on Biological Diversity), der sogenannten Weltartenschutzkonferenz, im Mai 2008 rund 5000 Delegierten in Bonn vorgestellt. Sukhdev wies dabei darauf hin, dass es absolut notwendig ist, die wirtschaftliche Bedeutung der Biodiversität zu bemessen. Es geht darum, die Ökonomie der Ökologie zu bewerten. Der Ressourcenverbrauch und die damit verbundene Zerstörung der Lebensgrundlagen verläuft so dramatisch, dass es für kommende Generationen kein Auskommen mehr geben wird, wenn wir nicht entschieden handeln. Und für entschiedenes Handeln ist es notwendig, die Bedeutung von Ökosystemen zu erkennen. Sukhdevs Rechnung lautet wie folgt: Die weltweiten Schutzgebiete erbringen Jahr für Jahr einen Wert von insgesamt 5 Billionen Dollar. Das ist mehr, als Automobil-, Stahl- und IT-Wirtschaft zusammen weltweit jährlich erwirtschaften! Sukhdev bezeichnet den Naturschutz denn auch als »Big Business«.

Im Mittelpunkt seiner Arbeit jedoch steht, welche wirtschaftlichen Schäden das Artensterben mit sich bringt. Dabei versucht Sukhdev unter anderem abzuschätzen, was es aus ökonomischer Sicht kostet, wenn weitere Waldflächen verlorengehen. Bislang, so kritisieren Umweltschützer seit langem, gehen solche Aspekte nicht in die Kosten-Nutzen-Analysen ein. Was wir brauchen, ist in der Tat eine Orientierung am Ökosozialprodukt statt reiner Bruttosozialproduktbetrachtungen. Die Analysen zeigen, was die Berücksichtigung ökologischer Fakten bringt, denn Sukhdevs Computerberechnungen hören bei Milliardenbeträgen nicht auf: Sie gehen in die Billionen, wenn man

Faszinierende biologische Vielfalt. Wie lange noch?

Auf der Erde gibt es schätzungsweise zwischen 30 und 50 Millionen Tier- und Pflanzenarten. Wie viele es genau sind, weiß niemand, aber auch wenn noch nicht alle Tiere und Pflanzen wissenschaftlich beschrieben sind, ist gut erforscht, wo viele Arten existieren. Anhand von Leitarten kann man die Vielfalt der Arten gut einschätzen. In den siebzehn sogenannten Mega-Biodiversitätsländern – dazu gehören unter anderem Brasilien, Indonesien und die Philippinen – leben zum Beispiel 70 Prozent aller Arten. Und 90 Prozent leben in den Tropen. Die Spannbreite der Schätzungen, wie viele Arten es insgesamt auf der Erde gibt, verdeutlicht, wie wenig der Mensch über das Leben auf der Erde heute weiß. Der Artenschwund ist immens: Über 34 000 Pflanzen stehen bereits auf der Liste der vom Aussterben bedrohten Arten. Zwar ist es im Lauf der Jahrtausende immer wieder zum Aussterben von Tier- und Pflanzenarten gekommen, doch der Artenrückgang, wie wir ihn im Augenblick erleben, schreitet in beängstigendem Tempo voran und ist mittlerweile fünfzig- bis hundertmal höher als noch um 1950. Wissenschaftler befürchten, dass der Biodiversitätsverlust auf das Tausendfache ansteigt. Dabei werden ganze Lebensgemeinschaften vernichtet, denn eine Art hängt von der anderen ab: Der Tod einer Pflanze oder eines Tieres kann den Verlust anderer Arten nach sich ziehen. Ein beängstigender Dominoeffekt setzt ein.

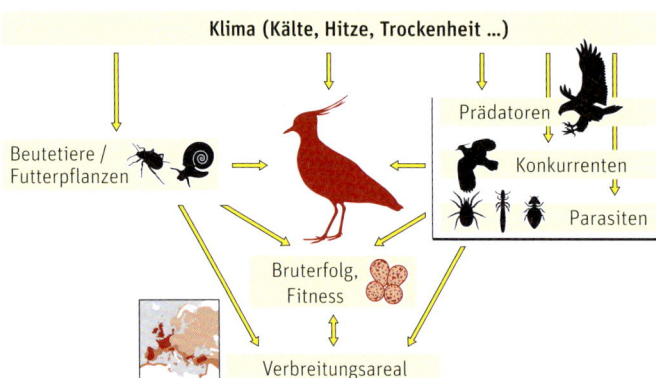

Klimavariablen beeinflussen weitere ökologische Faktoren und wirken sich auf die Vorkommensareale und den Bruterfolg von Vogelarten aus. Die Pfeile der vereinfachten Darstellung symbolisieren die Zusammenhänge. *Quelle: nach Fiedler (2007)*

berechnet, was ein Wald einbringt, wenn er für saubere Luft sorgt, das Wasser filtert und speichert, Erosion verhindert, eine Schutzfunktion bei Hochwasser erfüllt, Nährstoffe im Boden »erzeugt«, Menschen mit Nahrungsmitteln und Rohstoffen versorgt. Wälder sind Lebensräume für Tiere und Pflanzen, sie speichern Kohlendioxid und haben dadurch eine Schutzfunktion fürs Klima. Dagegen fällt der ökonomische Gewinn kaum ins Gewicht, der sich mit einem Wald dadurch erzielen lässt, dass die Bäume gefällt und zu Bauholz, Möbeln oder Papier verarbeitet werden. Sukhdev stellte auch Berechnungen über den Wert von Korallenriffen an. »Korallenriffe haben in manchen Meeresgebieten eine höhere Artenvielfalt als tropische Regenwälder«, erzählt uns Professor Dr. Franz Brümmer von der Universität Stuttgart, der sich für marine Ökosysteme nicht nur in seiner Funktion als Vorsitzender des deutschen Tauchsportverbands einsetzt; auch im Umweltausschuss des Nationalen Olympischen Komitees ist er Mitglied. »Korallenriffe sind die Kinderstube vieler Meeresfische«, sagt er. »Durch Überfischung und Gewässerverschmutzung und durch die Erwärmung der Meere und die damit verbundene Korallenbleiche sind schon ein Drittel aller Korallenriffe der Erde zerstört worden. In der Karibik sind es bereits 80 bis 90 Prozent.« Wenn sich dieser Trend fortsetzt und die Tauchtouristen ausbleiben, gehen den Touristikzentren in der Karibik jährlich 300 Millionen US-Dollar verloren. Weit schlimmer sind die Folgen für den kommerziellen Fischfang: Für eine Vielzahl von Fischen sind die Riffe Kinderstube und Schutz vor Fressfeinden, so Professor Brümmer. Ähnlich bedeutsam sind die Mangrovenwälder, die in vielen Gebieten der Tropen Wohnsiedlungen, Hotelanlagen und Strandboulevards weichen mussten. Mancherorts wurden die Mangroven einfach abgeholzt, verbrannt oder zu Holzkohle verarbeitet, weil die anderen Wälder längst vernichtet waren. Sukhdevs Berechnungen für den Wert intakter Küstenökosysteme in Malaysia liegen bei 845 US-Dollar pro Hektar, für die USA hat er 1000 Dollar errechnet. Geht man von weltweit 17 bis 22 Millionen Hektar Mangrovenwäldern aus, ergibt sich ein jährlich produzierter Wert zwischen 14 und 22 Milliarden Dollar!

Es ist eigentlich ganz einfach: Wir wissen genug, um zu handeln! Vieles würde kaum Geld kosten, wenn die Menschheit so intelligent wäre, ihre Chance wahrzunehmen. Im Bereich der von der Tsunami-Katastrophe 2004 betroffenen Küsten in Sri Lanka, Thailand und Myanmar (Burma), der mindestens 230 000 Menschen zum Opfer fielen, hat es sich gezeigt, wie wichtig intakte Mangrovengürtel für den Küstenschutz sind: Wo Mangroven wachsen, waren weniger Opfer zu beklagen. Es wurde deutlich, dass die Wiederanpflanzung von Mangroven zwar mühsam ist und in der Anfangsphase viel Handarbeit erfordert, doch unterm Strich sind die Kosten zu vernachlässigen. Klimaschutz und Naturbewahrung hängen eng zusammen. Noch bleibt uns Zeit, zu handeln.

Wie beeinflusst der Klimawandel den Vogelzug?
Festgestellte Änderungen im Zugverhalten verschiedener Vogelarten in Deutschland. Berücksichtigt sind nur solche Vögel, die im Brutgebiet und während der Brutzeit beringt und im Winter wiedergefunden wurden. Die ausgewertete Zeitspanne resultiert aus der Datenlage. Die Zugwegverkürzung oder -verlängerung wurde auf der Basis der mittleren Entfernung zwischen Beringungsort (Brutgebiet) und Fundort (Wintergebiet) vorgenommen. Die festgestellte Verschiebung des Breitengrades erfolgte nach dem Mittelwert des Breitengrades, auf dem die beringten Vögel wiedergefunden wurden.
Quelle: nach Fiedler (2004/2007)

Art	Individuenzahl	Zeitraum	Zugweg	Breitengradverschiebung
Brandgans	28	1950–1973	verkürzt	nordwärts
Mäusebussard	387	1960–1986	–	nordwärts
Sperber	490	1922–2002	verkürzt	nordwärts
Turmfalke	845	1928–2001	verkürzt	–
Blesshuhn	190	1954–1991	verkürzt	–
Flussregenpfeifer	34	1953–1986	verkürzt	nordwärts
Kiebitz	557	1950–2001	verkürzt	nordwärts
Lachmöwe	531	1928–2002	verkürzt	nordwärts
Sturmmöwe	364	1928–1994	verkürzt	–
Hohltaube	170	1978–2001	verlängert	–
Ringeltaube	152	1922–1999	verlängert	südwärts
Bachstelze	58	1950–1992	–	südwärts
Hausrotschwanz	72	1960–1990	verkürzt	nordwärts
Amsel	226	1954–2002	verkürzt	nordwärts
Singdrossel	255	1924–2000	verlängert	–
Star	156	1925–2001	verlängert	südwärts
Grünfink	52	1922–1980	verkürzt	nordwärts
Stieglitz	33	1928–1998	verlängert	–
Zeisig	60	1959–1984	–	nordwärts
Gimpel	58	1954–1976	–	–
Kernbeißer	111	1954–1985	–	nordwärts
Goldammer	31	1929–1977	verkürzt	–

»Die meisten Medien haben einfach nicht hingesehen und hingehört«

Ein Gespräch mit Volker Angres, Redaktionsleiter Umwelt beim ZDF

Herr Angres, seit der UN-Konferenz für Umwelt und Entwicklung 1992 in Rio de Janeiro gibt es eine Klimarahmenkonvention. Daraus wurde dann 1997 das fast schon legendäre Kyoto-Protokoll. Eigentlich ja eine enorme Anstrengung der Weltstaatengemeinschaft für den Klimaschutz. Wie hat sich das Protokoll bewährt?

Volker Angres: Gar nicht. Fakt ist, dass der weltweite CO_2-Ausstoß beziehungsweise der Ausstoß an CO_2-Äquivalenten, Stand Ende 2008, zugenommen hat. Die Emissionen der vierzig Industriestaaten, die sich im Kyoto-Protokoll zum Klimaschutz verpflichtet haben, sind um 2,3 Prozent auf umgerechnet 18 Milliarden Tonnen CO_2 angestiegen. 2000 lagen sie noch bei 17,6 Milliarden Tonnen. Einige Länder haben sogar Rekordzuwächse aufzuweisen, die Türkei zum Beispiel plus 95 Prozent. Deutschland hat zwar seine Treibhausgase reduziert, derzeit nach den UN-Daten von 1990 bis 2006 um 18,2 Prozent. Das Kyoto-Protokoll fordert bis 2012 allerdings eine Reduktion von 21 Prozent. Und das ist nicht ganz einfach. Denn rund die Hälfte der bisher erreichten Minderung geht allein zurück auf den Zusammenbruch der Industrie in der früheren DDR. Das heißt: Es wird enorm schwierig; Klimaschutz fängt eigentlich erst jetzt so richtig an.

Wie sinnvoll ist dann überhaupt eine Kyoto-Nachfolgeregelung, um die ja heftig gerungen wird?

Wenn sich nicht wichtige Parameter ändern, kann man das Kyoto-Protokoll getrost vergessen. Zu den Parametern gehören: die Einbeziehung der USA in das Protokoll und die Einbeziehung der Entwicklungs- und Schwellenländer, die ja bis jetzt überhaupt keine Verpflichtungen eingehen müssen.

Nicht immer war Klimaschutz für die Medien ein interessantes Thema. Woran hat das gelegen und wann kam der Wendepunkt?

Medien funktionieren alle irgendwie mechanisch. Da gibt es bestimmte sogenannte Nachrichtenwerte. Das sind, wenn man so will, journalistische Grundregeln, wonach über bestimmte Themen berichtet wird. Katastrophen haben immer sehr gute Chancen, in den Medien vorzukommen. Komplizierte Berechnungen und damit verbundene Prognosen von Klimaforschern, auch noch Prognosen, die mit Wahrscheinlichkeiten arbeiten, solche »Storys« sind nur schwer an den Mann, sprich: an den Schlussredakteur zu bringen. Die meisten Medien haben einfach nicht hingesehen und hingehört, weil es die Leitmedien auch nicht getan haben. In ZDF.umwelt haben wir das trotzdem über all die Jahre gemacht. Das kann sich ein Fachmagazin auch gut leisten, es ist geradezu die Aufgabe einer Sendereihe, die sich ganz intensiv mit Umweltfragen und Nachhaltigkeit befasst. Das reicht aber nicht, um aus einem Thema einen *Mainstream* zu machen. Informationsbewusstsein schaffen bei uns die Hauptnachrichtensendungen im Fernsehen und die Leitmedien im Printbereich. Erst wenn dort ausreichend viel über den Klimawandel berichtet wird, wacht die übrige Medienszene auf. Zudem haben viele Journalisten jahrelang den falschen Fokus gesetzt. Leidenschaftlich wurde diskutiert, ob es denn nun einen Klimawandel gibt oder nicht. Klimaforscher wurden als Spinner bezeichnet. Dabei waren deutliche Anzeichen schon sehr früh zu sehen: die Unregelmäßigkeiten etwa der arktischen Eismassen, verändertes Verhalten bei Zugvögeln oder dauerhaft mildere Winter in den Alpen.

Nun ist Klimawandel in aller Munde und auch in allen Medien, bis hin zum Boulevard. Was hat den Durchbruch verursacht?

Das waren zwei Faktoren: *Faktor eins:* Der Bericht *Die Kosten des Klimawandels* von Sir Nicholas Stern, veröffentlicht am 30. Oktober 2006. Stern kommt auf die atemberaubende Summe von mindestens 5,5 Billionen US-Dollar – jedes Jahr, wenn nichts getan wird. Seinem Bericht zufolge kann sich die Erde in den nächsten hundert Jahren um durchschnittlich bis zu 5 Grad erwärmen. Die Folgen wären verheerende Sturmfluten und extreme Dürren, die an die 200 Millionen Menschen obdachlos machen könnten. Na so was! Überhaupt nichts Neues! Das haben etliche Klimaforscher und Umweltaktivisten schon Jahre vorher prognostiziert. Der Unterschied: Stern ist keiner der »übli-

---

Volker Angres (Jahrgang 1956) gehört zu den angesehensten deutschen Journalisten im Bereich Umwelt und Nachhaltigkeit. Der gelernte Bankkaufmann arbeitete nach seinem Magisterstudium in den Fächern Publizistik, Politikwissenschaft und Pädagogik in verschiedenen Positionen bei ARD und ZDF, besonders für Wirtschafts- und Umweltsendungen. Der Leiter der ZDF.umwelt-Redaktion wurde mehrfach ausgezeichnet, unter anderem mit dem Umweltpreis der Stiftung Arbeit und Umwelt der IG Chemie, der Lina-Hähnle-Medaille des Naturschutzbundes Deutschland, dem Deutschen Solarpreis, dem EuroNatur-Umweltpreis 2000, dem Deutschen Wirtschaftsfilmpreis (2. Platz) für die ARTE-Produktion *Staatsmacht und Energie*, mit der Hugo-Conwentz-Medaille, die vom Bundesverband Beruflicher Naturschutz verliehen wird, sowie dem B.A.U.M.-Umweltpreis

chen Verdächtigen«. Er war bis 2003 Chefökonom der Weltbank und später Wirtschaftsberater der britischen Regierung. Sein Bericht schreckt nun die Medien nahezu flächendeckend auf, eine erste Welle der Berichterstattung läuft an.

Faktor zwei: Al Gore. Er weiß, wie Medien funktionieren, und macht sich diese Mechanik geschickt für seinen Feldzug zunutze. Mit seinem Buch und später mit seiner Kinodoku *Eine unbequeme Wahrheit* rüttelt er weltweit die Menschen auf, zeigt, welche Folgen der Klimawandel haben wird. Über 1000 Vorträge hält er weltweit in nur wenigen Monaten und kommt so auch nach Deutschland. Die zweite Welle der Klimawandelberichte ist in Gang gesetzt. Nicht, weil sich von der Sache her etwas geändert hätte. Sondern weil zwei prominente Köpfe plötzlich ernsthaft über das Thema reden. Medien brauchen offenbar derartige »Rückendeckung«, Redaktionen alleine können solch komplexe Sachverhalte nicht vollständig beurteilen und lassen dann lieber die Berichterstattung bleiben – das Blamagepotential ist zu groß.

Nun wird ja sehr üppig über den Klimawandel berichtet. Wirkt sich das denn jetzt auf die Politik aus?
Zunächst: Wenn auch die Menge der Berichte über den Klimawandel drastisch angestiegen ist, findet sich inhaltlich doch so gut wie nichts Neues. Schon in den fünfziger Jahren wurde wissenschaftlich der Zusammenhang von erhöhter CO_2-Konzentration in der Atmosphäre und Klimawandel fundiert beschrieben. Es handelt sich um die Arbeiten des Amerikaners Professor Roger Revelle, die bereits damals auf die Gefahr steigender Meeresspiegel verweisen. Revelle zählt zu den Pionieren der Klimawissenschaft. Einer seiner Studenten heißt übrigens Al Gore – siehe oben. Viele Forschungsarbeiten schließen sich an, die mehr oder weniger bestätigen, dass es einen menschlichen Faktor beim Klimawandel gibt, bedingt durch den Verbrauch und das Verbrennen riesiger Mengen fossiler Brennstoffe in sehr kurzer Zeit. Freilich erblicken auch andere Studien das Licht der wissenschaftlichen Welt. Sie wollen beweisen, dass der Klimawandel ein natürlicher Vorgang ist, der vom Menschen unbeeinflusst abläuft. Die allermeisten dieser Arbeiten wurden finanziert von der US-amerikanischen Schwerindustrie. Auch diese Studien haben dazu beigetragen, politische Aktivitäten zu verhindern. Selbstverständlich gibt es natürlich Vorgänge, die in der Erdgeschichte immer wieder zu massiven Klimaveränderungen geführt haben. Nie zuvor aber gab es derart starke menschengemachte Einflussfaktoren, und, bezogen auf die Folgen des Klimawandels, nie zuvor gab es über 6,6 Milliarden Menschen auf dem Globus mit der Option auf 9 Milliarden. Erst in jüngster Zeit sind in einigen wenigen Ländern Klimaschutzprogramme aufgelegt worden, Deutschland gehört dazu. Und natürlich ist es richtig, vor der eigenen Haustür zu kehren, bevor man anderen Klimaschutz ins politische Stammbuch schreiben kann. Halten wir aber fest: Selbst wenn Deutschland über Nacht überhaupt kein CO_2 mehr produzieren würde, würde die weltweite CO_2-Menge gerade mal um 3 Prozent sinken. Daran sieht man, worin eigentlich das politische Versagen liegt. Nämlich in dem Unvermögen, die Länder in den Klimaschutz einzubinden, die wirklich viel CO_2 in die Luft blasen: Die USA, China und Indien. Übrigens hat China gerade die USA als größten CO_2-Emittenten überholt.

Warum ist Ihrer Ansicht nach die Einbindung dieser Länder so schwierig?
Die Schwellenländer befürchten, in ihrer wirtschaftlichen Entwicklung durch Klimaschutzauflagen gehemmt zu werden. Und die USA unter Präsident George W. Bush haben lange Jahre offenbar tatsächlich geglaubt, der Klimawandel finde überall auf der Welt statt, nur nicht in Nordamerika. Da ist wertvolle Zeit dem Götzen des Profits geopfert worden, eine Denkweise aus dem letzten Jahrhundert. Nun sind die USA ins Hintertreffen geraten, was moderne Umwelttechniken und Marktchancen angeht.

Wenn Klimaschutz ein globales Problem ist, muss auch eine globale Lösung her. Wie könnte die Ihrer Ansicht nach aussehen?
Was ich derzeit aus den Reihen der Klimaforscher und -politiker höre, ist das Stichwort »globaler CO_2-Handel«, ein vor allem bei der Industrie ungeliebtes Thema – allerdings nur so lange, wie Belastungen durch Zertifikatezukauf einseitig, eben nicht für alle Marktteilnehmer stattfinden. Das also muss verändert werden. Und erstmals scheint es dafür eine Chance zu geben: Der neue US-Präsident Barack Obama hat angekündigt, einen nationalen CO_2-Handel in den USA einzuführen. Allein das wäre ein kräftiges Signal. Dasselbe haben Australien und Japan offenbar vor. Wenn es dann die Europäer noch schaffen, ihren CO_2-Handel in Schwung zu bringen, und wenn es dann gelingt, diese vier großen Handelspartner zu vernetzen, dann wäre das ein gewaltiger Schritt in Richtung globaler Klimaschutz. Aber noch ist das Zukunftsmusik.

Zum Schluss eine persönliche Frage. Sie sind immerhin seit 1990 Leiter der Umweltredaktion im ZDF, haben alle Höhen und Tiefen des Themas erlebt. Was ist es, das Sie trotzdem immer wieder aufs Neue motiviert?
Es ist ein Traum, den ich mal vor etlichen Jahren tatsächlich hatte und der mich ganz offenbar bis heute für meine journalistische Arbeit motiviert: Ich träumte Bilder von einer ausgedorrten Landschaft, von hungernden Menschen, von verendetem Vieh, von ausgetrockneten Brunnen. Plötzlich tauchte inmitten dieser Trostlosigkeit ein Kamerateam auf, ein Reporter hielt den Hungernden das Mikro hin und fragte: Wie konnte das passieren?

Eine Frage der Energie

8. Kapitel: Eine Frage der Energie

Szenario 2035

Biomasse ist in Form von Pflanzen gespeicherte (Sonnen-) Energie. Seit einigen Jahren setzt man verstärkt auf »Biomasseerzeugung«, also auf nachwachsende Rohstoffe wie zum Beispiel Mais, der aber nicht zu Mehl verarbeitet wird oder als Viehfutter dient, sondern allein zu dem Zweck angebaut wird, Biosprit oder Biogas daraus zu machen.

Erst bilden sich kleine Rinnsale. Sie vereinigen sich und schwellen schließlich an wie ein kleiner Bach. Tausende solcher Rinnsale spülen die fruchtbare Ackerkrume fort. Nachdem wochenlang Schwüle über der Landschaft lag wie ein bleiernes Korsett, regnet es jetzt schon seit Tagen. Schutzlos ist die Erde den prasselnden Regentropfen ausgeliefert. Wo sich früher weitläufige Weizenfelder, Maisflächen und Wiesen befanden, ist seit ein paar Jahren nur noch eingeschränkt Landwirtschaft möglich. Mehr als die Hälfte der ohnehin nur spärlich gediehenen Maispflanzen von Landwirt Michael Hassfeld ist in der Sommerhitze vertrocknet.

»Bald ist auch der letzte Boden weggeschwemmt«, sagt Hassfeld trübsinnig zu sich selbst. Der Bauer ist verzweifelt. Seit Monaten kann er nicht mehr richtig schlafen, weil er nicht weiß, wie es weitergehen soll, seit klar ist, dass er keine Subventionen für die Biomasseerzeugung auf seinen Flächen in der Ukraine erhält. »Nie hätte ich mich auf Björn einlassen dürfen. Ich könnte ihn erwürgen!« »Björn« ist Björn Hansen, mit dem er zur Grundschule gegangen ist. Irgendwie bewunderte er den eloquenten Hansen, dem immer alles zu gelingen schien. Später, als sie ab und zu gemeinsam durch die Kneipen zogen, wusste Hansen, wie man die Frauen um den Finger wickelt. Auch seinen besten Freunden spannte er damals die Mädchen aus. Damit machte er sich nicht gerade beliebt, aber Hassfeld suchte trotzdem instinktiv immer wieder seine Nähe.

Hansen war es auch, der ihm geraten hatte, ein agrarwissenschaftliches Studium aufzunehmen. Dabei wollte Hassfeld einfach nur den Hof seines Vaters übernehmen. Seit zweihundert Jahren waren seine Vorfahren freie Bauern, und auch Hassfeld wollte nur eins: Bauer sein! Zwar jammerte sein Vater ständig, aber von irgendwoher bekam er doch immer wieder stattliche Subventionen für den großen Agrarbetrieb. »Du musst eine theoretische Grundlage haben, musst wissen, wie die Systeme funktionieren«, hatte Hansen seinem Freund eingehämmert. Und so quälte sich Hassfeld durchs Agrarstudium an der Uni Kassel. Er büffelte, und Han-

8. Kapitel: Eine Frage der Energie

sen, der verkündet hatte: »Ich gehe in die Politik«, legte eine steile Karriere hin. Zunächst war Hansen nur Beisitzer im örtlichen Parteivorstand, dann stellvertretender Vorsitzender und schließlich Gemeinderat. Er verschaffte sich rasch einen Namen und fand Gehör bei seinen Parteifreunden. »Eigentlich sind die alle faul. Aber das ist meine Chance. Ärgere dich nie über faule Leute: Sie machen es dir leicht, ohne dass du viel tun musst«, hatte Björn Hansen einmal nach ein paar Bier gesagt.

Als Hassfeld mit Ach und Krach das Studium geschafft hatte, übernahm er den väterlichen Betrieb. Siebenundzwanzig war er damals. Sein Vater hatte ihm den Hof nur widerwillig übereignet. »Finde erst mal eine tüchtige Frau«, hatte er zu seinem Sohn gesagt. Damit der Alte zufrieden war und er nicht immer wieder die gleiche Leier hören musste, hatte er sogar bei der Doku-Soap *Bauer sucht Frau* mitgemacht. Doch die Frauen – alle mit Kind –, die auf den Hof kamen, suchten schnell wieder das Weite. Das Landleben hatten sie sich wohl anders vorgestellt.

Die Internationale Energie-Agentur (IEA) geht davon aus, dass sich die globale Nachfrage nach Energie bis 2030 verdoppeln wird. Dabei ist in den Entwicklungsländern das Wachstum dreimal so hoch wie in den OECD-Ländern.

Früher hatten die Hassfelds keine Finanzsorgen. Geschickt hatte es sein Vater verstanden, alle erdenklichen Subventionstöpfe anzuzapfen. Hinzu kamen die vielen Baulandumlegungen. Es war die Zeit, als nahe der Autobahn ein Gewerbegebiet nach dem anderen aus dem Boden gestampft, ein Wohngebiet ums andere erschlossen wurde. Und fast überall hatten die Hassfelds Grund und Boden, und der ließ sich teuer verscherbeln. Sein Vater hatte gute Drähte zu den Gemeinderäten und wusste oft vor den anderen Landwirten, wie sich der Flächennutzungsplan entwickelte und welches Gelände als Bauland ausgewiesen werden sollte. So konnte er einige Male für wenig Geld neuen Grund kaufen, den er dann mit ordentlichem Gewinn wiederverkaufte. »Merk dir eines, Junge«, sagte sein Vater einmal in weinseliger Stimmung, »erst musst du dir Flächen beschaffen, dann wächst das schon alleine ans Geld. Man muss nur warten können; früher oder später wirst du profitieren. Aber begib dich nicht in Geschäftsbereiche, in denen du dich nicht auskennst«, hatte Vater kurz vor seinem Tod gewarnt. Er hatte Wind davon bekommen, dass sein Sohn mit Hansen in Verbindung stand und Land in der Ukraine kaufen wollte. »Lass bloß die Finger davon!«, hatte er gesagt. Doch auf seinen Vater hatte Hassfeld nicht hören wollen.

Nach dem Tod des Vaters war die »alte« Ordnung mit erschreckender Geschwindigkeit zusammengebrochen. Die Subventionstöpfe für die Landwirtschaft sind schon lange leer. Wie in den düsteren Zeiten vor der Gründung der Europäischen Gemeinschaft waren aus Agrarunternehmern wieder Bauern geworden, deren Einkünfte ausschließlich von der Ernte abhingen. Ernteausfälle durch Hagelschlag, Überflutungen oder Dürren brachten keine Entschädigungen mehr ein. Die Prämien für Agrarversicherungen waren für viele nicht mehr bezahlbar, die meisten Versicherungskonzerne litten unter den Folgen des Klimawandels oder waren bankrott.

Die Entwertung internationaler Leitwährungen wie Yen, Euro oder US-Dollar ging mit dem Zusammenbruch der Wirtschaftssysteme einher. Die Menschen flüchteten in Sachwerte: Kupfer, Blei und Aluminium sind heute wertvoller als Gold und Silber. In Hassfelds Hofgebäuden wiehern jetzt siebenundzwanzig hungrige Esel. Er hatte sie gekauft, weil plötzlich einfache Trans-

8. Kapitel: Eine Frage der Energie

portmittel gefragt waren. Gleich neben den Ställen verrotten die Elektromobile, die Björn Hansen ihm aufgeschwatzt hatte und für die Hassfelds letzte Ersparnisse draufgegangen waren. Doch Energiegutscheine gab es nur noch für Sanitäter, Rettungskräfte und Beamte des lokalen Klimarats. Die Menschen, die die Esel mieten sollten, waren längst weggezogen, das Land entvölkert, die nahen Gewerbegebiete verwaist.

Wohin Hassfeld schaut – überall nur Niedergang. Was soll aus ihm werden? Er hat noch nicht einmal Kinder, die für ihn aufkommen. Das Rentensystem »Future 70 plus« ist schon vor Jahren kollabiert. Seit 2020 ist die Unterstützung für über siebzigjährige Arbeitnehmer nicht mehr finanzierbar. Viele organisieren sich in Alterslebensgemeinschaften, in die jeder sein Geld und seine Fähigkeiten einbringen muss. Anfänglich waren noch im Zweimonatsrhythmus winzige Einheitsbeträge an Rentner ausbezahlt worden, die mindestens vierzig Jahre lang gearbeitet hatten, doch irgendwann waren keine Zahlungen mehr möglich. Mit dem Geld der schon vor Jahren privatisierten staatlichen Rentenversicherungen hatte die Geschäftsführung von »Future 70 plus« an der internationalen Energiebörse gezockt und Milliarden in wertlose Papiere investiert. Die Verantwortlichen haben sich rechtzeitig ins Ausland abgesetzt, der Präsident von »Future 70 plus« wurde von aufgebrachten Pensionären vor dem Amtsgebäude beinahe totgeschlagen. Wer jetzt keine Kinder hat oder sein Alter nicht anderweitig abgesichert hat, bleibt unversorgt zurück – der Staat kann die Pensionäre und Rentner nicht mehr versorgen. Noch vor zwanzig Jahren meckerte die Generation 70 plus auf Demonstrationen: »Wir haben für einen Mercedes eingezahlt und kriegen jetzt einen Tretroller ausgeliefert!« Damals haben die Journalisten der Nachrichtensender über den originellen Vergleich gelacht – heute gibt es noch nicht einmal Tretroller für Rentner, die ihr ganzes Arbeitsleben lang in die Rentenkasse eingezahlt haben.

Carolyn Petermann und Laura Spinetti sitzen in einer Zelle des Climate-Crime-Gefängnisses. Es war zu Unruhen gekommen, als die von Björn Hansen gerufenen Milizen den Empfang des Ministerpräsidenten Irfan Ocac gewaltsam aufgelöst hatten. Die Journalistin und Dr. Petermann als ihre Kronzeugin waren festgenommen und als Rädelsführerinnen abgeführt worden. Trotz ihrer Lage sind die beiden Frauen zufrieden. Die Wahrheit ist in der Welt, und niemand kann die Worte der Ärztin Dr. Carolyn Petermann wieder zurückholen. Die *Climate News*, die die Ereignisse im Konferenzzentrum live übertragen hatten, waren simultan elektronisch in die Weltsprachen Hindi, Mandarin-Chinesisch und Englisch übersetzt und über den Newsblock von Internetwatch-Sat ausgestrahlt worden. Jede Watchcam-Uhr rund um den Globus spielte die Nachrichten direkt auf den Arm der Empfänger. Die Öffentlichkeit war mobilisiert, es würde nicht mehr länger möglich sein, die Menschen über die drohende Seuchengefahr und ihre Ursachen im Unklaren zu lassen. Jetzt muss der Weltklimarat auf die Aussagen von Carolyn Petermann reagieren. Immerhin hat sich die Ärztin in den letz-ten Jahren als Virologin einen Namen gemacht, deren Wort unter Wissenschaftlern Gewicht hat und die gehört wird, wenn irgendwo auf der Welt Mutationen und Resistenzen bei Insekten

Mandarin, Englisch und Hindi sind die mit Abstand größten Weltsprachen: Mandarin-Chinesisch wird von über 1,2 Milliarden Menschen gesprochen, Englisch von knapp 700 Millionen und Hindi, das wegen des starken Bevölkerungswachstums das Englische bald überrundet haben wird, von 525 Millionen Menschen.

8. Kapitel: Eine Frage der Energie

auftauchen, wenn Krankheiten sich ausbreiten und es mehr Fragen als Antworten gibt.

Wie zwei junge Mädchen kauern sich die Frauen unter einer alten Decke zusammen. Der kleine Raum ist stickig, und sie reden über alles Mögliche. Die Ärztin erzählt von ihrer Großmutter Erika Scholz, die schon vor Jahren alles verkauft hat, was nicht zur Herstellung von Nahrungsmitteln, Trinkwasser und Energie gebraucht wird, und jetzt weitgehend autark lebt. »Es ist nutzlos, schönen Schmuck, Teppiche und Porzellan zu besitzen«, hat sie immer wieder gesagt und Carolyn erst vor kurzem sogar das Medaillon geschenkt, das sie jahrzehntelang um den Hals getragen hatte.

Laura Spinetti kann es kaum glauben, als sie das Foto in dem Medaillon sieht, aber er ist es, unverkennbar: Großvater Claudio in jungen Jahren! Rasch wird klar, dass sie über ihre Großeltern wie durch ein Band miteinander verbunden sind, das sie nach vielen Jahren an diesem Ort zusammengeführt hat. »Was für ein schönes Foto! – Und so ein schönes Schmuckstück«, sagt Laura. »Dabei dachte ich, Großvater hätte keinen Sinn für Schmuck.« Immer dann, wenn die Weinproben im Keller des kleinen Weingutes in der Toscana zu feuchtfröhlich ausgefallen waren, hatte Lauras Großvater von seiner Jugendliebe geschwärmt. »Meine Großmama hat sich stets über ihn geärgert«, sagt Laura. »Sie hatte diese Erika nie im Leben gesehen, nie auch nur ein Foto von ihr in Händen gehalten, und doch geisterte diese fremde deutsche Frau wie ein Gespenst durch die Ehe meiner Großeltern ...« Carolyn ist traurig zumute. Sie denkt an ihre Großmutter, an die Wehmut, die immer mitschwang, wenn sie von »ihrem Klaus« sprach. Erika Scholz hat nie erfahren, was aus ihm geworden ist. Sie hat gelitten, wie alle verlassenen Frauen leiden, die lieben, und hat alle Liebe, die ihm galt, auf ihr Kind übertragen – das Einzige, was ihr von Klaus geblieben war. Und da sitzen sie nun, die Enkelinnen, die der Zufall zusammengeführt hat, und sprechen über ihre gemeinsamen Wurzeln. »Stell dir vor, was aus uns geworden wäre, wenn die beiden damals zusammengeblieben wären ...«, sinniert Carolyn Petermann. »... dann hätten wir vielleicht eine gemeinsame Mutter gehabt und wären Geschwister«, spinnt Laura Spinetti den Faden fort. »Meine Mutter würde dich mögen«, sagt sie. Laura redet nicht gern über ihre Eltern in Italien, aber hier, auf engstem Raum mit ihrer »Beinahe-Schwester«, kommt sie doch ins Erzählen: »Das Weingut wirft schon lange keinen Gewinn mehr ab. Mutter ist krank und verbittert. Und Vater trinkt – heimlich schleicht er in den Weinkeller und macht sich dort mit Opa Claudio über die letzten Flaschen her ...« Laura Spinetti lässt den Satz in der Luft hängen. Dann sagt sie: »Für Mama wäre es am besten, wenn wir alle in Deutschland unterkämen.« Doch die Grenzen in Europa sind mittlerweile geschlossen. Auch Laura kann nicht zurück nach Italien, jedenfalls nicht auf legalem Weg. »Was soll bloß werden?«, fragt sie fast wie im Selbstgespräch.

»Die Schwierigkeiten verdeutlicht eine jüngst vom Ölkonzern BP vorgelegte Zahl zu den globalen CO_2-Emissionen: Sie sind von 30,0 Milliarden Tonnen im Jahr 2006 auf 30,9 Milliarden Tonnen im vergangenen Jahr gestiegen.« Bericht im *Focus-Online* am 18. November 2008

In diesem Augenblick geht das Licht in der Zelle aus. Die Lüftung arbeitet nicht mehr. Sofort steigt die Temperatur in dem kleinen fensterlosen Raum. »Die Energiezufuhr ist wieder unterbrochen«, sagt die Journalistin lapidar. Beide schweigen. Dann sagt Laura zusammenhanglos in die Dunkelheit des Raumes hinein: »Wie engmaschig die Klima-Killer die Gesellschaft unter-

8. Kapitel: Eine Frage der Energie

wandert haben, ist einfach nur beängstigend. Wie konnte aus so einer Gruppe eine richtige politische Bewegung werden?« Sie denkt an Björn Hansen, der für die Finanzierung der Klima-Killer sogar die eingefrorenen Rententöpfe angezapft hat. Dann gibt sie sich selbst die Antwort: »Wahrscheinlich ist es wie vor hundert Jahren, bei den Nazis: Wirtschaftliche Instabilität in Kombination mit Angst macht aus Bürgern schnell Radikale. Und wenn dann noch ökologische Ignoranz und politische Inkompetenz hinzukommen ...« Alle Versuche aus den letzten drei Jahrzehnten, zu retten, was zu retten war, waren letztlich nur ein Flickenteppich. Während auf der einen Seite Klimalöcher gestopft wurden, rissen auf der anderen Seite neue und größere auf.

Im Büro von Christian Wolf fährt die Klimaanlage plötzlich herunter und verabschiedet sich mit einem unheimlichen Geräusch. »Wieder kein Strom«, sagt der Regierungspräsident zu seiner Sekretärin, die ihm das akkubetriebene Touchscreentelefon reicht. »Ihre Frau«, sagt Inge Belgrad knapp. Rachel ist auf dem Display zu sehen. Sie weint. »Ich bin im Flüchtlingslager«, sagt sie mit ihrem amerikanischen Akzent. »Die USA hat mir die Einreise verweigert.« Ihr Gesicht verschwimmt auf dem Touchscreen. »Ich hol euch heim!«, sagt Wolf, doch die Verbindung ist schon unterbrochen. »Gottverdammt! In welchem Lager ist meine Frau?«, schreit Wolf durchs Büro. Sofort steht Inge Belgrad wieder im Zimmer. »Ich weiß es nicht«, sagt sie kleinlaut. »Ich habe Ihre Frau nicht gefragt ...«

Der Strom springt wieder an. Im Meetingraum flimmern die *Climate News* über die Projektionsfläche an der Wand: »... der Enkel des ersten Klimapräsidenten der USA, Arnold Schwarzenegger, wurde von einem Immigration-Officer an der Einreise in die Vereinigten Staaten gehindert ...« Der Regierungspräsident traut seinen Ohren nicht. Wie soll er Rachel helfen, wenn selbst der starke Arm des Altpräsidenten kraftlos ist?

Wolf blickt seine Sekretärin ernst an. »Wenn meine Frau anruft – ich muss wissen, wo sie ist! ... In welchem Lager ...« Inge Belgrad nickt. »Ich muss jetzt weg, rüber ins Climate-Crime-Gefängnis«, sagt Wolf. »Befehl von oben! Aber rufen Sie unbedingt an, wenn Rachel sich wieder meldet!« Dann rennt Wolf los. Dass Laura Spinetti und diese Ärztin aber auch ausgerechnet in seiner Stadt inhaftiert sind! Er hat ja keine Ahnung gehabt, wohin die Frauen nach dem Tumult im Kongresszentrum gebracht worden waren. Und irgendwie hängt Hansen in dem Skandal um die Frauen mit drin. Der Schweiß steht Wolf auf der Stirn. Zu Fuß braucht er bestimmt eine gute Stunde, aber selbst wenn Wolf noch Bezugschips für die Energieautomaten hätte, müsste er den Dienstwagen stehenlassen; Treibstoff gibt es mittlerweile nur noch für Einsatzfahrzeuge. Nervös kratzt Wolf an seinen Armen. Die Anordnung zur Freilassung der italienischen Journalistin und dieser Ärztin aus Hamburg war plötzlich über das altmodische Rote Telefon gekommen – eine Erdleitung für Notfälle, die im Jahr 2014 zu den wichtigsten Behörden, und so auch ins Regierungspräsidium, verlegt worden ist, weil die Satellitenkommunikation nicht immer verlässlich funktionierte. Der Vorsitzende des Klimarats höchstpersönlich hat sich für die Frauen eingesetzt. Der Mann hat getobt! Dr. Petermann soll mit der nächsten verfügbaren UN-Maschine

Im September 2006 hat der kalifornische Gouverneur Arnold Schwarzenegger mit dem »Global Warming Solutions Act« die schärfsten Klimakontrollmaßnahmen in den Vereinigten Staaten in Kraft gesetzt. Das Gesetz sieht vor, die CO_2-Werte bis 2020 auf das Niveau von 1990 zu reduzieren.

8. Kapitel: Eine Frage der Energie

Obama dreht Umweltpolitik um 180 Grad
»Die Wende in der Klima- und Abgaspolitik fällt mit der tiefen Krise der US-Autoindustrie zusammen. Seit Monaten kämpft die Branche um ihr Überleben. Im Dezember konnten nur staatliche Nothilfen von mehr als 17 Mrd. Dollar General Motors und Chrysler vor dem Bankrott retten.«
Bericht im Handelsblatt vom 27. Januar 2009

»Die sozialen und Umweltprobleme, die durch die Produktion von Biokraftstoffen ausgelöst wurden, sind größer, als wir es geahnt haben.«
Stavros Dimas, EU-Kommissar für Umweltpolitik

nach Washington eingeflogen werden. Wegen der Viren. Wolf versteht die Zusammenhänge nicht, aber ihm ist klar, dass es extrem wichtig sein muss.

Während Wolf Richtung Climate-Crime-Gefängnis hetzt, laufen noch immer die Klimanachrichten über die Multifunktionswand im Meetingraum des Regierungspräsidenten. Regungslos starrt Inge Belgrad den überlebensgroß an die Wand projizierten Katastrophen ins Gesicht:

Teheran: Professor Doktor Ernst Hugold, der Papst der Solarenergie, ist von den Revolutionsführern des iranisch-moslemischen Kriegerrats entführt worden. Hugold soll den Mullahstaat mit Energie versorgen. Terroristen haben das Atomkraftwerk in Teheran in ihre Gewalt gebracht: Es wurde notabgeschaltet, nachdem das Kühlwassersystem versagt hat. Die Gerüchte um eine Kernschmelze halten sich hartnäckig.
Berlin: Vor dem historischen KaDeWe ist es bei der Verteilung von Bezugschips für die mobile Trinkwasserabgabe an Aqua-Automaten zu schweren Ausschreitungen mit fünf Toten gekommen ...
Wien: Energiediebe wurden von den Eingreiftruppen der Climate-Police auf frischer Tat gestellt und getötet, als sie versucht haben, Windkraftwerke anzuzapfen ...
Hannover: Die Lebensmittelzentrallager von Aldi-International und Lidl-Norddeutschland sind leer geräumt und werden zu Schlafhallen für Klimaflüchtlinge aus Skandinavien umgebaut, die aus den Permafrostkrisengebieten fliehen ...
Washington: Björn Hansen fordert vom Weltklimarat die Ausrufung des weltweiten Ökonotstands und alle Vollmachten, damit asiatische und afrikanische Flüchtlinge zwangskastriert werden können, bevor sie die europäische Grenze überschreiten. Die Weltbevölkerung hat die magische Grenze von 9 Milliarden überschritten ...
Peking: In China ist die Bestattung von Verstorbenen wegen der Bodenverschmutzung verboten. Die Angehörigen müssen ihre Toten zu Incinerator-Öfen transportieren ...
Vancouver: Die Fische in den globalen Aquafarmen wurden durch eine rätselhafte Viruserkrankung dahingerafft, die Weltmeere sind weitgehend leer gefischt. Die Versorgung der Weltbevölkerung mit tierischen Eiweißen ist gefährdet ...
Sydney: Der Wüstenkontinent ist in weiten Teilen für Menschen nicht mehr bewohnbar. Die Stauseen, die Sydney mit Trinkwasser versorgten, sind leer. Seit über zwei Jahrzehnten ist im Südwesten des Landes kein Regen gefallen – in der Westküstenstadt Perth warten australische Flüchtlinge auf den Transport nach Japan. Indonesien lehnt die Aufnahme von Australiern ab ...
Augsburg: Erneut wurde ein Schwarm Wanderheuschrecken gesichtet ...
Anchorage: Seit über fünfzehn Jahren liegen die Temperaturen in Alaska fast das ganze Jahr über null Grad Celsius. Das Umland von Anchorage ist nicht mehr bewohnbar und versinkt im Schlamm, weil der Permafrostboden getaut ist ...
Sibirien: Unter den Einwohnern breitet sich ein tödliches Fieber aus. Auslöser sind Bakterien aus dem tauenden Permafrostboden. Wissenschaftler sprechen von Erregern, die über Jahrtausende im

Kälteschlaf schlummerten und jetzt mit dem Schmelzen des ewigen Eises erwacht sind ...
Rotes Meer, Suez: Terroristen haben beide Zufahrten zum Suezkanal besetzt. Sie wollen die Kontrolle über die Erdöltransporte.

Inge Belgrad steht regungslos im Konferenzraum und starrt auf die Bilder, die über die Leinwand flackern. Sie fühlt sich alt und verbraucht. Ob Christian Wolf je geahnt hat, dass sie ihn nicht nur als Regierungspräsident verehrt? Wie kitschig, denkt sie; persönliche Assistentin liebt ihren Chef. In all den Jahren hat er ihr als Frau nie Beachtung geschenkt. Sie hat ihm stets treu gedient, war verfügbar und hat »dem bösen Wolf« – wie er in anderen Abteilungen genannt wurde – kleine und große Unannehmlichkeiten vom Hals gehalten. Sie hat jahrzehntelang in seinen Diensten gestanden, klaglos Überstunden gemacht, stets das Wohlbefinden ihres Chefs im Auge behalten und aus Liebe zu ihm auch die Launen seiner exzentrischen amerikanischen Frau ertragen.
Heute ist ihr kleines bisschen Leben zerbrochen. Inge Belgrad kommt aus bescheidenen Verhältnissen. »Im Alter bist du bei der Behörde wenigstens versorgt, mein Kind«, hatte die Mutter damals immer gesagt. »Wegen der Pensionsansprüche ...« Aber es gibt keine Pension mehr, von der Inge Belgrad leben kann. Die Gelder für öffentliche Alterszuwendungen sind auf einen minimalen Einheitsbetrag zusammengekürzt worden. Ihren Lebensabend wird Inge Belgrad in einem behördlichen Mitwohnzentrum verbringen – in einem Zweibettzimmer. Und damit geht es ihr als Angestellte im öffentlichen Dienst schon viel besser als all den anderen Alten, die mit dem Zeitpunkt der Verrentung nicht wissen, wo und wie sie leben werden. »Wo sind all die Jahre geblieben?«, fragt sich die Frau verbittert. »Was soll nur werden ...?«

Wie es weitergegangen sein könnte ...

Carolyn Petermann wird vom Vorsitzenden des Weltklimarats in ein internationales Ärzteteam berufen und mit der Erforschung der rätselhaften Infektionskrankheiten betraut. Sie kann nachweisen, dass die Mutationen der Insekten unmittelbar mit der Klimaerwärmung in Zusammenhang stehen. Zwischen Carolyn Petermann und der italienischen Journalistin Laura Spinetti ist eine tiefe Freundschaft gewachsen. Trotz strenger Reisebeschränkungen können die Frauen zusammen nach Italien reisen, um dort ihre gemeinsame Familiengeschichte aufzuarbeiten. Hier trifft Carolyn Petermann Claudio, der zugleich der Großvater ihrer Freundin Laura und ihr eigener Großvater ist.

Erika Scholz ist enttäuscht, als Carolyn ihr Fotos von Claudio zeigt. Dieser alte Mann hat so gar nichts mehr mit ihrer großen Liebe gemein. Er ist dem Alkohol verfallen und am Leben gescheitert. Sie hingegen ist eine unternehmungslustige, fröhliche alte Dame mit großem Mut und Einfallsreichtum.
Mit ihren Heilkräutern kommt sie gut über die Runden. Der Tauschhandel floriert: Erika bezahlt Dienstleistungen mit ihren alternativen Medikamenten gegen Fieber, Depressionen, Herz-Kreislauf-Erkrankungen und offene Wunden. Um sie herum hat sich in verlassenen Häusern eine Alten-WG angesiedelt, die relativ unabhängig auf dem Land lebt, nicht allzu weit von der Stadt entfernt. Die Mitglieder der WG erzeugen ihren eigenen Strom, haben Zisternen auf dem Gelände und sind in puncto Lebensmittel nahezu Selbstversorger. Erika Scholz wird von allen geschätzt und anerkannt. Auf ihr Enkelkind – das sie nach dem Tod von ihrer Tochter und deren Mann wie ein eigenes Kind großzog – ist sie sehr stolz.

Traudl und Anton Steinhuber haben gemeinsam mit dem spanischen Ehepaar Margaritha und José Pascual im Lager »Europa I« eine Hilfsorganisation für Flüchtlingskinder gegründet. Nachdem durch die Berichte der Journalistin Laura Spinetti das ganze Elend der Kinder öffentlich wurde, musste die internationale Lagerverwaltung handeln. Jetzt können europäische Flüchtlingspaare afrikanische und asiatische Kinder aus dem Lager adoptieren oder sich als Paten für die Kleinen einsetzen; Traudl hat sich sofort für Baby Joe entschieden. Ihr Zustand bessert sich allmählich. Das Tal, aus dem die Steinhubers stammen, ist jetzt menschenleer.

Laura Spinetti hat international viel Ruhm geerntet für ihre journalistische Arbeit, mit der sie drei Skandale aufgedeckt hat: die Zustände in den Flüchtlingslagern; die Gesundheitsgefährdung der Menschen, die von den durch maßlosen Insektizideinsatz mutierten Insekten ausgeht; und vor allem die terroristischen Aktivitäten der Klima-Killer. Als sie ihr Material über Björn Hansens Verbindungen zu den Klima-Killern vor dem Weltklimarat präsentierte, wurde er all seiner Ämter enthoben.

Christian Wolf ist wieder mit Rachel und Sven vereint. Doch der missglückte Ausreiseversuch seiner Frau hat ihn tief verletzt. Ist sie nur zu ihm zurückgekehrt, weil die USA Rachel nicht mehr ins Land gelassen haben? Seine Liebe zu Rachel ist nach wie vor groß, doch er ist auch Realist: Seine Ehe ist gescheitert. Außerdem macht ihm seine schwere Hautinfektion zu schaffen. Ihn quälen blutige Hautausschläge, Ekzeme und eitrige Geschwüre. Sein Körper reagiert äußerst allergisch auf die Insektenschutzmittel; doch ohne Chemie hält er es nicht aus. Trotzdem kämpft Wolf an allen Fronten, um den Auswirkungen der Klimakatastrophe zu begegnen. Der Weltklimarat ist auf ihn aufmerksam geworden. Wolf weiß es noch nicht, aber er ist als Vorsitzender des Nationalen Sicherheitsrats im Gespräch. Er wird in der Politik Karriere machen.

Familie Strunzdorf erhält durch Bürgermeister Matthias Höffner im Süden Deutschlands eine neue Chance. Als kommunaler Energiemanager kann Patrick Strunzdorf beruflich wieder Fuß fassen. Bei ihrem Umzug aus Köln konnte die Familie nur das wenige mitnehmen, was in ein paar Koffer passte. Alle sonstige Habe fiel Plünderern zum Opfer oder versank in den Fluten, mit denen der Rhein sich immer wieder Teile der Domstadt zurückerobert.

Im Wechsel zu den Überschwemmungen gibt es schlimme Trockenperioden mit Tiefstwasserständen. Marie Strunzdorf schöpft in ihrer neuen Heimat zwar wieder Mut, doch dass sich ihre Tochter ausgerechnet mit einem Türken verlobt hat, kann sie nur schwer verwinden. Dabei hat Mehmet das Leben ihres Sohnes gerettet, indem er die notwendigen Medikamente aus den THW-Beständen entwendete, als Philipp an dem geheimnisvollen Fieber erkrankt war.

Matthias Höffner überlebt einen Herzinfarkt nur, weil er dank seiner guten Kontakte zu Landrat Haasenkamp die richtige Behandlung im Kreiskrankenhaus erfährt. Unter abenteuerlichen Operationsbedingungen wird Höffner in letzter Sekunde ein altmodischer Bypass gelegt, und durch das Einspritzen von Thymosin Beta-4 direkt ins Herz wird ein weiteres Zellsterben des Herzmuskels verhindert. Als Höffner gesundheitlich wieder auf der Höhe ist, wird er wegen der unorthodoxen Entscheidungen, die er trotz aller Widerstände vor Ort durchgezogen hat, von Christian Wolf in den Nationalen Sicherheitsrat berufen.

Georg Grasser erkrankt an dem geheimnisvollen Fieber. Der Anführer der Klima-Killer wird bewusstlos auf der Straße gefunden und in die Isolier- und Siechenabteilung eines Krankenlagers eingeliefert. Dort rettet der Kenianer Toboke ihm das Leben: Toboke, dessen Sohn an dem Fieber stirbt, gibt Grasser die Medikamente, die eigentlich für sein Kind bestimmt waren. Georg Grasser, dem bewusst ist, dass der Kenianer auf dem Schwarzmarkt viel Geld für die Medikamente bekommen hätte, kommt ins Grübeln, ob sich die Welt wirklich so schlicht in Schwarz und Weiß einteilen lässt.

Michael Hassfeld hat sich aufgehängt. Die Folgen der Klimakatastrophe haben den Landwirt ruiniert. Sein Land in der Ukraine ist enteignet worden, die Subventionen, mit denen er gerechnet hat, sind nie geflossen. Als Björn Hansen bei ihm Zuflucht sucht, um seiner Verhaftung zu entgehen, findet er Hassfelds Leichnam im Stall zwischen den halbverhungerten Eseln.

Volle Tanks und leere Teller?

Biomasseerzeugung – auch in Mitteleuropa ist nicht alles grün, wo »Öko« draufsteht

Spritpflanzen

»Was nützt es dem Klima, wenn wir Sportwagen verbieten, aber jede Woche irgendwo in der Welt ein neues Kohlekraftwerk ans Netz nehmen?«
Ein Gespräch mit Herbert Ampferer, Umweltexperte der Porsche AG

»Je mehr Menschen sich engagieren, umso größer werden die Erfolge sein«
Ein Gespräch mit Prof. Dr. Hubert Weiger, Vorsitzender des Bunds für Umwelt und Naturschutz Deutschland (BUND) e.V.

Volle Tanks und leere Teller?

»Es tut uns leid: Wir machen die Maispreise nicht!«, stand auf dem handgeschriebenen Schild einer Tortilla-Bäckerei in Mexiko-Stadt. Doch diese und ähnliche Aktionen von Bäckereien und Lebensmittelhändlern konnten die Kunden nicht beruhigen. Sie haben Scheiben eingeschlagen, die Bäcker und Verkäuferinnen hinter den Verkaufsständen hervorgeholt und auf der Straße verprügelt. Eine blutende Frau klagte: »Was kann ich denn dafür?«

Mit dem Tortilla-Aufstand in den Straßen von Mexiko-Stadt fing im Februar 2007 alles an. Dann brachen auch in den Straßen von Jakarta, Mumbai (Bombay) und Kairo Unruhen aus. Der Grund: Die Getreidepreise schnellten so hoch wie noch nie zuvor. Mit der Nachfrage nach Biotreibstoff stiegen plötzlich die Preise für Lebensmittel. Wie immer traf es die Ärmsten der Armen zuerst. Auch in den USA kam es überall in den Vororten zu »Brotdemonstrationen«, weil Lebensmittel um bis zu 20 Prozent teurer geworden waren. In Italien, wo die Preise um 7 Prozent gestiegen waren, gab es im September 2007 die ersten »Pasta-Proteste«.

»Mit den steigenden Ölpreisen steigen auch die Preise für Grundnahrungsmittel immer weiter ins Uferlose«, prophezeite Lester Brown vom Earth Policy Institute in Washington, D.C. »Denn Getreide wird verschifft

Lachgas (310 CO$_2$-Äquivalente)
Methan (21 CO$_2$-Äquivalente)
Kohlendioxid
Klimawirksamkeit von Methan, Lachgas und Kohlendioxid im Vergleich

und braucht Dünger, um zu wachsen.« Für Brown sind die Schuldigen an der Misere schnell gefunden: »Es sind die Produzenten von Biotreibstoffen. Sie treiben die Preise für Grundnahrungsmittel in die Höhe, denn sie brauchen Ölsaaten und Mais, Zuckerrohr und andere Pflanzen für die Treibstoffproduktion. Aber es gibt nicht genug Land, um all das anzubauen, was wir brauchen.« Obendrein wächst die Weltbevölkerung jeden Tag um weitere 200 000 hungrige Mäuler. Doch der Biosprit allein ist nicht an allem schuld. Auch der neue Reichtum in China und Indien hat seinen Preis. Professor Dr. Joachim von Braun, Chef des International Food Policy Research Institute in Washington, sagt, warum: »Es gibt immer mehr Fleischesser und Milchtrinker.« Und um Fleisch und Milch zu erzeugen, fressen Tiere Getreide: Bis zu 6 Kilogramm Mais stecken in 1 Kilogramm Fleisch. Hinzu kommen Spekulantentum, ungenügender Marktzugang für die Agrarprodukte aus Entwicklungsländern, protektionistische Zollschranken der Industriestaaten und die unterentwickelte nachhaltige Landwirtschaft mit ihren hohen Nachernteverlusten. Es sind also nicht allein die Biotreibstoffe, die die Preise in die Höhe treiben, aber sie stehen in Konkurrenz zur Lebensmittelerzeugung, und Tatsache ist: Mit dem Klimawandel gibt es immer weniger fruchtbare Anbaufläche. Findet erst ein Konkurrenzkampf zwischen Lebensmittelerzeugung und nachwachsenden Rohstoffen statt, verschärft sich die Situation immens. Auch wenn es bei den Energiepreisen immer wieder ein Auf und Ab gibt – langfristig werden die Rohstoffpreise steigen, denn der Energiehunger wächst unaufhaltsam, gerade in China und Indien.

Dann brauchen wir zwei Erden

Es gibt keine einfachen Klimalösungen: Die Mobilität der Reichen in den Industrieländern lässt die Armen in den Entwicklungsländern künftig mehr und mehr hungern. Verstärkt wird diese Tendenz durch die dynamische Wirtschaftsentwicklung in den Ländern mit wachsenden Märkten wie China und

Wasserverbrauch für Produktion in Landwirtschaft & Industrie

Produkt	Wasserverbrauch bei der Herstellung [Liter]
1 kg Recyclingpapier (200 Blatt)	2,5
1 kg Hochglanzpapier (200 Blatt)	8
1 kg Stahl	100
1 T-Shirt	8 000–23 000
1 kg Kunststoff	800
1 Paar (Damen-)Schuhe	125
1 kg Rindfleisch	250–5 700
1 kg Zucker	1500–3 000
1 kg Süßgetränk	50
1 kg Orangensaft	179–591
1 kg Tomaten	30
1 kg Brathähnchen	3 500
1 kg Reis	1 900

Problem Ressourcenverteilung

Während viele Menschen auf der Welt dursten und keinen Zugang zu frischem Trinkwasser haben, werden für die Herstellung verschiedener Lebensmittel und Gebrauchsgüter gigantische Wassermengen benötigt. Wie lange werden wir uns diesen Luxus leisten können, wenn sich das Klima weiter erwärmt und Wasser immer knapper wird?

Quelle: nach Hahn, Univ. Karlsruhe

Energieknappheit *8. Kapitel:* Eine Frage der Energie

Indien. Sie wollen ihren Wohlstand bis 2020 verdoppeln. »Bei 1,3 Milliarden Chinesen bedeutet das eine gigantische Nachfrage nach Energie und Rohstoffen«, sagte Bundesumweltminister Sigmar Gabriel, der sein Ressort – wie er häufig anklingen lässt – auch als Wirtschaftsministerium in Sachen Ökologie sieht, anlässlich der Kommentierung des UN-Weltklimareports. »Das Gleiche gilt für andere Schwellenländer wie Brasilien und Mexiko. Und damit nicht genug: Heute leben 6,5 Milliarden Menschen auf unserer Erde, in wenigen Jahrzehnten werden es 9 Milliarden sein.« Tatsächlich – das prophezeien Umweltverbände und Wissenschaftler aus den verschiedensten Disziplinen – brauchen wir bald zwei Planeten, um den Hunger der Menschen nach Energie zu stillen. Alle wollen mobil sein: Auto fahren, im Flugzeug fliegen. Die Menschen wollen Fleisch essen, warme Häuser und Wohnungen im Winter und gekühlte Räume im Sommer bewohnen. Sie wollen teilhaben an der schönen neuen Welt des Fortschritts. Mobilität ist ein Motor dieses Fortschritts. Aber vielleicht ist die scheinbar unbegrenzte Mobilität irgendwann auch der Motor des Untergangs.

Fressen Motoren den Armen die Lebensmittel weg?

Als im Sommer 2008 der Ölpreis über 145 US-Dollar pro Barrel stieg, war ein historisches Hoch erreicht: Seit 2004 hatte sich der Ölpreis mehr als verdoppelt. Wenn der Ölpreis in solche schwindelnden Höhen strebt, gibt das der Produktion von Biokraftstoffen enormen Aufwind. Doch nicht nur die »Elendsexperten« von Caritas international, sondern auch die großen Umweltverbände und die Organisationen der Entwicklungshilfe warnen seit langem vor allzu großer Klimaeuphorie, wenn von Biotreibstoff als Lösung für das Energieproblem der Zukunft die Rede ist. Für 100 Liter Ethanol müssen in einem energieaufwendigen Verfahren 200 Kilogramm Mais in Alkohol umgewandelt werden. 200 Kilogramm Mais enthalten 700 000 Kalorien. Davon könnte ein erwachsener Mensch ein ganzes Jahr lang leben. »Unter der Flagge eines vermeintlichen Klimaschutzes werden Menschen in den Hunger getrieben«, warnte Dr. Oliver Müller, Leiter von Caritas international. Für die Gewinnung mancher Biokraftstoffe – etwa aus Zuckerrohr – werden Urwälder vernichtet, um weitere Anbauflächen zu gewinnen. Seltene Pflanzen und Tiere sterben noch schneller aus, damit das Gewissen der Biospritfahrer beruhigt ist. »Gut gemeint ist hier das absolute Gegenteil von gut«, sagt Professor Dr. Werner Mühlbauer von der Nachhaltigkeitsstiftung NatureLife-International.

In Entwicklungsländern wachsen Zuckerrohr, Mais und Palmöl längst auf sogenannten agroindustriellen Flächen, um den Energiehunger der reichen Länder zu stillen. Gleichzeitig nimmt die Zahl der unterernährten Armen zu. In Afrika werden schon jetzt über 200 Millionen Menschen nicht satt.

Als das Grundnahrungsmittel Mais auf einmal nicht mehr auf dem Teller, sondern im Tank gelandet ist, stieg der Preis für Tortillas in Mexiko 2005 plötzlich um 40 Prozent. In Brasilien haben sich die Lebensmittelpreise im Lauf eines Jahres verdreifacht, doch Präsident Lula da Silva redete vom »Gold auf dem Felde« – und meinte zwar das Zuckerrohr, aber nicht das »weiße Gold« für Lebensmittel, sondern die Produktion von Ethanol. Wie Heuschrecken fressen sich die Produzenten des Rohstoffs für Biosprit durch unberührte Landschaften und roden, was ihnen unter die Machete kommt, nur um dort Zuckerrohr zu pflanzen. Allein im Süden des brasilianischen Bundesstaats Minas Gerais wurden über 300 000 Hektar mit Zuckerrohr zugepflanzt – Land, auf dem vorher Nahrungsmittel angebaut und Vieh gezüchtet wurde.

Über 50 Millionen Menschen in Lateinamerika sind unterernährt. Mit den Anbauflächen für die Ethanolerzeugung steigt die Zahl der Hungerleider exponentiell. Aber Präsident Lula lobt: »Brasilien ist Vorreiter bei der Produktion von Agro-Ethanol.« Gut ein Viertel des weltweit angebauten Zuckerrohrs kommt aus Brasilien.

Die Motoren der Autos in der westlichen Welt sollen mit klimafreundlichem, CO_2-neutralem Treibstoff aus Zuckerrohr, Mais, Raps und Soja angetrieben werden – der Umwelt zuliebe. Doch das ist keine Lösung, es ist eine Farce. In einer Studie der Welternährungsbehörde FAO (Food and Agriculture Organization) konnte man schon im Juli 2007 lesen, wie gefährlich der Anbau dieser sogenannten Agrotreibstoffe sein kann: Die Preise für Nahrungsmittel stiegen um bis zu 50 Prozent! Dr. Oliver Müller von Caritas international fragt deshalb: »Mästen wir lieber die 800 Millionen Autos auf der Welt als 800 Millionen Hungernde …?«

Durch die Monokulturen für den Treibstoffanbau werden überall in den armen Ländern immer mehr Kleinbauern in den Ruin getrieben. Wo einst Mais, Maniok und Reis wuchsen und die Familien ernährten, wächst heute »klimaneutraler« Treibstoff: Die Lebensmittel der Armen treiben jetzt die Motoren der Reichen an. Hunger und Armut vertreiben die Habenichtse erst von ihrem Acker, dann aus ihrem Land. Die westliche Welt ist häufig Ziel dieser Armutsflüchtlinge. Und es kommen viele junge, wütende, hungrige Menschen, die ihren Teil vom globalen Kuchen abhaben wollen. Der überwiegende Teil der potentiellen Flüchtlinge, die durch eine verfehlte Politik überhaupt erst geschaffen werden, ist unter fünfundzwanzig Jahre alt und männlich. Abschotten ist

Wo kommen die klimaschädlichen Emissionen her?
Die Grafik zeigt die Hauptquellen für CO_2 und andere Treibhausgase. Auffällig ist der hohe Anteil der Landwirtschaft und die Veränderung der Landnutzung – zwei Faktoren, die in der öffentlichen Diskussion bestenfalls eine untergeordnete Rolle spielen.
Quelle: nach WRI

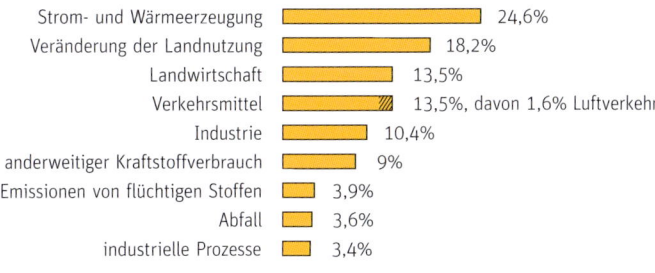

Globale Treibhausgasemissionen

Strom- und Wärmeerzeugung	24,6%
Veränderung der Landnutzung	18,2%
Landwirtschaft	13,5%
Verkehrsmittel	13,5%, davon 1,6% Luftverkehr
Industrie	10,4%
anderweitiger Kraftstoffverbrauch	9%
Emissionen von flüchtigen Stoffen	3,9%
Abfall	3,6%
industrielle Prozesse	3,4%

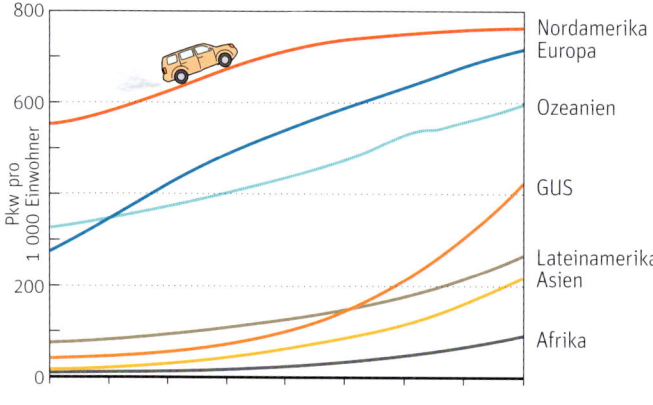

Schlechte Aussichten fürs Klima
Einschätzungen des Umwelt- und Prognose-Instituts e.V. zeigen, dass der Pkw-Motorisierungsgrad noch erheblich zunehmen wird.
Quelle: nach UPI

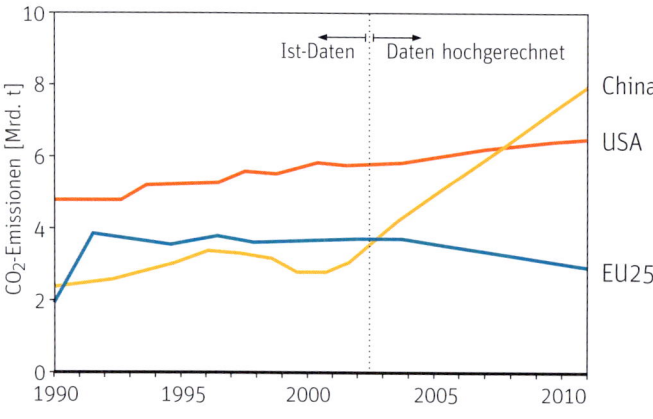

Entwicklung globaler CO_2-Emissionen im bisherigen Verlauf und nach Trendberechnungen
Wie die Grafik zeigt, werden die Emissionen in China noch ganz erheblich ansteigen. Wird die Europäische Union ihre ehrgeizigen Klimaziele zur CO_2-Reduktion erreichen?
Quelle: nach UN

zwecklos. Die Verlierer sind jung und zu allem entschlossen. (Siehe auch Kapitel 3, »Die Welt auf der Flucht«.)

Kurzfristig jedoch sind die Großgrundbesitzer in den Entwicklungsländern die Klimagewinner. Sie machen viele Millionen Dollar und profitieren von Steuerbefreiungen und Subventionen, weil der Spritanbau auf dem Acker vom Staat gefördert wird. Das gute, fruchtbare Land ist in den Händen weniger, und die beuten es brutal aus. Nur mit industriellen Methoden, gigantischem Chemieeinsatz und aufwendiger Bewässerung lassen sich die Ernteerträge erzielen, die den globalen Durst nach Energie stillen. Ganz nebenbei wird dadurch wertvolles Agrarland in schlechten, wertlosen Boden verwandelt.

Treibstoff-Pflanzen haben Hunger und Durst

Seit es beim Klimaschutz ums große Geld geht, sind auch die USA am Start. Schon bald könnten die Amerikaner Weltmeister in der Produktion von Agrotreibstoffen sein. Die erdölfreundliche Bush-Administration – über Jahre hinweg größter Klimaschutzbremser der internationalen Staatengemeinschaft – förderte plötzlich Produktion und Verbrauch neuer Energien. Präsident Bush ließ sich vor wogenden Getreidefeldern fotografieren und lächelte »klimafreundlich« in die Kamera. In Illinois, einem der vier Bundesstaaten, die den »Maisgürtel« (Corn Belt) Amerikas bilden, ist ein neuer Goldrausch ausgebrochen: der »big corn rush«. Getreidefarmer und Raffinerien profitieren von dem »grain flow«, dem Getreidefluss. Mit Mais lässt sich auf einmal wieder Geld verdienen. Viel Geld! Was früher zu Viehfutter, Öl und Stärke für die Lebensmittelindustrie verarbeitet wurde, wird heute zu Ethanol und damit zu Treibstoff raffiniert. Dabei kommt ganz ungeniert auch gentechnisches Saatgut in großem Stil zum Einsatz. Die Goldgräberstimmung der Maisbauern ist im Börsensaal des Chicago Board of Trade regelmäßig abzulesen: Ein kleiner grüner Pfeil zeigt steil nach oben. Die Mais-Preise steigen.

Währenddessen werden in Brasilien die letzten intakten Urwälder vernichtet, denn für die Monokulturen wird dringend Land gebraucht. Tiere und Pflanzen sterben in vorher nie da gewesenem Tempo aus. Ein tödlicher Teufelskreis wurde im Namen des Klimaschutzes in Gang gesetzt, an

Energieknappheit

8. Kapitel: Eine Frage der Energie

Ende erodieren kahlgeschlagene Flächen, Überschwemmungen spülen die ausgelaugte Erde weg und reißen die Elendshütten der Armen mit. Zurück bleibt eine Wüste.

Das Klimaproblem brennt buchstäblich an allen Ecken. In Indonesien findet seit Jahren ein Raubbau in unvorstellbarem Ausmaß statt: Palmöl ist zum Regenwaldvernichter Nummer eins geworden. Die letzten grünen Flecken des Inselstaats werden gnadenlos dem Spritboom geopfert und zu Monokulturen gemacht, die zu ihrer Aufrechterhaltung Unmengen an Dünger und Giften zur Insekten- und Wildkrautvernichtung brauchen. Wenn die Regierung ihre Pläne verwirklicht und die Palmölplantagen um gut 200 000 Quadratkilometer ausdehnt – eine Fläche, in die England und Schottland hineinpassen würden –, werden die wenigen Regenwaldoasen auf Borneo bis 2020 vernichtet sein. Das hat nicht nur dramatische Folgen für das Klima, sondern ganz nebenbei werden heimlich, still und leise die letzten Orang-Utans, Sumatratiger und Nashörner von dieser Erde verschwinden. Das Schicksal der Orang-Utans hat der Schauspieler Hannes Jaenicke im Sommer 2008 in einem aufsehenerregenden Filmreport dokumentiert: Orang-Utans, die sich durch die Baumwipfel der Urwaldriesen hangeln, werden kurzerhand abgeschossen; die Jungtiere werden auf Tiermärkten und in Diskotheken verkauft.

Pseudo-Bio vernichtet Biodiversität

Man muss also schon sehr genau hinschauen, wenn von »nachwachsenden Energieträgern« die Rede ist. Und es gilt eine genaue Umweltbilanz der Agroenergie aufzustellen: Wie steht es um die Auswirkung auf die Biodiversität, wie um das Sozialgefüge einer Region oder eines Landes? Und wie sieht die CO_2- und damit die Klimabilanz aus? Wenn Wälder, die CO_2 gebunden haben, abgebrannt werden, um dort Palmölplantagen anzulegen, dann hat das mit Klimaneutralität nichts zu tun! Auch die Landarbeiter, die mit der Abholzung ein bisschen Geld verdienen, sind letztlich Leidtragende dieser Entwicklung, denn sie müssen die Kettensäge an Bäume legen, die ihre eigene Zukunft sein könnten. Doch diese Menschen haben keine ökonomische Alternative, ihnen bleibt nichts anderes übrig, als bei dem teuflischen Spiel gegen die Natur mitzumachen.

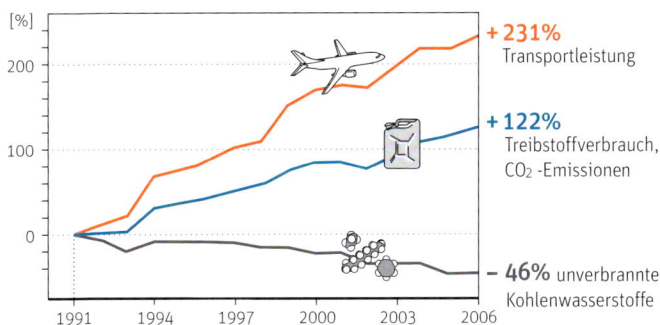

Und es tut sich doch etwas
Am Beispiel der Flotte des Lufthansakonzerns wird deutlich, dass Transportleistung und Umweltbelastung bis zu einem gewissen Grad entkoppelt werden können. Doch die Zunahme des Luftverkehrs macht Einsparungen wieder zunichte.
Quelle: nach Lufthansa, Nachhaltigkeitsbericht »Balance« (2007)

Klimagas und Quelle	1000 t	Mio. t CO_2-Äquivalent
Methan: Tierhaltung, Verdauungsvorgänge	882,1	18,5
Methan: Tierhaltung, Wirtschaftsdünger	248,0	5,2
Lachgas: Tierhaltung, Wirtschaftsdünger	9,2	2,9
Lachgas: Pflanzenbau, gedüngte Kulturen	74,3	23,0
Lachgas: Pflanzenbau, ungedüngte Kulturen	48,4	15,0
Total		**64,6**

Landwirtschaft als Klimakiller
Was wir essen und wie unsere landwirtschaftliche Produktion aussieht, hat erheblichen Einfluss auf das Klima und unsere eigene Zukunft.
Quelle: nach WWF/Dämmgen

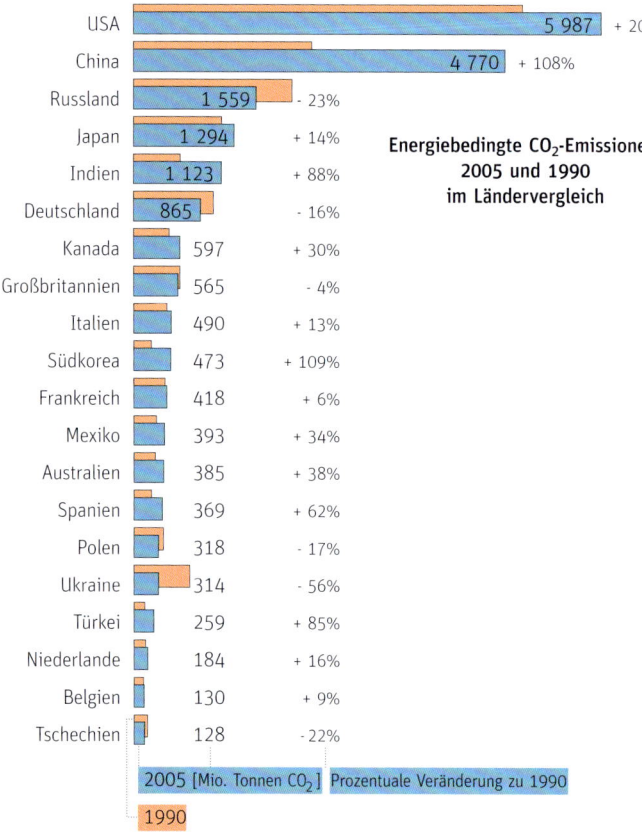

Kein Ende der Klimakiller?
In vielen Ländern haben die CO_2-Emissionen beträchtlich zugenommen.
Quelle: nach DIW

All das nehmen korrupte Kreise des Inselstaats billigend in Kauf, um als weltweit größte Anbieter von Agrodiesel Karriere zu machen.

Regenwälder werden abgeholzt, um Land für die Produktion von Palmöl zu gewinnen. Oder man brennt die Bäume einfach nieder. Brandrodungen haben katastrophale Folgen für das Klima, doch der Palmölboom frisst sich wie ein Krebsgeschwür immer weiter durch das Land. 1997 wurden in Indonesien bereits 20 Millionen Tonnen geerntet, zehn Jahre später waren es 35 Millionen Tonnen: Tendenz steigend, denn mit der Produktion von »Biokraftstoff« ist kein Ende der Palmölplantagen abzusehen.

Palmölplantagen gibt es nicht nur in Indonesien. Sie legen sich wie eine ständig wachsende Gürtelrose rund um den Äquator des leidenden Patienten. Auch in Kolumbien, Nigeria, Mexiko und Uganda wird Palmöl angebaut, denn schließlich gilt es als bester und billigster Rohstoff zur Produktion von Agrodiesel. Aus den ölhaltigen Früchten lässt sich mehr Treibstoff gewinnen als aus Zuckerrohr und Mais.

Zu guter Letzt hängen die armen Länder dann wieder am Tropf westlicher Hilfsorganisationen. Diejenigen, die von dem Boom profitieren, haben ihren Profit eingesackt. Die Verantwortung für ihre Umweltsünden und die Schäden, die sie für Mensch und Natur zurücklassen, übernehmen sie nicht.

Dabei sind Agrotreibstoffe gar nicht in der Lage, den Klimawandel zu bremsen. Selbst wenn 38 Prozent der landwirtschaftlichen Nutzfläche Europas und 43 Prozent der US-amerikanischen Ackerfläche für den Anbau von Agrotreibstoff genutzt würden, könnten nur knapp 10 Prozent des Treibstoffbedarfs gedeckt werden. Die Euphorie des Biomasseanbaus hat zu einer hochproblematischen Konkurrenz zwischen den 800 Millionen Autobesitzern und den 2 Milliarden Menschen geführt, die unter der Armutsgrenze leben. Bereits jetzt wird in der Autofahrernation USA ein Sechstel der gesamten Maisernte zur Treibstoffproduktion eingesetzt. Doch selbst wenn man die gesamte Getreideernte der USA zur Produktion von Ethanol (Biosprit) nutzen würde, wären nur 16 Prozent des gegenwärtigen nordamerikanischen Spritbedarfs gedeckt. Deshalb wird auf Entwicklungsländer ausgewichen, die auf immer mehr Flächen Biosprit statt Lebensmittel erzeugen. Umweltschützer und Entwicklungsexperten fordern deshalb verbindliche Standards für importierte pflanzliche Treibstoffe und entsprechende Zertifikate. Das grundsätzlich zu begrüßende Ziel der Bundesregierung, bis 2020 einen Anteil von 17 Prozent regenerativer Energie bei Treibstoffen zu erreichen, wird – das zeigen Stimmen aus allen Parteien – angesichts der negativen Auswirkungen, die die Biospriterzeugung weltweit in sozialer und ökologischer Hinsicht verursacht, sicher nicht haltbar sein.

So mancher Energieanbieter, der in der ersten Euphorie auf Palmöl gesetzt hat und es verstromen will, muss umdenken. Wer will garantieren, dass der Biotreibstoff, der nach Mitteleuropa transportiert wird, tatsächlich aus nachhaltigen Kulturen stammt? Ist das überhaupt möglich, wenn die irrsinnige Urwaldvernichtung zur Schaffung von Palmölplantagen weitergeht? Papier ist geduldig, und entsprechende Bescheinigungen lassen sich gerade in Ländern wie Indonesien und Brasilien leicht manipulieren ...

Biomasseerzeugung – auch in Mitteleuropa ist nicht alles grün, wo »Öko« draufsteht

Am Anfang klang es wie eine Zauberformel: Nicht nur in den Entwicklungsländern, auch in den Fluren Deutschlands, Österreichs, der Schweiz und anderer Länder Mitteleuropas lässt sich Biomasse entweder als Basis für Biosprit oder als Ausgangsmasse zur Erzeugung von Biogas (das dann verstromt wird) erzeugen. Nostalgische Naturschützer hegten anfänglich noch die Hoffnung, dass der von der Intensivlandwirtschaft aus Arbeits- und Aufwandsgründen verachtete Grünschnitt von Magerwiesen, Trockenrasen und Heideflächen endlich Abnehmer findet. Doch weit gefehlt, die »grüne Wende« kam schneller und heftiger, als viele erwartet haben. Das neue Energie-Einspeisungsgesetz motivierte so manchen Bauer, auf Biogas zu setzen und die Biomasseproduktion zu erhöhen. An ein bisschen Grünschnitt aus Naturschutzgebieten dagegen hat der Bauer kein Interesse. Lieber wurde ökologisch wertvolles Grünland – auch am Rand von Schutzgebieten – kurzerhand umbrochen und in Maisäcker verwandelt. Neue Züchtungen von Maisstengeln, die zwischen 3 und 5 Meter hoch werden, versprechen jede Menge Masse. Und der Lebensraum des Brachvogels, der Feldlerche und des Fasans bleibt schnell auf der Strecke.

Anders als bei Holzpellets und Holzhackschnitzeln, die aus nachhaltiger Forstwirtschaft stammen und deshalb weniger problematisch sind, ist Pflanzenmasse zur Herstellung von Biogas oder Biosprit kein Garant für eine ökologisch unbedenkliche Energieerzeugung. »Forcierter Anbau von Energiepflanzen mit den Methoden der industrialisierten Landwirtschaft steigert den Nutzungsdruck auf Naturschutzflächen. Das beschleunigt die Belastung von Ökosystemen und erhöht den Verlust biologischer und landschaftlicher Vielfalt«, stellte Dr. Norbert Wiersbinski, wissenschaftlicher Mitarbeiter an der Internationalen Naturschutzakademie Insel Vilm fest. Gemeinsam mit einem interdisziplinär zusammengesetzten Kreis von Wissenschaftlern des Bundesamts für Naturschutz (BfN), der Universitäten Greifswald, Tübingen und Frankfurt am Main sowie im Dialog mit verschiedenen Umweltinstitutionen und -organisationen und Teilnehmern mehrerer Fachkongresse wurden die »Vilmer Thesen zur Biomasseproduktion« entwickelt. Das Ziel: die Nutzung nachwachsender Rohstoffe für die Energieproduktion sozial- und naturverträglich zu machen.

Die wichtigsten Feststellungen und Forderungen zeigen das Dilemma in dem Wunsch, einerseits »saubere Energie« zu gewinnen und andererseits intakte Landschaften zu erhalten.

Vilmer Thesen zur Biomasseproduktion (Auszug):

- Die gegenwärtige Biomassen-Euphorie ist Ausdruck eines für das neoklassische Wirtschaftsverständnis charakteristischen Optimismus, die zu Ende gehenden Ressourcen durch neue zu ersetzen und eine »Weiter so«-Politik bezüglich Energieverbrauch und Konsumverhalten zu legitimieren. Dahinter verbirgt sich der Anspruch auf grenzenlose Nutzung und Ausbeutung der Natur.
- Eine nachhaltige Biomasseproduktion sollte unter energiesparenden und effizienzsteigernden Rahmenbedingungen erfolgen.
- Positive Auswirkungen auf den Naturhaushalt wären möglich, wenn bislang intensiv genutzte Ackerflächen durch nachhaltige Anbauformen zur Biomasseproduktion abgelöst werden.
- Mittels Mischkulturen und Fruchtfolgen könnte mit Hilfe des Energiepflanzenbaus der Ausbau des ökologischen Landbaus befördert werden. Unter schlechten Rahmenbedingungen droht eine weitere Verdrängung des ökologischen Landbaus auf Ungunststandorte.
- Die Biomasseproduktion mittels Energiepflanzen birgt die Gefahr, zur Legitimierung der aus verschiedenen Gründen ausgesprochen strittigen Agro-Gentechnik beizutragen und letztlich die Erhaltung der Biodiversität weiter zu bedrohen.
- Biomasse ist keinesfalls eine unbegrenzt verfügbare Ressource. Der steigende Biomassebedarf führt national sowie international zu einer problematischen Konkurrenz zwischen Nahrungserzeugung und Energiepflanzenanbau.
- Nur eine drastische Reduzierung des Energiekonsums und der Lebensmittelverschwendung der Industriestaaten sowie die Förderung einer nachhaltigen Lebensmittelversorgung in den Entwicklungsstaaten können den drohenden ökologischen und sozialen Konflikten wegen Nahrung und Energie vorbeugen.

»Was nützt es dem Klima, wenn wir Sportwagen verbieten, aber jede Woche irgendwo in der Welt ein neues Kohlekraftwerk ans Netz nehmen?«

Ein Gespräch mit Herbert Ampferer

Herr Ampferer, sind Porschefahrer Klimasünder?
Herbert Ampferer: Dass stärker motorisierte Fahrzeuge einen höheren Verbrauch haben als Kleinwagen, lässt sich nicht leugnen und hängt mit den Gesetzen der Physik zusammen. Trotzdem beschäftigt sich Porsche bereits seit den sechziger Jahren mit Technologien zur Kraftstoffminimierung. Das führt im Ergebnis dazu, dass ein 345 PS starker Sportwagen wie der 911 Carrera heute 9,8 Liter auf 100 Kilometer verbraucht. Außerdem sollte man bedenken, dass die Premiumfahrzeuge die Vorreiter bei der Einführung neuer Technologien zur Senkung des Kraftstoffverbrauchs sind. In der Premiumklasse werden die höheren Kosten neuer Technologien am ehesten akzeptiert. Später fließen diese Technologien dann auch in die Fahrzeuge im Volumenmarkt ein.

Sie waren sechzehn Jahre lang als Rennleiter bei Porsche tätig und sind jetzt für Fragen der Umweltvorsorge und der Nachhaltigkeit zuständig. Ist das ein Widerspruch?
Nein, das passt viel besser zusammen, als man zunächst vermuten würde. Motorsportfahrzeuge, insbesondere wenn sie für den Langstreckensport konzipiert werden, müssen leicht und aerodynamisch optimiert sein, und sie müssen effiziente Antriebe haben. Der Kraftstoffverbrauch spielt dabei eine entscheidende Rolle – wer weniger tankt, kann weiter fahren. Und genau diese Attribute von Rennfahrzeugen stehen auch bei der Optimierung unserer zukünftigen Serienfahrzeuge im Vordergrund – sie werden leichter sein und über eine verbesserte Aerodynamik und effizientere Antriebe verfügen. Meine im Motorsport gesammelten Erfahrungen kommen mir hier natürlich zugute.

Manche Kritiker führen ins Feld, dass hochmotorisierte Fahrzeuge nicht mehr in die Zeit passen. Sicher sehen Sie das anders. Porsche würde sich ja das eigene Geschäftsfeld abgraben, wenn die Firma ihr Profil aufgeben würde. Glauben Sie, dass angesichts der jetzt schon sichtbaren Auswirkungen des Klimawandels in zehn bis zwanzig Jahren die Leute noch PS-starke, schnelle Autos fahren werden?
Gegenfrage: Glauben Sie, dass in zehn bis zwanzig Jahren die Menschen nur noch in Wohnblocks und Hochhäusern und nicht mehr in Einfamilienhäusern oder Villen leben? Im Ernst: Wir sollten uns bei der Betrachtung der Ursachen für den Klimawandel nicht immer nur das Auto, sondern alle Verursacher vornehmen. Was nützt es dem Klima, wenn wir Sportwagen verbieten, aber jede Woche irgendwo auf der Welt ein neues Kohlekraftwerk ans Netz nehmen? Unabhängig davon ist es unser oberstes Ziel, die Effizienz unserer Sportwagen weiter zu steigern. Das erwarten auch unsere Kunden von uns.

Wie sieht Ihres Erachtens das Auto der Zukunft aus?
Zukünftige Fahrzeuge werden schon deshalb sparsamer werden müssen, weil sich der weltweite Fahrzeugbestand durch das Wachstum in den Entwicklungsländern in den nächsten dreißig Jahren verdoppeln dürfte. Es gilt also, die Umweltbelastung durch Fahrzeuge deutlich zu reduzieren, auch wenn sie nur rund 10 Prozent der globalen CO_2-Emissionen verursachen. Der Weg dahin wird neben der bereits erwähnten Gewichtsoptimierung geprägt sein von einer weiteren Verbesserung der Verbrennungsmotoren sowie der Getriebe, aber auch von einer zunehmenden Elektrifizierung der Autos. Ich bin überzeugt, dass Hybridfahrzeuge in allen Ausprägungen Marktanteile gewinnen werden. Dagegen dürften Elektrofahrzeuge, vorerst nur eingesetzt für kürzere Fahrten im urbanen Bereich, umso erfolgreicher sein, je schneller es gelingt, kostengünstige Stromspeicher mit deutlich verbesserter Speicherfähigkeit zu entwickeln. Gleichzeitig muss es unser Ziel sein, den Strom für diese Fahrzeuge aus erneuerbarer Energie bereitzustellen. Erst dann würden diese Fahrzeuge auch einen Beitrag zum Klimaschutz leisten.

Dipl. Ing. Herbert Ampferer (Jahrgang 1950) ist Umweltbeauftragter der Porsche AG. Der gebürtige Österreicher war 1970 als Detailkonstrukteur im Bereich Entwicklung/Konstruktion/Motoren in das Unternehmen eingetreten. Nach verschiedenen Stationen – unter anderem als Leiter der Motorenkonstruktion und -entwicklung – wechselte er 1991 in die Rennsportabteilung von Porsche. Dort übernahm er 1995 die kommissarische Leitung, ein Jahr später die Gesamtverantwortung. Seine berufliche Laufbahn als Rennsportchef wurde 1998 mit dem Porsche-GT1-Doppelsieg im Gesamtklassement beim 24-Stunden-Rennen von Le Mans gekrönt. Ampferer ist nicht nur Vollblutingenieur, sondern auch Naturliebhaber, der, wann immer er kann, aufs Fahrrad steigt, Streuobstbäume pflegt und sich auch anderweitig gärtnerisch betätigt.

»Je mehr Menschen sich engagieren, umso größer werden die Erfolge sein«

Ein Gespräch mit Prof. Dr. Hubert Weiger, Vorsitzender des Bund für Umwelt und Naturschutz in Deutschland (BUND) e.V.

Herr Weiger, ist es nicht frustrierend, über Jahrzehnte hinweg immer wieder auf allen Ebenen zu kämpfen und dabei beobachten zu müssen, wie unsere Erde immer weiter auf Chaos und Zerstörung zusteuert? Haben Sie mit all Ihren Erfahrungen aus jahrzehntelanger Arbeit im Naturschutz überhaupt noch Hoffnung?
Hubert Weiger: Was mir Mut macht, sind viele Erfolge in Kleinen wie im Großen. So zum Beispiel zahlreiche, durch unsere Arbeit gerettete Landschaften. Auch die massive Unterstützung unserer Positionen macht mir Mut. Beispiele sind die vielen gutbesuchten Demonstrationen. Mich ermutigt auch die Tatsache, dass wir bis heute die frei fließende Donau zwischen Straubing und Vilshofen vor Staustufen gerettet haben. Nach den offiziellen Plänen wären die Staustufen seit 2002 gebaut! Dies und viele Erfolge mehr sind Zeichen der Hoffnung, möglich gerade durch den engagierten, konkreten Einsatz vieler Menschen vor Ort oder im BUND. Überall, wo die Landschaft heute noch schön und unzerstört ist, haben wir es einzelnen Personen oder Naturschutzverbänden zu verdanken, die sich für diesen Flecken Landschaft einsetzten. Dem steht natürlich die dramatische zerstörerische globale Entwicklung sowie der weitere Flächenfraß im eigenen Land entgegen. Je mehr Menschen sich engagieren, umso größer werden die Erfolge für den Naturschutz sein. Hoffnung für die Zukunft gibt mir aber auch der Rückblick auf die Situation vor einigen Jahrzehnten, wo wir scheinbar chancenlos angekämpft haben gegen Atomkraftwerke, Autobahnen und gegen die Industrialisierung der Landschaft. Auch der Vergleich mit der heutigen Situation und die Tatsache, dass überall auf der Welt sich für die Umwelt engagierte Menschen zusammenschließen, macht Hoffnung.

Sie und der Bund für Umwelt und Naturschutz setzen sich sehr stark auch für den Artenschutz ein. Kann man Klimaschutzargumente auf den Artenschutz herunterbrechen?
Die Bedrohung und der Schutz von Klima und Artenvielfalt stellen vergleichbare Herausforderungen für die Welt dar. Sie hängen auch inhaltlich zusammen und müssen gemeinsam gelöst werden, denn die Artenvielfalt ist durch den Klimawandel stark bedroht. Laut Bundesamt für Naturschutz wird für Deutschland ein Verlust von 5 bis 30 Prozent der Arten in den nächsten Jahrzehnten prognostiziert. Die Berggebiete und Alpen, die Meere und ihre Küsten, Feuchtgebiete und Flüsse werden am stärksten betroffen sein. Damit die Arten möglichst flexibel auf die Veränderungen reagieren können, müssen alle anderen Gefährdungen – wie Flächenverluste oder intensive Landnutzung – dringender denn je reduziert werden. Wir brauchen daher insbesondere großflächigere intakte strukturreiche Rückzugsräume und funktionierende Verbundzonen, große Pufferräume sowie flächendeckende naturverträgliche Landnutzung. Je intakter die Natur ist, umso flexibler kann sie auf die Veränderungen durch den Klimawandel reagieren. Eine hohe biologische Vielfalt und eine intakte Natur sind kein Luxus, sondern die beste Lebensversicherung – nicht nur gegen die Folgen des Klimawandels. Es ist nicht nur, aber erst recht angesichts des zusätzlichen Stressfaktors Klimawandel »5 vor 12«. Nötig ist ein milliardenteures Programm, um die Fehler der Vergangenheit wiedergutzumachen und die Natur für die bereits beginnenden Veränderungen durch den Klimawandel fit zu machen. Naturschutz ist aber auch Klimaschutz, denn intakte Ökosysteme wie wachsende Moore oder Wälder können CO_2 speichern, und eine naturverträgliche Landwirtschaft setzt wesentlich weniger CO_2 frei als die Intensivlandwirtschaft.

Sind die Menschen bei all den persönlichen Problemen wie Arbeitslosigkeit, Altersarmut und Versorgungslücken noch offen für Umweltprobleme; sind sie für Verzicht zu sensibilisieren?
Es geht gar nicht so sehr um den Verzicht. Denn leider hat uns das Festhalten am Ziel des Wirtschaftswachstums fast vollständig vergessen lassen, dass Wachstum per se kein Selbstzweck ist, dass »gut leben« mehr ist als »viel haben«. Es gilt daher, hierüber eine Debatte zu führen und zu verdeutlichen, dass Um-

Prof. Dr. Hubert Weiger (Jahrgang 1947) ist seit 2002 Vorsitzender des Bund Naturschutz in Bayern e.V.; seit 2007 Vorsitzender des Bund für Umwelt und Naturschutz Deutschland (BUND) e.V. Er studierte Forstwirtschaft an der Universität München und an der ETH Zürich und promovierte an der Münchner Ludwig-Maximilians-Universität über bodenkundliche und forsthydrologische Fragen. Seit 1994 unterrichtet er als Honorarprofessor an der Universität Kassel Naturschutz und nachhaltige Landnutzung und seit 2002 an der TU München im Fachbereich Forstwissenschaft und Ressourcenmanagement als Lehrbeauftragter Naturschutzpolitik.

welt, Ökologie und Soziales kein Luxus, sondern Überlebensnotwendigkeit sind, dass wir endlich Maß nehmen müssen in unserem Wirtschaften, uns am Vorbild des Wirtschaftens der Natur orientieren müssen. Es bedeutet, dass wir in einer Zeit von über 4 Millionen Arbeitslosen gefordert sind, endlich Systeme zu entwickeln, durch welche die Umwelt entlastet wird und gleichzeitig Arbeitsplätze geschaffen werden. Als hochentwickeltes Land haben wir dabei größte Potentiale – Stichwort Energiepolitik. Wenn die politischen Rahmenbedingungen so verändert werden, dass sich Energieverschwendung nicht mehr rentiert, werden zahlreiche dezentrale, und das heißt häufig auch: handwerklich organisierte Sektoren der Wirtschaft wachsen, wenige zentrale Sektoren mit erheblich weniger Arbeitsplätzen dagegen empfindliche Einbußen hinnehmen müssen. Allein durch den Einsatz von Effizienztechniken können wir zum Beispiel ohne Verzicht auf Komfort bei gleichem Wohlstand und bei wesentlich mehr Arbeitsplätzen den Energieverbrauch um die Hälfte reduzieren. Das ist praktischer Klimaschutz.

Ist die deutsche Umweltbewegung überhaupt noch relevant, wenn wir nach Indien, China und Brasilien blicken?

Den Kopf in den Sand zu stecken angesichts der globalen Entwicklungen bringt niemandem etwas. Um hier erfolgreich Einfluss zu nehmen und damit viel für die Umwelt zu erreichen, müssen Umweltverbände auch international aktiv sein. Der BUND ist deshalb Mitglied bei Friends of the Earth, einem internationalen Umweltschutznetzwerk. Zusammen mit unseren Mitstreitern aus vielen Ländern organisieren wir Aktionen und Kampagnen, mischen uns in politische Entscheidungen auf EU- oder globaler Ebene ein und setzen uns mit international agierenden Umweltsündern auseinander. Es muss Gerechtigkeit für die Menschen geben, die unter globalen Umweltproblemen am meisten leiden, obwohl sie oft am wenigsten dazu beitragen.

Dem Klimawandel muss mit der entschlossenen Minderung der CO_2-Emissionen bei Energieerzeugung und -verbrauch sowie mit strengen Vorgaben für die Auto- und Flugzeugindustrie begegnet werden. Nur so können wir Vorbild für andere Länder sein und Lösungen für internationale Umweltschutzprobleme liefern.

Spritpflanzen: In den Tank statt auf den Teller?

Mais, Soja und Weizen sind seit vielen Jahrhunderten die klassischen Nahrungspflanzen der Menschen. In Monokulturen angebaut, müssen sie vor Schädlingen geschützt werden und brauchen intensive Düngung, denn Monokulturen laugen den Boden aus. Doch zur Gewinnung von Treibstoff werden obendrein erhebliche Mengen Wasser benötigt: Auf 1 Liter Ethanol aus Zuckerrohr kommen über 3500 Liter Wasser. In Ländern wie Indien und China, wo viele Regionen ohnehin unter Trinkwassermangel leiden, ist der enorme Wasserverbrauch bei der Produktion von Treibstoff eine Gefahr für die Menschen.

Außerdem eignen sich nicht alle Pflanzen von ihrer Ausbeute her gleich gut für die Herstellung von Agrotreibstoff. Die gängigsten Ausgangspflanzen im Überblick:

- *Mais:* Mit Mais lassen sich 3 Tonnen Ethanol pro Hektar und Jahr herstellen. Mais muss mit Stickstoff, Phosphat und Kalium gedüngt werden. Die Pflanze wird von Insekten wie dem Maiszünsler befallen und muss deshalb mit Insektiziden behandelt werden. Der Ertrag liegt heute bei 10 Tonnen pro Hektar. Für Kritiker ist Mais wegen des Dünger- und Pestizideinsatzes, der Bodenerosion sowie des Verlusts an Biodiversität durch die monotonen Flächen keine Alternative.
- *Ölpalme:* Mit Palmöl lassen sich 4,5 Tonnen Agrodiesel pro Hektar im Jahr gewinnen. Die Pflanze wird von Pilzen und Insekten wie dem Palmbohrer und einer Nashornkäferart befallen. Deshalb ist der Einsatz von Fungiziden und Pestiziden enorm. Außerdem werden Palmölplantagen mit Stickstoff, Kalium und Calcium gedüngt und müssen bewässert werden. Das aus den Früchten der Ölpalme gewonnene Öl landet nicht nur im Tank, sondern auch in der Kosmetik- und Lebensmittelindustrie. Die Ausdehnung der Palmölplantagen führt zur dramatischen Vernichtung der Urwälder.
- *Raps:* Der Ertrag liegt bei etwa 3 Tonnen pro Hektar, die Treibstoffausbeute ist mit 1 Tonne Agrodiesel pro Hektar und Jahr eher gering. Die Rapspflanze in den Monokulturen ist anfällig für Schädlinge wie Kohlfliegen, bestimmte Rüsselkäfer und Erdflöhe. Sie muss daher mit Fungiziden und Pestiziden besprüht werden. Raps braucht große Mengen Stickstoff als Düngung.
- *Soja:* Der Ertrag liegt in den USA bei 4 Tonnen pro Hektar, in den Tropen nur bei 1 Tonne. Die Treibstoffausbeute beträgt nur 0,5 Tonnen Agrodiesel pro Hektar. Die Pflanze braucht sehr viel Wasser und nährstoffreiche Böden. In den Monokulturen ist sie anfällig für Insekten wie den Sojabohnenkäfer und den Hülsenwickler; außerdem braucht sie Phosphat- und Kaliumdüngung.
- *Weizen:* Der Ertrag liegt zwischen 5 und 9 Tonnen pro Hektar, die Treibstoffausbeute ist mit 2,5 Tonnen pro Hektar gering. Die Pflanze braucht viel Wasser und muss mit Stickstoff, Phosphat und Kalium gedüngt werden. Weizen ist anfällig für die Rostkrankheit, der Pestizideinsatz ist hoch. Viele kritisieren aus ethischen Gründen, dass Brot-Getreide als Biotreibstoff in die Tanks kommt.
- *Zuckerrohr:* Der Ertrag liegt bei 100 Tonnen pro Hektar, die Treibstoffausbeute bei 6 Tonnen Ethanol pro Hektar. Gegen den Zuckerrohrstengelbohrer muss arsenhaltiges Pestizid eingesetzt werden. Wegen des schnellen Wachstums braucht Zuckerrohr viel Dünger und hat einen hohen Wasserbedarf. Vor der Ernte wird Zuckerrohr abgebrannt, um trockene Blätter zu beseitigen. Dabei kommt es zur CO_2-Belastung fürs Klima.
- *Zuckerrübe:* Der Ertrag liegt bei 40 bis 80 Tonnen Zuckerrüben pro Hektar, der Ethanolertrag bei 5 Tonnen. Zuckerrüben brauchen nährstoffreiche Böden und müssen mit Stickstoff, Phosphat und Kalium gedüngt werden. Die Pflanze ist anfällig für Wurzelbrand, was intensive Unkrautbekämpfung notwendig macht.

Was jeder von uns tun kann –
Der Klima-Check

»Der sorglose Umgang mit Energie belastet nicht nur die Umwelt, sondern auch uns selbst – vor allem unsere Geldbeutel. Die Preise für Heizöl, Strom, Gas und Treibstoff steigen zusehends. Daran wird sich künftig nichts ändern. Aber es gibt einen Weg, die Energiekosten in einem akzeptablen Rahmen zu halten und gleichzeitig einen Beitrag zum Klimaschutz zu leisten. Dieser Weg ist ganz einfach. Er heißt: Energie sparen!«
Prof. Dr. Andreas Troge,
Präsident des Umweltbundesamts

Es ist gar nicht so schwer, daheim und unterwegs ein paar CO_2-Pfunde abzuwerfen und das private Kohlendioxidkonto zu verschlanken. Wenn man sich einmal vor Augen führt, dass Deutschland im Jahr 2007 über 981 Millionen Tonnen Kohlendioxid (CO_2) in die Atmosphäre geblasen hat, ist ein Klimasparplan mehr als überfällig. Jede Bundesbürgerin, jeder Bundesbürger ist mit gut 10 Tonnen CO_2 an der Katastrophe beteiligt – das Fünffache dessen, was noch als klimaverträglich gilt! Im Haushalt, wo mehr elektrische Energie verbraucht wird als in öffentlichen Einrichtungen, dem Handel und beim Bahnverkehr zusammen, lässt sich Experten zufolge die Hälfte des Stromverbrauchs vermeiden.

CO_2-Emissionen pro Einwohner in Tonnen pro Jahr
So sind die Emissionen verteilt:
Nahrung:	2,3 Tonnen
Heizung:	1,8 Tonnen
Auto:	1,6 Tonnen
Strom:	1,3 Tonnen
Flugreisen:	0,5 Tonnen
öffentl. Nahverkehr:	0,2 Tonnen
Konsumgüter, öffentl. Einrichtungen, Bau:	2,7 Tonnen

Quelle: ifeu-Institut für Energie- und Umweltforschung in Heidelberg

Wie immer, wenn es um ganz große Herausforderungen und Ziele geht, sagen die meisten Menschen resigniert: Was kann denn *ich* als Einzelner schon tun? Doch Ökologie und Ökonomie sind zusammenzubringen, ohne dass der persönliche Lebensstandard Einbußen erleiden muss. Im Gegenteil: Klimaschutz und der Schutz des privaten Budgets gehen Hand in Hand. Und es gibt viele Möglichkeiten, eine Klimadiät zu verwirklichen. Schon der Austausch einer 60-Watt-Glühbirne gegen eine Energiesparlampe mit 11 Watt spart 35 Kilogramm Treibhausgas im Jahr bei gleicher Helligkeit (berechnet anhand einer Brenndauer von drei Stunden täglich). Unterm Strich spart man obendrein 10 Euro an Stromgeld. Die Sparbirne ist zwar in der Anschaffung teurer, aber die Mehrkosten holt man schnell wieder rein: Energiesparlampen halten mindestens zehnmal so lange wie herkömmliche Glühbirnen, die schon nach tausend Stunden in den Müll wandern. Energiesparlampen dagegen können bis zu 19 000 Stunden brennen.

Auf den Tag umgerechnet, ist jeder Deutsche mit 30 Kilogramm CO_2 dabei. Dazu tragen viele Kleinigkeiten bei, an die man gar nicht denkt. Wer ahnt schon, dass das Telefon mit dem angeschlossenen Anrufbeantworter plus Faxgerät durchschnittlich auf 340 Gramm CO_2 am Tag kommt? Wer zwei Stunden vor dem Fernseher sitzt, hat 120 Gramm CO_2 »konsumiert«, die 95-Grad-Wäsche in der Maschine bringt es auf 1400 Gramm, der PC-Flachbildschirm plus Drucker im Büro arbeitet für 1055 Gramm CO_2. Dass auch ein Steak die Klimabilanz mit über 6000 Gramm CO_2 verschlechtert, ahnen die wenigsten. Vom klimagefährlichen Methan aus der weltweit wachsenden Rinderhaltung ganz abgesehen.

Richtig heftig wird es, wenn sich der Mensch von A nach B bewegt. Vor allem im Urlaub: Der Flug von Düsseldorf nach Palma de Mallorca und zurück schlägt durchschnittlich mit satten 720 Kilogramm CO_2 zu Buche. Wer vom Frankfurter Flughafen aus nach Australien startet, hat nach seiner Rückkehr 12 500 Kilogramm verprasst: Dafür könnte man ein großes Haus ein ganzes Jahr lang festlich erleuchten. Wo und wie immer sich der Mensch bewegt: Er hinterlässt einen CO_2-Fußabdruck. Ob man Papier oder ein neues T-Shirt kauft, die Heizung um 1 Grad höher dreht, Butter, Eier, Milch und Papaya in den Einkaufskorb legt oder die Kaffeemaschine anlässt: Der persönliche CO_2-Fußabdruck wächst und wächst. Wir haben mit Experten aus den verschiedensten Bereichen gesprochen und – aufgeteilt auf die verschiedenen Lebensbereiche – eine Menge CO_2-Einsparungsmöglichkeiten aufgespürt

Welches Land verbraucht wie viel CO_2?
Die Klimasünden sind weltweit ungerecht verteilt: Während jeder Mensch in Indien durchschnittlich bei 1 Tonne Kohlendioxid im Jahr liegt, ein Chinese bei 3 Tonnen (wegen der schnell fortschreitenden Wirtschaftsentwicklung allerdings mit wachsender Tendenz), sind die USA Weltmeister unter den Klimakillern. Auf dem Kopf eines jeden Amerikaners lasten über 20 Tonnen CO_2-Ausstoß pro Jahr. Doch auch die Deutschen sind mit 10 Tonnen pro Kopf noch ziemlich weit vorn. In Österreich ist jeder mit 7,8 Tonnen CO_2-Ausstoß dabei; die Schweizer erzeugen 7 Tonnen CO_2 pro Person. die Franzosen bringen 6,8 Tonnen CO_2 auf die Klimawaage und die Italiener 7,5 Tonnen.

(die zugleich bares Geld wert sind). Um es klar zu sagen: Wir gehören nicht zu den Ökopuristen, die einem jegliche Lebensfreude vergällen und sich und andere am liebsten in Glaskästchen stecken würden, um nur ja keine Belastungen zu erzeugen. Damit wäre niemandem geholfen, zumal auch für die Herstellung von Glas Energie benötigt und somit CO_2 erzeugt wird. Betrachtet man jedoch die einzelnen Bereiche, so wird man schnell feststellen, dass es meist nur ein wenig gesunden Menschenverstand braucht, um CO_2 zu vermeiden und gleichzeitig eine Menge Geld zu sparen.

Verteilung der durchschnittlichen CO_2-Emissionen pro Kopf in Deutschland

Wohnen:	32 Prozent
Ernährung:	20 Prozent
Freizeit:	17 Prozent
Gesundheit:	12 Prozent
Kleidung:	6 Prozent
gesellschaftliches Zusammenleben:	5 Prozent
Bildung:	4 Prozent
Sonstiges:	4 Prozent

Quelle: BUND

Essen & Trinken

Wie und was wir essen, ist für das Klima nicht unbedeutend: Jeder Deutsche is(s)t alleine mit dem Essen im Schnitt mit 2,3 Tonnen CO_2-Ausstoß/Jahr an der Klimakatastrophe beteiligt. Biobewusste leben teilweise etwas klimafreundlicher als andere, die nur beim Discounter kaufen. Das gilt auch für Vegetarier, obwohl sich hier die Geister scheiden, denn für die Produktion von Soja – etwa für den geliebten Tofuburger – mussten schon viele tausend Quadratkilometer Urwald weichen.

Doch auch bei Bioprodukten geht es um den Transport der Lebensmittel. Denn was nützt Bio, wenn die Produkte kreuz und quer um den Planeten gekarrt, verschifft und geflogen werden? Positiv ist dagegen, dass Bioprodukte nicht mit chemischen Düngemitteln angebaut werden. Im konventionellen Ackerbau werden gerade wegen der »Kunstdünger« viel mehr Treibhausgas frei. Etwa die Hälfte der Treibhausgase entstehen durch die landwirtschaftliche Erzeugung, gefolgt von Handel und Transport.

Auf der Liste der klimaschädlicheren Lebensmittel stehen Butter, Käse, Wurst und alle Fleischwaren ganz weit oben. Bei Milchprodukten hängt die schlechte Klimabilanz mit der Rinderhaltung zusammen. Schuld sind die Kühe, die unser Klima kaputtrülpsen und -pupsen. Bei der Verdauung von Gras und anderem Rauhfutter entsteht in Milliarden Kuhmägen das Klimagas Methan. Pro Kuh beziehungsweise Rind rechnen Klimaexperten mit 235 Liter Methangas am Tag. Und das richtet, wie wir heute wissen, in der Atmosphäre viel mehr Schaden an als Kohlendioxid.

Dazu ein paar Beispiele: Um ein Kilo Käse herzustellen, braucht man zirka 8 Liter Milch. Bei der Produktion kommt man unterm Strich auf 8500 Gramm CO_2. Auf ein Kilo Butter kommen sogar 23 800 g CO_2, auf Rindfleisch 13 300 g CO_2 und auf Rohwurst 8000 g CO_2. Dagegen steht frisches Gemüse auf der Liste der klimaschädlichen Lebensmittel mit 150 g CO_2/kg ganz weit unten.

Um Rinder in Steaks zu verwandeln, müssen Futtermittel wie Mais und Soja angebaut werden. Die wenigsten Futtermittel kommen aus Europa, die meisten aus Südamerika. Wo einst Regenwald stand, gibt es heute Sojaplantagen. Dann muss das Viehfutter noch weite Strecken transportiert werden, bis es in den Futterboxen südamerikanischer oder europäischer Rinderzüchter landet. Weil die EU-Agrarpolitik jahrzehntelang versagt und nur die Massenproduktion gefördert hat, werden Kühe und Rinder viel zu oft mit Futter aus Übersee gemästet. »Ein Aberwitz, wenn man bedenkt, dass in Europa unser artenreiches Grünland immer mehr zurückgedrängt wird und der Lebensraum vieler bedrohter Arten verschwindet«, meint Lutz Ribbe, Agrarexperte der Stiftung EuroNatur und langjähriges Mitglied des Wirtschafts- und Sozialausschusses der Europäischen Union. Aber nicht nur das Futter, auch das Rindfleisch selbst wird oft aus Übersee importiert. Otto Geisel, Vorsitzender von Slow Food Deutschland, sieht darin ein Versagen der heimischen Agrar- und Verbraucherpolitik, die sich in den vergangenen Jahren viel zu wenig um das Ernährungsbewusstsein gekümmert habe: »Wer sich bei Lebensmitteln auskennt und bewusst auf nachhaltig erzeugte, heimische Produkte setzt, macht diesen Schwachsinn nicht mit.« Obendrein kostet die Erzeugung von Futterpflanzen bei Intensivmast jede

Menge fossile Energie. Deshalb ist die weltweite Viehhaltung mit 18 Prozent am Ausstoß der Treibhausgase beteiligt.

Unglaublich, aber wahr: Oft werden von den in Südamerika gezüchteten Rindern nur die sogenannten edlen Teile wie Filets oder Rücken nach Europa verschifft, der Rest wird verbrannt. Dafür wird Energie gebraucht und das Klima noch einmal belastet. Von der ethisch problematischen Vernichtung von Lebensmitteln ganz zu schweigen.

Doch Rinderhaltung ist nicht immer so negativ, wie man nach diesen Informationen meinen könnte. In vielen Gegenden Europas könnten Weiderinder für das Landwirtschaftsmanagement eingesetzt werden. Statt in den Ställen zu stehen, sollten die Rinder nach Ansicht vieler Naturschützer auf die Weiden, um die Landschaft offen zu halten und wertvolle Grünlandbiotope zu erhalten. Das Fleisch von solchen Tieren hat dann nicht den schwerwiegenden ökologisch negativen CO_2-Fußabdruck (CO_2 footprint) wie das der südamerikanischen Rinder. »Mit heimischer Weidewirtschaft pushen wir Energie in die Systeme und ernten im Sinne einer low energy agriculture Fleisch und intakte Landschaft«, erklärt Dr. Mario Broggi, der lange Jahre die Eidgenössische Forschungsanstalt für Wald, Schnee und Landschaft bei Zürich leitete.

Wird das Rindfleisch tiefgekühlt, erhöht sich das CO_2-Konto: Während 1000 Gramm frisches Rindfleisch auf 13 500 Gramm CO_2 kommen, verbraucht die gleiche Menge tiefgekühlt noch einmal knapp 1000 g CO_2 mehr. Tiefkühlen kostet Energie – und verbrauchte Energie verschlechtert die Klimabilanz. Biolebensmittel und frische Ware schneiden im Klimavergleich ausnahmslos besser ab als konventionelle, hochverarbeitete Lebensmittel.

Bei frischer Ware muss man allerdings auch auf die Saison achten, denn kommt das Gemüse im Winter aus einem beheizten Treibhaus, ist das schlecht für die Klimadiät – ganz gleich, ob »Bio« draufsteht oder nicht. Je purer ein Lebensmittel, umso reiner kann das Klimagewissen sein: Ein Kilogramm frische Kartoffeln liegt bei 200 g CO_2, tiefgekühlte Pommes hingegen bei 5700 g CO_2. Fertiggerichte sind bei weitem nicht so klimafreundlich wie frische Ware, denn jeder industrielle Verarbeitungsschritt wie gefriertrocknen, pasteurisieren, haltbar machen und »veredeln« kostet jede Menge Energie. Auch Konservenobst ist eine CO_2-Sünde, denn schon die Herstellung der Dose ist energieaufwendig. Bei einem Kilogramm Obst macht es einen Unterschied von plus 800 g CO_2, ob es in der Dose ist oder nicht.

Aluminium- und Weißblechdosen haben keine gute Klimabilanz. Bei Getränken bewähren sich Mehrwegverpackungen aus Glas. Selbst PET-Flaschen sind in der CO_2-Bilanz besser. Der Kunststoff macht jedoch andere Probleme, unter anderem wegen der noch wenig erforschten östrogen wirkenden Stoffe. Während eine 1-Liter-Leichtglasflasche 56 g CO_2 verbraucht, liegt die Weißblechdose bei 365 g CO_2. Bei der Herstellung von einem Kilo Alufolie werden 9 Kilo CO_2-Emissionen frei. Die Deutschen sind mit einem Jahresverbrauch von 38 Kilogramm große Alufans und leider auch Verpackungsweltmeister. Dabei ist die Papiertüte weit klimafreundlicher als eine Kunststoffschale, in der das abgepackte Obst liegt. Auch Tüten aus Polyethylen und Polypropylen sind mit CO_2 bepackt. Hinzu kommt, dass jeder Bundesbürger im Lauf eines Jahres 500 Kilo Abfall hinterlässt. Wenn eine Tonne Müll verbrannt wird, entsteht eine Tonne Kohlendioxid. Bei mehr als 82 Millionen Einwohnern in Deutschland bedeutet die Müllmenge, in Kilogramm berechnet, eine Zahl mit neun Nullen: 43 000 000 000 Kilogramm Kohlendioxid! Obendrein bereiten die alten Mülldeponien mit ihren Altlasten aus den sogenannten Wirtschaftswunderjahren Probleme: In ihnen entsteht klimaschädliches Methan, das in die Atmosphäre entweicht.

Auch der Transport von Lebensmitteln ist ein klimarelevanter Faktor: Über Jahre wurden Nordseekrabben in Marokko ausgepult, weil dort die Arbeitsstunden billiger waren als in Deutschland. Anschließend kamen sie per Schiff, Flugzeug und Lkw nach Deutschland zurück. Jede Krabbe hatte Tausende von Kilometern auf dem CO_2-Konto, bevor sie auf dem Teller landete. Mittlerweile sind die Energiepreise derart angestiegen, dass sich die Verarbeitung in Deutschland und Polen wieder lohnt. Ist die Frage, was aus den Arbeitsplätzen der Arbeiterinnen in Marokko wird – Klimaschutz, soziale Gerechtigkeit, Regionalität und Globalität sind nicht unabhängig voneinander zu haben.

Tropische Früchte wie Mangos und Papayas reisen im Jet nach Deutschland. Wir essen Erdbeeren und Spargel im Winter, ohne groß darüber nachzudenken. Tiefgekühltes Lammfleisch wird aus Neuseeland eingeflogen und hat bei seiner Ankunft fünfzigmal so viel Treibhausgase verpulvert wie bei seiner Erzeugung. Überregionale Produkte sind im Schnitt 1900 Kilometer unterwegs, heimische nur 260 km. Doch auch bei regionalen Lebensmitteln muss man genau hinschauen: Wer deutsche Äpfel außerhalb der Saison im Sommer kauft, bezahlt das mit einem hohen Energieaufwand für die Lagerung der Äpfel im Kühlhaus.

Gemüse, das frisch vom Feld kommt, ist zehnmal so klimafreundlich wie Gemüse aus dem Gewächshaus, denn der Energieverbrauch bei beheiztem Unterglasanbau ist bis zu fünfzigmal höher als im Freiland. Auf das Konto von einem Kilogramm Gewächshaustomaten müssen 3150 g CO_2 gerechnet werden, während Freilandtomaten, die in der Saison frisch vom Strauch gepflückt werden, nur 350g CO_2 verbrauchen. Handelt es sich gar um Biotomaten aus der Region, macht der Kohlendioxidausstoß unterm Strich gerade mal 35 g aus. Bei Kopfsalat ist der Unterschied ebenfalls beeindruckend: Ein Kilo Freilandsalat hat einen Klimafußabdruck von 140 g CO_2. Wurde der Salat im beheizten Treibhaus gezogen, sind es schon 4450 g CO_2/ kg. Bei Gurken liegt der Unterschied im Verhältnis 170 g CO_2 (Freiland) zu 2300 g CO_2 (beheizter Unterglasanbau), bei Bohnen 220 g CO_2 (Freiland) zu 6360 g CO_2 (Gewächshaus).

Transport und Transportmittel

Mit dem Flugzeug importiertes Frischobst und Gemüse belastet das Klima achtzigmal mehr als Schiffstransporte und bis zu dreihundertmal mehr als regional erzeugtes Obst und Gemüse. Importe per Flugzeug sind schlecht fürs Klima – auch dann, wenn es sich um Bioprodukte handelt! Andererseits macht der Flugverkehr am Aufkommen klimaschädlicher Emissionen nach Angaben des World Resources Institute (WRI) gegenwärtig nur 1,6 Prozent aus. Auch wenn CO_2-Emissionen in großen Höhen nach Ansicht von Klimaexperten schädlicher sind als die am Boden emittierten und deshalb mit einem Faktor 2 oder 3 multipliziert werden müssen, darf nicht vergessen werden, dass die Landwirtschaft für 133 Millionen Tonnen CO_2 verantwortlich ist, das sind 13 Prozent der in Deutschland emittierten Treibhausgase und fast ebenso viel, wie der Straßenverkehr verursacht. Rechnet man den Transport von importiertem Futtermittel hinzu, sind es 139 Millionen Tonnen. Dennoch ist der wachsende Anteil des Flugverkehrs ein ernstzunehmendes Problem. Einsparungen klimaschädlicher Gase an anderer Stelle werden so neutralisiert, argumentiert unter anderem die Organisation Germanwatch.

Aber auch wenn jedes Handeln und Konsumieren einem konsequenten Klimacheck unterzogen werden sollte, dürfen wir Industrienationen nicht nur einseitig unsere Technologie in Agrarstaaten und Entwicklungsländer exportieren, sondern müssen den Menschen in diesen Regionen auch eine Chance geben und im Gegenzug deren Produkte abnehmen. Nicht umsonst fordern die Entwicklungs- und Schwellenländer gerechten Zugang zu den Märkten, um im Globalisierungswettbewerb besser bestehen zu können.

Grundsätzlich aber ist »Essen für den Klimaschutz« nicht so kompliziert, wie man oft meint: Wer frische Ware regional einkauft und nach dem Saisonkalender lebt, hinterlässt weniger CO_2 mit seinem persönlichen Klima-Fußabdruck und spart obendrein Geld. Generell gilt: Regional und vor allem auch saisonal einkaufen, weniger Fleisch und weniger tierische Produkte wie Eier, Butter und Käse essen, möglichst oft Bio kaufen (aus regionaler, nachhaltiger Erzeugung).

CO_2-Verbrauch beim Transport von Lebensmitteln
1 kg Äpfel:
per Schiff aus Neuseeland 513 g CO_2, per Lkw aus Italien 219 g CO_2, per Lkw aus der Region 76 g CO_2
1 kg Spargel:
per Flugzeug aus Chile 16 894 g CO_2, per Lkw aus Spanien 359 g CO_2, per Lkw regional, zum Beispiel aus Schrobenhausen, 60 g CO_2
1 kg Erdbeeren:
per Flugzeug aus Südafrika 11 671 g CO_2, per Lkw aus Italien 219 g CO_2, aus der Region 61 g CO_2
Quelle: Bayerisches Staatsministerium für Umwelt, Gesundheit und Verbraucherschutz

CO$_2$-Aufwand in Gramm pro Kilogramm Lebensmittel	
(Durchschnittswerte)	
Butter	23 800
Rindfleisch	13 300
Käse	8 500
Rohwurst	8 000
Schweineschinken	4 800
Geflügel	3 500
Schweinefleisch	3 250
Tomaten (außerh. d. Saison)	3 150
Koch- und Brühwurst	2 500
Eier	1 950
Quark/Frischkäse	1 950
Obstsaft	1 650
Zucker	1 500
Margarine	1 350
Joghurt	1 250
Pizza, tiefgekühlt	1 250
Milch	950
Mischbrot	750
Brötchen	650
Obst	460
Tomaten (während der Saison)	350
Kartoffeln	200
Gemüse	150
Quelle: Öko-Institut, Freiburg	

Für das CO$_2$-Konto am wirkungsvollsten ist es, tierische Lebensmittel zu reduzieren.

Daheim & unterwegs

Singles leben nicht so klimafreundlich wie Familien oder Wohngemeinschaften. Denn wenn mehrere Menschen gemeinsam in einer Wohnung oder einem Haus leben, verbrauchen sie pro Kopf weniger Heizenergie und Strom als ein einzelner Mensch im eigenen Haushalt. Das ist logisch, denn auch für eine Person wird gekühlt, gewaschen, gekocht und vor allem geheizt. Gerade beim Heizen und für die Warmwasseraufbereitung wird in privaten Haushalten die meiste Energie verbraucht: nämlich knapp 90 Prozent. Wenn jetzt noch Wärme durch undichte Fenster und Türen, Wände und das Dach verlorengeht, kann es teuer werden: Die Europäische Union hat errechnet, dass sich in einem durchschnittlichen Haushalt bis zu 1000 Euro im Jahr sparen lassen, wenn effizient mit Energie umgegangen wird. Mit jeder gesparten Kilowattstunde bleiben 18 Cent mehr auf dem Konto.

In den meisten Wohnungen jedoch läuft die Stromuhr auch dann, wenn die Bewohner schlafen. Denn viele Geräte sind unnötigerweise nachts hellwach: Sie arbeiten im Standby-Modus. Wer Stereoanlage und Fernseher nie ganz ausschaltet, wer Netzteile am Stromnetz hängen lässt, hat am Ende eines Abrechnungsjahrs mindestens zusätzliche 85 Euro auf der Stromrechnung. Ladegeräte verbrauchen auch dann Strom, wenn sie »leer« in der Steckdose hängen. Kleine, heimliche Stromfresser verzehren im Jahr rund 22 Milliarden Kilowattstunden – das entspricht der Leistung von zwei Großkraftwerken und kostet alle Deutschen etwa 4 Milliarden Euro. Generell gilt deshalb: Auch die roten Lämpchen löschen! Das spart obendrein viel Geld: Fernseher, Stereoanlage, DVD-Player, Satellitenreceiver, Video- und DVD-Recorder kosten allein wegen des Standby-Betriebs bis zu 130 Euro im Jahr. Jedes eingeschaltete Gerät ist mit einer CO$_2$-Belastung verbunden. Mit einer Mehrfachsteckdose, die über einen Netzschalter verfügt, kann man alle Geräte komplett abstellen.

Auch alte Elektrogeräte liegen den Verbrauchern kräftig auf der Tasche. Moderne Geräte, die das EU-Energieeffizienzlabel tragen, sind sparsamer. Das Label ist von A bis G unterteilt: Die A-Klasse ist spitze. Mittlerweile gibt es bei Kühl- und Gefriergeräten sogar A's mit Sternchen (A+ und A++). G steht dagegen für »grausam ineffizient«.

Kochen & Backen

In den meisten Haushalten wird heute auf Elektroherden gekocht. Dabei liegt die durchschnittliche Jahresemission eines Vierpersonenhaushalts bei 388 kg CO$_2$. Wer auf Glaskeramikfeldern kocht, spart im Vergleich zu Gusseisenplatten bis zu 20 Prozent. Außerdem heizen die Platten schneller auf. Induktionskochfelder sind sogar noch ein wenig günstiger im Verbrauch, dafür sind sie in der Anschaffung sehr teuer. Kein Elektroherd erreicht jedoch die Klimavorteile eines Gasherds. Beim Kauf von Geräten sollte man auf das EU-Label achten. Gibt es beim Herd einen Standby-Modus, ist die Klimabilanz gleich wieder schlechter.

Umluftbacköfen verbrauchen bis zu 40 Prozent weniger Strom als Öfen mit Ober- und Unterhitze. Bei integrierten Backraumteilern kann man sparen, wenn man nur kleine Mengen backen will. Das Vorheizen von Backöfen ist übrigens nur bei empfindlichem Teig nötig; es verbraucht bis zu 20 Prozent mehr Energie. Um Energie zu sparen, sollte man nie den Ofen unnötig öffnen. Übrigens: Wer nur mal eben schnell Brot toasten will, sollte dafür nicht den Backofen nehmen: Der verbraucht viermal so viel Energie wie ein Toaster.

Um Energie und damit CO$_2$ beim Kochen einzusparen, helfen ein paar Verhaltenstipps. Das fängt mit dem richtigen Deckel auf dem Topf an. Wer 1,5 Liter Wasser ohne Deckel kocht, liegt mit durchschnittlich 510 g CO$_2$-Ausstoß schlecht im Rennen. Liegt der Deckel exakt auf, spart man bis zu 30 Prozent Energie ein. Auch wenn Töpfe für die Herdplatte zu klein sind oder der Topfboden Beulen hat und uneben auf der Platte steht, wird zu viel Strom verbraucht. Die Topfunterseite muss trocken sein: Tanzende Wassertropfen verzögern die Wärmeleitung. Nur wenn der Topf nicht größer oder kleiner als die Herdplatte ist, ist der Energiefluss perfekt. Um beim E-Herd die Restwärme zu nutzen, sollte die benutzte Platte früh genug abgestellt werden.

Die idealen Spartöpfe sind übrigens Dampf- oder Schnellkochtöpfe: Mit ihnen lassen sich bis zu 60 Prozent des üblichen CO$_2$-Ausstoßes vermeiden, denn die Garzeit verkürzt sich ganz erheblich und liegt oft bei wenigen Minuten.

Wer nur Wasser zum Kochen bringen will, benutzt am besten einen Wasserkocher. Das geht schneller und ist sparsamer als die Elektrokochplatte. Auch die Mikrowelle ist dafür ungeeignet. Generell ist die Mikrowelle sparsamer als der Elektroherd; das gilt jedoch nur für kleine Portionen. Schon beim Erwärmen von drei Mahlzeiten verbraucht die Mikrowelle mehr Energie als ein Elektroherd.

Übrigens lässt sich Strom beim Kochen von Tiefkühlgerichten sparen, wenn man die Ware vorher im Kühlschrank langsam auftauen lässt. Doch Tiefkühlgerichte sollten ohnedies vermieden werden, weil die Zutaten oft aus der Intensivlandwirtschaft stammen und mit regionalem und saisonalem Essen nichts, aber auch gar nichts zu tun haben. Viele Menschen – vor allem Kinder – verlernen durch die Fertignahrung schlichtweg das Kochen und verlieren damit den Zugang zu gesunder Ernährung und das Bewusstsein für die heimische Landwirtschaft.

Kühlen & Gefrieren

Kälte kostet enorm viel Energie. Deshalb schlagen Kühlschränke und Gefrierkombinationen in der Stromrechnung mit bis zu 37 Prozent zu Buche. Im Sommer brauchen die Geräte übrigens mehr Strom als im Winter, denn sie kühlen in der warmen Jahreszeit nicht nur Getränke und Eis, sondern auch gegen die Außen- und Raumtemperatur an. Stehen Kühlgeräte direkt neben der Heizung oder dem Herd, muss mehr Energie aufgewendet werden. Pro Grad Raumtemperatur steigt die verbrauchte Energie eines Kühlgerätes um 4 Prozent.

Wer 1a-klimafreundlich kühlen will, muss beim Gerätekauf auch zur A-Klasse (A+ oder A++) greifen. Während alte Geräte im Jahr über 190 kg CO_2 ausstoßen, liegen Geräte der A++ Klasse bei 79 kg CO_2. Das macht sich auch auf dem Bankkonto bemerkbar: A++ kühlt im Jahr für 24 Euro, das B-Gerät für 58 Euro. Auch die eingestellte Temperaturstufe hilft sparen: Bei 7 Grad plus ist die ideale Kühlschranktemperatur erreicht. Für einen Zweipersonenhaushalt reicht ein kleineres Gerät (140 Liter). Generell gilt:

- Je mehr Sterne ein Gerät hat, umso größer ist auch der Verbrauch.
- Zwei Kühlschränke sind energieaufwendiger als ein großer.
- Volle Gefriergeräte sind sparsamer, weil nicht so viel Luft eindringen kann, die gekühlt werden muss.
- Keine warmen Speisen in den Kühlschrank stellen.
- Kühlschranktür nur kurz öffnen, denn eindringende Warmluft muss gekühlt werden und erzeugt Reif.
- Regelmäßig abtauen. 55 mm Eis erhöhen den Stromverbrauch um etwa 30 Prozent.
- Undichte oder brüchige Dichtungen verschlechtern den Energieverbrauch.

Wasser marsch!

Wer sich schnell unter die Dusche stellt, statt zu baden, spart viel Wasser und damit bis zu 70 Prozent Energie fürs Aufheizen.

Geschirr spülen

Eine Geschirrspülmaschine ist mit bis zu 10 Prozent an der Stromrechnung beteiligt. Beim Neukauf sollte man auf das EU-Label achten. Die effiziente A-Klasse spart gegenüber alten Geräten nicht nur Strom (50 Prozent), sondern auch Wasser (70 Prozent). Das Gerät muss in der Regel nicht über 50 Grad eingestellt werden. 20 Gramm Geschirrspülmittel reichen völlig aus, denn es ist aggressiver als Handspülmittel. Das Gerät sollte nur dann angestellt werden, wenn es voll ist. Auch wenn viele Hausfrauen es nicht gern hören: Wer etwa stark verschmutztes Geschirr oder große Töpfe nicht unter fließendem Wasser, sondern im Spülbecken mit der Hand spült, spart Energie und Geld.

Wäsche waschen

Der Waschgang bei 95 Grad ist eigentlich überflüssig, denn auch bei 60 Grad wird alles sauber, und man hat obendrein eine weiße Klimaweste, weil ein Drittel des Stroms eingespart wird. Grundsätzlich gilt: Mit einer niedrigen Waschtemperatur lassen sich Emissionen verringern. 40-Grad-Wäsche verbraucht noch die Hälfte der Strommenge einer 60-Grad-Wäsche. Auch auf die Vorwäsche kann man oft verzichten: weitere 20 Prozent Energiegewinn. Beim Kauf einer neuen Waschmaschine sollten Sie auf das EU-Label achten. Effiziente Geräte haben die Güteklasse A+: Im Vergleich zu einer fünfzehn Jahre alten Maschine spart ein Vierpersonenhaushalt mit einem modernen A+-Gerät etwa 100 kg CO_2 im Jahr. Zusatzfunktionen wie Zeituhren, programmierbare Zeitvorwahl und Mengenautomatik kosten wieder Extraenergie. Eigentlich kann man auf diese Extras verzichten. Experten empfehlen, die Waschmaschine an eine Warmwasserleitung anzuschließen. Die superteuren Ökowaschmaschinen haben dafür zwei Wasseranschlüsse. Doch der Klimagewinn hängt davon ab, wie das warme Wasser erzeugt wird: Kommt es aus einer Gas- oder Solarwarmwasserbereitung, lassen sich bis zu 30 Prozent sparen, bei einem normalen Öl- oder Gaskessel sind es nur noch 10 Prozent. Wird das Warmwasser von einer Pelletsheizung erzeugt, sieht die ökonomische wie die ökologische Bilanz wieder besser aus. Auf jeden Fall sollte die Waschmaschine immer voll sein, wenn sie angestellt wird.

Wäschetrockner zählen zu den unnötigen Klimakillern im Haushalt und sind nicht zu empfehlen. Fakt ist: Die Anzahl der Trockner in den deutschen Haushalten hat sich in den letzten zehn Jahren verdoppelt. Elektrische Wäschetrockner machen nach Angaben des VDEW (Verband der Elektrizitätswirtschaft) bis zu 14 Prozent auf der Stromrechnung aus und schlagen in einem Vierpersonenhaushalt im Laufe eines Jahres mit 300 kg CO_2 auf dem Klimakonto zu Buche. Wie bei Waschmaschinen gilt: Nur vollbeladene Geräte anstellen. Doch die Wäscheleine oder der Wäscheständer sind die klimafreundlichere Alternative. Man soll Wäsche allerdings nicht zum Trocknen auf Heizkörper legen. Dadurch wird die Luftzirkulation unterbrochen: Statt den Raum zu heizen, geht die Wärme in die Wäsche.

Warm und kalt

Es klingt paradox, doch schon beim Erzeugen von Strom geht viel Energie verloren. Elektrische Radiatoren und Fußbodenheizungen, Heizlüfter und Nachtspeicherheizungen emittieren mehr Kohlendioxid als ein Ofen, in dem die Kohle direkt verfeuert wird, denn schon bei der Verstromung von Steinkohle im Kraftwerk entsteht klimaschädliches CO_2. Während Ofenheizungen bei 0,45 kg CO_2 pro kWh Nutzwärme liegen, sind elektrische Heizgeräte mit 0,60 kg CO_2 pro kWh deutlich schlechter hinsichtlich der Klimabilanz. Wer mit Gas heizt, heizt klimafreundlicher (0,30 kg CO_2/pro kWh). Weitgehend klimaneutral sind nur Holz- und Pelletsöfen. Sie schneiden so gut ab, weil sie die gleiche Menge CO_2 abgeben, die das Holz beim Wachsen gebunden hat, so dass kein fossil eingelagertes CO_2 zusätzlich in die Umwelt abgegeben wird.

Alle Energieträger sind so unterschiedlich, dass es sich empfiehlt, den Energieverbrauch individuell zu prüfen. Es gibt Tabellen, mit denen man eine Heizbilanz erstellen kann. Bei der Erzeugung von Wärme produzieren die verschiedenen Energieträger unterschiedliche Mengen CO_2.

Ganz einfach kann man sagen: Alte Heizungskessel haben eine schlechtere Klimabilanz als neue mit verbessertem Nutzungsgrad. Mit modernen Anlagen kann man den CO_2-Ausstoß verringern. Da hilft nur Beratung.

Übrigens: Ein Grad Raumtemperatur weniger spart bis zu 6 Prozent Energie. Damit die Temperatur immer

Kleines Klimaschutz-Handbuch

Gerätekleinvieh macht auch CO₂-Mist

- *Kaffeemaschine* nie zum Warmhalten, sondern nur zum Brühen benutzen. 70 Prozent des Stromverbrauchs werden von der Warmhaltefunktion aufgefressen. Kaffee sollte man besser in eine Thermoskanne umfüllen. Durchschnittliche Haushaltskaffeemaschinen verbrauchen ca. 900 g CO_2 pro Stunde.
- *Eierkocher* sind nicht überflüssig, doch auch wer die Eier im Topf in kaltes Wasser gibt, spart Energie. Die Eier müssen auch nicht im Wasser schwimmen. Einfach nur den Boden des Topfs mit Wasser bedecken und einen dichten Deckel auf den Topf geben. Im Wasser auf dem Herd gekocht, verursacht ein gekochtes Ei 50 Gramm CO_2. Im Eierkocher ist es nur die Hälfte.
- *Fernsehgeräte* laufen im Schnitt drei Stunden am Tag. Kleinere Geräte haben eine bessere Klimabilanz als große, Plasmafernseher sind mit 2 Gramm CO_2/Stunde klimafreundlicher als Röhrengeräte mit 8 Gramm.
- *Friteusen* brauchen relativ viel Strom und haben nach einer Stunde 1618 g CO_2 verbraucht.
- *Tischgrills* haben mit 1294 g CO_2 pro Stunde keine gute Klimabilanz, sind jedoch wegen der kurzen Nutzungszeiten eher zu vernachlässigen.
- *Staubsauger* mit 2200 Watt verbrauchen in der Stunde 1420 g CO_2.
- *Dampfbügeleisen*: 1550 g CO_2 pro Stunde.
- *Haartrockner*: 1300 g CO_2/Stunde.
- *MP3-Player*: 8 g CO_2/Stunde.
- *PC mit Monitor*: 65 g CO_2/Stunde.
- *Laserdrucker*: 52 g/Stunde.
- *Tintenstrahldrucker*: 6 g/Stunde.
- *DSL-Router mit WLAN*: 8 g/Stunde.

Nutzung einer Kilowattstunde Strom

- Betrieb eines Drei-Liter-Kühlschranks an zwei Tagen
- Backen eines Hefekuchens
- Waschen einer Trommel Wäsche
- 40 Stunden CDs hören
- 7 Stunden lang fernsehen
- Kochen von 70 Tassen Kaffee
- Bügeln von 15 Hemden

Bei den Angaben handelt es sich um Durchschnittswerte.
Quelle: Bundesministerium für Umwelt, Naturschutz und Reaktorsicherheit

Informationen

Es soll niemand sagen, er könne nichts gegen die weitere Klimaerwärmung tun. Wer neue Elektrogeräte kauft, sollte sich umfassend informieren. Informationen gibt es mittlerweile zuhauf. Neben den jeweiligen Geräteherstellern bieten viele Institutionen und Initiativen Infos zu den jeweils energieeffizientesten Geräten an:
www.blauer-engel.de
www.energielabel.de
www.initiative-energieeffizienz.de
www.stromeffizienz.de
www.ecotopten.de
www.spargeräte.de
www.stiftung-warentest.de
www.oekotest.de
www.energienetz.de
www.topten.ch
www.klima-sucht-schutz.de

stimmt, ist ein elektronisches Thermostatventil die perfekte Kontrolle. Man kann seine individuellen Wohlfühlgrade programmieren und die Wärme zeitlich steuern: zum Beispiel nachts auf 15 Grad absenken und tagsüber auf 19 Grad Raumtemperatur einstellen. Wird die Temperatur dagegen übers Fenster reguliert, heizt man die Straße und könnte das Geld gleich mit zum Fenster rauswerfen. Auch richtiges Lüften will gelernt sein: Niemals stundenlang die Fenster kippen, besser die Heizung runterdrehen und kurz durchlüften. Auch an Wintertagen ist das Lüften wichtig, denn frische Luft verbessert das Raumklima und wird als wärmer empfunden als abgestandene Luft. Am besten, Sie erstellen sich eine Heizbilanz. Das geht ganz einfach über die Verbraucherzentralen in Deutschland (www.verbraucherzentrale.de) oder den Deutschen Mieterbund, der einen bundesweiten Heizspiegel erstellt und online einen Heizenergiecheck anbietet (www.mieterbund.de), sowie über die Haus- und Grundeigentümer-Gemeinschaft (www.haus-und-grund.net). Ebenfalls empfehlenswert: www.kfw-foerderbank.de, ein Service der KfW.

Der neueste Trend sind die sogenannten Heizpilze, die nicht nur in den Rauchereсken vor Kneipen stehen, sondern leider auch immer häufiger auf dem Balkon oder im Garten. Eine Stunde Pilzwärme kostet das Klima 3,5 Kilogramm CO_2. Das ist viel heiße Luft für ein bisschen mehr Wärme im Freien. Ein Pullover wäre da die richtige umwelt- und klimafreundliche Alternative.

Raumklimageräte

Je heißer die Sommer werden, umso gefragter sind Klimaanlagen. Gerade mit den wärmeren Sommern in den letzten Jahren ist die Nachfrage nach Raumklimageräten gestiegen. Überall in den Baumärkten sind sie im Hochsommer zu kaufen, denn vor allem in nicht oder schlecht isolierten Dachwohnungen kann es unerträglich heiß werden. Die Klimaanlagen können sich mit einem Jahresverbrauch von 450 kWh schnell mit 20 Prozent auf der Stromrechnung bemerkbar machen. Günstiger sind Ventilatoren. Es macht sogar Sinn, Ventilatoren bei laufenden Raumklimageräten anzustellen. Wesentlich klimafreundlicher jedoch sind effiziente Wärmeschutzmaßnahmen, die ein Aufheizen der Räume verhindern. Dicht schließende Rollos oder Jalousien, die von außen auf den Fenstern angebracht werden, haben sich bewährt. Wichtig ist es jedoch, Fensterläden oder Jalousien an heißen Sommertagen gleich nach dem morgendlichen Stoßlüften, wenn die Luft draußen noch etwas kühler ist – also meist vor 9.30 Uhr –, zu schließen und die Räume kühl zu halten. Das hilft dem Raumklima und spart Geld.

Schöne T-Shirts

Auch ein Hemd kann »klimafreundlich« sein. Damit das T-Shirt auf dem Baumwollfeld wachsen kann, müssen Pestizide und Kunstdünger aufs Feld. 20 Prozent aller weltweit eingesetzten Pestizide landen leider immer noch auf Baumwollfeldern. Außerdem sind die Pflänzchen durstig: Für ein einziges Shirt werden 20000 Liter Wasser versprüht. Und dann reisen die Hemden noch um die Welt! Während ein T-Shirt aus chinesischer Baumwolle mit 6500 g CO_2 belastet ist, kommt ein Ökoshirt gerade mal auf 1150 g CO_2. Biobaumwolle verbraucht obendrein weniger Wasser. Zugleich ist der Kauf solcher Produkte ein Beitrag zur Armutsbekämpfung und zum Schutz der Biodiversität. Ökologische Landwirtschaft schützt Böden und Grundwasser und bringt den Landarbeitern in den jeweiligen Regionen ein höheres Einkommen.

Mit dem Flugzeug unterwegs

Schnell mal für einen Einkaufstrip nach New York? Eine Woche auf Mallorca? Oder mal eben mit dem Auto ins Wochenende starten? Der Trip nach New York (ab München) belastet das persönliche Klimakonto mit 4240 Kilogramm, die Woche Mallorca (ab Düsseldorf) schlägt mit 720 Kilo CO_2 zu Buche.

Das Auto

55 Millionen Fahrzeuge sind auf Deutschlands Straßen unterwegs, pro Jahr fährt jeder von uns etwa 12000 Kilometer. Dafür werden über 40 Milliarden Liter Kraftstoff verbraucht.

Auf 100 Kilometern sind schnell 10 Liter Sprit verfahren. ADAC, Autohersteller, Fahrlehrer und Organisationen wie B.A.U.M. bieten ökologische Fahrkurse an: Man lernt, wie man klimafreundlich fährt und dabei Sprit sparen kann. Dazu zählt das niedertourige Fahren, denn dann laufen moderne Motoren besonders umweltfreundlich. Im Stadtverkehr kann man schon ab Tempo 30 in den dritten Gang schalten, ab 40 km/h in den vierten und ab 50 km/h in den fünften Gang. Das hohe Ausfahren der Gänge kostet nur Benzin. Luftfilter, Zündkerzen und Vergaser regelmäßig zu reinigen kann bis zu 20 Prozent Treibstoff einsparen. Auch die richtige Motoreinstellung ist wichtig. Außerdem: Kein unnützes Gewicht (Wasserkästen, Katzensand) im Kofferraum spazieren fahren; den Dachgepäckträger abbauen, wenn er nicht gebraucht wird. Auch die laufende Heckscheibenheizung und die Klimaanlage erhöhen den Spritverbrauch. Wer im Winter sein Auto im Stand »warmlaufen« lässt, verbraucht das Benzin für einen halben Kilometer und schadet dem Klima.

Auch der Reifendruck ist wesentlich beim Klimaschutz: Ein Unterdruck von 0,2 bar verbraucht etwa 1 Prozent mehr Treibstoff, bei 0,6 bar sind es schon 4 Prozent. Stimmt der Reifendruck, spart man gut 140 kg CO_2 im Jahr ein. Ein leicht höherer Reifendruck als angegeben hilft den Treibstoffverbrauch und damit CO_2 zu reduzieren. Ganz entscheidend für die Einsparung von Treibstoff – und Geld und von CO_2 und anderen klimaschädlichen Emissionen – ist die Berücksichtigung der Umweltbelastung beim Autokauf: Beim Erwerb eines neuen Autos oder Gebrauchtwagens sollte gerade auch im Hinblick auf die oben kletternden Spritpreise einerseits auf den Kraftstoffverbrauch und andererseits auf die Angaben zu den CO_2-Werten geachtet werden.

Bei der Anschaffung eines Wagens sollte bedacht werden, dass sich weltweit sämtliche Hersteller um die Neuentwicklung von Antriebssystemen kümmern. Ein erster Schritt auf diesem Weg ist die zunehmende Etablierung von Hybridfahrzeugen; andere Konzepte setzen auf erdgasbetriebene Fahrzeuge und Elektroautos oder beschäftigen sich mit Brennstoffzellen und der Nutzung von Wasserstoff. Es muss damit gerechnet werden, dass schon in wenigen Jahren andere Motoren zum Einsatz kommen und sich entsprechende Klima- und Umweltfreundlichkeit bei der Kfz-Steuer positiv auswirken wird. Gerade auf junge Menschen üben Autos eine gewisse Faszination aus, sie vermitteln das Gefühl von Flexibilität und Unabhängigkeit. Das Auto ist für viele Menschen auch ein Statussymbol – und damit ein Weg, sich von anderen abzuheben. Man mag das gut oder schlecht finden; es ist schlicht eine Tatsache. Es ist vollkommen utopisch, zu hoffen, dass sich die Menschen ausschließlich Autos mit niedriger PS-Zahl kaufen. Auch wenn die jetzt hoch modernisierten Wagentypen – schon aufgrund der Vorgaben durch die Europäische Union – ihre CO_2-Werte drastisch reduzieren müssen, werden hochmotorisierte Autos immer Käufer finden. Doch wer einen PS-starken Motor hat, muss noch lange kein Klimasünder sein; schließlich bedeutet es nicht automatisch, dass er auch mehr fährt als andere. Klimaschutz und Umweltvorsorge werden oft auch für eine Neiddebatte missbraucht. Letztlich kommt es auf die persönliche Klimabilanz an und darauf, was am Ende für das gesamte Klima getan wird.

Autofahrten und Flüge kompensieren – aber wie?

Die einen nennen es modernen Ablasshandel, die anderen sehen in der Kompensation des CO_2-Ausstoßes einen Weg, die CO_2-Menge insgesamt zu neutralisieren. Entscheidend ist, was unter dem Strich für Umwelt und damit für Mensch und Natur übrig bleibt. Verschiedene Institutionen und Initiativen wie »GlobeClimate« von NatureLife-International (www.globeclimate.com), »atmosphere« (www.atmosphere.com) oder »my climate« (www.myclimate.org) investieren Geld, das nach der Menge des errechneten CO_2-Ausstoßes berechnet wird – zum Beispiel auf der Basis der jährlichen Fahrleistung von Pkws oder einer zurückgelegten Flugstrecke –, in Projekte zur Reduzierung von schädlichen Treibhausgasen. Die Projektspanne ist weit und reicht von der Etablierung von Solarenergie über den Bau von Wasserkraftwerken bis hin zur Pflanzung artenreicher Wälder auf früher abgeholzten Flächen, worauf vor allem NatureLife-International setzt (siehe S. 250).

Letztlich ist es möglich, das eigene Handeln und seine Folgen für das Klima durch einen CO_2-Check und entsprechende Kompensation aus-

---

So verteilen sich die Stromfresser zu Hause

Heizen	17 Prozent
Kühlen und Gefrieren	16 Prozent
Warmwasser	11 Prozent
Kochen	8 Prozent
Beleuchtung	7 Prozent
Waschen und Trocknen	6 Prozent
TV, Video, Audio, PC	6 Prozent
Geschirrspülen	3 Prozent
Sonstiges	26 Prozent

Quelle: VDEW

zugleichen. Das Umweltbundesamt (UBA) (www.co2.klima-aktiv.com) und das Bayerische Umweltministerium (www.klima.bayern.de) waren Schrittmacher bei der Etablierung von CO_2-Rechnern. Mit den genannten Internetseiten können alle Lebensbereiche einem CO_2-Check unterworfen werden. Jeder Einzelne kann selbst entscheiden, welche Projekte er unterstützen möchte. »Dem seltenen Koboldmaki, dem Hornvogel und den Menschen in unseren Projektgebieten ist es egal, ob die Gelder aus Überzeugung oder schlechtem Gewissen gegeben werden; Hauptsache, es wird den Menschen und der Natur geholfen«, sagt Professor Paciencia Milan, Vorsitzende der Baybay Rainforestation Foundation auf den Philippinen und langjährige Präsidentin der Visayas State University auf der Insel Leyte.

Klimaschutz im Büro

Der Betrieb von Computern und Laserdruckern, der Verbrauch von Papier und Tonermaterial und die Frage, wie Büros geheizt und gelüftet werden, bleibt nicht ohne Auswirkungen auf Umwelt und Klima. Schon unser Weg ins Büro entscheidet mit über den Zustand der Umwelt. Wer Treppen benutzt und nicht den Aufzug, hilft Energie zu sparen und tut seinem Körper etwas Gutes. Im Büro kann viel getan werden:

- Raumtemperatur nachts auf 15 °Celsius, morgens auf 19° absenken.
- Reinigungskolonnen tagsüber, statt am Abend kommen lassen. Dadurch wird vor allem in der Herbst- und Winterzeit ganz erheblich Energie gespart. Haben Sie schon mal Bürogebäude gesehen, wenn die Reinigungsdienste abends durch die Räume ziehen? Vom ersten bis zum letzten Stock brennen die Lichter, obwohl nur wenige Personen im Haus unterwegs sind. Die Landesbausparkasse Baden-Württemberg hat in ihren Gebäuden den Versuch unternommen, die Reinigungskräfte tagsüber zu beschäftigen. Das Resultat kann sich sehen lassen: Durch die Maßnahme wurden 10 000 Euro an Energiekosten eingespart!
- Bei der Neuanschaffung von Bürogeräten auf energieeffiziente Geräte und auf die Empfehlung der Deutschen Energie-Agentur DENA achten. Die aktuellsten und besonders energieeffizienten Bürogeräte finden sich unter www.energieeffizienz-im-service.de
- Alte Bürogeräte wie PCs, Drucker und Scanner gegen neuere, energiesparende Geräte austauschen.
- Papierverbrauch eindämmen.
- Bei Anschaffungen – ganz gleich, ob es sich um Geräte oder Putzmittel handelt – auf das Umweltzeichen »Blauer Engel« achten.
- Drucker und Faxgeräte nicht ständig laufen lassen und nur dann auf Standby-Modus schalten, wenn sie oft benötigt werden.
- Auf recyclebare beziehungsweise wiederbefüllbare Büromaterialien wie Tintenpatronen und Tonerkartuschen achten.

Firmen und Behörden können sich in Sachen Klimaschutz und Umweltvorsorge verlässlich von B.A.U.M. beraten lassen. B.A.U.M. ist der Bundesdeutsche Arbeitskreis für Umweltbewusstes Management e.V., der für eine Vielzahl von mittelständischen Betrieben und große Unternehmen Lösungen aufzeigt und Ökonomie und Ökologie undogmatisch und mit konkreten Ergebnissen zusammenbringt (www.baumev.de).

Klimaschutz beim Haus- und Wohnungsbau

Wer ein neues Haus oder eine neue Wohnung erwirbt oder alte Immobilien renoviert, hat es in der Hand, das Klima zu schützen und den eigenen Geldbeutel zu schonen. Noch immer werden viele Chancen zur Energieeinsparung und zur Energieeffizienz nicht genutzt. Deshalb soll der Verbrauch fossiler Energie eingedämmt werden. Baden-Württemberg war der Vorreiter und machte ab Januar 2008 für Neubauten den Einsatz von 20 Prozent erneuerbarer Energien (zum Beispiel Pellets, Sonnenenergie, Erdwärme) zur Wärmeerzeugung zur Pflicht (Erneuerbare-Wärme-Gesetz). Die Bundesrepublik verabschiedete ähnliche Regelungen. Doch was ist mit den Altbauten? Auch wurden die Möglichkeiten, die der moderne Wohnungsbau heute bei alternativen Energien und Wärmedämmung bietet, nicht voll ausgeschöpft. Aber jeder kann freiwillig mehr tun, als gesetzlich vorgeschrieben ist. Die ständig steigenden Energiepreise zeigen, dass sich entsprechende Investitionen lohnen. Deshalb sollten sich Haus- und Wohnungsbesitzer oder jeder, der bauen oder kaufen will, gut beraten lassen. Die Bauwirtschaft und die Handwerksbetriebe sind darauf eingestellt.

Klimaschutz in Gärten und Parks

Jahrelang sind wir mit der Natur in Siedlungsbereichen umgegangen, als ob sie ein Feind des Menschen wäre. Ob Asphalt, Beton oder Bodenplatten: Jede versiegelte Fläche trägt zur Aufheizung der Dörfer und Städte bei. Dabei ist längst klar, dass wir uns auch in unserem Alltag auf den Klimawandel einstellen und Anpassungsstrategien entwickeln müssen. So wie Gebäude gegen Kälte und Hitze isoliert werden müssen, sollte im Rahmen von Bebauungsplänen auf die Freihaltung von Frischluftschneisen, Sauerstofferneuerungsgebieten und Grundwassererneuerungsgebieten geachtet werden. Wer einen Garten hat, kann durch eine naturnahe Gestaltung dazu beitragen, »grüne Lungen« wachsen zu lassen. Schon ein großer Baum – etwa eine hundertjährige Buche – produziert täglich 9400 Liter Sauerstoff und regeneriert dabei 45 000 Liter Luft. Und so helfen viele »grüne Lungen« in den Dörfern und Städten, heiße Sommer und extreme Hitze zu mildern, denn Grünflächen heizen sich nicht so auf wie Gebäudewände, Straßen, Wege, Hofeinfahrten und befestigte Plätze. Außerdem erhöhen vielfältige Gärten das Naturerlebnis und damit die Lebensqualität. Es entstehen Orte, die der Seele guttun. Sie bieten auch die Chance für den Anbau von gesundem Gemüse, Obst und Kräutern. Was im eigenen Garten für die Küche gewachsen ist, wirkt sich positiv auf die persönliche CO_2-Bilanz des Hobbygärtners aus. Allerdings müssen wir auf Kunstdünger und die Giftspritze verzichten.

Kinder, die in einer naturnahen Umgebung aufwachsen, wo noch Mönchsgrasmücke und Zaunkönig singen, wo überm Gartentümpel Libellen durch die Luft schwirren, und die sehen und erleben, wie Beeren, Tomaten und Salat wachsen und geerntet werden, bekommen automatisch ein Naturverständnis vermittelt. Die Liebe zur Natur und das Verständnis für das Lebendige lehren junge Menschen, Verantwortung zu übernehmen und für die Bewahrung der eigenen Lebensgrundlagen aktiv zu werden.

»Noch immer fehlt den Konsumenten das klare Verständnis für den Wert einer Kilowattstunde oder die Bedeutung einer Tonne CO_2«

Ein Gespräch mit Dr. Kurt-Ludwig Gutberlet, Vorsitzender Geschäftsführer der BSH Bosch und Siemens Hausgeräte GmbH, München

Herr Gutberlet: Waschmaschine, Wäschetrockner, Kühlschrank, Herd – unsere Haushalte sind voll elektrifiziert. Welchen Anteil haben Hausgeräte beziehungsweise Haushalte am weltweiten Energieverbrauch und an der Klimaerwärmung?
Kurt-Ludwig Gutberlet: Nun, Elektrogeräte haben weltweit die Lebensqualität der Menschen verbessert. Die Kehrseite ist, dass die privaten Haushalte dadurch wesentlich zum Ressourcenverbrauch beitragen. Mit einem Anteil von 29 Prozent sind sie der zweitgrößte Energieverbraucher und mit einem Anteil von 21 Prozent die drittgrößte Quelle von CO_2-Ausstoß weltweit. Also, auch wenn der Anteil jedes Einzelnen verschwindend klein erscheint, so ergibt sich doch in Summe der rund 6,7 Milliarden Menschen ein wesentlicher Beitrag zum Ressourcenverbrauch. Dies sehe ich aber gleichzeitig als riesigen Hebel für Einsparungen, welche die Haushalte direkt und aktiv beeinflussen können. Vom gesamten Energieverbrauch der Haushalte entfallen wiederum 21 Prozent auf Hausgeräte – also ein gutes Fünftel.

Betrachtet man nur den Elektrizitätsbedarf, dann verbrauchen Hausgeräte davon sogar 59 Prozent. Damit ist der Anteil der elektrischen Hausgeräte am Weltenergiebedarf bereits heute in einer relevanten Größenordnung. Die Internationale Energie-Agentur (IEA) geht davon aus, dass sich die globale Elektrizitätsnachfrage von 2004 bis 2030 noch verdoppeln wird. Das größte Wachstum findet in den sogenannten Schwellenländern Indien (plus 5,4 Prozent/Jahr) und China (plus 4,9 Prozent/Jahr) statt. Insgesamt wird der Anteil der Elektrizität an der globalen Energieversorgung von 16 Prozent in 2004 auf 21 Prozent in 2030 steigen. Und – ganz wichtig für unser Thema –: Das Wachstum findet vor allem in den privaten Haushalten und dort durch eine wachsende Nachfrage nach elektrischen Hausgeräten statt.

Wenn nun die Menschen in den Schwellenländern im Haushalt nachrüsten, bedeutet dies doch eine Verschärfung der Situation?
Ganz richtig! Die IEA hat in zwei unterschiedlichen Szenarien berechnet, was passieren würde, wenn die Nachfrage der Schwellenländer durch die heute dort verfügbaren, eher ineffizienten Geräte gestillt würde. Aber was wäre, wenn auch dort die besten am Markt verfügbaren Produkte zum Einsatz kämen? Der Unterschied ist überwältigend: Effiziente Hausgeräte könnten die Elektrizitätsnachfrage um 714 Terawattstunden (1 TWh = 1 Milliarde kWh) im Jahr 2030 reduzieren. Zum Vergleich: In Deutschland liegt die Nettostromerzeugung derzeit bei 597 TWh im Jahr 2007.

Wo müsste Ihres Erachtens angesetzt werden?
Um diese riesigen Potentiale tatsächlich zu realisieren, sind meines Erachtens parallel zwei Entwicklungen notwendig: Die Menschen in den entwickelten Ländern müssen ihren Ressourcenverbrauch deutlich reduzieren. Je nach Haushaltsausstattung und Verhaltensweise sind zwischen 12,5 und 7,6 Tonnen Einsparungen von CO_2-Emissionen pro Haushalt und Jahr möglich – und zwar bei gleicher Haushaltsstruktur. Unter anderem durch effiziente Geräte und sparsame Elektronutzung können 40 Prozent der Emissionen vermieden werden. Und die Verbraucher in den Schwellenländern müssen von Anfang an die effizientesten Produkte verwenden, die am globalen Markt verfügbar sind. Gemeinsam mit Handel, Politik und Verbrauchern können wir als Hersteller viel zum Klimaschutz beitragen.

Warum werden solche Entwicklungen nicht viel schneller umgesetzt?
Energieeffizienz ist ein komplexes Thema. Niedrige laufende Kosten bedeuten in der Regel den Einsatz innovativer Produkte und dadurch eine höhere Investition beim Gerätekauf. Hier ist umfassende Aufklärung durch die Hersteller und den Handel notwendig – etwa durch ein infor-

Dr. s.c.pol. Kurt-Ludwig Gutberlet (Jahrgang 1957) studierte Volkswirtschaft in Tübingen und Kiel und war wissenschaftlicher Mitarbeiter am Institut für Weltwirtschaft in Kiel, bevor er 1983 zunächst für den Bereich Geschäftsfeldplanung in die BSH Bosch und Siemens Hausgeräte GmbH, München eintrat. 1995 wurde er Geschäftsführer der BSH in Paris und 1996 Geschäftsführer des Vertriebs der BSH in Deutschland. Nach Tätigkeiten für BSH in China und Eintritt in die Geschäftsführung wurde er 2001 zum Vorsitzenden der Geschäftsführung der BSH Bosch und Siemens Hausgeräte GmbH berufen, die weltweit 39 000 Mitarbeiter hat und einen Konzernumsatz von rund 1,8 Milliarden Euro (2007) erzielt. Auch in seiner Eigenschaft als Präsident des Haushaltsgeräteverbands CECED (European Committee of Domestic Equipment Manufacturers) setzt sich Gutberlet für mehr Energieeffizienz und die entsprechende Kennzeichnung von Geräten ein.

matives und dynamisches Energielabel.

Noch immer fehlt den Konsumenten das klare Verständnis für den Wert einer Kilowattstunde oder die Bedeutung einer Tonne CO_2. Und während jeder Einzelne jeden Tag an der Tankstelle den Preis für einen Liter Benzin oder Diesel sehen kann, sieht er den täglichen Stromverbrauch eines Geräts nicht. An diesem Problem müssen wir dringend arbeiten. Energiekenntnisse müssten schon in der Schule vermittelt werden, denn unsere Zukunft können wir nur meistern, wenn wir jungen Leuten nicht nur eine gute Grundbildung, sondern auch Energie-, Wirtschafts- und Umweltkompetenz vermitteln. Doch unsere bisherige Erfahrung mit dem Thema zeigt: Moralische Appelle alleine erreichen nur einen Bruchteil der Verbraucher. Die wenigsten Konsumenten – sowohl in den entwickelten als auch in den sich entwickelnden Ländern – sind zum Komfortverzicht oder zu Mehrausgaben nur aus Umweltgründen bereit. In der Regel sind handfeste monetäre Vorteile notwendig, um Verhaltensänderungen zu erzeugen. Im Fall von elektrischen Hausgeräten sind daher Förderprogramme nötig, die sich aber in aller Regel ökologisch und volkswirtschaftlich sehr gut rechnen. So haben sich solche Programme in Spanien und Italien schon bewährt.

Was trägt die Bosch und Siemens Hausgeräte GmbH konkret zu Energieeffizienz und Klimaschutz bei?

Bei der BSH Bosch und Siemens Hausgeräte GmbH haben wir Umweltschutz früh als Chance gesehen. So haben wir seit Jahrzehnten den Energie- und Wasserverbrauch unserer Produkte kontinuierlich gesenkt. Auch waren wir – Anfang der neunziger Jahre – das erste Großunternehmen, das den Ausstieg aus FCKW- und FKW-Technologie bei Kältegeräten konsequent vorangetrieben hat. Das Thema Klimaschutz – Stichwort »Ozonloch« – beschäftigt uns schon weit über zehn Jahre. Mit dem Nachhaltigkeitsbericht 2007 haben wir erstmals eine CO_2-Bilanz für den gesamten Konzern vorgelegt. Darin dokumentieren wir Jahr für Jahr, wie durch umweltgerechte Produktgestaltung und optimierte Fertigungsprozesse der Ressourcenverbrauch in unseren Werken reduziert wird. Sie sehen: Wir denken konkret in Zusammenhängen von Ökobilanzen – von der Produktentstehung über die Nutzungsphase bis hin zur Entsorgung –, und dies weltweit. Das bedeutet, dass wir konsequent hohe Umweltstandards auf alle unsere Fabriken weltweit übertragen. In allen Märkten der Welt haben wir den Anspruch, die jeweils effizientesten Produkte zu liefern.

Wo sehen Sie Potentiale zur Energieeinsparung und damit zur CO_2-Reduktion und zum Klimaschutz? Eher bei der Produktion oder bei der Nutzung?

Bei elektrischen Hausgeräten entfallen rund 90 Prozent der Umweltbelastung auf die Nutzungsphase. Insbesondere durch die kontinuierliche Arbeit an der Senkung der Verbrauchswerte für Strom und Wasser haben wir gerade in der Nutzungsphase große Einsparerfolge realisieren können. Je nach Produktkategorie konnte der Stromverbrauch im Vergleich zu einem ähnlich ausgestatteten fünfzehn Jahre alten Gerät unserer Marken Bosch und Siemens zwischen 78 Prozent (Kühlgefrierkombination) und 35 Prozent (Geschirrspüler, Premiumwaschmaschine) reduziert werden. Und der Wasserverbrauch unserer Geschirrspüler und Waschmaschinen konnte nahezu halbiert werden. Der Vergleich mit einem fünfzehn Jahre alten Gerät ist durchaus realitätsnah, denn die durchschnittliche Nutzung von Elektrogroßgeräten liegt in Deutschland zwischen vierzehn und fünfzehn Jahren – rund 40 Prozent der Geräte in den deutschen Haushalten sind zehn oder mehr Jahre alt.

Eine äußerst interessante Erkenntnis ist, dass wir mit der ökologischen Produktgestaltung einen viel größeren Hebel haben als mit reinen Maßnahmen zur Reduzierung des Ressourceneinsatzes in der Fertigung. So beträgt der produktionsbezogene Kohlendioxidausstoß unseres Geschirrspülerwerks in Dillingen zirka 24 000 Tonnen pro Jahr (direkte Emissionen und indirekte Emissionen durch den Strombezug). Die Einsparungen der neuen Geschirrspülerreihe, die nur noch 10 Liter Wasser und weniger als 1 Kilowattstunde Strom pro Spülgang verbraucht, betragen im Vergleich zu den Vorgängermodellen aus Dillingen pro Jahr 22 000 Tonnen CO_2 – die Entlastung durch die verbesserten Verbrauchswerte liegt also bereits im ersten Nutzungsjahr in der gleichen Größenordnung wie die Belastungen durch die Produktion. Und schon ab dem zweiten Nutzungsjahr trägt der geringere Verbrauch vollständig zur Energieeinsparung und zur CO_2-Entlastung bei. Gegenüber gleichartigen Geräten von 1993 betragen die Einsparungen sogar über 120 000 Tonnen CO_2/Jahr – das ist etwa das Fünffache der gesamten Jahresemissionen des Standorts Dillingen.

Nun ist Ihr Unternehmen ein sogenannter Global Player, aber viele Menschen in den Entwicklungsländern können sich doch die neuen Geräte gar nicht leisten. Wie gehen Sie mit diesem Dilemma um?

Da gibt es viele Ansätze. Aber wir müssen die Verhältnisse in den jeweiligen Regimen berücksichtigen. Um etwa Konsumenten mit sehr geringer Kaufkraft in Entwicklungs- und Schwellenländern den Zugang zu hocheffizienten Geräten zu ermöglichen, sind über das reine Produktangebot hinaus oft auch ganz neue Geschäftsmodelle notwendig. Dazu ein Beispiel: Seit mehreren Jahren arbeiten wir als BSH in Brasilien zusammen mit lokalen Stromversorgern daran, ineffiziente Kühlgeräte in den Armengebieten (Favelas) auszutauschen.

Allein im Jahr 2007 haben wir rund 50 000 zum Teil uralte Geräte durch hocheffiziente Neuprodukte ersetzt und die Altgeräte umweltgerecht entsorgt. Jeder der neuen Kühlschränke spart durchschnittlich 800 Kilowattstunden Strom pro Jahr, alle ausgetauschten Geräte zusammen 10 000 Tonnen pro Jahr. Die Finanzierung des Austauschs erfolgt dabei durch die Stromversorger. Diese kaufen die Kühlschränke bei der BSH und erfüllen damit ihre gesetzliche Verpflichtung, einen Teil ihres Umsatzes in die Verbesserung der Energieeffizienz in Brasilien zu investieren. Und noch ein Beispiel: Immer noch haben rund 1,6 Milliarden Menschen keinen Zugang zu elektrischem Strom. Aber auch diese können wir bei ihrem Beitrag zur Nachhaltigkeit und zum Klimaschutz unterstützen und gleichzeitig ihre Gesundheit und ihr Wohlbefinden deutlich erhöhen: Weltweit bereiten mehr als 2,5 Milliarden Menschen, das sind knapp 40 Prozent der Weltbevölkerung, ihre Nahrung über offenem Feuer zu. Um den Kochbedarf einer einzelnen Person zu decken, sind jährlich bis zu 700 Kilogramm Brennholz erforderlich. Hiermit verbunden sind unweigerlich Gefahren für Gesundheit und Umwelt. Nach einer Schätzung der Weltgesundheitsorganisation sterben jedes Jahr 1,6 Millionen Menschen infolge der schadstoffbelasteten Raumluft, die durch offenes Feuer verursacht wird. Die Abholzung für Brennholzzwecke hat katastrophale Folgen wie Erosion, Vernichtung der Wälder und Verlust der CO_2-Senken sowie Zerstörung wertvollster Lebensräume.

Die BSH hat deshalb ihre technologische Gasgerätekompetenz eingesetzt, um eine Alternative zum offenen Holzfeuer, aber auch zu Holzkohle und importiertem Petroleum oder Gas anzubieten.

Gemeinsam mit der Universität Hohenheim wurde ein Pflanzenölkocher entwickelt, der mit lokal nachwachsenden Pflanzenölen aller Art funktioniert. Zugleich ist dieses Produkt von Kleinstbetrieben in den Entwicklungsländern zu erschwinglichen Preisen herzustellen. Jetzt sind wir dabei, den Pflanzenölkocher in verschiedenen Regionen einzuführen.

Das sind schon wichtige Ansätze. Aber sicher müssen Sie doch zuerst die Menschen überzeugen. Gerade auch bei uns in Europa.

Absolut. Neben der technischen Entwicklung hocheffizienter Geräte müssen wir im Rahmen unserer Marketing- und Kommunikationsaktivitäten den Verbrauchern das wirklich nicht einfache Thema Energieeffizienz nahebringen. Deshalb werden wir kontinuierlich in dieses Thema investieren, sowohl in der Produktentwicklung wie auch in der Produktvermarktung. Energieeffizienz wird kein vorübergehendes Modethema bleiben, sondern ist ein wirklich langfristiger Megatrend. Wir sind überzeugt, dass wir am Beginn eines großen wirtschaftlichen Wandels – vielleicht sogar einer »Dritten Industriellen Revolution« – hin zu einer »low-carbon economy« stehen, die durch eine weitgehende Entkopplung von wirtschaftlichem Wachstum und CO_2-Emissionen gekennzeichnet sein wird. Wir sind gut dafür aufgestellt und fest entschlossen, die notwendigen Veränderungen aktiv mit zu gestalten.

Wie sehen diese Veränderungen konkret aus?

Wir arbeiten konsequent an der Energieeffizienz der gesamten Produktpalette.

Dazu einige Beispiele:

- *Kühl- und Gefriergeräte* verrichten ihren Dienst rund um die Uhr, vierundzwanzig Stunden am Tag, 365 Tage im Jahr. Deshalb entfallen im Durchschnitt auch rund 15 Prozent des Haushaltsstrombedarfs auf diese Gerätekategorie. Durch verbesserte Isolation, leistungsfähigere Kompressoren und gezielte Optimierung aller Kältekreislaufkomponenten haben wir in den vergangenen Jahren den Stromverbrauch unserer Kühl- und Gefriergeräte drastisch senken können. Verglichen mit Geräten aus dem Jahr 1993 (Kühlschränke werden in Deutschland im Durchschnitt fünfzehn Jahre genutzt, Gefrierschränke und -truhen sogar siebzehn Jahre) ergeben sich folgende Energieverbrauchsreduzierungen:
  – Kühlschrank (A++): minus 52 Prozent
  – Kühlgefrierkombination (A++): minus 78 Prozent
  – Gefrierschrank (A++): minus 63 Prozent.

Es ist sehr wichtig, die Kunden beim Neukauf richtig zu beraten, denn mit der Kaufentscheidung fällt auch die Entscheidung über den Stromverbrauch für die nächsten fünfzehn Jahre. Und in vielen Fällen stellt sich dann das vermeintliche Schnäppchen als teurer Energiefresser heraus.

- Die Marken Bosch und Siemens bieten eine ganz neue Generation von *Haushaltsspülmaschinen*, die nur noch 0,97 Kilowattstunden Strom und 10 Liter Wasser für dreizehn Maßgedecke brauchen; mit der neuen VarioSchublade sind es bei vierzehn Maßgedecken nur 0,98 Kilowattstunden Strom und 10 Liter Wasser – Werte, die vor einigen Jahren noch unvorstellbar waren. Wer noch mehr für die Umwelt tun will: Weitere 15 Prozent Stromeinsparungen sind durch ein innovatives Trocknungssystem mit Zeolith möglich, das wir auf der Internationalen Funkausstellung in Berlin im Sommer 2008 als Weltneuheit präsentiert haben. Übrigens: Moderne Spülmaschinen erfordern deutlich weniger Wasser und Strom als Handspülen.

- *Elektrische Wäschetrockner* werden von besonders ökologisch eingestellten Haushalten als unnötige Energieverschwender wahrgenommen. Mit dem Trocknen der Wäsche auf der Leine unter Nutzung der kostenlosen Sonnenenergie scheint die naheliegende – und ökologisch korrekte – Alternative auf der Hand zu liegen. Dabei wird aber häufig übersehen, dass in unseren Breiten die Tage, an denen man die Wäsche im Freien trocknen kann, begrenzt sind und dass Wohnungsmieter häufig keinen Platz zum Trocknen im Freien haben. Was ebenfalls häufig übersehen wird: Das Trocknen von Wäsche in geheizten Räumen braucht auch Energie, die von der jeweiligen Raumheizungsanlage bereitgestellt werden muss. Mit unserem neuen Wärmepumpentrockner ist es uns nun gelungen, den Strombedarf auf nur noch 1,9 Kilowattstunden (bei 7 Kilogramm Beladung) zu reduzieren – das sind ganze 50 Prozent weniger gegenüber einem Kondensationstrockner mit der bisherigen Technologie (Energieeffizienzklasse B) und ein zurzeit unerreichter Spitzenwert.

Wer was bewegen muss – Das Klima-Abc.
Von A wie Automobilindustrie bis Z wie Zivilschutz

Damit die Menschheit in puncto Klimaschutz vorankommt, müssen alle gesellschaftlich relevanten Gruppen, Parteien, Verbände und Institutionen zukunftsorientiert handeln und gemeinsame Wege gehen.
Verkrustete Denkmuster, selbstsüchtiges Verhalten, parteipolitische Zwangsjacken und ideologische Beschränktheit führen geradewegs in die Klimakatastrophe. Hitzewellen, Stürme und Überflutungen machen nicht an Staatsgrenzen halt: Das »globale Dorf« muss zusammenhalten.
Es gibt eine Unmenge von Klimaforderungen, die in diesem Klimaschutz-Handbuch nicht alle detailliert abgehandelt werden können; hier sind die zentralen in Kurzform gebündelt.

Automobilindustrie
Einhaltung der eigenen Zusagen zur Entwicklung schadstoffärmerer Motoren. Entsprechende Anstrengungen zur Einführung alternativer, umwelt- und klimafreundlicher Antriebstechnologie. Weg von der PS- und geschwindigkeitsorientierten Werbung. Werbeetats für umweltfreundlichere Fahrzeuge aufstocken. Mit dem Verkauf von Autos zugleich Schulungen zu einer umweltfreundlichen, weil kraftstoffsparenden Fahrweise anbieten.

Banken
Sonderkonditionen bei der Kreditvergabe für Firmen, die in Zukunftstechnologien investieren, keine finanzielle Unterstützung und Förderung klima- und umweltschädlicher Projekte; internationale Geldgeschäfte müssen Klimarichtlinien unterliegen. Nachhaltige Geldanlagen fördern. Bei Beratungen im Kundengeschäft gezielt auf Nachhaltigkeitsaspekte eingehen.

Bundesregierung
Klimaziele konsequent einhalten. Änderung der Subventionspolitik: weg von Dinosauriertechnologien wie Kohle und Atom, hin zu sauberer Energiegewinnung aus Wind, Wasser und Sonnenenergie. Ökologische Steuerreform beschließen und umsetzen. Abschaffung der Gewerbesteuer. Stattdessen steuerliche Anreize für Kommunen, die Umweltleistungen erbringen (Erhaltung von Freiflächen etc.). Bei der Förderung erneuerbarer Energien durch integrative Parteiarbeit den Klimaschutz fördern und »Große Klimakoalitionen« bilden. Katastrophenpläne im Hinblick auf die Aufnahme von Klima- und Umweltflüchtlingen fortentwickeln. Katastrophenschutz entsprechend vorbereiten. Konsequente Gesundheits- und Umwelterziehung fördern. Einfluss auf Vertragsstaaten und Regierungen nehmen. Besteuerung der Wirtschaft nach Ressourcenverbrauch; sparsame Motoren steuerlich begünstigen. Für internationale Kerosinbesteuerung einsetzen. Treibhausgasemissionen weiter senken. Landwirtschaftliche Produkte mit Emissionssteuer für Methan und Lachgas besteuern. Mittel für nachhaltige Entwicklung in den armen Ländern mindestens verzehnfachen.

Bürger
Eigenen Lebensstil überdenken. Nachhaltig erzeugte Waren kaufen. Mobilitätsverhalten überprüfen. Größere Bereitschaft für umweltfreundliche Produkte aufbringen. Nachhaltiges Verhalten (siehe auch »Was jeder von uns tun kann – Der Klima-Check«, S. 203).

Entwicklungshilfe
Armut bekämpfen, finanzielle Hilfe von klimarelevanten Projekten vor Ort abhängig machen; Staaten, die ihre Regenwälder abholzen und auf ähnliche Weise dem Klima schaden, von der Entwicklungshilfe ausnehmen. Korruption bekämpfen.

Gewerkschaften
Beim Arbeitskampf nicht nur soziale, sondern auch klimafreundliche Benachteiligung berücksichtigen, Arbeitsplätze im Klimaschutz fördern, Schmuddelbetriebe öffentlich anprangern, klimarelevante Veränderungen in Betrieben fordern. Nachhaltigkeitsengagement der Betriebe einfordern. Umweltmanagementsysteme engagiert begleiten.

Handel
Regionale Produkte fördern und vermarkten, klimaschädliche Waren aus dem Sortiment nehmen, lange Transporte mit Lkw, Flugzeug, Schiffen vermeiden, Handelspartner dem Klima-Check unterziehen, Klimasünder boykottieren. Klimazölle für Waren erheben. Produkte im Hinblick auf den CO_2-Fußabdruck kennzeichnen. Mehr nach Kriterien der Nachhaltigkeit zertifizierte Produkte ins Sortiment nehmen. Umweltmanagement einführen.

Handwerk
Betriebe auf klimafreundliche Technologien umstellen. Energie sparen. Mitarbeiter in puncto Klimaschutz schulen. Konsequent Materialien verwenden, die mit dem Blauen Umweltengel gekennzeichnet sind.

Industrie
Umweltmanagement mit Öko-Audit einführen. Strenge Emissionskontrolle. In klimafreundliche Technologien investieren. Auf recyclebare Produkte setzen. Natürliche Ressourcen wie Boden, Wasser, Erdöl, Erdgas,

Uran schonen. Geschlossene Produktionssysteme bauen.

Juristen
Ökologische Steuerreform einleiten. Klimagesetze erarbeiten. Harte und konsequente Bestrafung bei Vergehen gegen den Umwelt- und Klimaschutz, Klimabußgeldkatalog entwickeln und ins Gesetzbuch aufnehmen.

Kindergärten
Kinder ohne erhobenen Zeigefinger an die Verantwortung vor dem Lebendigen heranführen, Grundlagen der Energievermeidung und damit des Klimaschutzes vermitteln. Nachhaltigkeit verwirklichen, Kindertagesstätten nach Aspekten des Klimaschutzes gestalten beziehungsweise nachrüsten. Kindergartenumgebung naturnah gestalten, Naturerlebnisse für Kinder ermöglichen.

Kirchen
Moralische Pflicht zum Schutz der Schöpfung wahrnehmen, ökologisches Jahr für Jugendliche einrichten. Klimaschutzüberprüfung aller kirchlichen Liegenschaften.

Kommunen
Den öffentlichen Nahverkehr fördern. Alle öffentlichen Liegenschaften einem Energie-/Klima-Check unterziehen. Energetische Sanierungsmaßnahmen durchführen, städtische Kreditprogramme für ökologische Gebäudesanierungen bereitstellen. Emissionen durch den Straßenverkehr verringern, zum Beispiel durch autofreie Innenstädte. Stadtwerke zur Stromerzeugung aus regenerativen Quellen bringen. Beschaffungswesen nach ökologischen Kriterien ausrichten. Mehr Grünflächen schaffen. Haus- und Betriebsmeister zu Energiemanagern schulen. Keine Gewerbeansiedlung und Baulanderschließung auf der grünen Wiese. Innenentwicklung vor Außenentwicklung. Klima- und Umwelt-Check für alle Haushaltsposten. Naturerziehung im Kindergarten fördern. Umwelt- und Klimaschutz in Gemeinde- und Städtepartnerschaften hineintragen. Blockheizkraftwerke fördern. Ökostrom beziehen. Kommunale Fonds für Photovoltaikanlagen. Gemeinschaftssonnenkraftwerke fördern.

Länderregierungen
Förderung klimafreundlicher Firmen aus dem Landeshaushalt, Kraft-Wärme-Kopplung auf Basis erneuerbarer Energien fördern. Klimaführerschein für Kids. Konsequente Förderung von Umweltbildung durch Verankerung in den Lehrplänen. Nachhaltiger Klima-Check für Landeshaushalte. Motivation und Förderung von Umwelt-Städtepartnerschaften. Anreize für ehrenamtliches Engagement in Klima-, Umwelt- und Naturschutz.

Landwirtschaft
Ökologischen Landbau fördern, Betriebe von klimaschädlicher Massentierhaltung und Monokultur auf Bio umstellen. Den Einsatz von Pestiziden und mineralischem Stickstoffdünger meiden. Kennzeichnungspflicht auf Lebensmitteln und anderen Produkten für ökologischen Fußabdruck. Erneuerbare Energien wie die anaerobe Vergärung tierischer Exkremente in Biogasanlagen fördern. Keine Biomasseerzeugung zu Lasten bedrohter Flora und Fauna.

Lebensmittelwirtschaft
Kein weiterer Druck auf die Preisspirale nach unten. Förderung ökologischer Landwirtschaft. Keine Produkte aus Massentierhaltung. Keine Verarbeitung gentechnisch veränderter Pflanzen oder Tiere. Stärkerer Aufbau regionaler Kreisläufe und Wertschöpfungsketten zur Reduktion transportbedingter Emissionen. Kennzeichnung der Produkte im Hinblick auf deren ökologischen Fußabdruck (Product Carbon Footprint). Mehr Kooperationen nach dem Prinzip des fairen Handels.

Medien
Umwelt- und Klimathemen nicht als Modeerscheinung abtun, sondern wie Politik, Wirtschaft und Unterhaltung als feste Größe im Programm behandeln; Politiker und andere Entscheidungsträger auf ihr Klimaverhalten hin überprüfen, über Klimainnovationen berichten, Umweltsünder kritisieren.

Politische Parteien
Klima- und Umweltschutz muss gleichauf mit Wirtschafts-, Sozial- und Sicherheitsthemen auf der Agenda stehen, Parteien müssen »Klimakoalitionen« bilden, nachhaltiges Handeln und Energiewende stärker in Parteiprogrammen verankern. Klimaschutzziele konsequenter umsetzen.

Schulen & Universitäten
Klima- und Umweltschutz auf den Stundenplan setzen, Energiesparen ins Curriculum, lösungsorientierte Forschungsprojekte und grüne Technologien fördern. Stipendien für Klimaforschung erhöhen, Forschung rund um energieeffiziente Technologien fachübergreifend fördern. Öko-Audit für alle Schul- und Hochschulliegenschaften.

Tourismusverbände
Reisepreise nach der Klimarelevanz der Ziele und Hotels staffeln, Hotels nach umweltfreundlichen Kriterien wie Solaranlagen, Wasserersparnis etc. ins Programm aufnehmen, Klimaschulungen für Reiseleiter durchführen.

Umwelt- und Naturschutzverbände
Undogmatisch auf andere gesellschaftliche Gruppen zugehen, Zusammenarbeit statt Konkurrenzdenken. Wissen einbringen und Entscheidungsträger in Politik und Wirtschaft zum Umdenken bewegen, Umwelterziehung fördern.

Verkehrsplaner
Städte nicht auf den Individualverkehr ausrichten, sondern gezielt umwelt- und klimafreundliche Transportmittel fördern. Ziele mit öffentlichen Verkehrsmitteln wie Bus oder Bahn leicht erreichbar und attraktiv machen. Strenge Verbrauchsgrenzen für Pkw, Reduzierung oder Umlagerung der Warentransporte (vom Lkw auf die Schiene), Kurzstrecken beschränken.

Wohnungsbau
Neue rechtliche Umweltstandards nicht bekämpfen. Konsequente Wärmedämmung. Heiz- und Warmwassersysteme müssen den neuesten Klimarichtlinien entsprechen; energetische Sanierung von Altbauten. Neubauten müssen bei der Bauabnahme durch die Klimaprüfung.

Zivil- und Katastrophenschutz
Aufklärungsarbeit für ältere Menschen zum Verhalten in Hitzesommern. Katastrophenvorbeugung ist die beste Katastrophenabwehr. Zusammenarbeit mit Umweltbehörden und Umweltorganisationen zur Renaturierung von Fließgewässern als Präventivmaßnahme für Hochwasserereignisse. Gesundheitsaufklärung für Kinder und Jugendliche. Sensibilisierung für das richtige Verhalten im Freien (Vorsicht in Zeckengebieten, Sonne meiden, Aufklärung über allergene Pflanzenarten etc.).

»Als Erfinder des Automobils werden wir auch seine Zukunft maßgeblich mitgestalten«

Ein Gespräch mit Dr. Thomas Weber

Herr Weber: Sind Autofahrer Klimasünder?
Thomas Weber: Es gilt inzwischen als gesicherte Erkenntnis, dass sich das Klima im weltweiten Durchschnitt wandelt und dass menschliche Einflüsse dabei generell eine Rolle spielen. Sicher ist ebenfalls, dass der Bedarf nach individueller Mobilität auch in Zukunft weiter steigen wird, die Ressourcen – und hier insbesondere Rohöl – jedoch immer knapper werden. Autofahrer jedoch als Klimasünder zu bezeichnen wäre gleichbedeutend mit der Aussage, dass Autos der Kern der Umweltproblematik seien – eine Behauptung, die in den letzten Jahren, insbesondere im Zusammenhang mit dem Thema CO_2, des Öfteren aufgegriffen, diskutiert und aufgrund der Faktenlage immer wieder verworfen wurde. Der Anteil des Straßenverkehrs an den weltweit vom Menschen gemachten Treibhausgasemissionen liegt bei unter 10 Prozent; zusammen mit den über 3 Prozent Emissionen des sonstigen Verkehrs ergeben sich rund 13 Prozent für den gesamten Transportsektor. Deutlich mehr Treibhausgase als der Straßenverkehr produzieren jeweils Industrie und Landwirtschaft. Nichtsdestotrotz gibt es auch beim Autofahren noch weitere Potentiale zur Effizienzsteigerung beziehungsweise zur Emissionsreduktion. Dies umfasst das Automobil selbst, die Kraftstoffe, die Infrastruktur beziehungsweise den Verkehr, aber auch die Fahrweise, wofür der Einfluss des Fahrers entscheidend ist. Um die weltweiten CO_2-Emissionen nachhaltig zu reduzieren, ist deshalb ein ganzheitlicher Ansatz erforderlich, der alle CO_2-Verursacher berücksichtigt und bei dem jeder seinen Beitrag leistet.

Als Premiumhersteller ist es unsere vorrangige Aufgabe, an allen technologischen Stellhebeln rund um das Fahrzeug anzusetzen, um so den Verbrauch deutlich zu reduzieren. Denn wer CO_2 reduzieren will, muss den Kraftstoffverbrauch senken. Dabei setzen wir auf intelligente und innovative Technologien, die aber nicht nur die Reduktion von CO_2, sondern die Verringerung *aller* relevanten Emissionen im Blick haben. Bei der umweltfreundlichen Gestaltung unserer Fahrzeuge betrachten wir darüber hinaus immer den gesamten Lebenszyklus – also von der Entwicklung über die Materialauswahl und Produktion bis hin zum Recycling. Dass wir hier mit unserem Engagement auf dem richtigen Weg sind, belegen auch die Umweltzertifikate für unsere Fahrzeuge, mit denen uns die Zertifizierungsstelle der TÜV Management GmbH in München einen umweltorientierten Entwicklungsprozess bescheinigt.

Fest steht, wir werden auch zukünftig alles daran setzen, unseren Kunden Premiumfahrzeuge anzubieten, die gewohnt sicher, souverän und komfortabel sowie gleichzeitig effizient und sauber sind. Und innovative Technologien sind hier der Schlüssel für zukunftsorientierten, nachhaltigen Erfolg.

Hat die deutsche Autoindustrie insgesamt die Herausforderungen des Klimawandels und der CO_2-Problematik verschlafen?
Ganz sicher nicht. Im Gegenteil, gerade die deutsche Automobilindustrie hat hier bereits große Verbesserungen erzielt. Deutschland ist neben Polen das einzige Land in Europa, in dem seit 1999 die CO_2-Emissionen im Straßenverkehr sinken. Deutschland hat die Trendumkehr sogar schneller geschafft als die anderen großen EU-Länder, in denen der Kraftstoffverbrauch – wenn überhaupt – erst seit 2002/2003 sinkt. Deutsche Neufahrzeuge verbrauchen heute durchschnittlich 25 Prozent weniger Kraftstoff als Anfang der neunziger Jahre und sogar 40 Prozent weniger als Anfang der siebziger Jahre. Schon heute verbrauchen 388 Modelle deutscher Marken weniger als 6,5 Liter auf 100 Kilometer. Mehr als 60 Modelle unterschreiten sogar die 5-Liter-Marke. Und dabei handelt es sich keineswegs nur um Kleinwagen. Insbesondere Premiumfahrzeuge haben in den letzten Jahren die größten Entwicklungssprünge bei Kraftstoffverbrauch und Effizienz gemacht.

Die deutsche Automobilindustrie investiert jährlich rund 18 Milliarden Euro in Forschung und Entwicklung. Das ist gut ein Drittel der Aufwendungen der gesamten deutschen Industrie. Damit ist die Automobilindustrie die innovativste Branche Deutschlands. Ein großer Teil dieser Aufwendungen fließt in die Entwicklung von Umwelttechnologien. Daher ist gerade das Premiumsegment mit seinen intensiven Forschungs- und Entwicklungsaktivitäten ein wichtiger Technologietreiber und dient damit auch dem Klimaschutz. Lassen Sie mich das mit einem Zahlenbeispiel verdeutlichen: Während der Kraftstoffverbrauch aller zwischen 1996 und 2004 in Deutschland verkauften neuen Pkw durchschnittlich um 15 Prozent gesenkt wurde, haben neue Oberklassefahrzeuge im gleichen Zeitraum eine Reduzierung von 21 Prozent erreicht. Diese Werte zeigen, dass die deutsche Automobilindustrie zu ihrer Verantwortung hinsichtlich Klima- und Umweltschutz steht.

Daimler gilt als führend in der Forschung und Technologieentwicklung. Warum hat es so lange gedauert, bis konsequenter verbrauchs- und schadstoffärmere Motoren in Angriff genommen wurden?
Wir nehmen unsere Verantwortung hinsichtlich Nachhaltigkeit und Klimaschutz sehr ernst und engagieren uns bereits seit vielen Jahren konsequent für effiziente und saubere Antriebe. Und auch hier sprechen die Zahlen für sich: Trotz gestiegener Anforderungen im Hinblick auf Leistung und Sicherheit konnten wir seit 1995 den CO_2-Ausstoß unserer in Europa verkauften Mercedes-Benz-Fahrzeuge bereits um 21 Prozent reduzieren – ein Rückgang, der fast 50 Prozent besser ist als die durchschnittliche Reduktion der anderen europäischen Hersteller.

Für Deutschland können wir im Pkw-Bereich sogar einen Verbrauchsrückgang von 32 Prozent seit 1990 aufweisen. Modellwechsel brachten stets auch eine Verbesserung der Verbrauchseigenschaften des Fahrzeugs und somit eine weitere Reduktion der CO_2-Emissionen mit sich.

Die Kohlendioxidemissionen der neuen C-Klasse (Modelljahr 2007) etwa konnten über den gesamten Lebenszyklus im Vergleich zum Vorgängerfahrzeug um 15 Prozent verringert werden. Und mit unserem CO_2-Weltmeister, dem smart fortwo cdi, hat Daimler das weltweit erfolgreichste Dreiliterauto im Produktprogramm, das nun in der zweiten Generation fortgeführt wird. Zudem haben wir mit BlueTec eine Technologie auf den Markt gebracht, die unsere bereits sparsamen Dieselfahrzeuge auch zu den weltweit saubersten ihrer Klasse macht. Dies sind nur einige Beispiele für unsere erfolgreichen technologischen und produktpolitischen Schritte, um den Verbrauch und die Emissionen unserer Fahrzeuge konsequent zu reduzieren.

Aber wir ruhen uns nicht auf Erfolgen aus, sondern setzen uns im Rahmen unserer langfristig angelegten Strategie, der sogenannten Roadmap für nachhaltige Mobilität, selbst immer wieder neue Maßstäbe. So haben wir mit unserem innovativen Diesotto-Antrieb, im Forschungsfahrzeug F 700, einen Ausblick in die Zukunft des Benzinmotors gegeben. Sie können also gespannt sein ...

Fahren wir 2035 noch mit Benzin- und Dieselfahrzeugen?
Konkrete Aussagen für das Jahr 2035 sind aus heutiger Sicht schwer zu treffen. Nicht nur, weil wir uns generell in einer Zeit des schnellen Wandels befinden – vor allem auch, weil heute die Weichen für die künftige Mobilität gestellt werden. Das Bedürfnis nach individueller Mobilität wird ohne Zweifel weiter steigen, und gleichzeitig werden dabei die Anforderungen der Kunden an ihr Auto immer unterschiedlicher. Es wird in Zukunft nicht *ein* Auto mit *einem* Antrieb geben. Wir gehen vielmehr davon aus, dass es einen Antriebsmix geben wird, bestehend aus effizienten und sauberen Verbrennungsmotoren, Hybridfahrzeugen sowie lokal emissionsfreien Brennstoffzellen- und Batteriefahrzeugen.

Unsere Roadmap für nachhaltige Mobilität trägt diesem Szenario Rechnung – mit ein Grund, warum wir auf allen diesen Gebieten bereits heute über umfassende Erfahrungen und ein ausgeprägtes Know-how verfügen. Insbesondere auf dem Gebiet des emissionsfreien Fahrens tun wir sehr viel und sind heute bereits ganz vorne:

Seit November 2007 absolvieren wir mit 100 smart fortwo electric drive einen großangelegten Praxistest für Batteriefahrzeuge in London. Und bereits im September 2008 haben wir mit der RWE AG ein Gemeinschaftsprojekt für die emissionsfreie Mobilität mit 100 Mercedes-Benz-Elektroautos und 500 Stromladestationen von RWE in Berlin gestartet. Spätestens Ende 2009 werden die ersten Kunden in Berlin die emissionsfreie Zukunft testen können, inklusive der dafür erforderlichen Infrastruktur. Kurz darauf, im Sommer 2010, bringen wir unser erstes Serienautomobil mit lokal emissionsfreiem Brennstoffzellenantrieb auf den Markt, die B-Klasse F-CELL. Ab 2015 gehen wir davon aus, Fahrzeuge mit Batterie- und Brennstoffzellenantrieb in signifikanten Stückzahlen anzubieten und damit einen wichtigen Beitrag zur CO_2-Reduktion zu leisten.

Ich bin davon überzeugt, dass emissionsfreie Fahrzeuge, das heißt Brennstoffzellen- und Batteriefahrzeuge, im Antriebsmix der Zukunft vor allem im innerstädtischen Bereich einen festen Platz mit einem großen Wachstumspotential einnehmen werden.

Entscheidend wird nun sein, wie schnell es gelingt, leistungsfähige Komponenten wie zum Beispiel Batteriekonzepte, kundenspezifische Fahrzeugkonzepte für emissionsfreies Fahren sowie eine entsprechende Infrastruktur zu entwickeln. Dafür werden wir uns massiv einsetzen.

In welche Richtung müsste Ihres Erachtens die Entwicklung gehen?
Wie bereits gesagt: Unser Anspruch ist es, Kunden auch künftig faszinierende, sparsame und saubere Fahrzeuge anzubieten – und das ohne Verzicht auf Sicherheit oder Komfort. Deshalb arbeiten wir kontinuierlich an der Weiter- und Neuentwicklung modularer Antriebstechnologien, die je nach Fahrzeugklasse, Einsatzprofil und Kundenwunsch maßgeschneidert eingesetzt werden können.

Allein im Jahr 2007 hat Daimler 4,1 Milliarden Euro in seine Forschung und Entwicklung gesteckt, davon flossen alleine 1,8 Milliarden Euro in den Umweltschutz. In den nächsten Jahren werden wir unser Forschungs- und Entwicklungsbudget nochmals aufstocken und bis 2010 nahezu 14 Milliarden Euro in diesen Bereich investieren. Denn als Erfinder des Automobils werden wir auch seine Zukunft maßgeblich mitgestalten. Und bei uns heißt das konkret, dass wir unsere Forschungs- und Entwicklungsarbeit in allen Bereichen konsequent vorantreiben: auf dem Gebiet der Sicherheit, des Komforts, der Emotionalität und der Nachhaltigkeit. Denn Mobilität und Nachhaltigkeit sind kein Widerspruch per se – es bedarf nur cleverer technologischer Lösungen«.

Dr. Thomas Weber (Jahrgang 1954) verantwortet bei der rund 270 000 Mitarbeiter zählenden Daimler AG den Bereich Konzernforschung und Mercedes-Benz Cars Entwicklung. Weber gilt als Manager, der den Dialog mit anderen gesellschaftlichen Gruppen sucht. Unter anderem war er maßgeblich dafür verantwortlich, dass die Daimler AG im Schulterschluss mit UNEP – dem Umweltprogramm der Vereinten Nationen – die Magdeburger Umweltgespräche initiierte, die sich als international gefragtes Diskussionsforum für die Themen »technologische Ansätze zur Verbesserung der Standards im Mobilitätsbereich« und »nachhaltige Entwicklung« etabliert haben. Bevor Thomas Weber zur Daimler AG kam, studierte er Maschinenbau und war als wissenschaftlicher Mitarbeiter sowohl an der Universität Stuttgart als auch am Fraunhofer-Institut beschäftigt.

Best Practice –
Beispiele, die Mut machen

Gletscherschmelze, Anstieg des Meeresspiegels, Dürren, Stürme und Hochwasser – die Herausforderungen des Klimawandels scheinen unbezwingbar zu sein. Pessimisten könnten verzweifeln, und selbst engagierte Menschen sind der Resignation nah, wenn sie wieder und wieder erleben müssen, mit wie viel Ignoranz trotz klarer Faktenlage noch immer an den Tatsachen gezweifelt und die Realität verleugnet wird. Fest steht: Es wird wenig für den Klimaschutz und die Umweltvorsorge getan, viel zu wenig. Doch Lamentieren bringt uns nicht weiter. Stattdessen ist entschiedenes Handeln angesagt. Es gibt Beispiele, die Mut machen und zeigen, was wir national und international für die Bewahrung der natürlichen Lebensgrundlagen und den Klimaschutz tun können.

Ob Verbände in der Entwicklungszusammenarbeit oder im Umweltschutz, ob Kommunen, Schulen, wissenschaftliche Einrichtungen, Initiativen der Wirtschaft oder staatliche Stellen: Es tut sich was. Die Chancen sind groß, und es gibt eine Vielzahl unterschiedlicher Ansätze. Wir stellen einige ausgewählte Initiativen vor, in denen wir entweder selbst mitarbeiten oder die wir mit unserer Arbeit unterstützen.

Chance für Regenwald aus zweiter Hand

Über viele Jahre hinweg wurden Regenwälder vernichtet, als ob sie Feinde des Menschen und nicht seine grünen Lungen wären. Für den Handel mit Tropenholz, die Schaffung von Weideland und die Anlage von Monokulturen – etwa für den Anbau von Kokos- oder Ölpalmen – wurden ganze Regionen ausgebeutet. Von diesem Raubbau an der Natur blieben etwa auf den Philippinen nur 7 bis 8 Prozent der ursprünglichen Wälder verschont. Damit verbunden ist nicht nur der Verlust unwiederbringlicher Biodiversität und natürlicher CO_2-Senken, sondern auch erhebliche Erosion, die in vielen Fällen zum Verlust der Böden und zur Verschlammung küstennaher Korallenbänke und Mangrovenwälder führt. Damit werden nicht nur terrestrische Lebensräume vernichtet, sondern auch wertvollste marine Ökosysteme; die Kinderstube vieler Fischarten und anderer Meeresbewohner geht verloren. In vielen Ländern sind die Menschen zur Abwanderung in Megastädte gezwungen, wo sie der Verelendung in den Slums und einer unsicheren Zukunft entgegensehen. Verschärft wird die Situation in Regionen, in denen nach gut fünfzig Jahren die Kokospalmen jetzt ihre Ertragsfähigkeit überschritten haben und abgeholzt werden. Übrig bleiben eintönige Hartgrasflächen.

Da im ostasiatischen Raum Taifune an Häufigkeit und Intensität zunehmen, ist schnelles Handeln angesagt. Hier setzt das Projekt »Rainforestation Farming« an. Ziel ist es, degenerierte ehemalige Regenwälder so zu renaturieren, dass wieder artenreiche Regenwälder entstehen. Mensch und Natur profitieren gleichermaßen und haben wieder eine Zukunft. »Rainforestation Farming« steht einerseits für den Aufbau artenreicher Sekundärregenwälder (Rainforest) und zum anderen für nachhaltige Landwirtschaft (Farming) in den im Projekt entstehenden Agroforstbereichen. Die von der Nachhaltigkeitsstiftung NatureLife-International unterstützte Methode wurde im Rahmen mehrerer Projektflächen auf der Philippinen-Insel Leyte von der Visayas State University, der Universität Hohenheim, der deutschen Gesellschaft für Technische Zusammenarbeit (GTZ) und anderen Partnern erprobt.

Das Ganze klingt verblüffend einfach: Auf nicht mehr genutzten Flächen werden unter einzelnen übriggebliebenen Kokospalmen erst einheimische, schnellwachsende Pionierbäume angepflanzt. Dazu gehören verschiedene Gummibaumarten und buchenartige Gewächse, die allesamt rasch ein dichtes Laubdach bilden. In dessen Schutz gedeihen dann in der zweiten Phase zahlreiche andere – ebenfalls ausschließlich heimische – Baum- und Straucharten. Dann haben die Hartgräser keine Chancen mehr zu wachsen. Das Projekt ist eine klare Alternative zu den weltweit häufig zum Scheitern verurteilten Aufforstungsversuchen mit nicht standortgerechten Baumarten. Bis zu 200 Baum- und Straucharten umfassen die Versuchsflächen, auch Orchideen und andere Zierpflanzen wachsen dort. Rainforestation Farming liefert – je nach Planung der Kleinfarmer – schmackhafte Früchte, Grundstoffe für Zucker, Holz für Häuser, Boote und Möbel, aber auch Zaunstangen. Das Neue an dem mittlerweile auf andere Bereiche übertragenen Konzept ist die Vielseitigkeit der Nutzungsmöglichkeiten im Regenwald. Wichtig sind die äußerst naturnahe Anpflanzung und die ganzjährige Bodenbedeckung. Schon nach acht Jahren konsequenter Rainforestation-Farming-Methode haben die Kleinbauernfamilien ein etwa zehnfach höheres Einkommen als mit den früheren Kokosmonokulturen. Durch das Projekt wird die Landflucht gestoppt, es entstehen neue Lebensräume aus zweiter Hand.

Die Rainforestation-Farming-Regionen trotzen Krankheiten und den Auswirkungen der Taifune. Die Pflanzen sind widerstandsfähiger als die Baumarten, die man früher angepflanzt hat und die nicht an das regionale Ökosystem angepasst waren. Die Renaturierungsflächen sind nicht nur Puffer für die verbliebenen Restwälder, sondern auch neue Heimat für gefährdete Tier- und Pflanzenarten. Der Beitrag für den Klimaschutz ist enorm: 1 Hektar Regenwaldrenaturierungsfläche bindet im Lauf von zwölf bis vierzehn Jahren rund 150 Tonnen CO_2. Dies ist Grund genug, die erfolgreich erprobte Methode auf andere Regionen zu übertragen.

Dafür engagiert sich die Nachhaltigkeitsstiftung NatureLife-International mit Unterstützung der Deutschen Lufthansa unter anderem in Sri Lanka und in den Bulang-Bergen der Provinz Xishuangbanna im Südwesten Chinas.

Auf einem Gebiet von zunächst 6 Quadratkilometern arbeitet der Biologe Dr. Josef Margraf. Er hat in verschiedenen Ländern langjährige Erfahrung in der Entwicklungszusammenarbeit gesammelt. Gemeinsam mit seiner Frau Minguo Li lässt Margraf die alten Teewälder wieder auferstehen. Die Teewälder wurden früher in großem Stil für den Opiumanbau abgeholzt, heute sind nur noch wenige Reste vorhanden. Dabei haben die Menschen in den Bulang-Bergen vor dreieinhalbtausend Jahren das Teetrinken erfunden. In dieser Region wird das Ziel verwirklicht, der Landschaft einen Wert zu geben, damit die Ökologie als Basis für das Leben der Menschen wieder stimmt.

Minguo Li, lange Jahre als Journalistin tätig, hat eine der ersten staatlich anerkannten Nichtregierungsorganisationen in China gegründet. Das TianZi Biodiversity Reseach & Development Centre bringt Wissenschaft, Armutsbekämpfung und Biodiversitätsschutz zusammen. Das Projekt ergänzt »Lilac«, ein ehrgeiziges wissenschaftliches Projekt zur Landnutzungs-Diversifizierung in Agrarlandschaften, an dem die chinesische Akademie der Wissenschaften, fünf chinesische Hochschulen sowie die Universitäten Gießen, Hannover, Kassel, Passau, Hohenheim und die Humboldt-Universität Berlin beteiligt sind. Lilac steht für »Living Landscapes China« (lebendige Landschaften in China). (www.naturelife-international.org)

Living Landscapes China (Lilac) – Innovative Landnutzungsplanung in Südwestchina

Bei der deutsch-chinesischen Forschungskooperation Lilac geht es darum, neue Wege zu finden, wie Landschaften für die Menschen, die dort leben, »in Wert gesetzt« werden können (so die Fachbezeichnung bei den Landschaftsökologen), damit der natürliche Reichtum nicht übernutzt wird und Biodiversität als unwiederbringliches Naturerbe erhalten bleibt. So entwickeln chinesische und deutsche Wissenschaftler Ansätze für die Landnutzung, um die wirtschaftliche Entwicklung und die Erhaltung des natürlichen kulturellen Erbes miteinander in Einklang zu bringen. Denn die ganze Debatte zum Klimaschutz nützt ebenso wenig etwas wie die Forderung, intakte Landschaften als Biodiversitätszentren zu erhalten, wenn die Menschen in den jeweiligen Regionen keine Perspektiven haben. Mehr denn je gilt es deshalb, Formen der Landnutzung zu entwickeln, die einerseits die Lebensräume für Fauna und Flora erhalten und sie andererseits für die Menschen nutzbar machen.

Südwestchina ist gegenwärtig Schauplatz eines rapiden Wandlungsprozesses. Die abgelegene und wenig erschlossene Region wird durch umfassende Infrastrukturmaßnahmen und eine immer weiterwachsende Agrarproduktion immer enger an die weltweite Ökonomie angebunden und steht damit stellvertretend für die Entwicklung der gesamten Region am oberen Mekong. Mit ihren über 300 Millionen Einwohnern stellt diese Region einen großen ökonomischen Wirtschaftsraum dar, dessen Erschließung mit erheblichen Gefahren für Natur, Umwelt und Klima verbunden ist.

Die Bergregionen Südwestchinas und Südasiens haben sich im Lauf der Jahrhunderte zu einer vielfältigen Kulturlandschaft entwickelt. Dazwischen blieben großflächige Naturrefugien erhalten. Durch die Globalisierung und eine entsprechende Abhängigkeit vom internationalen Markt kommt es jetzt zur Intensivierung der Landwirtschaft und zu steigenden Bevölkerungszahlen.

Ländliche Gesellschaften wie hier schwanken zwischen traditionellen Lebensweisen und der völligen Aufgabe ihrer Traditionen zugunsten rein ökonomischer Vorgehensweisen. Am Ende stehen Monokulturen, die den Boden auslaugen und hohe Pestizideinsätze fordern.

Ein teuflischer Kreislauf, bei dem die Menschen in der Region – oft mangels Alternativen – Täter wie Opfer sind. Mit dem ehrgeizigen Projekt »Living Landscapes China« werden deshalb auf wissenschaftlicher Basis Entscheidungsgrundlagen für Verantwortliche in Regierungen und Parlamenten erarbeitet, die es möglich machen, die Auswirkungen von Landnutzungsformen auf die ökologische, ökonomische und soziologische Struktur einer Region vorherzusagen und zu berechnen. Im Kern geht es darum, negative Folgen von Nutzungsformen zu verhindern und Alternativen zu entwickeln, die den Menschen ein Auskommen bieten und gleichzeitig die Biodiversität, also den Reichtum von Flora und Fauna einer Gegend, bewahren. Anhand geographischer Informationssystemmodelle werden am Beispiel des Untersuchungsgebiets in der südwestchinesischen Provinz Xishuangbanna soziokulturelle Aspekte, strukturelle Veränderungen, ökonomische Bedürfnisse, Biodiversität und Landnutzung untersucht und Strategien der Verknüpfung entwickelt. Dazu gehören Beiträge zur Steigerung der Wettbewerbsfähigkeit nachhaltiger Land- und Forstwirtschaft, zur Erhaltung der Biodiversität und, als Basis von allem, Maßnahmen zur Sicherung von Lebensqualität im ländlichen Raum mit Hilfe einer Diversifizierung der Wirtschaft. Vielfalt auch in der Landnutzung statt Monokulturen, die die Menschen abhängig machen und Natur zerstören. Die Ergebnisse werden in einem GIS-basierten computergestützten Entscheidungsmodell (GIS = geographische Informationssysteme) aufbereitet, das Fernerkundungsdaten integriert, und in einen »User Service« eingebunden. Damit werden die im Projekt entwickelten Instrumentarien als Basis zur Planungsunterstützung auch für sich ähnlich dynamisch entwickelnde ländliche Räume anderer Länder zur Verfügung gestellt. Weiteres Ziel des Projekts ist es, aufzuzeigen, wie etwa Waldökosysteme für die Menschen wertvoll gemacht werden können. Ein Ziel dabei ist die Zertifizierung von forst- und landwirtschaftlichen Produkten, bei deren Erzeugung Kriterien des Biodiversitätsschutzes, des Klimaschutzes und der nachhaltigen Landwirtschaft garantiert sind. Unterstützt wird diese Initiative von der Nachhaltigkeitsstiftung NatureLife-International (www.naturelife-international.org).

Vielleicht ist die nachhaltige Nutzung der letzten Waldökosysteme der einzige Weg, die grünen Lungen des Planeten als CO_2-Senken und Lebensräume zu erhalten. Allein durch das Argument, dass in dem einen oder anderen Gebiet selten gewordene Tiere und Pflanzen überlebt haben, werden sich die Armen nicht davon abhalten lassen, mit Säge und Axt zu zerstören, was letztlich ihre eigene Zukunft beinhaltet.

Die Herausforderung, Entwicklung und Naturschutz zu vereinen, ist auch in anderen Regionen von hoher Bedeutung. So in Südostasien, wo der Anbau von Ölpalmen Ökosysteme gefährdet, und in Brasilien, wo sich Zuckerrohrmonokulturen für die Ethanolgewinnung in die Landschaft fressen, oft auf Kosten der biologischen Vielfalt von Regenwäldern. Das in China zu entwickelnde Instrumentarium könnte auch in Brasilien helfen, die Verteilung von Nutz- und Schutzflächen zu optimieren und Ökologie und Ökonomie zusammenzubringen (www.LILAC-uni-hohenheim.de).

Beim Kochen den Wald schützen – Ein Pflanzenölkocher macht Karriere

Unglaublich, aber wahr: Über 2,5 Milliarden Menschen kochen jeden Tag auf offenen Feuerstellen. Vor allem in den Tropen müssen sie schon aus hygienischen Gründen ihre Speisen erhitzen. Dafür brauchen sie jede Menge Holz. Tag für Tag werden Wälder und Sekundärwälder in einfachen Öfen oder schlichten Feuerstellen verfeuert. Das ist nicht nur für die biologische Vielfalt dramatisch, sondern auch für die Gesundheit. Es sind vor allem Frauen und Kinder, die an den offenen Feuerstellen kochen und deshalb latent der Gefahr schwerer Atemwegserkrankungen ausgesetzt sind: Jeder fünfte Todesfall in Indonesien ist dadurch bedingt. In Gebieten, in denen es keine Wälder mehr gibt, etwa in Savannen und Halbwüsten, verwenden die Menschen Tierdung als Brennstoff, der dann wieder für die Düngung des Ackers fehlt. Viele Systeme zur umweltfreundlichen Energiebereitstellung für Kochzwecke sind gescheitert oder werden von den Menschen vor Ort ungern angenommen, so auch die Parabol-Solarkocher – lange Zeit liebstes Kind von Entwicklungshelfern und Solarenthusiasten. Doch die oft geradezu ideologisch gepflegte Theorie hat in der Praxis so manche Nachteile, denn mit Parabol-Solarkochern kann man zwar Wasser zum Kochen bringen, doch das dauert viel zu lange, denn die Systeme bringen gerade mal 300 Watt. Außerdem haben die Menschen in verschiedenen Regionen der Erde unterschiedliche Koch- und Essgewohnheiten. In Südostasien zum Beispiel sind sie es gewohnt, ihr Essen im Wok zu braten, und dafür sind sehr hohe Temperaturen nötig. Außerdem mag auch in den Tropen niemand während der größten Mittagshitze in der Sonne stehen, um zu kochen. Schiebt sich dann auch noch eine Wolke vor die Sonne, ist der Ofen aus. Nicht zuletzt wird es abends in den Tropen schon früh dunkel, und so früh wollen die Menschen meist noch nicht essen.

Konzepte der Entwicklungszusammenarbeit und Umweltvorsorge können nur dann nachhaltig funktionieren, wenn die Voraussetzungen und Rahmenbedingungen genau analysiert werden und auf die Bedürfnisse der Menschen eingegangen wird. Ansonsten gilt, was man so oft bei Projekten erlebt: Gut gemeint ist das Gegenteil von gut. Ein von der Deutschen Bundesstiftung Umwelt mit Sitz in Osnabrück gefördertes Projekt war darauf angelegt, aufzuzeigen, wie die Waldvernichtung für Brennholzzwecke und Holzkohlegewinnung zum Kochen ebenso gestoppt werden kann wie die latente Gefährdung der Menschen durch die Rauchgase. In mehr als fünfjähriger Entwicklung war es gelungen, am Institut für Agrartechnik in den Tropen und Subtropen der Universität Hohenheim einen Kocher zu entwickeln, für den unterschiedliche Pflanzenöle als Brennstoff verwendet werden können. Ob Rhizinus-, Jatropha-, Soja- oder Sonnenblumenöl, Kokosöl oder Palmöl – alle Öle sind als Brennstoff verwendbar. Außerdem ist Pflanzenöl in vielen Regionen preislich günstiger als Kerosin – wie man es etwa für Campingkocher verwendet – und kann auch in kleinen Mengen erworben werden. Die Handhabung, das haben Feldversuche auf den Philippinen gezeigt, ist ungefährlich, und die Akzeptanz des Kochers ist groß. Das Gerät, das auch mit gebrauchtem Pflanzenöl betrieben werden kann, hat mit über 50 Prozent einen besseren Wirkungsgrad als Kerosinkocher mit etwa 35 Prozent. Gleichzeitig sind die Emissionen des Geräts zehnmal geringer als bei Kerosinkochern. Außerdem ist Pflanzenöl ein nachwachsender Rohstoff, und das Kochen ist deshalb CO_2-neutral. Es kommt jedoch darauf an, dass die Öle regional zur Verfügung stehen und nachhaltig erzeugt sind. Und sie dürfen nicht aus Monokulturen stammen, für die Primärwälder abgeholzt wurden.

Das ist auch Ziel der BSH Bosch und Siemens Hausgeräte GmbH mit Sitz in München. Die Firma – je zur Hälfte ein Tochterunternehmen von Bosch und Siemens – erwarb das Patent des Pflanzenölkochers, optimierte das Gerät mit einem speziellen Verdampfer- und Brennmodul und führte im Rahmen eines Public-Private-Partnership-Projekts mit der Deutschen Investitions- und Entwicklungsgesellschaft (DEG) verschiedene Feldversuche durch. Die ergaben, dass der auf den Namen »Protos« getaufte Pflanzenölkocher auf den Philippinen flächendeckend eingesetzt und über Kleinhändler vertrieben werden kann. Auch für den flächendeckenden Einsatz in Indonesien ist der Kocher sehr gut geeignet. Die BSH hat nun vor, die Kocher entsprechend zu verbreiten. Das ist nicht ein Beitrag zum Schutz der Wälder, sondern auch zur nachhaltigen Entwicklung, denn die Geräte sollen vor Ort produziert werden. Das schafft Arbeit und bedeutet interkontinentalen Technologietransfer. Die BSH verkauft die Kocher an Kleinhändler und Plantagenbesitzer und Nichtregierungsorganisationen, die sich dann um den Vertrieb bis zum Endkunden kümmern. Dabei wird nur mit solchen Plantagenbesitzern zusammengearbeitet, bei denen durch Zertifizierung sichergestellt ist, dass die Pflanzenöle nachhaltig angebaut und hergestellt werden.

Ein Feldversuch in Tansania hat ergeben, dass das Pflanzenöl für die Kocher nicht hergestellt werden kann, ohne die Nahrungsmittelproduktion zu beeinträchtigen. »Aus unserer Sicht wäre das ein unverantwortlicher Eingriff in die Nahrungskette, weshalb die Einführung des Kochers in Tansania verworfen wurde«, sagt Samuel Shiroff, der Leiter dieses BSH-Projekts.

Nach den ersten erfolgreichen Einsätzen der Geräte vor Ort geht es jetzt um die technische Optimierung. Das Gerät war am Anfang zu laut; außerdem sollen die Effizienz gesteigert und die Herstellungskosten gesenkt werden. Die Weiterentwicklung erfolgt durch BSH in Zusammenarbeit mit der Bundeswehruniversität München und den Universitäten Karlsruhe und Hohenheim. Geplant ist, den Kocher für rund 15 Euro an die Endverbraucher weiterzugeben. Noch liegen die Produktionskosten weit höher als der Verkaufspreis. Bei der BSH sieht man für verschiedene Regionen eine Chance, die Kostenlücke in Höhe von 7 bis 15 Euro über CO_2-Zertifikate zu schließen.

Aktiver Umweltschutz durch Kochsysteme also? In der Tat gibt es bei diesem Projekt konkrete Ansätze für Umwelt- und Entwicklungsorganisationen, nachhaltige Entwicklung, Armutsbekämpfung, Klimaschutz und die Bewahrung der Biodiversität sinnvoll zu verbinden. Immerhin geht es um 2,5 Milliarden Menschen, die mit den Wäldern ihre eigenen Lebensgrundlagen und die grünen Lungen der Erde verheizen (www.bsh-group.de)

Product Carbon Footprint – wissen, welche Klimaspuren wir hinterlassen

Nicht nur bei Verbrennungsprozessen in unseren Pkw- und Lkw-Motoren und bei der Energieerzeugung mit fossilen Brennstoffen entstehen klimaschädliche Emissionen. Auch Lebensmittel und die Gebrauchsgegenstände des täglichen Lebens – vom Toilettenpapier über den Getränkekarton bis zur Sporttasche – haben Auswirkungen auf das Klima. Je nachdem, wie wir Waren herstellen, wie weit wir sie transportieren, wie sie benützt und entsorgt werden, ergibt sich eine bessere oder schlechtere Klimabilanz. Um deutlich zu machen, dass jeder Einzelne schon mit seiner Kaufentscheidung das Klima beeinflussen kann, müssten Produkte entsprechend gekennzeichnet werden. Davon sind wir zwar noch weit entfernt, aber Verbraucherschützer, Umwelt- und Entwicklungsorganisationen melden sich immer vernehmlicher zu Wort. Mittlerweile gibt es verschiedene Initiativen, um den sogenannten ökologischen Fußabdruck zu ermitteln und daraus Handlungsoptionen abzuleiten. Eine ehrgeizige Initiative wurde im Rahmen des Pilotprojekts »Product Carbon Footprint« von der Berliner Firma Thema1 GmbH in Kooperation mit dem Öko-Institut, dem Potsdam-Institut für Klimafolgenforschung und dem WWF gestartet. Im Unterschied zu anderen Konzepten werden dabei nicht nur die CO_2-Emissionen erfasst, die bei der Herstellung und dem Transport von Produkten frei werden, sondern alle sechs im Kyoto-Protokoll aufgeführten Treibhausgase. Neben Kohlenstoffdioxid (CO_2) sind das Methan (CH_4), Lachgas (N_2O), Schwefelhexafluorid (SF_6) sowie teilhalogenierte und perfluorierte Fluorkohlenwasserstoffe (H-FKWs und PFCs). Wie Jacob Bilabel, der Initiator der Initiative, erklärt, wird die Wirkung der einzelnen Treibhausgase in CO_2-Äquivalente umgerechnet. Ausgangspunkt war die Erkenntnis, dass Ernährung und Konsum für rund 40 Prozent der klimarelevanten Emissionen eines Bundesbürgers verantwortlich sind. Doch bislang gibt es für Konsumenten keine richtigen, berechenbaren Anhaltspunkte für die persönliche Klimabilanz. Können überhaupt geeignete Instrumente entwickelt werden, um die Emissionen von Waren und Dienstleistungen zu berechnen? Nur dann lassen sich Anreize zur Reduzierung schaffen.

Den Initiatoren ist es gelungen, namhafte Unternehmen zu gewinnen, die einzelne Produkte exemplarisch einer »Product Carbon Footprint«-Prüfung unterziehen. Dazu gehören unter anderem die dm-Drogeriemarktkette, Henkel, Tchibo und Tetrapack. Untersucht werden Produkte wie Toilettenpapier, Duschgels, Universalwaschmittel, Kaffee, Getränkekartons und andere Güter. Noch ist die Einführung eines Produktlabels für den Klimaschutz nicht vorgesehen. Die Initiative beschränkt sich im ersten Schritt darauf, zu prüfen, ob es möglich ist, eine methodische und instrumentelle Grundlage für die Entwicklung von Maßnahmen zur Ermittlung und Verwendung des »Product Carbon Footprint« (PCF) zu erarbeiten und diese dann gegebenenfalls umzusetzen. Im Rahmen des Projekts sollen Reduktionspotentiale erschlossen und Erfahrungen mit der Vermarktung klimabewusster Produkte gesammelt werden. Parallel dazu werden auch andere wichtige Umweltaspekte, wie etwa der Wasserverbrauch, mit einbezogen. Auf der Basis dieser Ergebnisse kann dann ermittelt werden, wie sich klimaschädliche Emissionen vermeiden lassen oder wie im Rahmen von Kompensationsprojekten ein Ausgleich erfolgen kann. Die Initiatoren erhoffen sich, dass weitere Firmen mit ihren Produkten dem Projekt beitreten, um so auf breiterer Basis Vergleiche anstellen zu können.

Es wäre zu wünschen, dass schon bald die Klima- und damit die Umwelt- und Sozialrelevanz der Produkte für die Konsumenten zu einem Kaufkriterium wird. Voraussetzung dafür ist die entsprechende Kennzeichnung (www.pcf-projekt.de).

Wie Visionen Realität werden können – der B.A.U.M.-Zukunftsfonds

Professor Dr. Maximilian Gege jongliert mit Milliarden, redet von einem »ökologischen Wirtschaftswunder« und will die drohende Klimakatastrophe in eine Jobmaschine umwandeln. Sein Werkzeug zum neuen Wirtschaftswunder: ein Zukunftsfonds. Der Fonds soll sich unter anderem aus Einlagen der Bürger speisen, denn – so der Präsident und Mitbegründer des Bundesdeutschen Arbeitskreises für Umweltbewusstes Management (B.A.U.M.), in dem 500 Unternehmen vertreten sind – das private Geldvermögen in Deutschland liegt bei rund 4,8 Billionen Euro, 200 Milliarden Euro werden im Jahr vererbt. »Wenn nur 5 Prozent davon für nachhaltiges Wachstum in diesen Zukunftsfonds investiert würden, hätten wir über 1000 Milliarden Euro für die Zukunft unseres Planeten zur Verfügung.« Gege fordert: »Wer über 1000 Euro Vermögen verfügt, gibt 50 Euro, wer über 10 000 Euro verfügt, gibt 500 Euro und so weiter – alle bekommen auf ihren Beitrag 5 Prozent Zinsen als Ertrag und das hervorragende Gefühl, einen Beitrag für eine positive Zukunftsentwicklung geleistet zu haben.« Aus dem Fonds würden zum Beispiel 650 000 moderne Brennwertheizkessel für Einfamilienhäuser finanziert – Handwerk, Hausbesitzer und letztendlich das Klima gehören zu den Gewinnern: Das Handwerk macht durch Verkauf und Montage Umsätze von rund 4 Milliarden Euro, die Hausbesitzer verbrauchen weniger Heizöl – und das Klima profitiert, weil fast 2 Millionen Tonnen Kohlendioxid weniger frei werden.

Der größte Teil des Zukunftsfonds wird in erneuerbare Energien, Energiesparprogramme und Projekte zur umfassenden Energieeffizienzsteigerung investiert. Von der Verwirklichung des B.A.U.M.-Konzepts könnten alle Bereiche der Gesellschaft profitieren: Unternehmen, öffentliche Gebäude, Hochschulen, Eigenheime, Handel und Handwerk. Investiert werden soll in Solarwärme- und Photovoltaikanlagen, Wärmepumpen, Blockheizkraftwerke, Pelletsheizungen, Dämmungen und energiesparende Fenster, sparsame Haushaltsgeräte wie Waschmaschinen, Kühlschränke und Induktionsherde.

Gege vergleicht seine Idee gern mit dem Mikrokreditprogramm des Friedensnobelpreisträgers und Wirtschaftsprofessors Muhammad Yunus aus Bangladesch. Yunus hat sich dafür eingesetzt, Kleinkredite an Mittellose zu vergeben, um damit die Gründung eines kleinen Gewerbes zu finanzieren. Die Bewegung ist äußerst erfolgreich und mittlerweile in 25 Ländern der Erde aktiv.

Die Zukunftsfonds-Idee sieht man bei B.A.U.M. in ein Zehnjahresprogramm eingebettet. »Die drohende Rezession lässt sich verhindern«, sagt Maximilian Gege, denn die meisten Projekte sind so rentabel, dass durch die Energieeinsparung allemal Profite für den Investor drin sind. Zudem würden neue Arbeitsplätze entstehen. Schon heute existieren 1,5 Millionen Jobs rund um den Umwelt- und Klimasektor.

Die aktive Bürgerbeteiligung mit privatem Kapital würde in der Tat zur Lösung drängender Zukunftsprobleme führen. B.A.U.M. will den Fonds von der KfW-Bankengruppe in Frankfurt verwalten lassen. »Allein aus Erbschaften kämen pro Jahr 10 Milliarden Euro zusammen, wenn wir von den 5 Prozent für den Zukunftsfonds ausgehen«, sagt Gege. »Allein durch die deutlichen Energieeinsparungen kommt eine fünfprozentige garantierte Verzinsung des eingesetzten Kapitals wieder rein.«

Vom Kopf her ist für Professor Gege »alles gesagt – jetzt muss der neue Lebensstil nur noch gelebt werden«. Das setzt Akzeptanz voraus, denn nur wenn die Leute mitmachen, Vertrauen aufbringen und in die eigene Zukunft investieren, hat die Idee Chancen, realisiert zu werden (www.baumev.de).

Forum Nachhaltige Geldanlagen

Jede unserer Entscheidungen, wo und wie wir unser Geld anlegen, hat Umwelt- und Klimarelevanz, denn es kommt immer darauf an, auf welche Weise das Geld »arbeitet«. Viel zu lange haben sich Banken nicht darum gekümmert, welche Auswirkungen Investitionen auf Ökosysteme und Kulturen haben. Rein gewinnorientiert wurde Geld in Projekte investiert, die dramatische Folgen für Natur und Mensch hatten. Mancher gutgläubige Anleger, der sich als Natur- und Umweltfreund betrachtet, einen Gartenteich angelegt und sich vielleicht bei Heckenpflanzaktionen betätigt hat, weiß nicht, dass mit seinem Geld möglicherweise in irgendeiner Ecke der Welt ökologischer Raubbau betrieben wird, weil damit vielleicht Abholzungen für fragwürdige Tagebauminen finanziert werden oder Staudammprojekte, mit denen eine hohe ökologische Vielfalt ebenso geflutet wird wie die Heimat der dort ansässigen Menschen. Beispiele dafür finden sich in vielen Regionen der Erde. Es ist mehr als überfällig, dass Banken ethische Verantwortung zeigen und sich Bankkunden – und in irgendeiner Form sind wir das ja letztlich alle – dafür interessieren, was sich tatsächlich hinter den glitzernden Fassaden der Bankentempel abspielt.

Ein Weg, um sein Investment mit der Gewissheit zu verbinden, dass ökologische und soziale Fragen bei den ökonomischen Zielen Beachtung finden, sind nachhaltige Geldanlagen. »Nachhaltigkeit ist ja eine intelligente Form des Unternehmertums. Es erfordert beim Management den Blick dafür, dass Umweltschutz langfristig profitabel ist und der vorausschauende Umgang mit den sozialen Anspruchsgruppen die Unternehmenszukunft letztlich sichert«, so Volker Weber, Vorstandsvorsitzender des Forums Nachhaltige Geldanlagen mit Sitz in Berlin. Weber will potentielle Investoren aufklären und Banken ermuntern, ihre Investmentgeschäfte nach den Kriterien der Nachhaltigkeit auszurichten. Was nicht nachhaltig ist, hat die Bankenkrise in der zweiten Hälfte des Jahres 2008 überdeutlich gezeigt. Das Potential für nachhaltige Investments ist und war schon zuvor groß; denn bislang machen nachhaltige Geldanlagen – je nach Begriffsdefinition – gerade mal 1 bis 5 Prozent der Gesamtsumme der angelegten Geldvermögen aus. Aufklärung tut also not. Das Forum Nachhaltige Geldanlagen e.V. hat deshalb Transparenzleitlinien verabschiedet, um Anleger über die Definition der Nachhaltigkeit, Analyseprozesse, Investitionsprozesse und das Engagement des jeweiligen Nachhaltigkeitsinvestments zu informieren. »Der große Unterschied einer nachhaltigen Geldanlage zu einer herkömmlichen Investition liegt letztlich in einem zweistufigen Investmentprozess«, sagt Volker Weber. Nicht allein finanzwirtschaftliche Kennzahlen bestimmen die Qualität der Anlage, sondern ökologische und soziale Aspekte finden Berücksichtigung bei der Auswahl von Aktien und Anleihen. So spielen Faktoren wie Corporate Governance (sinngemäß: ein fairer, guter Geschäfts- und Führungsstil), Umweltmanagement, Ökobilanz der Produkte und Prozesse, Mitarbeiterverantwortung, Prüfung und Überwachung von Zuliefererketten eine Rolle.

Häufig gibt es aus ethischen Gründen auch Ausschlusskriterien für bestimmte Investitionen. So sind bei manchen Angeboten für nachhaltige Geldanlagen Investitionen in Rüstung, Kernkraft, Waffen, Projekte zu Regenwaldabholzung oder Kinderarbeit ausgeschlossen.

Für konsequenten Klimaschutz kommt es darauf an, an den Quellen – und hier im wahrsten Sinne des Wortes an den Geldquellen – anzusetzen, damit klimaschädliche Projekte erst gar nicht finanziert werden. Noch ist es bis dahin ein weiter Weg. Das Forum Nachhaltige Geldanlagen hat neben der Entwicklung und Sicherstellung hoher Qualitätsstandards als Forum und Infobörse noch viel zu tun (www.forum-ng.de).

»Heute verschwenden wir eine enorme Menge Treibstoff und Geld durch aufgezwungene Umwege«

Ein Gespräch mit Dr. Karlheinz Haag,
Leiter Umweltkonzepte Konzern der Deutschen Lufthansa AG

Herr Dr. Haag, Sie sind viel mit dem Flugzeug unterwegs. Haben Sie ein schlechtes Klimagewissen?
Karlheinz Haag: Nein, ich habe kein schlechtes Gewissen. Ich benutze, wie viele Menschen, verschiedene Verkehrsmittel und wähle bewusst nach meinen Prioritäten jeweils das Verkehrsmittel aus, das bezogen auf meine Prioritätensetzung ein Gesamtoptimum bietet.
Was den Luftverkehr selbst und seine Klimawirkung angeht, wird vieles überzogen dargestellt. Der Luftverkehr trägt zu den von Menschen verursachten Effekten zwar bei, aber in einem vergleichsweise geringen Umfang. Derzeit liegt sein Anteil an den globalen Treibhausgasemissionen unter 2 Prozent. Auch das oft propagierte Problem des Wachstums wird aus einem falschen Blickwinkel gesehen. Zwar werden dem Luftverkehr langfristig Wachstumsraten von zirka 5 Prozent jährlich unterstellt, doch ist bezogen auf das Transportaufkommen der Individualverkehr der Sektor mit den höchsten Wachstumsraten.

Sollten Kurztrips und Inlandflüge verboten werden?
Nein, ich sehe keinen Grund dafür. Das wird oft gefordert, weil man glaubt, damit die vermeintliche Konkurrenz verschiedener Verkehrsträger beeinflussen zu können. Ich halte das für eine übertriebene Angelegenheit. Die verschiedenen Verkehrsträger haben ihre jeweils spezifische Domäne, und die Überlappungs- und Konkurrenzbereiche sind relativ gering. So ist der ICE zwischen Köln und Frankfurt nicht zu schlagen, andererseits ist eine Tagesreise zwischen Hamburg und München ohne Flugzeug nicht wirklich darstellbar. Im Übrigen sind die Bürger mündig genug, selbst zu entscheiden. Es wäre sinnvoller und für die Reisenden vorteilhafter, weniger über die Konkurrenz zu streiten, als vielmehr eine bessere Vernetzung der Verkehrsträger anzustreben. Das nutzt allen!

Was unternimmt die Lufthansa, um das Fliegen umweltfreundlicher zu machen?
Unbeschadet des relativ geringen Anteils an den Emissionen hat der Luftverkehr sich in der Vergangenheit intensiv mit der Emissionsminderung befasst und die größten Effizienzsteigerungen im Vergleich zu anderen Verkehrsträgern erzielt. Lufthansa hat eine umfassende Strategie zur Stabilisierung und Minderung der Emissionen entwickelt – die sogenannte Viersäulenstrategie. Eines der Ziele ist die Entkoppelung von Wachstum und Emissionen und damit die Reduzierung des spezifischen Treibstoffverbrauchs: So haben wir unsere Ökoeffizienz seit 1991 mit rund 30 Prozent deutlich verbessert und verbrauchen heute im Durchschnitt nur noch 4,3 Liter, um einen Passagier über 100 km zu transportieren. Bei Langstreckenflügen liegen wir bei rund 3,6 Liter. Das ist schon gut. Wir wollen und können da noch deutlich besser werden. Dazu müssen aber auch Flugzeughersteller stetig neue Technologien anbieten, die wir dann in unsere Flotte übernehmen können. Unser Modernisierungsprogramm umfasst heute rund 170 Flugzeuge mit neuester Technologie. Wir erwarten aber auch, dass zum Beispiel die Politik ihren Beitrag leistet und die Staus im europäischen Himmel endlich mit der Realisierung eines einheitlichen europäischen Luftraums (des Single European Sky) auflöst. Heute verschwenden wir enorme Mengen Treibstoff und Geld durch aufgezwungene Umwege. Welches Potential hier schlummert, macht ein Vergleich deutlich: Die von allen Flugzeugen im Luftraum über Europa geflogenen Umwege entsprechen tausendmal der Entfernung zwischen Erde und Mond.

Wann, glauben Sie, ist der Punkt erreicht, dass nur noch Reiche mit dem Flugzeug unterwegs sein können, weil Fliegen einfach zu teuer wird?
Die Frage ist sehr spekulativ. Ich glaube, dass das Rad der Geschichte nicht zurückzudrehen ist. Das Fliegen ist heute nicht mehr das Luxusgut, das sich nur eine Minderheit leisten kann. Ein leistungsfähiger Luftverkehr ist vielmehr eine Grundvoraussetzung für die Mobilität der Gesellschaft und die Funktionsfähigkeit der global vernetzten Wirtschaft. Und eine Welt ohne global agierende Wirtschaft kann ich mir nicht mehr vorstellen. Ich möchte das auch ehrlich gesagt nicht, denn Isolationismus würde zu erheblichen sozialen und gesellschaftlichen Verwerfungen führen. Der Weltluftverkehr hat hier somit auch eine wichtige integrative und Kulturen verbindende Funktion, die nicht zu unterschätzen ist. Man darf hier nicht einseitig argumentieren und werten, sondern muss die ökonomischen, sozialen und die Umweltbelange nebeneinander betrachten und sorgfältig abwägen.

Dr. Karlheinz Haag (Jahrgang 1954) ist seit 2002 Leiter des Bereichs Umweltkonzepte Konzern der Deutschen Lufthansa AG. In dieser Position ist er Ansprechpartner für alle die Lufthansa betreffenden umweltrelevanten Fragestellungen und verantwortet die Umsetzung von Konzepten im Rahmen des Klima- und Umweltengagements des Konzerns. Nach dem Studium der Luft- und Raumfahrttechnik an der Technischen Hochschule Aachen 1981 und der Promotion ging Haag zum Deutschen Zentrum für Luft- und Raumfahrt (DLR), wo er zuletzt als Programmdirektor Luftfahrt für das Management des Luftfahrtforschungsprogramms des DLR verantwortlich war, bevor er zur Lufthansa wechselte.

»Der Wettlauf mit der Zeit ist die größte Herausforderung«

Ein Gespräch mit Hubert Weinzierl, Präsident des Deutschen Naturschutzrings

Hubert Weinzierl (Jahrgang 1935) gehört zu den prägenden Persönlichkeiten der deutschen Umweltbewegung. Der Diplom-Forstwirt kümmerte sich schon in den sechziger Jahren um die Wiederansiedlung des Bibers in Bayern; heute eine Erfolgsgeschichte. Er war Vorsitzender des Bund Naturschutz Bayern (BN; 1969 bis 2002) und Bundesvorsitzender des Bund für Umwelt und Naturschutz Deutschland e.V. (BUND; 1983 bis 1998). Als Präsident des Deutschen Naturschutzrings (DNR) und Vorsitzender des Kuratoriums der Deutschen Bundesstiftung Umwelt (DBU) setzt er sich für eine stärkere Verankerung von Nachhaltigkeitszielen in der Politik ein. Ein besonderes Anliegen ist Weinzierl die Naturerziehung und Umweltbildung für Jugendliche. Mit der Beate und Hubert Weinzierl Stiftung hat er in seinem Schloss Wiesenfelden (Niederbayern) ein vielbeachtetes Tagungszentrum geschaffen.

Herr Weinzierl, die Umweltbewegung hat im Lauf der Jahrzehnte ja unter mehreren Schlagworten gleichermaßen prosperiert wie gelitten: Sprach man anfangs von »Tier- und Naturschutz« kam plötzlich das Wort »Umweltschutz« auf, schließlich wurden die Themen auf »Artensterben«, »Nachhaltigkeit«, »Ozonloch« und jetzt auf die »Klimakatastrophe« reduziert. Auf gut Deutsch: Mal wieder wird eine neue Sau durchs Dorf getrieben. Wie gehen Sie im Wandel der Zeit mit den neuen »alten« Themen um?

Hubert Weinzierl: Die Umweltbewegung befindet sich wie jede soziale Bewegung im Fluss der gesellschaftlichen, politischen und wissenschaftlichen Veränderungen. Nach der Phase der Umweltpolitik, die in einigen technischen Bereichen durchaus erfolgreich war, sind wir jetzt bei der Nachhaltigkeit angekommen. Es geht um die grundsätzlichen Fragen des Überlebens von Mensch oder Schöpfung, es geht um neue Lebensstile und Verhaltensänderungen. Aber das in den letzten Jahrzehnten entstandene Umweltbewusstsein liefert dafür eine gute Basis in der Gesellschaft.

Ist es für Sie nicht frustrierend, über Jahrzehnte hinweg beobachten zu müssen, dass Warnungen – etwa von Umweltverbänden – seitens Politik und Wirtschaft ignoriert werden und wertvolle Zeit zum Handeln verlorengeht?

Der Wettlauf mit der Zeit ist die größte Herausforderung. Die Fenster für eine erfolgreiche Wendepolitik werden immer enger. Am dramatischsten müssen wir das beim Artenschwund erleben. Es schmerzt, zusehen zu müssen, wie sich Tag für Tag Mitgeschöpfe für immer verabschieden.

Frühe Mahner, wie Dennis Meadows und sein Team haben etwa mit der Studie *Die Grenzen des Wachstums* schon vor Jahrzehnten vor einer Übernutzung des Planeten gewarnt. Trotzdem ist lange so gut wie nichts passiert. Wo sehen Sie die Ursachen für die Trägheit der Entscheidungsträger?

Ich erkenne zwei Denklinien: Die einen sagen »Immer weiter so, es wird schon gut gehen« oder »Nach mir die Sintflut«. Das sind Leute, die in Wahlperioden denken.
Die über den Tag hinausschauen, die Wissenden, die verdrängen gerne oder sie resignieren. Das halte ich für besonders gefährlich, weil ich glaube, dass es durchaus noch Wege aus der ökologischen Krise gibt.

Vielfach fehlt die Sensibilität für die Schutzbedürftigkeit der Umwelt. Worin sehen Sie hier den wichtigsten Ansatz?

Ich erlebe, wie sich Kinder von Tieren, Pflanzen, Bächen oder Bäumen viel mehr faszinieren lassen als von den allgegenwärtigen virtuellen Scheinwelten. Die Sehnsucht nach wilder Natur schlummert noch in jedem von uns. Die Herausforderung der Bildung für nachhaltige Entwicklung ist es, diese zerrissenen Fäden wieder zu knüpfen und Lust auf Zukunft zu wecken.

Was bedrückt Sie in Sachen Umwelt am meisten? Der Rückgang der Arten, die Übernutzung der Böden? Oder ist es die Ignoranz mancher Politiker?

Der Verlust von Artenfülle bewegt mich am meisten, weil ich Tiere und Pflanzen als meine Mitgeschöpfe begreife und ich an ihrem Schicksal mitleide.

Damit wir im Klimaschutz und der Bewahrung der natürlichen Lebensgrundlagen vorankommen, brauchen wir schnelleres Handeln. Sollen da nicht Politiker und Wirtschaftsbosse mehr Druck auf ausländische Konzerne und Regierungschefs ausüben?

Die zentralen Überlebensfragen der Menschheit liegen im Klimawandel und beim Schwinden der Biodiversität. Dem kann nur global entgegengewirkt werden. Also ist weltfamiliäres Denken angesagt. Niemand kann aus der gemeinsamen Heimat Erde aussteigen.

Anhang

**Was ist was? –
Das Klima-Glossar**

**Wer macht was? –
Adressen von Institutionen
und Verbänden**

Verzeichnis der Abkürzungen

Zu den Autoren

NatureLife-International

Dank

Literaturhinweise

Register

Was ist was? – Das Klima-Glossar

Wissen, um was es geht! Viele Aspekte, die den Klimaschutz und damit auch Fragen der Energie, des Umweltschutzes und der Nachhaltigkeit betreffen, konnten wir in diesem Buch nicht oder nicht ausführlich beleuchten. Deshalb gibt dieses Klima-Glossar einen Überblick und erklärt die wichtigsten Begriffe.

Absorption
Darunter versteht man unter Klimaaspekten die Aufnahme von Strahlungsenergie und deren Umwandlung in langwellige Wärmestrahlung. Im Gegensatz dazu steht die → Reflexion.

Abwärme
Entsteht bei einer Vielzahl technischer Prozesse. Wird erzeugte Wärme genützt, handelt es sich um sogenannte Abwärme. Diese entsteht bei → Energieumwandlungen. In Ballungsgebieten oder im Bereich von Städten oder wenn sich Siedlungen in der Nähe von Industriearealen befinden, kann Abwärme oftmals zum Heizen und zur Erwärmung von Trink- und/oder Brauchwasser genutzt werden. Jedoch muss eine entsprechend hohe Temperatur vorhanden sein. In ländlichen Regionen, wo es zu wenig Endkunden gibt, sind Abwärmenetze sowohl ökonomisch wie ökologisch wenig sinnvoll.

Aerosole
Gemisch aus einem gasförmigen Stoff und flüssigen oder festen feinverteilten Bestandteilen, die auch als Schwebstoffe bezeichnet werden. Zu den natürlichen Aerosolen gehören Nebel, Wolken oder Vulkanstaub. Anthropogene, also vom Menschen verursachte Aerosole sind zum Beispiel Rauch aus den verschiedensten Verbrennungsprozessen.
Die Schwebstoffe in den Aerosolen sind sowohl feste als auch flüssige Teilchen, die eine Größe zwischen einem Tausendstel und einem Millionstel Millimeter haben können und in der Luft schweben. Zu Aerosolen werden sowohl Sulfate und Nitrate gezählt, die beim Zerfall von Biomasse frei werden; dazu gehört aber auch Meersalz, das aus der Gischt von Ozeanen aufgewirbelt wird, oder Staub, der durch Wind verbreitet wird. Handelt es sich um flüssige Schwebstoffe, spricht man von Nebeln; sind es feste Schwebstoffe, spricht man von Stäuben, Rauch oder Feinstaub. Natürliche Quellen sind unter anderem auch Vulkanausbrüche, Waldbrände. Vom Menschen verursachte Aerosole entstehen durch den Verbrauch → fossiler Brennstoffe sowie durch Brandrodung. Rund 99 Prozent der Aerosole finden sich in der Troposphäre, wo sie eine Verweildauer von rund zehn Tagen aufweisen; in der Stratosphäre beträgt die Verweildauer je nach Höhe mehrere Jahre.
Aerosole beeinflussen das Klima, denn sie absorbieren oder streuen Sonnenstrahlen. Sie sind außerdem für die Entstehung und Lebensdauer von Wolken mitverantwortlich.

Agenda 21
Beim Umweltgipfel → UNCED beschlossenes Aktionsprogramm für das 21. Jahrhundert. Kern ist die nachhaltige Entwicklung als Basis für die Herstellung gerechter ökologischer, ökonomischer und sozialer Verhältnisse. 1992 in Rio de Janeiro von 172 Staaten beschlossen.

Albedo
Der Albedo-Effekt beschreibt das Reflexionsvermögen von Oberflächen und das Verhältnis der reflektierten zur einfallenden Sonnenstrahlung. So zum Beispiel Meeresoberflächen und von Vegetation bedeckte Oberflächen (niedriger Albedo-Effekt) oder Gletscher, andere Eisflächen und Schneebereiche (hoher Albedo-Effekt). Ein höherer Albedo-Effekt wirkt letztlich dem Treibhauseffekt entgegen. Er wirkt durch Reflexion der → Absorption entgegen.

Algen
Niedere Pflanzen, die entweder meist frei im Wasser schwimmend oder festsitzend auch auf dem Land (in Form von Flechten und dabei in Symbiose mit Pilzen) leben. Als photosynthetische Organismen stellen Algen mittels Sonnenlicht organische Verbindungen und Sauerstoff her. Die meisten Meerespflanzen sind Algen; viele davon sind Einzeller. Daneben gibt es große Algenzellverbände wie etwa den bis zu 50 Meter und länger werdenden Seetang. Indem sie der Luft Kohlendioxid entziehen und das Gas Dimethylsulfid (DMS) produzieren, beeinflussen die Meeresalgen das Klima der Erde. Wenn das DMS in der Luft oxidiert, entstehen winzige Kondensationskerne, an denen sich kleinste Wassertröpfchen ansammeln, die wiederum Wolken bilden. Da das Wachsen der Meeresalgen, besonders in den Oberflächenschichten der Meere, empfindlich von der Wassertemperatur abhängt, besteht bei einer übermäßigen Erwärmung durch den → Treibhauseffekt die Gefahr, dass die Algen wegen der physikalischen Eigenschaften der Ozeane nicht mehr genügend Nährstoffe erhalten und somit nicht gedeihen können. Dann können sie ihre für den Klimakreislauf wichtige Funktion nicht mehr wahrnehmen. Ein kritischer Punkt ist erreicht, wenn die Temperatur der Oberflächenschichten des Wassers über 10 bis 12 Grad Celsius steigt. → Erdöl wurde aus fossilen Algen gebildet.

Amortisationsdauer
Zeitpunkt, ab welchem investiertes Kapital (in allen Bereichen, also auch bei Energieerzeugungsanlagen, wie Photovoltaikanlagen, Pelletsheizungen, Wasserkraftwerke, Ölkraftwerke, Kohlekraftwerke, Kernkraftwerke etc.) durch eingesparte Kosten wieder erwirtschaftet ist. Statische Amortisation bedeutet dabei das Verhältnis von Investition zu eingesparten Kosten. Die dynamische Amortisation berücksichtigt Verzinsung und zeitliche Einflüsse, wie etwa auch Energiepreisänderungen etc.

Anaerob
Bezeichnung eines sauerstofffreien Milieus (zum Beispiel am Grund eines Sees).

Anthropogener Klimawandel
Der von Menschen verursachte → Treibhauseffekt. Es gibt auch natürliche Faktoren, die zum Klimawandel beitragen, so zum Beispiel die Sonnenaktivität, Vulkanausbrüche und andere in der Natur vorkommende Phänomene.

Arid
Bedeutet trocken (lateinisch aridus). Begriff der Klimatologie. Bei einem ariden Klima ist die Verdunstung in einer Gegend größer als der dort fallende Niederschlag. Gegensatz → humid.

Arides Klima
Die Trockenheit einer Region. Liegt die Menge des Niederschlags in einem Jahr unter 100 mm, spricht man von vollaridem Klima.

Assimilation
Aufbau körpereigener Substanzen aus organischen oder anorganischen Nährstoffen; zum Beispiel bei der Photosynthese grüner Pflanzen:

Aufbau von Kohlenhydraten aus CO_2 (Kohlendioxid) und Wasser mit Hilfe von Sonnenlicht.

Atmosphäre
Bezeichnung für die gesamte Gashülle unseres Planeten – Gliederung je nach der Höhe in Schichten: Troposphäre (0–10 km), Stratosphäre (10–50 km), Mesosphäre (50–85 km) und Thermosphäre (über 85 km). Das Wort ist aus dem Griechischen abgeleitet: »atmos« bedeutet Dampf, »sphaira« heißt Ball oder Kugel.

Bereitschaftsverluste
Darunter wird verbrauchte Energie verstanden, die benötigt wird, um Anlagen oder Maschinen in Betriebsbereitschaft zu halten, auch wenn in diesem Zeitraum der eigentliche Verwendungszweck nicht genutzt wird.

BHKW → Blockheizkraftwerk

Biodiversität
Der Begriff »Biodiversität« geht letztlich weiter als der Begriff »Artenvielfalt«. Denn Biodiversität – die biologische Vielfalt – umfasst nicht nur die Gesamtheit der Tier- und Pflanzenarten, sondern auch ihre Erbanlagen und einzelne Sorten. Dazu gehören auch Nutztiere und Nutzpflanzen. Außerdem gehören auch Lebensräume und ihre Ökosysteme zur Biodiversität.

Biogas
Wird zu den → regenerativen Energiequellen gezählt und entsteht durch bakteriellen Abbau organischer (pflanzlicher und tierischer) Abfälle. Dies erfolgt unter Luftabschluss und bei Vorhandensein von Wasser in einem Temperaturbereich von etwa 20 bis 55 Grad. Hauptbestandteil ist ähnlich dem → Erdgas Methan mit einem Anteil von 55–75 Prozent. Weitere Bestandteile sind Kohlendioxid, Wasser und ein sehr geringer Anteil von Schwefelwasserstoff. Biogas kann sowohl als Kraftstoff für Motoren (Verstromung) als auch zum Heizen, Kochen etc. genutzt werden. Probleme entstehen dann, wenn Biogas nicht allein mit anfallenden Abfällen aus der Landwirtschaft (etwa Mist und Gülle oder Grünschnitt aus Pflegeflächen etc.) erzeugt wird, sondern wenn dafür großflächige Monokulturen zur Gewinnung von → Biomasse wie Mais, Elefantengras etc. angelegt werden. Hier sollte vorher eine Umweltverträglichkeitsprüfung durchgeführt werden, weil solche Monokulturen ganze Landstriche verändern und Lebensräume selten gewordener Arten (zum Beispiel Lerchen, Kiebitze und andere Bodenbrüter) zerstören.

Biogasanlagen
Anlagen zur Erzeugung von Biogas. Dank entsprechend hoher Einspeisevergütungen ist das Interesse der Landwirtschaft am Bau von Biogasanlagen erheblich gestiegen. Das hatte in vielen Teilen der Landschaft jedoch eine landwirtschaftliche Intensivierung zur Folge. Das in den Anlagen gewonnene Biogas gilt als relativ umweltfreundlicher Brennstoff. Die Emissionen bei der Verbrennung entsprechen ungefähr denen von → Erdgas. Gewonnen wird jedoch nicht nur Strom, sondern auch Wärme, mit der landwirtschaftliche Gebäude, Gewächshäuser etc. geheizt werden können.

Biologie
Wissenschaft vom Leben (griechisch: bios = Leben). Damit wird die Naturwissenschaft beschrieben, die mit verschiedenen Hilfsmitteln und Methoden aus Physik, Chemie und Mathematik die Lebenserscheinungen sowie ihre Formen und Gesetzmäßigkeiten erforscht. Letztlich bauen Land- und Forstwirtschaft, Gartenbau, Tier- und Pflanzenzucht, Fischerei, Schädlingskontrolle, Medizin, Tiermedizin, Naturschutz- und Landschaftsmanagement auf den Ergebnissen der Biologie auf.

Biomasse
Das gesamte von Lebewesen aufgebaute Material. Unabhängig, ob es sich um lebende Biomasse (zum Beispiel Bäume, Laub etc.), abgestorbene oder verarbeitete Biomasse (zum Beispiel Holzpellets, Holzhackschnitzel, trockenes Laub etc.) oder tierische Biomasse handelt.

Biosphäre
Im weitesten Sinne Beschreibung für solche geographischen Regionen der Erde, in denen sich Leben findet (griechisch: bios = Leben, sphaira = Ball, Kugel, Erdkugel). Dazu gehören alle Bereiche, deren Bedingungen Leben ermöglichen: Erdoberfläche (Pedosphäre), Litosphäre (Gesteinsschicht), Gewässer (Hydrosphäre) sowie die Lufthülle (Atmosphäre). Die Biosphäre stellt die Gesamtheit der verschiedenen Umwelten der Lebewesen dar. Diese werden wiederum in die verschiedensten Biotope gegliedert. Geprägt wurde der Begriff »Biosphäre« 1875 von dem österreichischen Geologen Eduard Sueß.

Blindarbeitskosten
Kosten, die für den Verbrauch von → Blindleistung zu entrichten sind.

Blindleistung
Als Blindleistung bezeichnet man den Anteil elektrischer → Leistung, welcher nicht in → Energie umgewandelt wird, sondern letztlich zum Aufbau elektromagnetischer und elektrischer Felder gebraucht wird. Handelt es sich überwiegend um magnetische Felder (zum Beispiel bei Motoren), sprechen Energiefachleute auch von induktiver Blindleistung. Handelt es sich überwiegend um elektrische Felder (zum Beispiel bei Leistungsnetzen), sprechen Fachleute von kapazitiver Blindleistung. Wird die Blindleistung mit einer definierten Zeitspanne multipliziert, erhält man die sogenannte Blindarbeit.

Blindleistungskompensation
Technisches Verfahren, mit dem → Blindleistung vermieden werden soll. Für die Kompensation von → Blindleistung werden in der Regel Kondensatoren zum Einsatz gebracht. Damit kann Blindleistung fast verlustfrei kompensiert werden.

Blockheizkraftwerk (BHKW)
Dabei handelt es sich um Kraftwerke, die in der Regel Leistungen von 100 Kilowatt bis 10 Megawatt erzeugen. Sie bestehen aus einem oder mehreren Verbrennungsmotoren, die mit → Diesel oder → Erdgas sowie anderen → erneuerbaren Energien betrieben werden. Im Gegensatz zu Diesel und Erdgas sind erneuerbare Energien wie → Klärgas aus Kläranlagen, → Biogas aus Biogasanlagen und Holzpellets oder Holzhackschnitzel ein wichtiger Beitrag für den Klimaschutz und die Umweltvorsorge. Dabei werden nämlich nur so viel CO_2 und andere klimaschädliche Gase freigesetzt, wie vorher eingebunden wurden. Mit Blockheizkraftwerken kommt das Prinzip der → Kraft-Wärme-Kopplung zum Einsatz. Dabei wird mechanische Energie über einen Generator in → Strom umgewandelt und die Motorwärme zur Brauchwassererwärmung, Raumheizung oder für andere Wärmezwecke genutzt. Blockheizkraftwerke haben einen sehr hohen → Wirkungsgrad. Dabei werden rund 85 Prozent eingesetzter Primärenergie genutzt.

Was ist was? – Das Klima-Glossar

30–35 Prozent können als elektrische Energie gewonnen werden; 50–55 Prozent als Wärme.
Die Wirtschaftlichkeit von Blockheizkraftwerken ist dann größer, wenn höhere Einspeisevergütungen für die in das Netz eingespeiste elektrische Energie gewährt werden; → Energie-Einspeisungsgesetz.
Ein Problem sind Blockheizkraftwerke, die mit nicht nachhaltig gewonnener erneuerbarer Energie betrieben werden. Dazu gehört etwa Palmöl, für dessen Herstellung in den Tropen zur Gewinnung sogenannter nachwachsender Rohstoffe großflächig Primär- und Sekundärwälder gerodet werden. Damit werden nicht nur grüne Lungen und → CO_2-Senken vernichtet, womit der Klimawandel weiter verschärft wird, sondern es gehen auch wertvollste Lebensräume verloren. Auch das Erzeugen von Biogas mit Pflanzenmasse, die auf nicht nachhaltige Weise erzeugt wird, ist problematisch. So führen etwa großflächige Maismonokulturen in Europa stellenweise zur Vernichtung von wertvollem Grünland. Dadurch wird die Bodenerosion sowie der Eintrag von Schadstoffen (Mineraldünger etc.) in das Grundwasser erhöht, und es werden Lebensräume bedrohter Arten (zum Beispiel Feldlerche, Grauammer, Kiebitz, Brachvogel etc.) zerstört. Zugleich wird durch den Wandel des Landschaftsbildes die ökonomische Grundlage für den Tourismus und die Naherholung geschädigt. Vor der Errichtung von Blockheizkraftwerken sollte deshalb eine gründliche Umwelt- und Nachhaltigkeitsüberprüfung vorgenommen werden. Entscheidend ist, mit welchem Ausgangsenergieträger Blockheizkraftwerke betrieben werden und wie diese Energieträger erzeugt werden. Blockheizkraftwerke, für die etwa Holzhackschnitzel aus nachhaltiger Waldbewirtschaftung verwendet werden, weisen eine günstige Umweltbilanz auf.

Blower-Door-Test
Messverfahren zur Ermittlung des Differenzdrucks. Damit wird die Luftdichtheit eines Gebäudes ermittelt. Undichtigkeiten einer Gebäudehülle festzustellen ist wichtig, um Anhaltspunkte für etwaige Wärmeverluste zu ermitteln. Das ist wiederum Grundlage für effiziente → Wärmeschutzmaßnahmen.

Brandrodung
Bei dieser Form der Umwandlung von kohlenstoffreichen Ökosystemen, wie sie etwa die tropischen Regenwälder darstellen, in landwirtschaftliche Flächen (die geringeren Kohlenstoff eingebunden haben) werden bedenkliche Mengen von Kohlendioxid (CO_2) freigesetzt und in die Atmosphäre emittiert.

Brennstoffzelle
Mit der Brennstoffzelle erfolgt die direkte Erzeugung von elektrischer → Energie über eine chemische Reaktion von Wasserstoff und Sauerstoff. Der Umweg über die Verbrennung entfällt. Sowohl Größe als auch → Leistung von Brennstoffzellen sind sehr variabel. Brennstoffzellen können für die elektrische Versorgung von Kleingeräten bis hin zum elektrischen Antrieb von Kraftfahrzeugen eingesetzt werden. Gegenüber herkömmlicher Stromerzeugung haben Brennstoffzellen erhebliche Vorteile im Hinblick auf die Umwelt und die nachhaltige Entwicklung: 1. Brennstoffzellen emittieren nur geringe Mengen an → Schwefeldioxid, → Stickoxid, → Kohlenwasserstoffen und Feinstaub. Auch die → Kohlendioxidemissionen sollen 20–60 Prozent unter denen von Gaskraftwerken oder herkömmlichen Automotoren (Ottomotor, → Dieselmotor) liegen. Auch haben Brennstoffzellen mit mindestens 50–80 Prozent den höchsten → Wirkungsgrad aller Stromerzeugungssysteme. Verschiedene Forschungsprojekte – unter anderem von Daimler – widmen sich seit Jahren dem Einsatz von Brennstoffzellen in Kraftfahrzeugen. Waren Anfang der neunziger Jahre Brennstoffzellen noch fast so groß wie der Fahrgastraum von Kleinbussen, so gab es schon um 2005 einsatzfähige Brennstoffzellen etwa in A-Klasse-Fahrzeugen, die ohne Einschränkung von Fahrgast- oder Kofferraum im Pkw untergebracht werden konnten. Ein Problem für Umwelt- und Klimaschutz ist die Erzeugung des für die Brennstoffzelle benötigten Wasserstoffs, denn auch hierfür wird Energie benötigt. Von großer Relevanz ist deshalb die künftige Verwertung von solarerzeugtem Wasserstoff (→ Wasserstofftechnologie).

Brennwerttechnik
Mit Hilfe der Brennwerttechnik erfolgt die Herunterkühlung von Abgasen bis zur Kondensationsbildung. Energie, die dabei freigesetzt wird, wird als → Kondensationswärme wieder dem Heizkreislauf zugeführt. Mit Hilfe dieser Technik lässt sich der → Wirkungsgrad eines Heizsystems (etwa mit dem Energieträger Erdgas) um rund 11 Prozent erhöhen. Damit wird der → Jahresnutzungsgrad des jeweiligen Heizsystems optimiert.

BTL
Abkürzung für Biomass to Liquid. Gemeint ist damit die Erzeugung flüssiger Kraftstoffe (Biokraftstoffe), etwa für die Beimengung zu herkömmlichen Treibstoffen aus Biomasse.

Carbon-Capture-and-Storage-Technologie (CCS)
Unter der CCS-Technologie versteht man die unterirdische Speicherung von → CO_2 (Kohlendioxid). Es geht hier insbesondere um die Speicherung von Kohlendioxid, das beim Verbrennen von Braun- und Steinkohle als Treibhausgas freigesetzt wird. Dabei werden verschiedene Verfahren diskutiert, unter anderem die Auswaschung des Kohlendioxids nach der Verbrennung. Das wäre ein Verfahren, das für die Nachrüstung von Altanlagen in Frage kommt. Bei Neuanlagen könnte die Kohle vor der Verbrennung in ein Synthesegas umgewandelt werden. Dies würde vor der Verbrennung eine Aufspaltung und damit die Abtrennung des Kohlendioxids ermöglichen. Eine andere Lösung sehen manche Wissenschaftler in der Verbrennung der Kohle in einer Atmosphäre aus reinem Sauerstoff und Rauchgas, was ein späteres Abscheiden des Kohlendioxids möglich machen würde. Letztlich steht am Ende eines jeden Verfahrens verfestigtes Kohlendioxid. Wichtig ist, dass dies über einen langen Zeitraum hinweg (mehrere Jahrhunderte) sicher gelagert werden kann, um den Austritt in die Atmosphäre zu vermeiden. Unter Umständen eignen sich ausgebeutete Gas- und Ölfelder dafür. Umstritten ist auch eine Lagerung auf dem Meeresboden.

CBD → **Convention on Biological Diversity**

CCS-Technologie → **Carbon Capture and Storage**

CDM → **Clean Development Mechanism**

CH4 → **Methan**

Clean Development Mechanism (CDM)
Gehört zusammen mit → Joint Implementation (JI) zu den flexiblen Kompensationsmechanismen des

Kyoto-Protokolls (Artikel 12 Kyoto-Protokoll). Damit soll Industriestaaten ermöglicht werden, mit Emissionsminderungsprojekten Emissionsgutschriften zu erwirtschaften. Unternehmen und Staaten können sich auf verschiedene Art und Weise an Projekten beteiligen. Solche flexiblen Klimaschutzmechanismen sollen es ermöglichen, Klimaschutzaktivitäten außerhalb der eigenen Landes- beziehungsweise Unternehmensgrenzen voranzubringen und Zertifikate so auch günstiger als über den Emissionshandel zu erlangen. Dabei gibt es verschiedene Vorgehensweisen. Eine ist die »unilaterale Investition«, bei der von einem lokalen Unternehmen Investitionen direkt in eine Emissionsreduktionsmaßnahme (Einbau von Filtern in Kraftwerken, modernere Technologie etc.) erfolgen. Das lokale Unternehmen schließt mit dem Käufer (Unternehmer aus einem Industriestaat) einen Vertrag über die Abnahme von Zertifikaten ab. Dieser Vertrag wird → Emissions Reduction Purchase Agreement (ERPA) genannt. Beim ERPA erwirbt das Unternehmen aus dem Industriestaat lediglich die Zertifikate und kann damit von den Preisvorteilen profitieren, ohne Investitionen binden zu müssen. Solche Modelle sind insbesondere für Unternehmen interessant, die zum Beispiel vorwiegend oder ausschließlich in Deutschland oder einem anderen Industrieland tätig sind. Da Unternehmen aus Industriestaaten dabei nicht selber Investitionen tätigen müssen, ist das Modell im Hinblick auf Investitionsprojekte weniger riskant.

Die zweite Variante ist die sogenannte bilaterale Investition. In diesem Fall investiert zum Beispiel ein Unternehmen aus einem Industrieland direkt in einem Entwicklungsland. So kann etwa ein Zement- oder Chemieunternehmen aus Deutschland in einer Niederlassung in einem sogenannten CDM-Land in eine Maßnahme zur Emissionsreduktion investieren (→ CDM). An dieses Unternehmen werden dann die zertifizierten Emissionsreduktionseinheiten ausgeschüttet. Solche Zertifikate werden zur Erfüllung der eigenen Emissionsreduktionsverpflichtung im Rahmen des EU-Emissionshandels genutzt. Sofern sich überschüssige Zertifikate ergeben, können diese auf dem Markt verkauft werden. Üblicherweise wählen Unternehmen dieses Modell, die über eigene Niederlassungen in CDM- oder JI-Ländern verfügen.

Um die entsprechenden Zertifikate zu erlangen, sind die Beteiligten bei einem CDM-Projekt an spezielle Verfahren gebunden. Der Projektträger muss ein internationales Genehmigungsverfahren anstrengen, an dem sowohl das Projektgastland und das Investorenland als auch unabhängige Prüforganisationen beteiligt sind. Grundsätzlich sind alle CDM-Projekte und das damit verbundene methodische Vorgehen durch das CDM Executive Board (eine UN-Einrichtung) zu genehmigen.

»Joint Implementation« ermöglicht dagegen verpflichteten Staaten und dortigen Unternehmen, Emissionsgutschriften dadurch zu erlangen, dass in Einsparprojekte in anderen verpflichteten Staaten (Industrieländern) investiert wird. Seit 2008 können entsprechende Minderungsgutschriften (Emission Reduction Units: ERUs) offiziell verbucht werden. Hierbei überträgt ein Gastland die erzielten ERUs an den Projektträger, der sie selbst nutzen oder weiterverkaufen kann.

Club of Rome
Mit dem Bericht *Die Grenzen des Wachstums*, der 1972 erschien, wurden zum ersten Mal in umfassender, wissenschaftlich untermauerter Weise die Endlichkeit der Ressourcen und das Erfordernis der Umweltvorsorge in eine breite Öffentlichkeit getragen. Der Bericht an den Club of Rome – eine internationale Vereinigung von Wissenschaftlern, Geschäftsleuten und Staatsvertretern – wurde von einem Team von Wissenschaftlern am Massachusetts Institute of Technology (MIT) unter der Leitung von Dennis Meadows erstellt. Zwanzig Jahre später erschien *Die neuen Grenzen des Wachstums* wiederum als Bericht an den Club of Rome; darin wurden viele Szenarien, gerade auch im Hinblick auf den Klimawandel, aufgezeigt, die heute zu großen Teilen schon bittere Realität geworden sind. Der Report *Die neuen Grenzen des Wachstums* war ein Plädoyer, technische, kulturelle und institutionelle Veränderungen einzuleiten, um mittels tiefgreifender und zukunftsorientierter gesellschaftlicher Neuerungen zu verhindern, dass der ökologische Fußabdruck der Menschheit die Tragfähigkeit des Planeten Erde übersteigt. Hätten Entscheidungsträger in Politik und Wirtschaft die Empfehlungen von 1992 ernster genommen, wären viele ökologisch-ökonomische Probleme, vor denen wir heute stehen, nicht in dieser drastischen Form entstanden.

CO → Kohlenmonoxid

CO_2 → Kohlendioxid
Messungen aus Eisbohrkernen ergaben, dass in den vergangenen 800 000 Jahren die CO_2-Konzentration der Atmosphäre nie höher als 300 ppmV (parts per million by volume, Teile pro Million Volumenanteil) war. Seit dem Beginn der Industrialisierung ist der CO_2-Gehalt der Atmosphäre auf rund 385 ppmV angestiegen. Es wird sogar vermutet, dass dies der höchste Wert seit 20 Millionen Jahren ist.

CO_2 → Senken

Contracting
Vertragsverhältnis, bei dem der sogenannte Contractor Finanzierung, Planung und Bauausführung und oftmals auch den laufenden Betrieb einer Energieerzeugungsanlage übernimmt.

Convention on Biological Diversity (CBD)
Übereinkommen zur biologischen Vielfalt. Völkerrechtliches Abkommen der Konferenz der Vereinten Nationen für Umweltentwicklung in Rio de Janeiro 1992. Mit der CBD, die im Rahmen von Folgekonferenzen fortgeschrieben wird, werden drei Ziele verfolgt: Erhaltung der biologischen Vielfalt, nachhaltige Nutzung der biologischen Vielfalt und eine gerechte Aufteilung der Nutzung genetischer Ressourcen.

COP (Conference of the Parties)
Darunter versteht man die alljährlichen Zusammenkünfte der (Vertrags-)Staaten, die die → Klimarahmenkonvention unterzeichnet haben. Die COP fand zum ersten Mal 1995 statt.

Corioliskraft
Durch die Erdrotation entstehende Kraft, die Windsysteme und Meeresströmungen beeinflusst. Wegen der Kugelform der Erde bewegen sich Orte verschiedener Breitengrade bei der Drehung der Erdkugel verschieden schnell. So bewegt sich ein Punkt am Äquator mit einer Geschwindigkeit von 1667 Kilometern in der Stunde von West nach Ost. An anderen Stellen der Erde nimmt die Geschwindigkeit zu den Polen hin wegen des dort geringeren Erdumfangs entsprechend

Was ist was? – Das Klima-Glossar

ab. An den Polen beträgt sie 0. Wenn etwa eine Luftmasse – zum Beispiel durch Erwärmung – die geographische Breite verlässt, behält sie zunächst ihre Geschwindigkeit bei. Bewegt sich etwa ein Luftpaket vom Äquator Richtung Norden, so gelangt es in Breiten, die sich langsamer bewegen als die Herkunftsregion der Luftmasse. Somit bewegt sich eine solche Luftmasse schneller, als sich die Erde unter ihr dreht. In der Nähe der Erde erreicht sie einen »Vorsprung« und wird so nach Osten abgelenkt.

Bewegt sich eine Luftmasse von der Nordhalbkugel in Richtung Süden, kommt sie zunehmend in »schnellere Regionen« und wird – wegen ihrer langsameren Geschwindigkeit – nach Westen abgelenkt. Jeweils umgekehrt verhält es sich auf der Südhalbkugel.

Diesel
Kraftstoff zur Verbrennung in Dieselmotoren; auch Gasöl genannt. Besteht aus Kohlenwasserstoff mit einem Siedebereich zwischen 270 und 370 Grad Celsius sowie aus Kraftstoffzusätzen. Fahrzeuge mit Dieselmotoren brauchen weniger Kraftstoff als Benzinmotoren. Um den Ausstoß von krebserregendem Feinstaub einzudämmen, wurden Dieselpartikelfilter entwickelt.

Dieselmotor
In Dieselmotoren wird der Kraftstoff in so hohem Maß verdichtet, dass eine Selbstzündung erfolgt. Vorteile von Dieselmotoren sind neben dem geringeren Kraftstoffverbrauch auch die geringeren Emissionen an Kohlenmonoxid, Kohlenwasserstoffen und Stickoxiden.

Distickstoffoxid, Lachgas (N_2O)
Entsteht überwiegend durch Verbrennung organischer oder fossiler Stoffe; ähnlich wie → Methan. Wird jedoch auch von Mikroorganismen, Algen und Pilzen durch den Abbau von natürlichem oder künstlichem Stickstoff in den Böden gebildet. Distickstoffoxid ist also auch ein natürlich vorkommendes Gas, das auch durch Blitze entstehen kann. Besonders die Intensivlandwirtschaft geht mit erhöhten Lachgasemissionen einher, weil verschiedene Bodenbakterien zu einer Umwandlung von stickstoffhaltigen Düngern (Kunstdüngern) zu gasförmigem Stickstoffdioxid und anschließend zu Distickstoffdioxid beitragen. Da Distickstoffoxid in der Troposphäre fast nirgends (mit Ausnahme von Wüstengebieten) absorbiert wird, wandert es in die Stratosphäre und trägt dort zur Zerstörung der → Ozonschicht bei. Angesichts des Bevölkerungswachstums und des zunehmenden Einsatzes von Kunstdüngern gehen Fachleute davon aus, dass sich die natürliche N_2O-Konzentration bis etwa 2050 verdoppelt haben wird.

Dürre
Extreme Trockenheit, das heißt, der Niederschlag liegt ungewohnt lange unter dem normalerweise gemessenen Niveau. Dadurch kommt es zu einem Ungleichgewicht im Wasserhaushalt.

ECCP
Kürzel für das Europäische Programm für den Klimaschutz (European Climate Protection Programme). Es enthält Vorschläge der EU-Kommission zum gemeinsamen europäischen Klimaschutz und wurde im März 2000 beschlossen. Das Programm sieht die Reduzierung von Klimagasen in Haushalt, Industrie, Verkehr und Energieversorgung vor.

Einheiten für Energie → Energieeinheiten

Einsparpotential
Summe aller potentiellen Einsparungen in einem bestimmten Bereich. Im Fall der Energie wird damit die Summe aller möglichen → Energieeinsparungen bezeichnet. Man unterscheidet zwischen wirtschaftlichen und technischen Einsparpotentialen, die sich innerhalb einer definierten Zeitspanne amortisieren (wirtschaftliches Einsparpotential) oder sich mit der jeweils neuesten Technik realisieren lassen (technisches Einsparpotential).

Eisschilde
Befinden sich auf Grönland und in der Antarktis. Unter dieser Landeismasse befindet sich Gestein. Die Ränder fallen steil ab. Ein Eisschild ist aufgrund seines Gewichts in Bewegung und fließt sehr langsam auf einem Eisstrom von einem Zentralplateau ins Meer.

Eiszeit
Zeiträume der Erdgeschichte. Von Fachleuten auch als Kaltzeit bezeichnet. Gletscher bedecken während eines Eiszeitalters große Teile der Erde. Im Quartär vor 2,6 Millionen Jahren begann das letzte Eiszeitalter. Seit knapp 12 000 Jahren befindet sich unsere Erde in einer Warmzeit. Der Ausbruch einer Eiszeit kann sowohl irdische als auch außerirdische Ursachen haben: Tektonische Prozesse, die Auffaltung von Hochgebirgen, Vulkanismus spielen eine große Rolle. Aber auch die Sonnenaktivität und Abweichungen der Erdumlaufbahn beeinflussen Beginn und Dauer einer Kaltzeit, die abrupt von einer Warmzeit abgelöst werden kann.
→ Milankovic-Zyklen

El Niño
Der Begriff stammt aus dem Spanischen und bedeutet »der kleine Junge / das Christkind«. Mit El Niño wird eine periodische Änderung der Meeres- und Windzirkulationen im südlichen Pazifik bezeichnet. Schon seit langer Zeit beobachten peruanische Fischer, dass sich das Oberflächenwasser vor der Pazifikküste zur Weihnachtszeit (daher »El Niño – Christkindzeit«) aufwärmt. Das geschah meistens gegen Ende der Fischfangsaison. Mittlerweile steht der Begriff für sogenannte außergewöhnliche El-Niño-Ereignisse, die durchschnittlich alle drei bis sieben Jahre auftreten und jeweils etwa ein Jahr anhalten. Wissenschaftlich wird El Niño als »ENSO« (El Niño / Southern Oscillation) bezeichnet. Die Zusammenhänge in Kürze: Der Südost-Passatwind sorgt in normalen Jahren für den Transport von kaltem, nährstoffreichem (weil planktonreichem) Tiefenwasser von der Küste Perus nach Westen. Das Wasser erwärmt sich an der Oberfläche, so dass die darüberliegende Luft zunehmend verdunstende Feuchtigkeit aufnimmt. Im Bereich von Australien, Indonesien und den Philippinischen Inseln steigt die feuchte Luft schließlich auf und führt dort zu starken Niederschlägen. In großer Höhe fließt die Luft zurück nach Osten und verursacht beim Absinken über der südamerikanischen Westküste ein sehr trockenes Klima. Bei einem großen El-Niño-Ereignis kommt es durch eine Veränderung der Luftdruckgegensätze zu einem Abflauen der Passatwinde. Vor der Küste Perus wird der Auftrieb des kalten Tiefenwassers reduziert. Eine Folge davon ist, dass das nährstoffreiche Tiefenwasser fehlt und der Fischfang drastisch zurückgeht. Ohne das kühle Tiefenwasser erwärmt sich das Oberflächenwasser vor der Westküste Südamerikas so stark, dass schließlich die Windzirkulation kippt: Es steigt warme Luft über der

südamerikanischen Küste hoch und führt dort zu starken Niederschlägen, während Südostasien (Indonesien, Australien und Philippinen) unter extremer Trockenheit leidet. Dann erwärmt sich das Meer in Südostasien übermäßig, so dass bei einer erhöhten Meeresoberflächentemperatur die Korallen absterben. Damit ist wiederum die Kinderstube vieler Fische gefährdet. Übrig bleibt nur das weißliche Skelettgerüst der Korallen. Deshalb spricht man auch vom »Korallen-Bleaching« (Korallenbleiche).
Eine verstärkte Phase normaler Jahre mit außergewöhnlich kühlen Temperaturen im Ost- und Zentralpazifik und entsprechend erhöhten Niederschlägen über dem Westpazifik bezeichnet man als »La Niña« (das Mädchen). Heizt der Mensch durch Verbrennungsprozesse und den damit verstärkten → Treibhauseffekt das Klima weiter auf, sind bei El Niño-/La Niña-Ereignissen Meeresökosysteme mit ihren hochempfindlichen Korallenbänken und Korallenriffen, die kaum Temperaturschwankungen vertragen, noch extremer gefährdet.

Emission
Abgabe von Energien, Strahlen und Stoffen, aber auch Geräuschen, Erschütterungen, Licht und Wärme durch eine bestimmte Quelle an die Umgebung. Vielfach handelt es sich um Schadstoffe. Dazu gehört auch der vom Menschen verursachte Ausstoß sogenannter → Treibhausgase.

Emissions Reduction Purchase Agreement (ERPA)
Ein Instrument des → Clean Development Mechanism

Emissionsgrenzwerte
Rechtlich definierte Grenzwerte für die maximal zulässige Schadstoffabgabe an die Umwelt, meistens definiert in Gewichts- oder Volumenanteilen. So etwa in der technischen Anleitung (TA Luft). Durch die Festlegung von Emissionsgrenzwerten sollen klima- und umweltschädliche Emissionen schon an der Quelle verhindert beziehungsweise eingedämmt werden. Oft liegen den Grenzwerten Kompromisse zwischen Aspekten des Umweltschutzes, dem Stand der Technik und Investitionskosten zugrunde.

Emissionshandel
Die Mitgliedsländer der Europäischen Union haben sich im → Kyoto-Protokoll verpflichtet, den Ausstoß an klimaschädlichen → Treibhausgasen bis 2012 um 8 Prozent gegenüber dem Stand 1990 zu senken. Um diesen Wert (und es werden höhere Werte angestrebt) zu erreichen, wurde der Handel mit Emissionsrechten für → Kohlendioxid (CO_2) innerhalb der EU eingeführt. Innerhalb der EU erfolgte der Start für den Handel mit Emissionsrechten für Kohlendioxid (CO_2) 2005. Die Regelung gilt für rund 4500 energieintensive Unternehmen.

Endenergie
Als Endenergie wird die Energiemenge bezeichnet, die von den Verbrauchern – ohne Berücksichtigung des Energieaufwands für die Gewinnung, Aufbereitung und Umwandlung der → Primärenergie – verwendet wird. Dazu gehören unter anderem Strom, Gas und Fernwärme.

Energie
Der Begriff Energie umschreibt das in einem Körper oder Stoff vorhandene Potential, das in der Lage ist, physikalische Arbeit zu ermöglichen oder Wärme abzugeben. Es gilt der Energieerhaltungssatz aus der Physik, wonach Energie nicht erzeugt und nicht vernichtet werden kann; es ist lediglich möglich, die Erscheinungsform von Energie zu ändern. Solche Erscheinungsformen von Energie sind etwa Arbeit und Wärme.

Energie-Audit
Sammlung und Analyse aller verfügbaren Energiedaten in einem zu untersuchenden Bereich (zum Beispiel Privathaus, Industrieunternehmen, Siedlungsgebiet, Gewerbegebiet, Gemeinde oder Stadt etc). Das Energie-Audit soll helfen, den Energieverbrauch des zu untersuchenden Gebäudes oder der zu untersuchenden Einheit und der jeweils damit verbundenen technischen Anlagen zu identifizieren. Dabei lässt sich feststellen, durch welche Maßnahmen bei den verschiedenen Anlagen und Verfahren Energie eingespart werden kann. Hierzu erfolgt eine → Energieeffizienzdiagnose.

Energiebilanz
Bilanzierung der Energieströme eines Systems. Dazu wird eine Sammlung und analytische Bewertung aller zur Verfügung stehenden Energiedaten vorgenommen. Mit der Energiebilanz wird der Energieverbrauch zum Beispiel innerhalb eines Betriebes analysiert und im Hinblick auf technische Anlagen und Verfahren transparent gemacht. Unter einer negativen Energiebilanz versteht man einen Energieverlust oder eine zu geringe → Energieeffizienz. Eine positive Energiebilanz steht für einen Energiegewinn.

Energiecontrolling
Ziel ist die Überwachung des Energieverbrauchs. Durch regelmäßigen Abgleich von Energiegrößen und Energieverbrauch soll rechtzeitig auf Fehler in Systemen sowohl technischer als auch ablauf- und benutzungstechnischer Art reagiert werden.

Energiedatenmanagement (EDM)
Systematische und regelmäßige Erfassung von Energiedaten.

Energiedienstleistungen
Hierzu gehören die mittels des Einsatzes von → Nutzenergie und anderen Produktionsverfahren befriedigten Bedürfnisse und Güter, so etwa das Beleuchten von Räumen und Flächen, Transport, Erwärmung von Stoffen und Gütern und anderes. Zunehmend erfolgt Energiedienstleistung durch unterschiedliche Anbieter im Rahmen des → Contracting.

Energieeffizienz
Energieeffizienz beschreibt das Verhältnis zwischen einer bestimmten Leistung (dazu gehören auch Dienstleistungen, die Lieferung von Waren oder Energienutzung) und dem Energieaufwand, der nötig ist, um diese Leistung überhaupt erbringen zu können.

Energieeffizienzdiagnose
Systematisches Verfahren, mit dem Energieeinsparpotentiale etwa in Industriebetrieben, Privathäusern, Wohnungen etc. festgestellt, bewertet und dokumentiert werden. Energieeffizienzdiagnosen sind wichtiger Bestandteil eines effizienten → Umweltmanagements in Produktions- und Dienstleistungsunternehmen.

Energieeffizienzklasse
Bewertungsskala bei unterschiedlichen Gütern zur Unterstützung von umweltfreundlichen Kaufentscheidungen für Geräte (zum Beispiel Waschmaschinen, Wäschetrockner, Kühlschrank etc.), die besonders energiesparend betrieben werden können.

Energieeinheiten
Die gebräuchlichste technische Einheit für Energie ist die Kilowattstunde (kWh), für die Leistung das Kilowatt.
1 MWh (Megawattstunde) = 1000 kWh
1 GWh (Gigawattstunde) = 1000 MWh

Was ist was? – Das Klima-Glossar

Energieeinsparung

Mit Energieeinsparung wird die Energiemenge bezeichnet, die durch alle Maßnahmen zur Verringerung des Einsatzes einer bestimmten Menge an → Primär- beziehungsweise → Sekundärenergie eingespart wird. Energieeinsparung ist neben der Energievermeidung und der Erhöhung der → Energieeffizienz der wichtigste Weg, klimaschädliche Emissionen zu vermeiden und vorsorgend das Klima zu schützen. Zur Energieeinsparung gehört die Veränderung von Lebensstilen sowohl im Privatbereich als auch bei Produktionsprozessen oder im Bereich von Dienstleistungen. Durch umweltgerechtes – an der Nachhaltigkeit orientiertes – Verhalten kann der Verbrauch von Energie in vielen Bereichen verringert und damit erheblich Energie eingespart werden. Zur Energieeinsparung gehören auch technische Maßnahmen, die es ermöglichen, dass beispielsweise dieselbe Energiedienstleistung bei geringerem Energieverbrauch erzielt wird. Energieeinsparung hilft, die Energieressourcen zu schonen, Schadstoffemissionen zu reduzieren und das Klima zu schützen. Dies wiederum ist Grundlage für die Erhaltung eines hohen Umwelt- und damit Lebensstandards in den Industrienationen und zur Schaffung sozial gerechter Lebensverhältnisse in den sogenannten Entwicklungs- und Schwellenländern.

Energieeinsparungscontracting

Besondere Form des → Contracting. Dabei wird den Kunden Nutzenergie wie Wärme, Kälte oder Druckluft geliefert. Aus den erzielten Einsparungen erfolgt die Refinanzierung. Solche Contractingvereinbarungen regeln auch die Anteile an der Energiekosteneinsparung sowie die entsprechende Laufzeit.

Energie-Einspeisungsgesetz (EEG)

Erstmals vom Deutschen Bundestag im Februar 2000 verabschiedet. Das EEG regelt die Abnahme und die Vergütung von ausschließlich mittels erneuerbarer Energiequellen gewonnenem Strom durch Versorgungsunternehmen, die Netze für die allgemeine Stromversorgung betreiben (Netzbetreiber). Zu den erneuerbaren Energiequellen, mit denen etwa auch Privatleute einen wertvollen Beitrag zum Klimaschutz leisten können, gehören zum Beispiel → Photovoltaikanlagen und Biogasanlagen, mit denen Strom erzeugt wird.

Energiekennwert

Energieverbrauch in Bezug auf eine Kenngröße wie etwa Fläche oder Anzahl von Produktionseinheiten.

Energiereserven

Nachgewiesene Vorkommen von → Energieträgern, die mit Hilfe der jeweils zur Verfügung stehenden Technik nach wirtschaftlichen Kriterien erschlossen werden können. Dazu gehören die in der Erde lagernden Vorräte an fossilen Brennstoffen, wie Erdöl und Erdgas sowie Uran. Damit werden heute noch immer 90 Prozent des Weltenergiebedarfs abgedeckt. Wissenschaftler und Umweltschützer plädieren seit langem dafür, Energiereserven auch dann nicht anzutasten, wenn sie wirtschaftlich erschlossen werden können, weil durch die Nutzung – etwa der fossilen Brennstoffe durch Verbrennung – unweigerlich der CO_2-Haushalt der Erde negativ verändert wird und auch andere klimaschädliche Emissionen erfolgen. Außerdem werden die Energiereserven – insbesondere das Erdöl – für viele andere Nutzungen benötigt, etwa zur Herstellung von Kunststoffen und vieler anderer wichtiger Erzeugnisse.

Energieressourcen

Alle Vorkommen eines bestimmten → Energieträgers, einschließlich der vermuteten und damit nicht konkret nachgewiesenen Vorkommen. Zwar könnten diese Energieressourcen mit Verbesserung der Technik und auch bei steigenden Energiepreisen unter Umständen wirtschaftlich erschlossen und genutzt werden, doch massive Umweltprobleme könnten dem entgegenstehen.

Energiesparlampe

Kompaktleuchtstofflampen mit integriertem elektronischem Vorschaltgerät; eine Fortentwicklung herkömmlicher Leuchtstoffröhren. Das Licht und die Handhabung der Energiesparlampen ist den Glühlampen (Glühbirnen) ähnlich, jedoch haben moderne Energiesparlampen einen rund 80 Prozent geringeren Stromverbrauch und eine durchschnittliche Lebensdauer von bis zu 12 000 Stunden (herkömmliche Glühbirnen nur etwa 1000 Stunden). Da Energiesparlampen Quecksilber enthalten, dürfen sie nicht zerstört werden, weil sonst giftige Dämpfe freigesetzt werden. Deshalb erfolgt die sachgerechte Entsorgung in ganzem Zustand bei den Schadstoffsammelstellen. Von dort werden sie einem Quecksilberrecycling zugeführt.

Energieträger

Stoffe oder Reaktionen, deren gespeicherte oder freigesetzte Energie in nutzbare Energie umgewandelt werden kann. Hierzu gehören unter anderem Kohle, Erdgas, Heizöl, Uran, Erdwärme, Sonne oder Wind.

Energieumwandlung

Wird eine Energieform in eine andere umgewandelt, so ist das immer mit Verlusten verbunden. Dies wird durch den → Wirkungsgrad ausgedrückt, der in jedem Fall geringer ist als 100 Prozent.

Energievermeidung

Energievermeidung ist der Schlüssel für Umwelt- und Klimaschutz. Viele Möglichkeiten, Energie zu vermeiden, sind noch nicht genutzt. Jeder Wohnungsbesitzer kann durch konsequente Isolierung und energiesparende Heizsysteme, jeder Verbraucher kann durch verbrauchsarme Geräte, die Vermeidung von Autofahrten und vieles mehr Energie vermeiden, Emissionen gar nicht erst entstehen lassen und dabei noch Geld sparen. Neben der Energievermeidung sind erneuerbare Energien und mehr Energieeffizienz der Schlüssel zum Klimaschutz.

Erderwärmung

Gemeint ist der Anstieg der globalen Durchschnittstemperaturen. Die haben seit 1976 jedes Jahrzehnt um zirka 0,17 Grad Celsius zugenommen. Dabei ist nicht nur die Temperatur der Luft, sondern auch die der Ozeane angestiegen. Über Landflächen erwärmt sich die Luft stärker als über den Wasserflächen der Ozeane. Da sich der Großteil der Landmassen auf der Nordhalbkugel befindet, sind dort die Temperaturen im Durchschnitt stärker angestiegen als auf der Südhalbkugel. Klimaforscher gehen davon aus, dass sich bei einer Verdoppelung der CO_2-Konzentration in der Atmosphäre die Erdmitteltemperatur um 1,5 bis 4,5 Grad Celsius erhöht. Der Weltklimarat (→ IPCC) geht – je nachdem, welche Zuwachsraten aller Treibhausgase zugrunde gelegt werden – bis zum Jahr 2100 davon aus, dass die Erhöhung der Durchschnittstemperatur zwischen 1,1 Grad Celsius und 6,4 Grad Celsius beträgt.

Erdgas

Methanreiches Gas, das aus natürlichen Lagerstätten stammt und in der Regel zusammen mit Erdöl vorkommt. Erdgas besteht aus niedrigen Kohlenwasserstoffen; darunter zu einem

Anteil zwischen 75 und 95 Prozent aus Methan, Ethan und Propan. Es enthält auch Kohlendioxid und Spuren von Schwefelwasserstoff, die bei der Aufbereitung weitgehend entfernt werden.

Erdöl
Gemisch aus flüssigen Kohlenwasserstoffen. Kommt meist zusammen mit Erdgas vor und stammt aus natürlichen Lagerstätten. Erdöl wurde vor 20 bis 200 Millionen Jahren auf der Basis höherer Pflanzen und mariner Organismen gebildet.

Erdwärme
Erdwärme gilt als → erneuerbare Energie. Zu ihrer Gewinnung erfolgen Tiefenbohrungen und die Installation von Erdwärmesonden. Je nach geologischem Aufbau des Untergrunds beträgt die Tiefe der Bohrungen für die Nutzung von Erdwärme im Wohnungsbau zwischen 50 und 150 Metern, in manchen Fällen bis zu 400 Metern. Mittels einer Trägerflüssigkeit – meist Wasser – wird die Wärme aus dem Erdinneren zur → Wärmepumpe transportiert und durch einen Wärmeregler auf die gewünschte Temperatur gebracht. Diese Art der Nutzung von Erdwärme hat einen hohen Wirkungsgrad. Es gibt auch Erdwärmesonden, mit denen die noch aus der Entstehungszeit der Erde in größerer Tiefe vorhandene Hitze im Erdinnern genutzt wird. Bei einer Gesteinstemperatur von 108 Grad in 2790 m Tiefe ermöglicht die Erdwärmetiefensonde Prenzlau eine Dauerwärmeleistung (mit Wärmepumpe) von 520 kW. Dadurch können große Mengen von → CO_2 vermieden werden. Mit Hilfe der Geothermie kann nicht nur geheizt und gekühlt, sondern auch elektrische Energie erzeugt werden.

Erdwärmesonde → Erdwärme

Erneuerbare Energien
Dem ersten Hauptsatz der Thermodynamik zufolge kann Energie nicht erneuert werden. Mit »erneuerbarer Energie« sind deshalb nachwachsende Rohstoffenergieträger gemeint, mit deren Nutzung kein fossil eingelagertes CO_2 oder andere gebundene klimaschädliche Gase freigesetzt werden. Auch Windkraft und Sonnenenergie werden oftmals als erneuerbare Energien bezeichnet.

Erneuerbare-Energien-Gesetz (EEG)
Auf Basis dieser Rechtsgrundlage soll der Ausbau solcher Energieversorgungsanlagen vorangebracht werden, die aus regenerativen (erneuerbaren) Quellen gespeist werden. Ziel ist es, aus Gründen des Klimaschutzes die Abhängigkeit von verschiedenen Energieträgern wie Kohle, Erdöl und Erdgas zu verringern. Für einen bestimmten Zeitraum wird Betreibern der förderfähigen Anlagen ein fester Vergütungssatz für den erzeugten Strom gewährt, der sich an den Erzeugungskosten der jeweiligen regenerativen Energieträger orientiert; damit soll ein wirtschaftlicher Betrieb der Anlagen ermöglicht werden. Gefördert wird die Erzeugung von Strom in folgenden Bereichen: Windenergie, Wasserkraft, Biomasse, Deponiegas, Klärgas, Grubengas, Geothermie, Solarenergie (zum Beispiel Photovoltaik).

EU-Grünbuch
Die EU-Kommission legte im Juni 2005 das *Grünbuch Energieeffizienz – Weniger ist mehr* vor. Damit wird eine Verhaltensänderung der Konsumenten in den 25 EU-Mitgliedsstaaten dahingehend angestrebt, dass durch den Einsatz energieeffizienter Technologien auf EU-Ebene der Gesamtenergieverbrauch bis 2020 auf das Niveau des Jahres 1990 begrenzt werden kann.

FCKWs (Fluorchlorkohlenwasserstoffe)
Organische Verbindungen, die lange Zeit in großem Umfang als Kältemittel (Kühlschränke) oder Treibgase (Spraydosen) verwendet wurden. FCKWs sind für das Ozonloch verantwortlich. Entsprechend internationaler Vereinbarungen ist die Anwendung seit 2000 verboten oder stark eingeschränkt.

Feinstaub
Sogenannter Feinstaub stammt sowohl aus natürlichen als auch von Menschen verursachten (anthropogenen) Quellen. Als Hauptverursacher des anthropogenen Anteils am Feinstaub gelten unter anderem: Industriefeuerungsanlagen, Privathaushalte, Straßenverkehr, Elektrizitäts- und Fernheizwerke. Zur Reduktion des Feinstaubs wurden unter anderem Dieselrußfilter eingeführt.

Fernwärme
Leitungsgebundene Versorgung mit Wärme über Wärmeverteilungsnetze. Dabei wird die Wärme zentral in einem Heizkraftwerk oder Heizwerk oder einer sonstigen Wärmequelle (zum Beispiel Industrieunternehmen) erzeugt und über Heizwasser oder Dampf übertragen. Oftmals handelt es sich um ohnedies anfallende Abwärme (Kraftwerke). Fernwärme kann der Raumheizung ebenso dienen wie der Wassererwärmung oder als Prozesswärme für Produktionszwecke. Fernwärmenetze lohnen sich nur, wenn in nicht allzu großer Entfernung zur Wärmequelle genügend Abnehmer vorhanden sind.

F-Gase
Fluorierte Treibhausgase. Das F steht für den chemischen Stoff Fluor. Dazu zählen FCKWs (→ Fluorchlorkohlenwasserstoffe), HFKWs (teilhalogenierte FKWs) und SF_6 (Schwefelhexafluorid). Das sind treibhausrelevante Gase, die im Kyoto-Protokoll aufgeführt sind. F-Gase entstehen hauptsächlich bei der Schaumstoffherstellung und in der Kühlmittelindustrie.

Fluorchlorkohlenwasserstoffe (FCKWs)
FCKWs gibt es normalerweise nicht in der Natur, sondern sie werden künstlich hergestellt und dienen unter anderem als Kältemittel für Gefriertruhen und Kühlschränke, Klimaanlagen, Wärmepumpen, Schaummittel für Kunststoffe oder als chemische Reinigungsmittel. Hinzu kommt die Verwendung als Treibmittel in Spraydosen. FCKWs haben einen besonders starken Einfluss und schädigende Wirkung auf das → Ozon in der → Stratosphäre, wo sie zum Abbau und zur Zerstörung der → Ozonschicht beitragen. In vielen Bereichen ist die Verwendung von FCKWs deshalb mittlerweile verboten.

Fossile Brennstoffe
Erdöl, Kohle und Erdgas. Vor Jahrmillionen entstand Kohle aus pflanzlichen Materialien wie Farnen, die in schwülheißen Tropenwäldern des Karbon wuchsen. Erdöl wurde aus winzigem Meeresplankton gebildet, das als Sediment auf den Meeresboden gesunken war. Erdgas ist methanreiches Gas aus natürlichen Lagerstätten und entstand im Zusammenhang mit der Kohle- und Erdölbildung; Ausgangsstoffe waren auch hier Meerespflanzen und -Algen sowie abgesunkene Urwälder. Alle drei Brennstoffe sind unter hohem Druck entstanden. Bei der Verbrennung fossiler Brennstoffe wird Kohlendioxid, das bei der Entstehung eingebunden wurde, wieder frei.

Fußabdruck → **Ökologischer Fußabdruck**

Gaia-Theorie
Anfang der siebziger Jahre des vorigen Jahrhunderts von James Lovelock und Lynn Margulis entwickelte Theorie, in der die Erde als sich selbst regulierendes System betrachtet wird, das aus der Gesamtheit der Organismen der Oberflächenfelsen, der Meere und der Atmosphäre besteht. Diese sind zu einem einzigen System verknüpft, das durch Evolutionsprozesse die Oberflächenverhältnisse auf eine Art und Weise reguliert, die für die vorhandenen Lebensformen so günstig wie möglich ist.

Gemäßigtes Klima
Regionen mit einer Durchschnittstemperatur von über 10 Grad im wärmsten Monat und einer Jahresdurchschnittstemperatur unter 20 Grad.

Geothermie
Verfahren zur Nutzung von Erdwärme, entweder zur Wärmeversorgung oder zur Stromgewinnung. Unterschieden wird die oberflächennahe Geothermie und die Tiefengeothermie.

Gesundheitsrisiken
Durch den → Klimawandel und die damit verbundene → Erderwärmung steigen die Gefahren für die Gesundheit der Menschen. So wird es auch in Mitteleuropa öfter Hitzewellen geben. Wie der Sommer 2003 in Frankreich gezeigt hat, kann dies zu einer erhöhten Zahl von Hitzetoten führen. Darüber hinaus breiten sich wärmeliebende Schädlinge und Krankheitsüberträger (verschiedene Zeckenarten, Tigermoskitos und andere) aus und dringen in auch nicht gemäßigteren Zonen Europas vor. Damit erhöht sich die Gefahr der Ausbreitung gesundheitsbedrohlicher Krankheiten (zum Beispiel Malaria).
In anderen Regionen der Erde ist das Leben der Menschen durch Flutkatastrophen gefährdet. Durch die globale Erwärmung kommt es zu einem Anstieg des Meeresspiegels. In den letzten Jahrzehnten erhöhte sich dieser nach Feststellungen von Geophysikern zunächst um 1 bis 2 Zentimeter und seit einiger Zeit um 3 Zentimeter pro Jahrzehnt. Flache küstennahe Gebiete und Inseln wie etwa Teile von Bangladesch oder die Malediven sind entsprechend bedroht, und es ist mit einem Anstieg der Flutkatastrophen zu rechnen.

Nach Feststellungen des Weltklimarats (→ IPCC) muss bis zum Jahr 2100 mit einer Erhöhung des Meeresspiegels von 0,19 m bis 0,58 m gerechnet werden.

Global Marshallplan
Mit dem Buch *Wege zum Gleichgewicht. Ein Marshallplan für die Erde* (1990, deutsche Ausgabe 1992) verbreitete der frühere stellvertretende US-Präsident und spätere Nobelpreisträger Al Gore die Idee, nach dem Modell des Marshallplans eine ökologisch gerechte und sozial verantwortliche Marktwirtschaft zu fördern. Der Marshallplan war ein Wiederaufbauprogramm, mit dem die USA den Menschen in Westeuropa nach dem Zweiten Weltkrieg Frieden, Solidarität und neue Hoffnung brachten, indem Kredite, Lebensmittel und Rohstoffe sowie vielerlei Waren nach Westeuropa transferiert wurden.

Globale Erwärmung
Anstieg der Durchschnittstemperatur der Meere und der erdnahen Atmosphäre sowohl in den vergangenen Jahrzehnten als auch die zukünftig zu erwartende weitere Erwärmung. Ursache ist die Verstärkung des → Treibhauseffekts durch den Menschen. Infolge der Verbrennung fossiler Energieträger und weitflächiger Entwaldungen ändert sich die Atmosphärenzusammensetzung, und es wird zusätzlich → Kohlendioxid (CO_2) in der Luft angereichert. Weitere Ursachen sind Veränderungen der Landnutzung (durch intensive Landwirtschaft) mit der Folge einer erhöhten Freisetzung des Treibhausgases → Methan.

Golfstrom
Warme Meeresströmung, die etwa 100 km breit ist und sehr schnell fließt. Der Golfstrom verläuft im Nordatlantik. Da es eine Oberflächenströmung ist, wird der Golfstrom hauptsächlich vom Wind angetrieben. Genau genommen ist der Golfstrom Teil des Nordatlantikstroms.

Grenzen des Wachstums → **Club of Rome**

Großes Marines Förderband
Meeresströmung, die den Atlantik, den Pazifik und den Indischen Ozean verbindet und ein weltumspannendes System darstellt.

Grundlast
Damit wird der Anteil der Energie am gesamten Lastverlauf bezeichnet, der über einen bestimmten Zeitraum (etwa ein Tag oder ein Jahr) kontinuierlich abgenommen wird. Es handelt sich also um die Energiemenge – zum Beispiel elektrischer Strom –, die im entsprechenden Zeitraum nicht unterschritten wird.

Grüner Strom
Etwa seit der Jahrtausendwende wird mit dem Begriff »Grüner Strom« solcher Strom bezeichnet, der durch → regenerative Energiequellen wie Sonne, Wind, Wasser und Biomasse erzeugt wird. Der Begriff vermittelt zwar den Eindruck, es handle sich um ökologische beziehungsweise umweltverträgliche Energiegewinnung, tatsächlich ist es jedoch so, dass manches Wasserkraftwerk zwar sogenannte saubere Energie liefert, andererseits jedoch irreparable Umweltschäden mit sich bringt. So zum Beispiel der zur Energiegewinnung gebaute Drei-Schluchten-Damm am Jangtse in China. Er unterbricht nicht nur das Ökosystem und die Durchgängigkeit des Jangtse, sondern hat auch zu massiven Veränderungen in der Sozialstruktur der Bevölkerung geführt, die von der durch die Aufstauung bewirkten Überflutung betroffen war. Für den Drei-Schluchten-Damm mussten 6 Millionen Menschen evakuiert werden. Drei große Städte und rund 1700 Dörfer wurden geflutet. Schon jetzt zeigt sich, dass die unter Wasser gesetzten Hänge instabil werden und es vermehrt zu Erd- und Felsrutschen kommt. Wissenschaftler befürchten, dass – wie schon bei anderen Großstaudammprojekten – der neugeschaffene rund 150 Kilometer lange Stausee wegen der Sedimentfracht früher als erwartet seine Funktion verliert und dass die erhofften Gewinne durch den Schiffstransport wegen der unrentablen und noch lange nicht fertiggestellten Schiffshebewerke ausbleiben. Nicht auszumalen ist die Vorstellung eines Dammbruchs, der viele Millionen Menschen das Leben kosten würde, die keinerlei Chance zur Rettung hätten.
Auch manches Kleinwasserkraftwerk in Mitteleuropa, das nicht im sogenannten Nebenschluss – also an einem parallelen Kanal zum eigentlichen Hauptgewässer – betrieben wird, führt zu Eingriffen in den Naturhaushalt und zur Vernichtung des Lebensraums gefährdeter Tiere und Pflanzen.
Auch → Windkraftanlagen können eine Gefahr für die Natur darstellen,

Was ist was? – Das Klima-Glossar

wenn sie etwa auf Höhenzügen errichtet werden, die zwar das nötige Windaufkommen aufweisen, jedoch zugleich Teil der angestammten Zugstraßen wandernder Vogelarten sind. Manche Arten ziehen nachts und können – insbesondere wenn sich mehrere Windkraftanlagen nebeneinander und/oder hintereinander befinden, die potentielle Gefahr nicht erkennen. Auch der Strom aus einem mit nachwachsenden Rohstoffen betriebenen Kraftwerk ist nicht automatisch »grüner Strom«. Wird das Kraftwerk etwa mit Palmöl aus Monokulturen befeuert, für die zuvor ökologisch wertvolle Wälder vernichtet wurden, ist das letztlich Umweltfrevel.

H$_2$O Wasser → Wasserdampf

Hochdruckgebiet
Als Hochdruckgebiet werden Luftmassen bezeichnet, die, horizontal betrachtet, durch höheren Luftdruck als ihre Umgebung gekennzeichnet sind. Großräumig sinken dabei Luftmassen ab. Die Luft erwärmt sich in einer Weise, bei der keine Kondensation und nahezu keine Wolkenbildung stattfinden kann, und strömt in Bodennähe aus dem Hochdruckgebiet Richtung → Tiefdruckgebiete ab. Es werden unterschieden: Kältehoch, dynamisches Hoch, Höhenhoch. Das Wetter in Europa beeinflussende Hoch- und Tiefdruckgebiete werden seit 1954 vom Meteorologischen Institut der Freien Universität Berlin mit Namen bezeichnet. Tiefdruckgebiete erhalten in geraden Jahren weibliche und Hochdruckgebiete männliche Vornamen. In ungeraden Jahren verhält es sich umgekehrt.

Höchstleistung
Wird auch als Höchstlast bezeichnet. Dabei handelt sich um die höchste → Leistung, die – etwa beim Verbrauch elektrischer Energie – während einer bestimmten Zeitspanne benötigt wird (zum Beispiel Jahreshöchstleistung, Monatshöchstleistung, Tageshöchstleistung).

Holozän
Mit diesem Begriff wird die Periode der Erdgeschichte seit Ende der letzten Eiszeit vor zirka 12 000 Jahren bezeichnet.

Humid
Ein Begriff der Klimatologie, der »feucht« bedeutet (aus dem Lateinischen). Humides Klima meint, dass der durchschnittliche Niederschlag eines Gebiets höher ist als die Verdunstung. Gegensatz → arid.

Hydrosphäre
Abgeleitet aus dem Griechischen »hydro« (Wasser) und »sphaira« (Kugel). Hydrosphäre ist der Begriff für das gesamte Wasservorkommen der Erde.

Industrielle Revolution
Mit Beginn der industriellen Revolution – Ende des 18. / Anfang des 19. Jahrhunderts – begann der Anstieg der Nutzung fossiler Energieträger (zunächst Kohle, später Erdöl) als Folge der einsetzenden industriellen Massenproduktion.

Infrarotstrahlung
Teil der Wärmestrahlung. Elektromagnetische Wellen im Spektralbereich zwischen sichtbarem Licht und längerwelliger Strahlung werden in der Physik als Infrarotstrahlung (auch Ultrarotstrahlung) bezeichnet. Um Wärme sichtbar zu machen und damit Wärmeverluste an Gebäuden aufzuzeigen, werden mit Hilfe der Thermographie Wärmebilder erzeugt. Dafür nutzt man die von der Eigenwärme von Objekten ausgehende Infrarotstrahlung.

IPCC (Intergovernmental Panel on Climate Change)
Weltklimarat; von den Vereinten Nationen 1988 ins Leben gerufen. Ein zwischenstaatlicher Ausschuss mit Sitz in Genf, der sich mit Fragen des Klimawandels und dessen Folgen befasst. Er wird vom UN-Umweltbüro organisiert. Der IPCC ist für die Beurteilung wissenschaftlicher Erkenntnisse rund ums Klima und für die Entwicklung von Lösungen zuständig. Die Klimaberichte, die von Hunderten von Wissenschaftlern aus aller Welt erarbeitet wurden, gelten als Beweise für eine globale Erderwärmung. Die Wissenschaftler des IPCC haben den Klimawandel nicht nur dokumentiert, sondern auch Wege aus der Klimakatastrophe aufgezeigt.

Jahresdurchschnittstemperatur
Berechnet sich aus den zwölf Monatsmittelwerten, die wiederum aus den Tagesmittelwerten bestimmt werden.

Jahresnutzungsgrad
Mit dem Jahresnutzungsgrad wird das Verhältnis zwischen Aufwand und Nutzen von Energieerzeugungsanlagen über einen Betrachtungszeitraum von einem Jahr beschrieben. Im Gegensatz zum → Wirkungsgrad wird beim Jahresnutzungsgrad nicht nur der optimale Betriebspunkt berücksichtigt, sondern es werden alle Betriebszustände einer Zeitspanne – also auch das Anfahren und Abschalten, der Teillastbetrieb und der Volllastbetrieb – in die Berechnung einbezogen.

Joint Implementation (JI)
Zusammen mit → Clean Development Mechanism (CDM) Teil der flexiblen Klimaschutzinstrumente des → Kyoto-Protokolls. Sieht gemeinsame Klimaschutzprojekte unterschiedlicher Länder vor. Dabei geht es auch um den Emissionshandel. Es kann zum Beispiel sein, dass ein Land eine Windkraftanlage (oder eine andere Klimaschutzanlage) baut, ein anderes diese Anlage finanziert. Das Geldgeberland hat dann ein Emissionsguthaben. Joint Implementation soll die Zusammenarbeit zwischen reichen Staaten und Entwicklungsländern und deren emissionsrelevanter Wirtschaft fördern.

Klärgas
Bei Fäulnisprozessen von Klärschlamm entstehendes Biogas.

Klima
Im Gegensatz zum aktuellen Wetter wird als Klima der über eine lange Zeitperiode (mittlerer Zustand des Klimasystems, mindestens dreißig Jahre) beobachtete Zustand bezeichnet, der sich aus vielen Elementen wie Temperatur, Luftdruck, Windsystemen, Niederschlagsmengen und der Intensität der Sonneneinstrahlung sowie geographischen Faktoren wie Längen- und Breitengrad, Höhenlage und Vegetation ergibt. Von »Wetter« spricht man bei aktuellen Beobachtungen.

Klimaarchiv
Es gibt verschiedene Klimaarchive: Das sind einerseits alle natürlichen Quellen, aus denen gespeicherte Klimadaten ersichtlich sind, zum Beispiel das Eis von Nord- und Südpol und der verschiedenen Gletscher. Durch die Untersuchung von Eisbohrkernen erhält man Aufschluss über die Zusammensetzung der Luft in früheren Zeiten sowie über die Vegetationsdecke der Erde (über den Nachweis eingewehter Pollen etc.). Zu natürlichen Klimaarchiven gehören auch Bäume, durch deren Jahresringe der Klimaverlauf nachvollzogen

Was ist was? – Das Klima-Glossar

werden kann. Nicht natürliche Klimaarchive sind andererseits etwa historische Überlieferungen in Chroniken, historische Messdaten etc. Dazu gehören Markierungen an Häusern und Gebäuden, die nach Hochwasserereignissen angebracht wurden (Pegelmarken), Berichte über zugefrorene Seen und Flüsse, alte Gemälde.

Klimadiagramm
Zeigt die durchschnittlichen Klimadaten (Temperatur, Niederschlag). Über einen langen Beobachtungszeitraum gewonnen, ermöglichen diese Feststellungen den Vergleich unterschiedlicher Orte und Regionen im Hinblick auf die Klimaentwicklung. Dargestellt werden in der Regel dreißigjährige Mittelwerte.

Klimafaktor
Beschreibt die klimarelevanten Einflüsse, unter anderem Sonne, Erddrehung, Zusammensetzung der Atmosphäre, Verhältnis von Land und Wasser, Windsysteme, Meeresströmungen, Vegetation und menschlich verursachte Faktoren (Aufheizung des Klimas, Verstärkung des → Treibhauseffekts).

Klimamodell
Mit Hilfe der modernen Datenverarbeitung wurde es seit den siebziger Jahren zunehmend möglich, verschiedene modellhafte Entwicklungsverläufe als Zukunftsprojektion darzustellen. Mit die Ersten, die die Folgen des ungebremsten Wachstums durch Bevölkerungsentwicklung, Vernichtung und Übernutzung natürlicher Lebensgrundlagen berechneten, waren (nicht nur klimabezogen) Dennis Meadows und sein Team. Die Ergebnisse wurden 1972 im Report *Grenzen des Wachstums* des → Club of Rome publiziert. Heute spielen Klimamodelle eine wesentliche Rolle bei der Erforschung von Klimaveränderungen und ihren Auswirkungen auf verschiedene Systeme und Regionen. Mit solchen Modellen wird versucht, das Klimageschehen der Gegenwart und der Vergangenheit, aber auch zukünftige Entwicklungen mathematisch abzubilden. Durch die Simulation vergangener Klimaepochen und im Abgleich mit bekannten Daten überprüfen Wissenschaftler die Funktionsfähigkeit der Modelle und versuchen, ihre Genauigkeit bei der Berechnung möglicher künftiger Klimasituationen zu steigern.

Klimarahmenkonvention der Vereinten Nationen (UNFCCC: United Nations Framework Convention on Climate Change)
Die Klimarahmenkonvention wurde auf dem Umweltgipfel 1992 in Rio de Janeiro beschlossen. Es handelt sich allerdings nur um eine unverbindliche Erklärung der Staatengemeinschaft, die weitere Aufwärmung der Erdatmosphäre so einzudämmen, dass keine bleibenden Schäden entstehen. Heute sind sich Wissenschaftler darüber einig, dass eine weitere Erderwärmung von durchschnittlich 2 Grad Celsius wohl nicht mehr zu verhindern sein wird. Ziel ist es deshalb, die Erhöhung der globalen Durchschnittstemperatur auf 2 Grad Celsius zu begrenzen.

Klimawandel / Klimaänderung
Veränderung des Klimas über einen längeren Zeitraum (mindestens dreißig Jahre) hinweg.

Klimazone
Zonen der Erde, deren Klima ähnlich ist, wurden in Klimazonen eingeteilt. Dazu gehören:
- Polarzone
- Super-Polarzone (Tundrengebiete)
- kalte, gemäßigte Zone
- kühlgemäßigte ozeanische Zone (dazu gehört auch Westeuropa und das westliche Mitteleuropa mit Deutschland, Österreich und der Schweiz)
- kühlgemäßigte kontinentale Zone
- mediterrane, sommertrockene Zone
- Feuchtklimazone im subtropischen Bereich
- Steppenklima
- Zone mit Halbwüstenklima und Wüstenklima
- Savannenklima
- Regenwaldklima
- Gebirgszonen

Kohlendioxid (CO_2)
Ungiftiges Gas, das bei der Verbrennung von Kohlenstoff (C) und Sauerstoff (O) zu CO_2 wird. Pflanzen brauchen das CO_2 aus der Luft, um zu gedeihen. Mit der Hilfe von Sonnenlicht bauen sich aus Kohlendioxid Kohlenstoffverbindungen in Pflanzen auf, ein als »Photosynthese« bezeichneter Vorgang. Alle Energievorräte aus Kohle, Öl und Gas sind über Jahrmillionen durch Photosynthese entstanden. Werden diese fossilen Brennstoffe verbraucht, wird das gespeicherte Kohlendioxid wieder frei. Der natürliche Bestandteil in freiem Zustand beträgt in der Luft 0,03 bis 0,036 Prozent. Kohlendioxid gilt als wesentlichstes klimarelevantes Spurengas, das an der Regulation des Wärmehaushalts der Erde beteiligt ist. Durch zusätzliche Kohlendioxidemissionen, die etwa beim Verbrennen fossiler Rohstoffe entstehen, wird in den Kohlendioxidkreislauf eingegriffen, was zur Gefährdung der Stabilität des globalen Klimas führt. Ohne Kohlendioxid wäre jedoch kein Leben auf der Erde möglich. Denn CO_2 wird von Pflanzen mit Hilfe von Sonnenlicht und Wasser zu Kohlenhydraten umgewandelt. Erst so ist die Entstehung einer Nahrungskette möglich.

Kohlendioxidemissionen
Mit Beginn der Industrialisierung ist der CO_2-Gehalt in der → Troposphäre stetig angestiegen. Durch menschenverursachte Emissionen ist innerhalb von rund 200 Jahren der CO_2-Gehalt der Atmosphäre mehr verändert worden als durch natürliche Prozesse innerhalb von 1 Million Jahren. In den letzten Jahren sind die CO_2-Emissionen noch angewachsen. Hauptemittenten sind gegenwärtig die USA und China.

Kohlendioxidkreislauf
Gehört zu den bedeutendsten Naturkreisläufen; dabei wird der Kohlenstoff, der für alle Lebewesen fundamental ist, zwischen der Luft, dem Boden und den Weltmeeren ausgetauscht. Wird von den Pflanzen Kohlendioxid mit Hilfe von Sonnenlicht in Kohlenstoff und Sauerstoff zerlegt (Photosynthese), so bleibt der Kohlenstoff an der Pflanze; der Sauerstoff wird wieder an die Umwelt abgegeben. Solche Organismen »verbrennen« Kohlenstoff mit Sauerstoff zu Kohlendioxid und gewinnen so Energie.

Kohlenmonoxid
Gas ohne Geruch, Farbe und Geschmack. Unvollständige Verbrennungsprozesse bei Pkws und Lkws sind die größte anthropogene Quelle für CO. Weitere Kohlenmonoxidemissionsquellen sind Heizungen. Wird Kohlenmonoxid eingeatmet, verdrängt es Sauerstoff aus dem Blut, da seine Bindung an Hämoglobin über zweihundertmal stärker ist als bei Sauerstoff. Zu hohe eingeatmete CO-Mengen führen zu Kopfschmerzen, Sehstörungen, Schwindelgefühlen und Mattigkeit sowie Konzentrationsstörungen. Konzentrationen über 30 Prozent Hb-CO (Kohlenoxidhämo-

globin im Blut) verursachen Lähmungen, Bewusstlosigkeit und schließlich den Tod (ab 60 Prozent Hb-CO). Indirekt beeinflusst Kohlenmonoxid auch das Klima, weil es die Verteilung des Ozons in der Troposphäre ebenso verändert wie die Methan- und FCKW-Konzentrationen. CO-Emissionen können vermindert werden durch Nachverbrennung und Katalysatorentechnik.

Kohlenwasserstoffe
Brennfähige Grundkörper der organischen Chemie, bestehend aus Kohlenstoff und Wasserstoff. In Verbindung mit Luft können sie explosive Gemische bilden. Zu den Kohlenwasserstoffen gehören unter anderem Propan, Benzol, Methan. Benzin ist ein Kohlenwasserstoffgemisch.

Kondensationswärme
Damit wird die Energie beschrieben, die freigesetzt wird, wenn Abgase vom gasförmigen in flüssigen Zustand übergehen.

Kontinentaldrift
Die verschiedenen Platten (Kontinente), aus denen die Erdkruste besteht, bewegen sich. Diese Bewegung nennt man Kontinentaldrift. Dabei treiben Kontinente langsam aufeinander zu, was unter anderem zu Erdbeben führt und letztlich auch die Gebirge entstehen ließ (zum Beispiel Alpenbildung durch das Aufeinandertreffen der afrikanischen und der eurasischen Platte oder Bildung des Himalaya durch das Aufeinandertreffen der indischen Platte mit dem südlichen Zentralasien). Zur Kontinentaldrift gehört auch Auseinanderstreben von Erdplatten.

Kraft-Wärme-Kopplung (KWK)
Gilt als ein besonders effizienter Weg, Strom mit Hilfe von Gas, Kohle oder Öl – und zunehmend auch mit Holzhackschnitzeln, Pellets oder Biogas – so zu produzieren, dass die entstehende Wärme gleich mitgenutzt wird. Weil in vielen Kraftwerken die Wärme nicht genutzt wird, aber gut zwei Drittel der eingesetzten Energie ausmacht, ist die Kraft-Wärme-Kopplung ein wesentlicher Beitrag zur → Energievermeidung und → Energieeffizienz. (→ Blockheizkraftwerk)

Kryosphäre
Die Gletscher, das Eis der Nord- und Südpole, das Meereseis und das Inlandeis bilden zusammen mit → Permafrostböden die Kryosphäre, also den Teil der Umwelt, der überwiegend aus Eis besteht.

KWK-Gesetz
Gesetz zur Erhaltung, Modernisierung und zum Ausbau der → Kraft-Wärme-Kopplung, in Kraft getreten am 1. April 2002. Das Gesetz regelt die Förderung von Strom aus vorhandenen oder modernisierten Kraft-Wärme-Kopplungsanlagen für die allgemeine Versorgung einerseits und eine flankierende Selbstverpflichtung zum Ausbau von KWK-Kapazitäten im Bereich der Industrie andererseits.

Kyoto-Protokoll
Benannt nach der japanischen Stadt Kyoto, der früheren Hauptstadt im alten japanischen Kaiserreich. In Kyoto fand im Dezember 1997 eine Umweltkonferenz statt, die das Ziel hatte, den Ausstoß von Treibhausgasen weltweit zu verringern. Nach Abschluss der Verhandlungen einigten sich zunächst 159 Vertragsstaaten darauf, dass die wichtigen Industrieländer ihren Ausstoß von Treibhausgasen bis 2012 um 5,2 Prozent senken. Als Berechnungsgrundlage wurde das Jahr 1990 zugrunde gelegt. Der lange Zeit größte Kohlendioxidverschmutzer der Welt, die Vereinigten Staaten, verweigerten die Unterschrift unter das Kyoto-Protokoll, das verbindliche Ziele zur Verringerung des Ausstoßes von Treibhausgasen festgelegt hat. Erst im Februar 2005 trat das Kyoto-Protokoll in Kraft. Zu diesem Zeitpunkt hatten 168 Staaten das Protokoll ratifiziert – bis auf die USA und Australien.

La Niña → **El Niño**

Lachgas, Distickstoffoxid (N_2O)
Der Volumenanteil von Lachgas ist Untersuchungen zufolge (Messungen aus Eisbohrkernen) von 270 ppbV (parts per billion by volume, Teile pro Milliarden Volumenanteil) auf heute 319 ppbV in der Atmosphäre angestiegen.

Leistung
Der Quotient aus aufgewandter Energie und dafür benötigter Zeit wird als Leistung definiert. Bei der elektrischen Leistung wird unterschieden nach → Wirkleistung, → Blindleistung und → Scheinleistung.

Lithosphäre
Der äußere Teil des Erdmantels. Dazu gehört die Erdkruste ebenso wie Gesteine und unterirdische Lagerstätten von Kohle, Erdöl etc. Der Begriff ist aus dem Griechischen abgeleitet: »lithos« (Stein) und »sphaira« (Kugel).

LOHAS (Life of Health and Sustainability)
Gesellschaftliche Bewegung, die in den USA ihren Anfang nahm. Die Anhänger legen gleichermaßen Wert auf Wohlstand wie auf einen nachhaltigen Lebensstil. Sie konsumieren Bioprodukte und versuchen, so weit als möglich klimaneutral zu leben und ihren ökologischen Fußabdruck klein zu halten.

Meteorologie
Wissenschaft, die sich mit den Klima- und Wetterverhältnissen beschäftigt.

Methan (CH_4)
Geruchs- und farbloses ungiftiges Gas, das zu → Kohlendioxid und Wasser verbrennt (auch Sumpfgas und Erdgas genannt). Methan entsteht durch Gärung und Fäulnis bei biologischen Abbauprozessen organischer Stoffe. Es bildet sich in Sümpfen und Reisfeldern und in der Landwirtschaft (insbesondere in den Mägen von Wiederkäuern). Werden Wälder und Savannen abgebrannt, werden Unmengen von Methan freigesetzt. Aber auch industrielle Prozesse sind durch die Verbrennung fossiler Energieträger am Methanaufkommen beteiligt, das über den natürlichen Prozess hinaus in die → Atmosphäre entweicht. In den vergangenen Jahren ist der Methangehalt der → Troposphäre immer weiter angestiegen. Dazu trägt auch die Bodenversauerung der Wälder bei, denn versauerte Böden sind weniger in der Lage, Methan zu binden.
Methan gilt neben → Kohlendioxid (CO_2) als wichtigster Verursacher des Treibhauseffekts. Die Wachstumskurve der Methankonzentration in der Atmosphäre während der vergangenen rund 300 Jahre deckt sich mit der Wachstumskurve der Erdbevölkerung. Das zeigt, dass die zunehmende landwirtschaftliche Nutzung und hier gerade die Zunahme der Rindviehhaltung sowie die Umwandlung von Wäldern in Intensivlandwirtschaftsflächen eine Rolle spielt.
Untersuchungen von Eisbohrkernen ergaben, dass der Anteil von Methan in der Atmosphäre statt ursprünglich 730 ppbV (parts per billion by volume, Teile pro Milliarden Volumenanteil) heute 1783 ppbV beträgt. Es wird angenommen, dass dies der höchste Stand seit 800 000 Jahren

ist. Hauptverursacher ist die Intensivlandwirtschaft mit ihrer Massentierhaltung.

Milankovic-Zyklen
Nach dem Mathematiker und Astronomen Milutin Milankovic (1879–1958) benannt. Der serbische Entdecker beschrieb, dass die Umlaufbahn der Erde innerhalb von rund 100 000 Jahren zwischen einer annähernd kreisförmigen und einer leichten Ellipsenform schwankt. Das hat Auswirkungen auf den Abstand des Planeten Erde zur Sonne und so letztlich auch auf die Sonnenenergie (Strahlungsmenge), die auf die Erde einstrahlt. Der Neigungswinkel der Rotationsachse der Erde ändert sich nach einer Periode von rund 41 000 Jahren. Außerdem kommt es alle zirka 25 800 Jahre zu einer Kreiselbewegung der Erde. Beide Phänomene führen zu Veränderungen in der Strahlenverteilung auf der Erdoberfläche. Es wird angenommen, dass durch solche Schwankungen auch die letzten → Eiszeiten ausgelöst wurden.

Monsun
Ständig zirkulierendes Windsystem, das in einem halbjährlichen Rhythmus auftritt: Im Sommer kommt er vom Meer und bringt viel Niederschlag, im Winter weht er vom Land Richtung Meer. Das Windsystem ist vom Klima abhängig, denn eine starke Erwärmung wirkt sich auf den Monsun aus und ändert dessen Zyklus.

Montreal-Protokoll
Internationales Abkommen zum Schutz der Ozonschicht. Es wurde bereits 1987 in Montreal (Kanada) beschlossen und sieht die Reduzierung und Abschaffung bestimmter → Treibhausgase vor, insbesondere der → Fluorchlorkohlenwasserstoffe.

Motor-Challenge-Programme (MCP)
Programm der Europäischen Kommission, das Industrieunternehmen helfen soll, bei ihren Motorsystemen den energetischen → Wirkungsgrad zu optimieren.

N_2O → **Distickstoffoxid, Lachgas**

Nachhaltigkeit
Als »nachhaltige Entwicklung« (englisch: sustainable development) wird eine Entwicklung bezeichnet, die gleichermaßen ökologischen, ökonomischen und sozialen Aspekten gerecht wird und kommenden Generationen die Möglichkeit erhält, die eigenen Bedürfnisse zu befriedigen. Der Begriff stammt ursprünglich aus der Forstwirtschaft und wurde 1713 bezüglich der Waldbewirtschaftung von Hans Carl von Carlowitz beschrieben. Letztlich bedeutet nachhaltige Forstwirtschaft, nur so viel Holz aus dem Wald zu entnehmen, wie im selben Zeitraum wieder nachwächst. Aspekte der Nachhaltigkeit enthielt schon der Bericht an den → Club of Rome unter dem Titel *Grenzen des Wachstums*. 1992 wurde beim Weltumweltgipfel in Rio de Janeiro das Prinzip der Nachhaltigkeit als internationales Leitprinzip der Staatengemeinschaft, von Weltwirtschaft und Weltzivilgesellschaft sowie der Politik in der → Agenda 21 verankert.

Nahwärme
Im Gegensatz zur → Fernwärme versteht man unter Nahwärme die Versorgung von Verbrauchern mit Wärme im direkten Umfeld des Ortes, an dem die Energieerzeugung erfolgt. So etwa im Bereich kleinerer Siedlungen oder Mehrfamilienhäuser. Zur Gewinnung von Nahwärme werden zunehmend → Blockheizkraftwerke eingesetzt.

NO_x → **Stickoxid**

Nutzenergie
Die Menge von Energie, die nach Umwandlung von → Primärenergie den Endverbrauchern zur Verfügung steht. Dazu gehört etwa Licht, Wärme oder mechanische Energie (etwa zum Betreiben von Bohrmaschinen und anderen elektrischen Werkzeugen, Kühlschränken und Haushaltsgeräten etc.)

O_2 → **Sauerstoff (molekularer)**

O_3 → **Ozon**

Ökogramm
Graphische Darstellung des Standorts von Pflanzenarten hinsichtlich der die Lebensbedingungen bestimmenden Faktoren Licht, Temperatur, Feuchtigkeit, Bodenreaktion und Nährstoffe.

Ökologie
Die Wissenschaft über die Beziehung der Organismen untereinander und zu ihrer belebten und unbelebten Umwelt (griechisch: oikos = Haus, logos = Geist, Lehre).
Der Begriff wurde 1886 von Ernst Haeckel eingeführt. Die Ökologie wird auch als Teildisziplin der → Biologie verstanden und in drei Bereiche eingeteilt: Autökologie beschreibt die Abhängigkeit eines Organismus von seiner Umwelt. Demökologie beschreibt die Wechselwirkungen zwischen Lebewesen einer Art und ihrer Umwelt (Populationsökologie). Die Synökologie beschreibt die Beziehungen der einzelnen Arten einer Biozönose (Lebensgemeinschaft eines Biotops) untereinander und zu ihrer belebten und unbelebten Umwelt. Die Humanökologie beschäftigt sich mit der Struktur- und Funktionslehre des Menschen und seiner Wechselbeziehungen zur Umwelt.
Seit Ende der siebziger Jahre des vorigen Jahrhunderts wird der Begriff »Ökologie« – gerade auch angesichts wachsenden Umweltbewusstseins und einer in viele gesellschaftliche Bereiche hineinreichenden Umweltbewegung – als Synonym für »umweltgerecht«, »umweltverantwortlich«, »umweltbewusst«, »umweltfreundlich« etc. verwendet. »Ökolandbau« bedeutet dann etwa, dass nach Kriterien gearbeitet wird, bei denen natürliche Kreisläufe beachtet und möglichst nicht oder so wenig wie möglich negativ beeinflusst werden. Ökologisch orientierte Politik gilt als umweltorientierte Politik, welche die Erhaltung der → Biodiversität und eine nachhaltige Wirtschaftsweise zum Ziel hat, die die natürlichen Ressourcen nicht übernutzt.

Ökologischer Fußabdruck
Definition der Spur, die der Mensch durch den Verbrauch von Ressourcen wie Nahrungsmittel, Holz, Siedlungsraum etc. und durch anthropogene Emissionen (insbesondere Kohlendioxid) auf der Erde hinterlässt. Der Wissenschaftler Mathis Wackernagel kam 2002 zusammen mit einem Wissenschaftsteam zu dem Schluss, dass der Ressourcenverbrauch der Menschheit zu diesem Zeitpunkt rund 20 Prozent über der ökologischen Tragfähigkeit der Erde lag. Eine nachhaltige beziehungsweise ausgeglichene Bilanz der Einwirkungen der Menschen auf die Erde und der Tragfähigkeit des Naturkreislaufs war nach den Annahmen von Wackernagel zuletzt in den achtziger Jahren gegeben. (→ Club of Rome)

Ökosystem
Modellvorstellung des Wirkungs- und Beziehungsgefüges von Organismen zu ihrer anorganischen Umwelt, das zwar offen ist, sich aber in einem dynamischen Gleichgewicht befindet. Ein vollständiger Stoffkreislauf ist gegeben, wenn grüne Pflanzen die im

Was ist was? – Das Klima-Glossar

System verbrauchte Energie über die Photosynthese – zur Herstellung organischer Substanz – gewinnen können. Biosystem + Geosystem = Ökosystem.

Overshoot
Aus dem Englischen stammende Bezeichnung, mit der der Zeitpunkt bezeichnet wird, zu dem der Verbrauch der Menschen die von der Erde innerhalb eines bestimmten Zeitraums (zum Beispiel eines Jahres) bereitgestellten Ressourcen überschreitet. Im Jahr 2008 war dies am 23. September der Fall; den Rest des Jahres lebte die Menschheit gewissermaßen von der Substanz.

Ozon (O₃)
Spurengas, das aus drei Sauerstoffatomen besteht. Bodennahes Ozon, das vor allem während der heißen Sommermonate entsteht, wird häufig mit dem stratosphärischen Ozon verwechselt. Beim bodennahen Ozon handelt es sich jedoch um klassischen Sommersmog; eine gesundheitsschädliche Konzentration aus Stickoxiden, Kohlenwasserstoffen und Kohlenmonoxid. Was unten auf der Erde gesundheitsschädlich ist, wird oben in der Stratosphäre dringend gebraucht.
Ozon ist ein starkes Oxidationsmittel, das nach kurzer Zeit in normalen → Sauerstoff zerfällt. Es wird gebildet, wenn durch Energiezufuhr → O₂ in Sauerstoffatome zerlegt wird, die mit weiteren Sauerstoffatomen reagieren. Ozon entsteht unter anderem durch Blitzschlag, UV-Strahlung, elektrische Entladungen von Hochspannungen (zum Beispiel Hochspannungsleitungen, aber auch Laserdrucker, Kopiergeräte).
Im Hinblick auf die Umweltauswirkungen muss zwischen → Stratosphäre und → Troposphäre unterschieden werden. Während Ozon in der Stratosphäre die für das Leben auf der Erde wichtige Ozonschicht bildet, gefährdet ein starker Anstieg des Ozons in der Troposphäre durch Klimabeeinflussung und auch Giftigkeit die Vegetation. In der Stratosphäre, in einer Höhe von rund 20 bis 50 Kilometern, wird unter Einfluss von UV-Strahlung die sogenannte Ozonschicht aufgebaut, ein lebensnotwendiger Schutzschild gegen die UV-Strahlung. Durch den Schadstoffeintrag – insbesondere durch → Fluorchlorkohlenwasserstoffe (FCKWs) sowie Chlorfluorkohlenstoffe (CFK) – wird die Ozonschicht abgebaut, was eine große Gefahr für das Leben auf der Erde darstellt

(Zunahme von Hautkrebs, Grauer Star etc.). Verringert sich die Ozonschicht um mehr als 50 Prozent, spricht man auch vom → Ozonloch. Dies zeigt sich insbesondere im Bereich der Pole, denn die wichtigsten, das Ozon zerstörenden Reaktionen erfolgen erst bei Temperaturen von minus 80 Grad. Die gesamte Südhalbkugel (insbesondere Australien und Neuseeland) ist durch das antarktische Ozonloch und die davon ausgehenden Ausgleichseffekte in der Stratosphäre betroffen. Die Hautkrebsrate hat bedenklich zugenommen. Wissenschaftler gehen davon aus, dass mit jedem Prozent weniger Ozon in der Stratosphäre, die UV-Strahlung um 2 Prozent zunimmt. Als bedeutendste Maßnahme gegen den Ozonabbau in der Stratosphäre gilt die Eindämmung von Schadstoffemissionen, insbesondere von FCKWs und CFKs, die in Lösungsmitteln, Treibgasen, Kühlmitteln sowie Schaum- und Isoliermitteln enthalten sind.
Während in der Stratosphäre die Abnahme des Ozons, das für das Überleben von Mensch, Tier und Pflanze erforderlich ist, zum Problem wird, stellt in den unteren Schichten der Atmosphäre die Zunahme des Ozons ein großes Problem dar. In den unteren Schichten bildet sich insbesondere in den Sommermonaten Ozon bei gleichzeitigem Aufkommen von → Stickoxiden, → Kohlenwasserstoffen, → Kohlenmonoxid und Sonnenlicht. Zu viel bodennahes Ozon beeinträchtigt die Gesundheit vieler Menschen. So nimmt die sogenannte Sommerbronchitis mit Atembeschwerden, Rachenreizung, Husten und starker Schleimbildung der Bronchien zu. Chronische Lungenschäden durch zu hohe Ozonwerte sind nach Ansicht vieler Wissenschaftler nicht auszuschließen. Ein zu hoher Ozongehalt der bodennahen Luftschichten beeinträchtigt außerdem die körperliche Leistungsfähigkeit und kann auch Kopfschmerzen, Übelkeit und Augenreizungen zur Folge haben. Hauptverursacher für den zu hohen Gehalt von bodennahem Ozon im Sauerstoff sind der Pkw- und Lkw-Verkehr mit ihrem Ausstoß von → Stickoxiden sowie diverse Feuerungsanlagen (Hausheizungen, Kraftwerke etc.). Hinzu kommen Rindermassenhaltungen und Mülldeponien mit ihren Methanemissionen.

Ozonloch
Quasi ein »Riss« in der Ozonschicht, der durch Treibhausgase wie → Fluorchlorkohlenwasserstoff (FCKW) ver-

ursacht wird. Ende der siebziger Jahre wurde das Ozonloch zum ersten Mal über der Südpolarregion (Antarktis) beobachtet. Der Vorgang des Ozonabbaus ist kompliziert: Im Prinzip wird Ozon durch die aggressiven Chlorradikale (zum Beispiel aus dem Treibhausgas FCKW) »angeknabbert« und abgebaut. 1990 wurden deshalb FCKW-enthaltende Stoffe in Spraydosen, Kühlmitteln etc. verboten.

Ozonschicht
Befindet sich in 20 bis 50 Kilometern Höhe über der Erde und ist Teil der Stratosphäre. Sie legt sich wie ein Schutzschild um die Erde und hält schädliche UV- und UV-B-Strahlung der Sonne ab. Ohne Ozonschicht würden Menschen, Tiere und Pflanzen durch die extreme Dosis von UV-Licht, das auf die Erde fällt, nicht lebensfähig sein. Durch die Zerstörung der Ozonschicht ist das Hautkrebsrisiko weltweit gestiegen, vor allem in Australien. Auch die Augenerkrankung »Grauer Star« nimmt weltweit zu.

Passivhaus
Grundprinzip bei dieser Form des Hausbaus ist es, Wärmeverluste durch gute Isolation zu vermeiden und die freie Wärmegewinnung zu optimieren. Das geschieht durch Südorientierung, Freihaltung von Beschattung und damit optimierte Nutzung von Solarenergie. Außerdem erfolgt durch entsprechende Lüftungssysteme eine Wärmerückgewinnung. Ein Passivhaus ist ein Gebäude, das sowohl im Winter als auch im Sommer angenehme Zimmertemperaturen aufweist und ohne separate Heiz- beziehungsweise Klimatisierungssysteme auskommt. Der Energiebedarf eines Passivhauses, umgerechnet in Heizöl, beträgt weniger als 1,5 Liter pro Jahr und Quadratmeter.

Pedosphäre
Bodenhülle. Bezeichnung für den gesamten Lebensraum Boden. Zur Pedosphäre gehört die an der Erdoberfläche vorkommende, durch Verwitterung der Gesteine hervorgegangene Menge von Gestein- und Mineralbruchstücken sowie deren Umbildungsprodukte – vermischt mit einer kleineren oder größeren Menge sich noch zersetzender oder schon zu Humus verwandelter organischer Bestandteile. Der Begriff ist aus dem Griechischen abgeleitet: »pedos« (eben) und »sphaira« (Kugel). Im Be-

reich der Pedosphäre überschneiden sich → Lithosphäre, → Hydrosphäre, → Biosphäre und → Atmosphäre.

Permafrost
Boden, der über viele Jahre hindurch ganzjährig gefroren ist. Permafrost oder Dauerfrost gibt es im hohen Norden überall dort, wo die Temperatur ganzjährig unter null Grad bleibt, zum Beispiel in Teilen von Sibirien, Nordkanada, Alaska und Grönland. Andere Permafrostböden gibt es in den Hochgebirgen (Anden, Alpen, Himalaya). In dem gefrorenen Boden sind große Mengen Methan gebunden. Würde das Klimagas (insbesondere → Kohlendioxid / → CO_2 und → Methan) beim Auftauen der Böden frei, würde sich die Erderwärmung extrem verstärken. 25 Prozent der Oberfläche der Kontinente sind gegenwärtig noch sogenannte Dauerfrostböden. Der Dauerfrost reicht in Skandinavien bis in 20 Meter Tiefe, in Sibirien bis in 1,5 Kilometer Tiefe.

Phänologie
Wissenschaft über die jährlich wiederkehrenden Ereignisse in der Pflanzen- und Tierwelt wie Blüte, Fruchtreife, Laubaustrieb, Laubverfärbung, Laubfall; Zeitpunkt der Eiablage bei Vögeln, Zeitpunkt des Abwanderns von Zugvögeln in die Winterquartiere oder Zeitpunkt der Rückkehr von Zugvögeln aus dem Winterquartier. Weitere Beispiele sind etwa Beginn der Laichwanderung von Fischen, Eiablage etc. Solche Ereignisse sind eng mit Klima und Witterung verbunden. Untersuchungen der Phänologie der Tier- und Pflanzenarten gelten als einfache Möglichkeit, um die Auswirkungen von Temperaturänderungen auf die Natur aufzuspüren und aufzuzeigen.

Photovoltaikanlagen
Umwandlung von Sonnenlicht (Strahlungsenergie) in elektrische → Energie. Die Umwandlung findet mittels Solarzellen statt. Solarzellen sind Halbleiterbauelemente, die Licht (griech.: »photos«) direkt in elektrischen Strom (Volt) umwandeln können. Das wird auch als photovoltaischer Effekt bezeichnet, und von daher ist der Begriff »Photovoltaik« abgeleitet. Als Grundmaterial für die Herstellung von Solarzellen wird in der Regel Silizium verwandt.

Phytoplankton
Pflanzliches Plankton, das frei umherschwimmt (Algen); das unterste Glied der marinen Nahrungskette. Durch das Phytoplankton werden wissenschaftlichen Schätzungen zufolge rund 50 Prozent des Atemsauerstoffs der Erde produziert. Durch den Ozonabbau in der Stratosphäre (→ Ozon) und die damit zunehmende → UV-Strahlung kommt es zu einer unnatürlichen Erhöhung der Absterberate des Phytoplanktons. Dadurch wiederum wird weniger → Kohlendioxid / CO_2 gebunden und der → Treibhauseffekt verstärkt.

ppb
Abkürzung für »parts per billion« (englisch) = »Teile pro Milliarde«.

ppm
Größeneinheit. Die Bezeichnung stammt aus dem Englischen und bedeutet »parts per million«, also »Teile pro Million« oder millionster Teil. Das ist zwar sehr wenig, doch bei Schadstoffkonzentrationen können selbst so geringe Anteile eine verheerende Rolle spielen.

Primärenergie
Kohle und Erdöl, Erdgas und Uran bezeichnet man als Primärenergie. Sie muss nach der Förderung noch einmal verarbeitet werden – Erdöl wird beispielsweise raffiniert –, damit sie überhaupt nutzbar ist. Die Verarbeitung von Primär- in → Endenergie ist nochmals energieaufwendig. Auch sogenannte → erneuerbare Energien wie Solarenergie, Windkraft, Wasserkraft, Erdwärme und Gezeitenenergie werden heute zur Primärenergie gerechnet.

Prozesswärme
Wärme, die bei gewerblichen beziehungsweise industriellen Produktionsverfahren eingesetzt wird. So etwa bei der Raffinierung von Erdöl, beim Schmelzen von Metall oder in Wäschereien etc.

Reflexion
Die Rückstrahlung von Strahlungsenergie; das Gegenteil von → Absorption.

Regenerative Energie → Erneuerbare Energien
Wird aus Sonne, Wind, Wasser, Biomasse, Biogas und Erdwärme (Geothermie) gewonnen.

Regenerative Energiequellen
Solche Energieressourcen, die durch natürliche Energiespender ständig erneuert werden und somit unerschöpflich sind. Hierzu gehören die → Solarenergie und die Gezeitenenergie (Gezeitenkraftwerk) sowie die → Geothermie. Zu den regenerativen Energien rechnet man auch Biomasse, Biogas und Holz; dies ist letztlich auch umgewandelte Solarenergie.

Rückkopplung
Wechselwirkung, die einen Effekt abschwächt oder verstärkt. Erwärmen sich etwa die Ozeane durch den → Treibhauseffekt, kommt es zu einem höheren CO_2-Gehalt in der Atmosphäre, denn kaltes Wasser kann mehr → CO_2 aus der Atmosphäre aufnehmen als warmes. Das führt zu einer weiteren Verstärkung des Treibhauseffekts. Man spricht in diesem Fall von positiver Rückkopplung (also einer Verstärkung), auch wenn diese sehr negative Auswirkungen hat. Eine negative Rückkopplung findet etwa dann statt, wenn mehr Wasserdampf in der Atmosphäre mehr Wolken bildet, die einen Teil des Sonnenlichts reflektieren. Diese negative Rückkopplung hat jedoch eine eher positive Wirkung, weil sie der zunehmenden Erderwärmung entgegenwirkt. Mit negativen Auswirkungen auf das Klima ist bei einer erhöhten Temperatur auch deshalb zu rechnen, da die Rückkopplungseffekte sowohl durch chemische als auch ökologische Prozesse verstärkt werden. Dazu gehören unter anderem eine erhöhte Freisetzung von → Kohlendioxid aus den wärmer werdenden Weltmeeren und die schnellere Verrottung von Biomasse, wodurch wiederum zusätzliche Anteile an Methan und Kohlendioxid freigesetzt werden.

Rückversicherung
Quasi eine Versicherung für Versicherungen. Bei großen Katastrophen wie zum Beispiel Erdbeben oder Stürmen können kleinere Versicherungsgesellschaften das Risiko nicht allein tragen und eventuelle Schäden vollständig abdecken. In Katastrophenfällen sind Versicherungen deshalb durch eine Rückversicherung geschützt, die im Katastrophenfall einspringen kann. Bei der drohenden Klimakatastrophe mit verheerenden Schadensfällen stoßen aber auch Rückversicherer an Grenzen.
Die Münchener Rück – sensibilisiert durch ihr Geschäftsfeld – gehörte zu den ersten Unternehmen, die auf Probleme der zunehmenden Klimaerwärmung (→ Erderwärmung, → globale Erwärmung) aufmerksam machten. 1974 wurde bei der Münchener Rück der Fachbereich Geo-Risiko-

Was ist was? – Das Klima-Glossar

Forschung (GRF) eingerichtet, der sich nicht nur um die Aufarbeitung von Daten verdient machte, sondern auch nachhaltig für Umwelt- und Klimaschutz eintritt.

Sauerstoff (O)
Chemisches Element. Wird mittels der Photosynthese von grünen Pflanzen erzeugt und von Tieren und Menschen durch Atmung und Verbrennungsprozesse verbraucht.

Saurer Regen
Werden fossile Brennstoffe verbrannt, wird der darin enthaltene Schwefel zum Großteil in gasförmiges → Schwefeldioxid (SO_2) umgewandelt. Bei Verbrennungen entstehen infolge der Reaktion des Luftstickstoffs mit dem Luftsauerstoff auch gasförmige → Stickoxide (NO_x). Als sogenannte Säurebildner reagieren SO_2 und NO_x mit Luftsauerstoff und Wasser zu Säuren. Diese Säurebildung gilt als Ursache für den Sauren Regen. Bodenversauerung zerstört das biologische Gleichgewicht des Bodens. In Gewässern kommt es zur Übersäuerung, so dass Fische sterben und – bei hohen Konzentrationen – kein Leben mehr darin möglich ist.

Scheinleistung
Die Menge elektrischer → Leistung, die im Stromnetz bereitgestellt werden muss, ob sie in diesem Umfang benötigt wird oder nicht. Die Scheinleistung ist die geometrische Summe aus der → Wirkleistung und der → Blindleistung. Es gilt, durch dezentrale und nachhaltige Energiegewinnungssysteme, die sich näher an den Endverbrauchern befinden, die Menge der energetischen Scheinleistung zu reduzieren. Bei ortsnäherer Energieerzeugung sind die Transportverluste geringer.

Schelfeis
Gigantische Eisplatten, die sich direkt vor der Küste auf dem Meerwasser befinden. Sie treiben jedoch nicht frei, sondern hängen an einem Gletscher, der sich allmählich über das Land Richtung Meer schiebt. An der äußeren Kante des Schelfeises brechen Eisberge ab. Dieses Naturschauspiel wird als »kalben« bezeichnet. Schelfeis ist zwischen 200 und 1000 Meter dick. Die größten Schelfeisplatten gibt es in der Antarktis: Das Ross-Schelfeis ist über 487 000 Quadratkilometer groß, das Filchner-Ronne-Schelfeis 449 000 Quadratkilometer.

Schwefeldioxid (SO_2)
Ein streng faulig riechendes farbloses Gas. Beim Einleiten in Wasser bildet es schweflige Säure (→ Saurer Regen). Natürlich vorkommend in Gasen aus Vulkanen und im Erdgas.

Sekundärenergie
Die Energie, die nach der Umwandlung der → Primärenergie verbleibt.

Senken
Ökosysteme, die Kohlenstoff aus der Atmosphäre entnehmen oder entfernen, gelten als Senken (CO_2-Senken).

Silikat-Karbonat-Kreislauf
Teil des globalen Kohlenstoffkreislaufs. Beim Silikat-Karbonat-Kreislauf wird der Atmosphäre CO_2 entzogen. Dies erfolgt durch Verwitterung von silikathaltigem Gestein (etwa Feldspat), wobei infolge mehrstufiger chemischer Reaktionen Silizium-Calcium gelöst wird. Das Silizium wird einerseits im Boden in Tonminerale eingebaut oder andererseits als Quarzsediment in Gewässern abgelagert. Andere Verwitterungsprodukte gelangen über die Flüsse in die Meere, wo sie von Meeresorganismen zum Aufbau ihrer Kalkschalen (zum Beispiel Muscheln) und Skelette (Krebstiere, Seeigel, Seegurken, Fische, Kleinorganismen) gebraucht werden. Sterben diese Organismen ab, bilden Kalkschalen und Skelette einen Teil der Sedimente auf dem Meeresgrund, weil durch die Filterung des Silikatgesteins pro Einheit zwei CO_2-Moleküle aus der Atmosphäre verbraucht werden, jedoch nur ein Molekül wieder freigesetzt wird. Wenn sich Kalkschalen und Kalkskelette der Meeresorganismen aufbauen, transportiert letztlich die Silikatverwitterung CO_2 aus der Atmosphäre in Form von Carbonat auf dem Meeresboden. Das CO_2 bleibt dort so lange gespeichert, bis es infolge der Plattentektonik (Kontinentaldrift) oder durch Vulkanismus wieder freigesetzt wird und als freigelöstes CO_2 wieder in die Atmosphäre gelangt.

Solarenergie
Alle Energie auf der Erde ist Solarenergie – abgesehen von der Erdwärme, der Gezeitenenergie und der aus Uran gewonnenen Atomenergie. Auch fossile Energieträger wie Erdöl, Erdgas und Kohle verdanken sich der Hilfe des Sonnenlichts, denn die Pflanzen, aus denen diese Energieträger entstanden sind, konnten letztlich nur mit Hilfe der Photosynthese wachsen. Auch Biomasse und Biogas können nur entstehen, wenn zuvor mit Hilfe des Sonnenlichts das pflanzliche Ausgangsmaterial gedieh. Als »Solarenergie« wird die Strahlungsenergie der Sonne verstanden, die sich auf der Erde technisch nutzen lässt. Insofern spricht man von Solarenergie im engeren Sinne dann, wenn die Sonneneinstrahlung mittels Solarzellen (→ Photovoltaik) zur Stromerzeugung oder in Solarkraftwerken zur Gewinnung von Hochtemperaturwärme und Strom oder im Rahmen von Solararchitektur (→ Passivhaus) direkt genutzt wird. Solarenergie ist die einzige Energie, die das ganze Jahr über unbegrenzt und kostenlos zur Verfügung steht. (→ Regenerative Energiequellen)

Solarstrom
Strom, der entweder aus → Photovoltaikanlagen oder aus solarthermischen Kraftwerken stammt (→ Solarthermie).

Solarthermie
Nutzung der → Solarenergie zur Erwärmung von Trinkwasser sowie zur Heizung oder Verwendung in Kraftwerken.

Sonnenenergie → Solarenergie

Stickoxid (NO_x)
Mit der Formel NO_x werden die Gase Stickstoffmonoxid (NO_x) und Stickstoffdioxid (NO_2) zusammengefasst. Stickoxide entstehen bei allen Verbrennungsvorgängen und sind eine Verbindung aus dem Stickstoff der Luft und dem Sauerstoff. Natürliche Quellen der Stickoxide sind vor allem die Ozeane, Blitze und die Ammoniumoxidation sowie verschiedene Bodenschichten. Durch den Menschen verursachte Stickoxidemissionen haben ihren Ursprung in der Verbrennung fossiler Energieträger, außerdem entstehen sie durch Flugzeugbetrieb in großer Höhe. In der Luft reagiert Stickoxid weiter und wird zum gesundheitsschädlicheren → Distickstoffoxid (N_2O). Aus Stickstoffdioxid (NO_2) bildet sich unter bestimmten Bedingungen auch Salpetersäure, die wiederum zu einem Drittel am → Sauren Regen beteiligt ist. Mit Hilfe des Sonnenlichts können Stickoxide – insgesamt sind neun Stickoxide bekannt – auch zu gefährlichen Photooxidantien reagieren. Dazu gehört das → Ozon, welches in Bodennähe Hauptbestandteil des in der warmen Jahreszeit zunehmend

stattfindenden Sommersmogs ist. Dreiwegekatalysatoren, wie sie nach den gesetzlichen Regelungen in Fahrzeugen eingebaut werden müssen, sind ein Beitrag zur Reduzierung der Stickoxide.

Stockholm-Konferenz
Erste große Umweltkonferenz der Vereinten Nationen im Juni 1972; gilt als Beginn multinationaler Umweltpolitik. Weil diese Konferenz am 5. Juni begann, wird seitdem am 5. Juni der Internationale Tag der Umwelt begangen.

Stratosphäre
Die Stratosphäre liegt in einer Höhe von 10 bis 50 Kilometer über der Erdoberfäche und hat einen hohen Ozongehalt, aber kaum Wasserdampf. Deshalb bilden sich hier fast keine Wolken.

Strom
Gilt als sogenannter veredelter → Energieträger und ist eigentlich in allen Bereichen einsetzbar. Je nachdem, ob Strom mittels → fossiler Brennstoffe oder → regenerativer Energiequellen hergestellt wird, ist damit eine Klima- und Umweltbelastung verbunden oder eher nicht.

Sustainable Development
Bedeutet »nachhaltige Entwicklung« (→ Nachhaltigkeit). 1992 bekam der Begriff, der ursprünglich aus der Forstwirtschaft stammt, weltweite Bedeutung: Nachhaltigkeit spielte bei der in Rio de Janeiro verabschiedeten Agenda 21 eine große Rolle. Legt man einen Wald zugrunde, heißt Nachhaltigkeit, dass man nie mehr Bäume abholzt, als von selbst nachwachsen oder als man wieder anpflanzt. Anders ausgedrückt: nur von den Zinsen der Natur leben und das Kapital für kommende Generationen unangetastet lassen.

Taifun
Tropischer Wirbelsturm, der sich in Asien austobt. In den USA spricht man von einem Hurrikan.

Thermohaline Zirkulation
Aus dem Griechischen abgeleitet: »thermos« (Wärme) und »halos« (Salz). Thermohaline Zirkulation bezeichnet die Zirkulation der Wassermassen, die auf Unterschiede in Temperatur und Salzgehalt (Salinität) des Meerwassers zurückgeht. (→ Großes Marines Förderband)

Tiefdruckgebiet
Ein Gebiet, in dem ein niedriger Luftdruck vorherrscht als in dessen großräumiger Umgebung. Man unterscheidet thermische Tiefdruckgebiete und dynamische Tiefdruckgebiete (Zyklone). → Hochdruckgebiet

Treibhauseffekt
Führt zur Erderwärmung, wenn ein großer Teil der Energie der Sonne auf der Erdoberfläche bleibt und nicht ins All zurückgestrahlt werden kann. Es gibt den natürlichen Treibhauseffekt, der dafür sorgt, dass auf der Erde eine mittlere Temperatur von zirka 14 Grad herrscht. Ohne diesen Effekt würde die Durchschnittstemperatur bei minus 18 Grad liegen. Der vom Menschen verursachte Treibhauseffekt (»anthropogener« Treibhauseffekt) entsteht, wenn Treibhausgase wie → Kohlendioxid die Luftschichten erwärmen, weil sie den Austritt der Strahlung aus der Erdatmosphäre verhindern. Der Begriff »Treibhauseffekt« geht auf den französischen Physiker Joseph Fourier zurück, der Anfang des 19. Jahrhunderts die These aufstellte, dass → Wasserdampf, Kohlendioxid, Wolken und Spurengase wie das Glasdach bei einem Treibhaus wirken. Die Menschheit verstärkt den natürlichen Treibhauseffekt seit der industriellen Revolution durch die vermehrte Freisetzung von → Treibhausgasen infolge der Verbrennung fossiler Energieträger und der Abholzung der Wälder sowie durch intensive Landwirtschaft.
Die auf die Erde tagsüber einfallende Sonnenstrahlung wird von der → Atmosphäre sowie vom Erdboden in Form von Wärme gespeichert und nachts als → Infrarotstrahlung in den Weltraum abgegeben. Dies verursacht die nächtliche Abkühlung. Von den klimarelevanten Spurengasen in der → Troposphäre wird ein Teil dieser Abstrahlung absorbiert und reflektiert. Somit fängt die Schicht der klimarelevanten Spurengase wie ein Gewächshaus Sonnenenergie ein, indem Sonnenstrahlen eingelassen und die Infrarotstrahlung zurückgehalten werden. Die wichtigsten Treibhausgase sind → Kohlendioxid (CO_2), → Methan (CH_4), → Fluorchlorkohlenwasserstoff (FCKWs), troposphärisches → Ozon (O_3), → Distickstoffoxid (N_2O).

Treibhausgase (THG)
Hierzu gehören → Kohlendioxid (CO_2), → Fluorchlorkohlenwasserstoffe (FCKWs), → Methan, → Distickstoffoxid (N_2O), Ozon (O_3) und vor allem → Wasserdampf mit einem Anteil von 60 Prozent. Wie das Glasdach eines Treibhauses verhindern sie die Rückstrahlung der Wärme von der Erde ins All.

Troposphäre
Die unterste Schicht der Atmosphäre. Sie reicht bis in 10 Kilometer Höhe. Die Troposphäre ist die Wetterküche des Planeten; hier findet eine starke Durchmischung der Luftmassen statt.

Umweltmanagement
Grundlage für eine nachhaltige Wirtschaftsweise in allen Unternehmen, ob produzierendes Gewerbe oder Dienstleistungsunternehmen; aber auch in Verwaltungen etc.

Umweltverträglichkeitsprüfung (UVP)
Basis für die Minimierung von Eingriffen in Natur und Umwelt. Letztlich kann nur durch intensive Prüfung von Prozessen, Maßnahmen etc. identifiziert werden, mit welchen Auswirkungen auf Ökosysteme zu rechnen ist. Für viele Maßnahmen sind Umweltverträglichkeitsprüfungen gesetzlich vorgeschrieben.

UNCED (United Nations Conference on Environment and Development)
Sogenannter Weltumweltgipfel, der als Konferenz der Vereinten Nationen über Umwelt und Entwicklung vom 3. bis 14. Juni 1992 in Rio de Janeiro stattfand. Dieser Erdgipfel gilt als Schlüsselimpuls für die Integration von Umweltschutz und Entwicklungsarbeit und stellt die erste größere internationale Konferenz zu globalen Umweltfragen seit der → Stockholm-Konferenz 1972 dar. (→ Nachhaltigkeit)

UNEP
United Nations Environment Programme, die Umweltorganisation der Vereinten Nationen. Ein Schwerpunkt der Arbeit von UNEP gilt der Begrenzung des Klimawandels. Generell geht es der UN-Umweltorganisation um Nachhaltigkeit und die Schonung wertvoller Ressourcen. Über die UN sollen einzelne Staaten mit ihren Umweltprogrammen zusammengeführt werden. Sitz der UNEP ist Nairobi (Kenia).

UNFCCC (United Nations Framework Convention on Climate Change) → Klimarahmenkonvention

Was ist was? – Das Klima-Glossar

UNO (United Nations Organization)
Vereinte Nationen; internationale Organisation mit Sitz in New York. Hauptaufgaben sind die Sicherung des Weltfriedens, das Wachen über die Einhaltung des Völkerrechts, der Schutz der Menschenrechte und die Förderung der internationalen Zusammenarbeit.

UV-Strahlung
Der kurzwellige, ultraviolette Wellenbereich der Sonnenstrahlung. UV-Strahlung ist für die meisten Organismen schädlich. Durch die Ozonschicht (→ Ozon) wird die UV-Strahlung in einer Höhe von rund 15 bis 30 Kilometer Höhe absorbiert. (→ Ozonloch)

Wärmepumpe
Technisches Energiesystem zur Nutzung von Umweltenergie. Dabei wird ein von der Umwelt erwärmtes Transportmittel (meist Kohlenwasserstoff) in einem Kreislaufprozess, etwa durch die Änderung des Drucks, auf eine zu Heizzwecken nutzbare Temperatur gebracht. Wärmequellen können die Luft, das Erdreich oder das Grundwasser sein. Ein Problem ist der Stromverbrauch zum Betrieb der Wärmepumpen dann, wenn der Strom nicht mittels Solarenergie beziehungsweise anderer regenerativer Energien (zum Beispiel Wind) erzeugt wird. In diesem Fall bedingen Wärmepumpen einen verstärkten Einsatz von Stromkapazitäten (Elektrowärmepumpe). Ein konkreter Beitrag zum Klimaschutz liegt dann vor, wenn mit Hilfe von Wärmepumpen die Abwärme anderer Anlagen genutzt wird.

Wärmerückgewinnung
Sammelbegriff für solche technischen Verfahren, bei denen thermische Energie, die an die Umgebung abgegeben wird, teilweise zurückgewonnen und nutzbar gemacht werden kann. Für die Wärmerückgewinnung kommen Wärmeüberträger zum Einsatz, mit denen zum Teil 90 Prozent der Wärme zurückgewonnen werden können. Ist die Temperatur nicht hoch genug, um Wärmeüberträger nutzbringend einsetzen zu können, können in manchen Fällen auch → Wärmepumpen verwendet werden.

Wärmeschutzmaßnahmen
Insbesondere durch die Wärmedämmung kann der Energieverbrauch und damit die Emission klimaschädlicher Gase reduziert werden. Es wurden zahlreiche Verfahren zur Isolierung von Gebäudewänden, -dächern etc. entwickelt.

Warmzeiten
In der Geschichte der Erde hat es immer wieder Warmzeiten gegeben. Sie wurden durch Klimaveränderungen ausgelöst und haben sich mit → Eiszeiten abgewechselt. Momentan befindet sich unsere Erde in einer Warmzeit, dem sogenannten Holozän.

Wasserdampf
Wasserdampf ist gasförmiges Wasser und damit unsichtbar. Es ist ein wichtiges → Klimagas und trägt zum natürlichen → Treibhauseffekt bei. Da Wasserdampf überwiegend auf natürlichem Wege entsteht (Verdunstung von Wasser aus den Weltmeeren, Flüssen und Seen), ist er trotz Beeinflussung des → Klimas weniger im Blickpunkt der öffentlichen Diskussion als → Kohlendioxid und andere Spurengase. Für den globalen Wasserhaushalt und auch das Klima spielt Wasserdampf eine große Rolle, zum Beispiel für die Wolken- und Niederschlagsbildung. Wolken sind einerseits natürliche Wärmequellen und andererseits natürliche Wärmesenken. Ein Problem ist der durch menschliche Aktivitäten ausgelöste Anstieg des Anteils von Wasserdampf in der Atmosphäre. Dazu tragen Verbrennungsprozesse und Treibstoffrückstände von Flugzeugen ebenso bei wie die Kühltürme etwa von Kohlekraftwerken und Kernkraftwerken, die große Mengen Wasserdampf abgeben. Lokal und regional kann es so zu einer Beeinflussung des → Wetters kommen.

Wasserstofftechnologie
Sammelbegriff für alle Technologien zur Gewinnung, Nutzung und Speicherung von Wasserstoff. Künftig könnte in viel größerem Maße mit regenerativ (zum Beispiel solar) erzeugtem Wasserstoff ein Ersatz der → fossilen Brennstoffe erfolgen. Wasserstoff wird üblicherweise mit Elektrolyse gewonnen. Dabei wird Wasser mit Hilfe von elektrischem Strom in Wasserstoff und → Sauerstoff zerlegt. Eine umweltfreundliche Methode zur Gewinnung des Wasserstoffs wären nach Ansicht mancher Forscher große Solarkraftwerke etwa in der Sahara oder die Nutzung von Wasserkraftwerken. Für Letztere ist allerdings ebenfalls eine gründliche → Umweltverträglichkeitsprüfung vorzunehmen, da Wasserkraftwerke an vielen Stellen zur Zerstörung der Ökosysteme naturnah verbliebener Gewässer führen und nur vermeintlich sauberen Strom oder Wasserstoff erzeugen.

Watt (W)
Einheit für elektrische → Leistung. Benannt ist das Watt als physikalische Einheit nach dem englischen Forscher James Watt (von 1736 bis 1819).

WBGU
Abkürzung für »Wissenschaftlicher Beirat der Bundesregierung Globale Umweltveränderungen«.

WCP (World Climate Programme)
Das Weltklimaprogramm wurde 1979 ins Leben gerufen.

Weltgesundheitsbehörde → WHO

Weltklimarat → IPCC (Intergovernmental Panel on Climate Change)

Wetter
Im Unterschied zum → Klima der aktuelle Zustand in den Luftschichten an einem bestimmten Ort. Dabei spielen Luftfeuchtigkeit und Temperaturmessungen, Niederschlag und Luftdruck eine Rolle.

WHO (World Health Organization)
Diese Sonderorganisation der Vereinten Nationen (→ UNO) sitzt in Genf. Die WHO wurde 1948 gegründet und versteht sich als leitende und koordinierende Behörde des internationalen Gesundheitswesens. Dazu gehören auch die Verbesserung der hygienischen Verhältnisse, etwa dadurch, dass den Menschen Zugang zu Frischwasser verschafft wird, und die Eindämmung und Bekämpfung von Seuchen und Epidemien. Die WHO hat auch zum Ziel, das soziale Nord-Süd-Gefälle abzubauen.

Windenergie
Windenergie wird schon lange von den Menschen genutzt, zum Beispiel durch Segelschiffe, Ballons, insbesondere aber auch durch Windmühlen. Seit den siebziger Jahren wurden effizient arbeitende Windenergieanlagen entwickelt, die die kinetische Energie des Windes in elektrische Energie umwandeln. In Deutschland wird mittlerweile mehr Energie aus Windkraft als aus Wasserkraft erzeugt. Für den Ersatz fossiler Energieträger spielt die Nutzung der Windkraft durch Windkraftanlagen eine große Rolle. Deswegen werden große Anlagen als sogenannte Offshore-Instal-

lationen in der Nord- und Ostsee gebaut. Die Nutzung von Windenergie im Süden Deutschlands ist dagegen begrenzt.

Wirkleistung
Elektrische → Leistung, die verfügbar ist, um in eine andere Leistung – zum Beispiel in mechanische, thermische, chemische, akustische oder optische Leistung – umgesetzt zu werden.
Die Einheit nennt man KW (Kilowatt).
(→ Watt)

Wirkungsgrad
Mit dem Wirkungsgrad wird das Verhältnis von abgegebener → Leistung und dem damit verbundenen Nutzen zu der zugeführten Leistung und dem damit verbundenen Aufwand bezeichnet. Der Wirkungsgrad beschreibt also die Effizienz entweder einer Energieumwandlung, Energieverteilung oder Energieübertragung.

WMO (World Meteorological Organization)
Die Weltorganisation für Meteorologie ist eine Unterorganisation der → UNO mit Sitz in Genf und beschäftigt sich mit der Definition (Standardisierung) und der Förderung des internationalen Austauschs von klimarelevanten Daten.

Zirkumpolarstrom
Im Uhrzeigersinn die Antarktis umkreisender Meeresstrom. Umfließt alle kontinentalen Barrieren der Erde.

Zyklon
Tropischer Wirbelsturm; ursprünglich bezeichnete der Begriff ein Tiefdruckgebiet.

Wer macht was? – Adressen von Institutionen und Verbänden

Bundesministerien, Bundesbehörden und Bundeseinrichtungen, die sich mit Klimavorsorge und nachhaltiger Entwicklung beschäftigen (D, A, CH)

Deutschland

Bundesministerium für Umwelt, Naturschutz und Reaktorsicherheit
www.klimaschuetzen.de
www.bmu.de

Bundesministerium für Bildung und Forschung, Berlin und Bonn
www.bmbf.de

Bundesministerium für Wirtschaft und Technologie
www.bmwi.de

Umweltbundesamt
www.umweltbundesamt.de

Statistisches Bundesamt
www.destatis.de

Bundesanstalt für Arbeitsschutz und Arbeitsmedizin BAUA
www.baua.de

Bundesamt für Wirtschaft und Ausfuhrkontrolle
www.bafa.de

WBGU, Wissenschaftlicher Beirat der Bundesregierung Globale Umweltveränderungen
www.wbgu.de

Österreich

Bundesministerium für Land- und Forstwirtschaft, Umwelt und Wasserwirtschaft, Wien
www.lebensministerium.at

Umweltbundesamt, Wien
www.umweltbundesamt.at

Schweiz

Bundesamt für Umwelt (BAFU), Bern
www.bafu.ch

Eidgenössisches Departement für Umwelt, Verkehr, Energie und Kommunikation (UVEK), Bern
www.uvek.ch

Organe consultatif sur les changements climatiques (Beratendes Organ für Fragen der Klimaänderung), Bern
www.occc.ch

Landesumweltministerien in Deutschland

Umweltministerium Baden-Württemberg
www.um.baden-wuerttemberg.de

Bayerisches Staatsministerium für Umwelt, Gesundheit und Verbraucherschutz
www.stmug.bayern.de

Berliner Senator für Stadtentwicklung
www.stadtentwicklung.berlin.de

Ministerium für Ländliche Entwicklung, Umwelt und Verbraucherschutz (MLUV) des Landes Brandenburg
www.mluv.brandenburg.de

Bremen – Der Senator für Umwelt, Bau, Verkehr und Europa
www.bauumwelt.bremen.de

Hamburg Behörde für Stadtentwicklung und Umwelt
www.bsu.hamburg.de

Hessisches Ministerium für Umwelt, Energie, Landwirtschaft und Verbraucherschutz
www.hmulv.hessen.de

Mecklenburg-Vorpommern – Ministerium für Landwirtschaft, Umwelt und Verbraucherschutz
www.um.mv-regierung.de

Niedersächsisches Ministerium für Umwelt und Klimaschutz
www.mu1.niedersachsen.de

Ministerium für Umwelt und Naturschutz, Landwirtschaft und Verbraucherschutz des Landes Nordrhein-Westfalen
www.munlv.nrw.de

Ministerium für Umwelt, Forsten und Verbraucherschutz Rheinland-Pfalz
www.mufv.rlp.de

Ministerium für Umwelt des Saarlandes
www.umwelt.saarland.de

Sächsisches Staatsministerium für Umwelt und Landwirtschaft
www.smul.sachsen.de

Ministerium für Landwirtschaft und Umwelt des Landes Sachsen-Anhalt
www.mlu.sachsen-anhalt.de

Minister für Landwirtschaft, Umwelt und ländliche Räume des Landes Schleswig-Holstein
www.mlur.schleswig-holstein.de

Thüringer Ministerium für Landwirtschaft, Naturschutz und Umwelt
www.thueringen.de/de/tmlnu

Wissenschaftliche Institutionen, Forschungszentren und staatliche Einrichtungen, die sich mit Fragen der globalen Klimaerwärmung befassen (D, A, CH und internationale Einrichtungen)

Alfred-Wegener-Institut für Polar- und Meeresforschung, Bremerhaven
www.awi.de

Biodiversität und Klima Forschungszentrum (BiK-F), Frankfurt am Main
www.senckenberg.de

Chartered Institution of Water and Environmental Management (CIWEM), London
www.ciwem.org

Wer macht was? – Adressen von Institutionen und Verbänden

Columbia University – Earth Institute, New York
www.earth.columbia.edu

Commission on Sustainable Development (CSD), New York
www.un.org/esa/sustdev/csd/policy.htm

De Montfort University – Institute of Energy and Sustainable Develepment, Leicester
www.iesd.dmu.ac.uk

Deutsche Energie-Agentur GmbH (DENA)
www.dena.de

Deutsche Unesco-Kommission e.V., Paris
www.unesco.de

Deutsches Institut für Wirtschaftsforschung e.V. (DIW Berlin), Berlin
www.diw.de

Deutscher Wetterdienst, Offenbach
www.dwd.de

Europäische Umweltagentur
www.eea.europa.eu

Europarat, Strasbourg
www.coe.int

Europäische Kommission, Strasbourg
www.ec.europa.eu

Food and Agriculture Organization of the United Nations (FAO), Rom
www.fao.org

Gesellschaft für Technische Zusammenarbeit (GTZ)
www.gtz.de

Global Environment Facility (GEF), Washington
www.gefweb.org

Goethe-Universität Frankfurt – Institut für Atmosphäre und Umwelt
www.geo.uni-frankfurt.de/iau/

Institut für Meteorologie und Klimaforschung Forschungszentrum Karlsruhe GmbH, Eggenstein-Leopoldshafen
www.imk.uni-karlsruhe.de

Institute for Meteorology and Climate Research – Atmospheric Environmental Research (IMK-IFU), Garmisch-Partenkirchen
www.imk-ifu.fzk.de

International Energy Agency
www.iea.org

IPCC – Intergovernmental Panel on Climate Change
www.ipcc.ch

Klimabündnis Österreich, Wien
www.klimabuendnis.at

Leibniz-Institut für Meereswissenschaften, Universität Kiel
www.ifm-geomar.de

Leibniz-Institut für Troposphärenforschung e.V., Leipzig
www.tropos.de

London School of Economics and Political Science (LSE) – Grantham Research Institute on Climate Change and Environment, London
www.lse.ac.uk/collections/granthamInstitute

Max-Planck-Institut für Meteorologie, Hamburg
www.mpimet.mpg.de

Münchener Rückversicherungsgesellschaft
www.munichre.com

OECD (Organisation für wirtschaftliche Zusammenarbeit und Entwicklung), Paris
www.oecd.org

OEKO-Radar, Universität Hohenheim, Lehrstuhl für Umweltmanagement
www.oekoradar.de

Potsdam-Institut für Klimafolgenforschung (PIK), Potsdam
www.pik-potsdam.de

National Aeronautics and Space Administration (NASA), Washington
www.nasa.gov

NOAA – US National Oceanic and Atmospheric Administration, Washington
www.noaa.gov

Technische Universität Berlin – Institut für Ökologie (Fachgebiet Klimatologie), Berlin
www.klima.tu-berlin.de

The World Bank, Washington
www.worldbank.org

UNEP/GRID, Arendal Norway
www.grida.no/climate

United Nations Educational, Scientific and Cultural Organization (UNESCO), Paris
www.unesco.org

United Nations Environment Programme (UNEP), Nairobi
www.unep.org

Universität Freiburg – Institut für Physische Geographie, Freiburg
www.geographie.uni-freiburg.de

Universität für Bodenkultur Wien (BOKU) Institut für Meteorologie (BOKU-Met), Wien
www.boku.ac.at

Universität Hamburg – Zentrum für Meeres- und Klimaforschung (ZMK), Hamburg
www.zmk.uni-hamburg.de

Universität Hohenheim – Institut für Umweltmanagement, Stuttgart
www.uni-hohenheim.de

University of Cambridge – Scott Polar Research Institute, Cambridge
www.spri.cam.ac.uk

University of Oxford – Environmental Change Institute (ECI), Oxford
www.eci.ox.ac.uk

University of Sussex – Institute of Development Studies (IDS), Brighton
www.ids.ac.uk

UN-Klimasekretariat, Bonn
www.unfccc.int

WBGU Wissenschaftlicher Beirat der Bundesregierung Globale Umweltveränderungen, Berlin
www.wbgu.de

World Meteorological Organization (WMO), Genf
www.wmo.ch

Wuppertal Institut für Klima, Umwelt, Energie GmbH, Wuppertal
www.wupperinst.org

Zentralanstalt für Meteorologie und Geodynamik (ZAMG), Wien
www.zamg.ac.at

Wer macht was? – Adressen von Institutionen und Verbänden

Verbände, Stiftungen und Institutionen, die sich mit Umweltschutz, Klimavorsorge und nachhaltiger Entwicklung beschäftigen

Allianz Umweltstiftung, München
www.allianz-umweltstiftung.de

Arbeitsgemeinschaft für sparsamen und umweltfreundlichen Energieverbrauch e.V. (ASUE), Berlin
www.asue.de

Arbeitsgemeinschaft Natur- und Umweltbildung Bundesverband e.V. (ANU), Hanau
www.umweltbildung.de

B.A.U.M. Bundesdeutscher Arbeitskreis für Umweltbewusstes Management e.V.
www.baumev.de

Bund für Umwelt und Naturschutz Deutschland (BUND), Berlin
www.bund.net

Bund Heimat und Umwelt in Deutschland (BHU), Bonn
www.bhu.de

Bundesverband Bürgerinitiativen Umweltschutz e.V. (BBU), Bonn
www.bbu-online.de

Bundesweiter Arbeitskreis der staatlich getragenen Umweltbildungsstätten (BANU)
www.banu-akademien.de

CIPRA Internationale Alpenschutzkommission (Commission Internationale pour la Protection des Alpes), Kempten
www.cipra.de

Deutsche Bundesstiftung Umwelt (DBU), Osnabrück
www.dbu.de

Deutsche Gesellschaft zur Förderung der nachhaltigen Entwicklung Agenda 21 (DGA) e.V., Aschaffenburg
www.dga21.de

Deutsche Ornithologen-Gesellschaft, Zoologisches Institut, Universität Frankfurt/Main
www.rz.uni-frankfurt.de

Deutsche Stiftung Weltbevölkerung (DSW), Hannover
www.dsw-online.de

Deutsche Umwelthilfe e.V. (DUH), Radolfzell
www.duh.de

Deutsche Wildtier Stiftung, Hamburg
www.deutschewildtierstiftung.de

Deutscher Alpenverein e.V. (DAV), München
www.alpenverein.de

Deutscher Naturschutzring (DNR), Bonn
www.dnr.de

Deutscher Rat für Landespflege (DRL), Bonn
www.landespflege.de

Deutscher Rat für Vogelschutz e.V., Radolfzell
www.drv-web.de

Econsense – Forum Nachhaltige Entwicklung der Deutschen Wirtschaft e.V.
www.econsense.de

EuroNatur Umweltstiftung, Radolfzell
www.euronatur.org

EUROPARC Deutschland e.V., Berlin
www.europarc-deutschland.de

Greenpeace Deutschland e.V., Hamburg
www.greenpeace.de

Germanwatch e.V., Berlin
www.germanwatch.org

Globe Climate, Ludwigsburg
www.globeclimate.com

Hamburger Bildungsserver
www.hamburger-bildungsserver.de

Karl-Oskar-Koenigs-Stiftung, Grafenau
www.koenigs-stiftung.de

Klima-Bündnis e.V., Frankfurt
www.climatealliance.org

Michael Otto Stiftung für Umweltschutz, Hamburg
www.michaelottostiftung.de

Michael Succow Stiftung zum Schutz der Natur, Greifswald
www.succow-stiftung.de

NaturFreunde Deutschlands – Verband für Umweltschutz, sanften Tourismus, Sport und Kultur, Berlin
www.naturfreunde.de

NatureLife-International – Stiftung für Umwelt, Bildung und Nachhaltigkeit, Stuttgart
www.naturelife-international.org

Naturschutzbund Deutschland e.V. (Nabu), Berlin
www.nabu.de

Oxfam International:
www.oxfam.de

Robin Wood, Bremen
www.robinwood.de

Schutzgemeinschaft Deutscher Wald e.V., Bonn
www.sdw.de

Selbach-Umwelt-Stiftung, München
www.selbach-umwelt-stiftung.org

Stiftung Energie & Klimaschutz, Karlsruhe
www.energieundklimaschutzBW.com

Stiftung Naturschutz, Berlin
www.stiftung-naturschutz.de

Umweltstiftung WWF – Deutschland, Frankfurt
www.wwf.de

Verband Deutscher Naturparke e.V. (VDN), Bonn
www.naturpark.de

Verein zum Schutz der Bergwelt e.V., München
www.vzsb.de

World Wide Fund for Nature, WWF, Frankfurt
www.wwf.de

Zoologische Gesellschaft Frankfurt von 1858 e.V., Frankfurt
www.zgf.de

Wer macht was? – Adressen von Institutionen und Verbänden / Abkürzungen

Initiativen und Institutionen, die sich mit Vermeidung von klimaschädlichen Emissionen und CO_2-Kompensation befassen

Atmosfair, Berlin
www.atmosfair.de

Climate partner, München
www.climatepartner.com

Globeclimate, Ludwigsburg
www.globeclimate.com

my climate, Zürich, Schweiz
www.myclimate.ort

NatureLife-International – Stiftung für Umwelt, Bildung und Nachhaltigkeit
www.naturelife-international.org

Akademien und Umweltbildungsstätten der Bundesländer

Baden-Württemberg
Akademie für Natur- und Umweltschutz (Umweltakademie)
www.umweltakademie.baden-wuerttemberg.de

Bayern
Bayerische Akademie für Naturschutz und Landschaftspflege (ANL)
www.anl.bayern.de

Brandenburg
Landesumweltamt Brandenburg
Landeslehrstätte für Naturschutz und Landschaftspflege (LLN)
landeslehrstaette@lua.brandenburg.de

Hessen
Naturschutz-Akademie Hessen (NAH)
www.na-hessen.de

Mecklenburg-Vorpommern
Landeslehrstätte für Naturschutz und nachhaltige Entwicklung
www.lung.mv-regierung.de

Niedersachsen
Alfred Toepfer Akademie
für Naturschutz (NNA)
www.nna.de

Nordrhein-Westfalen
Natur- und Umweltschutz-Akademie des Landes Nordrhein-Westfalen (NUA)
www.nua.nrw.de

Rheinland-Pfalz
Landeszentrale für Umweltaufklärung Rheinland-Pfalz (LZU)
www.umdenken.de

Sachsen
Akademie der Sächsischen Landesstiftung Natur und Umwelt
www.lanu.de

Schleswig-Holstein
Akademie für Natur und Umwelt des Landes Schleswig-Holstein
www.afnu.schleswig-holstein.de

Thüringen
Thüringer Landesanstalt
für Umwelt und Geologie
www.tlug-jena.de

Dachorganisation der Landesumweltakademien: Bundesweiter Arbeitskreis der staatlich getragenen Bildungsstätten im Natur- und Umweltschutz (BANU)
www.banu-akademien.de

Weitere Mitglieder:
Behörde für Stadtentwicklung und Umwelt, Referat Umweltbildung Abt. Nachhaltigkeit, Hamburg,
www.hamburg.de/bsu/Internationale Naturschutzakademie Insel Vilm (INA), Rügen,
www.bfn.de/06_akademie_natursch.html

Verzeichnis der Abkürzungen

CRU
Climatic Research Unit (School of Environmental Sciences, University of East Anglia, Norwich, UK)

DIW
Deutsches Institut für Wirtschaftsforschung, Berlin

FVA BW
Forstliche Versuchs- und Forschungsanstalt Baden-Württemberg

IDMC
Internal Displacement Monitoring Centre

IMF
International Monetary Fund
(IWF / Internationaler Währungsfonds)

IPCC
Intergovernmental Panel
on Climate Change

PIK
Potsdam-Institut für Klimafolgenforschung

UBA
Umweltbundesamt

UN
United Nations

UNHCR
United Nations High Commissioner for Refugees (UN-Flüchtlingskommissariat)

UPI
Umwelt- und Prognose-Institut e.V., Heidelberg

WBGU
Wissenschaftlicher Beirat der Bundesregierung Globale Umweltveränderungen

WGMS
World Glacier Monitoring Service

WRI
World Resources Institute

WWF
World Wide Fund for Nature

Die Autoren

Eva Goris (geb. 1956 in Gelsenkirchen) hat zwei Jahrzehnte lang das Umweltressort der *Bild am Sonntag* geleitet und für ihre Reportagen zahlreiche Medienpreise erhalten. Ihre Arbeit führte sie immer wieder in die Krisengebiete der Welt, vor allem nach Afrika. Sie schrieb über illegalen Elfenbeinhandel, das Abschlachten der Berggorillas, die Abholzung der Regenwälder – und das Leid der Menschen, die durch Umweltkatastrophen ihre Heimat oder gar ihr Leben verloren. Sie interviewte Umweltflüchtlinge, die durch Dürren oder Überflutungen vertrieben wurden, obdachlos umherirrten oder verhungerten. Für ihre aufrüttelnden Natur- und Umweltreportagen war Eva Goris in über 30 afrikanischen Staaten und in Südamerika, Südostasien und Australien unterwegs. Für *Bild am Sonntag* schrieb sie 2007 als »Klima-Kommissarin« über die Folgen der Erderwärmung, traf international anerkannte Experten und nahm als Beobachterin an der Klimakonferenz in Bangkok teil. Sie gilt als ausgewiesene Klimaexpertin. Ihr Fazit nach zwanzig Jahren Umweltjournalismus: »Klimaschutz ist Menschenschutz!« Eva Goris begann ihre journalistische Laufbahn 1978 bei der *Westdeutschen Allgemeinen Zeitung* (WAZ), wechselte 1986 als Pressesprecherin zur Umweltschutzorganisation Greenpeace, und ging 1988 zum Springer-Verlag. Heute arbeitet sie als Pressesprecherin der Deutschen Wildtier Stiftung, denn »Kinder kennen Pinguin und Pinseläffen – doch sie denken, das Reh sei die Frau vom Hirsch, weil sie über die Wildtiere vor unserer Haustür kaum etwas wissen.« Eva Goris ist auch Autorin des Buches *Unser kläglich Brot* und eine erbitterte Gegnerin der Massentierhaltung. »Industrielle Viehzucht ist – unter anderem wegen des Methanausstoßes – nicht nur ein wesentlicher Klimakiller; der Skandal fängt schon viel früher an: Das Tierelend in den Ställen ist unbeschreiblich!«
Zusammen mit ihrem Autorenkollegen Claus-Peter Hutter setzt sie sich dafür ein, der Wissenserosion in Sachen Natur und Umwelt entgegenzuwirken. Gemeinsam publizierten sie unter anderem die zweibändige *Collection des verlorenen Wissens* (Droemer).
Eva Goris lebt in Hamburg.

Claus-Peter Hutter (geb. 1955 in Marbach a.N.) studierte Verwaltungswirtschaft und hat zahlreiche Umweltprojekte für Naturbewahrung, Umweltbildung und nachhaltige Entwicklung konzipiert und verwirklicht. »Es gibt keine Gegner, nur potentielle Partner«, so sein Credo. In diesem Sinne ist es das Anliegen von C.-P. Hutter, aus Konfliktgegnern Konfliktpartner zu machen und Entscheidungsträger aus allen gesellschaftlichen Bereichen zusammenzubringen.
Als Präsident der Umweltstiftung NatureLife-International sowie als Lehrbeauftragter und Vorsitzender des Wissenschaftlichen Beirats des Tropenzentrums an der Universität Hohenheim (Stuttgart) setzt er sich für einen unverkrampften Umweltdialog ein. Er ist Ehrenpräsident der Stiftung Europäisches Naturerbe, die er mitbegründete und von 1987 bis 2007 ehrenamtlich leitete. Unter anderem initiierte er die ersten Umwelt-Städtepartnerschaften in Europa und konzipierte nationale und internationale Umwelt- und Naturschutzkampagnen, zum Beispiel für den Bund für Umwelt und Naturschutz Deutschland (BUND) e.V., die Deutsche Umwelthilfe und EuroNatur sowie den Bundesweiten Arbeitskreis der staatlich getragenen Bildungsstätten im Natur- und Umweltschutz (BANU). Ein Schwerpunkt seines ehrenamtlichen Engagements ist seit 2000 die Rehabilitation zerstörter Regenwaldflächen und die Verknüpfung von Armutsbekämpfung, Klimaschutz und nachhaltiger Entwicklung mit Projekten in verschiedenen Ländern der Tropen.
Hauptberuflich befasst sich C.-P. Hutter als Leiter der Umweltakademie des Landes Baden-Württemberg mit der Suche nach neuen Wegen für eine breite Umweltbildung als Basis für die nachhaltige Sicherung von Umwelt- und Lebensqualität.
Für sein außergewöhnliches Engagement bei der Verknüpfung von Wissenschaft und Praxis wurde ihm von der Visayas State University (Philippinen) die Ehrendoktorwürde (2003) und von der Universität Hohenheim die Ehrensenatorwürde (2006) verliehen. 2008 erhielt Claus-Peter Hutter den B.A.U.M.-Umweltpreis.

C.-P. Hutter ist Autor, Mitautor und Herausgeber zahlreicher Buchveröffentlichungen. Unter anderem: *Naturschutz in der Gemeinde* (1985), *Natur ohne Grenzen* (1990), *Biotope erkennen, bestimmen, schützen* (7 Bände, 1993–1999), *The Eco-Twisters* (1995), *Natouren – Erlebnisreisen in faszinierende Naturlandschaften* (1997), *Bananen für Brüssel* (1999/2000), *Leben braucht Vielfalt* (2003), *Paths to Sustainable Development* (2003), *Futter fürs Volk* (2001/2002/2006), *Collection des verlorenen Wissens* (2 Bände, 2006/2008).

NatureLife-International

Dank

NatureLife-
International

NatureLife-International
Stiftung für Umwelt, Bildung und Nachhaltigkeit

„Der gebildete Mensch macht sich die Natur zu seinem Freund."
Friedrich Schiller

Mit konkreten Modellprojekten setzt sich NatureLife-International für die Verknüpfung von Armutsbekämpfung, Klimaschutz und Bewahrung der Biodiversität ein und engagiert sich national und international für breite Umweltbildung, praktische Naturbewahrung und eine nachhaltige Entwicklung. Ziel von NatureLife-International ist es, Partner aus den verschiedenen gesellschaftlichen Bereichen zusammenzubringen, um Lösungen drängender Umweltprobleme zu erarbeiten, den Wissenschaftsdialog zu fördern und im Rahmen konkreter Projekte umzusetzen. Zu den Dialogpartnern der Stiftung und deren internationalem Netzwerk gehören ebenso namhafte Universitäten und andere wissenschaftliche Einrichtungen wie anerkannte Naturschutzpraktiker, Umweltverbände, Kommunen und staatliche Verwaltungen sowie zahlreiche Bildungseinrichtungen und Wirtschaftsinstitutionen. Aus dem Leitbild der Stiftung:

- Ob Umweltbildung, praktischer Naturschutz, Armutsbekämpfung oder Biodiversitätsschutz durch nachhaltige Entwicklung: Bei allen Initiativen und Projekten zählt das Erreichte für Mensch und Natur, zählen Ergebnisse und nicht Ideologien.
- Mehr denn je sind ein undogmatisch geführter Umweltdialog und pragmatisches Zusammenwirken der verschiedenen gesellschaftlichen Bereiche erforderlich.
- Naturbewahrung und Umweltvorsorge sind nur mit den Menschen und nicht gegen sie erfolgreich.
- Niemand ist heute mehr in der Lage, die mit dem Klimawandel und der Umweltbedrohung verbundene gesellschaftliche Herausforderung alleine zu lösen. Deshalb ist mehr denn je Kooperation erforderlich. Die Globalisierung hat deutlich gemacht, dass Natur international vernetzt ist und Umweltprobleme vor Grenzen nicht haltmachen. Deshalb müssen mehr denn je ökologische und ökonomische Maßnahmen zur Zukunftssicherung im internationalen Rahmen gesehen werden.

Zu den Initiativen von NatureLife-International gehören Renaturierungsprojekte zur Wiederanpflanzung früher abgeholzter Tropenwaldflächen etwa in China, auf den Philippinen und auf Sri Lanka, die Verbreitung von umwelttechnologischen Innovationen sowie die Förderung naturverträglicher Landwirtschaft. Weitere Impulse gelten breiter Umweltbildung durch die Einrichtung von Natur-Erlebniswelten, die Erarbeitung von Lehr- und Informationsmaterialien und Beiträge zum Klimaschutz und zur Umweltvorsorge bei Großveranstaltungen. So war NatureLife-International einer der Hauptpartner beim ersten deutschen „Rock for Nature"-Open-Air-Festival 2008.
Ein besonderer Schwerpunkt ist der Klimaschutz, für den sich die Stiftung mit ihrer Initiative GlobeClimate einsetzt, die Möglichkeiten zur CO_2-Kompensation anbietet.

NatureLife-International
Stiftung für Umwelt, Bildung und Nachhaltigkeit
Bahnhofstr. 35
71638 Ludwigsburg
info@naturelife-international.org
www.naturelife-international.org
www.globeclimate.com

Allen, die zum Entstehen dieses Buches beigetragen haben, danken wir herzlich. Besonders danken wir den im Vorspann genannten Persönlichkeiten, die entweder für Hintergrundgespräche und Interviews zur Verfügung standen oder als kritische Dialogpartner das Manuskript durchgesehen haben, sowie allen, mit denen uns seit vielen Jahren eine intensive Zusammenarbeit verbindet. Für vielfache Zusammenarbeit gilt unser Dank den ehrenamtlichen Helfern und hauptamtlichen Mitarbeitern folgender Institutionen: NatureLife-International – Stiftung für Umwelt, Bildung und Nachhaltigkeit; Deutsche Wildtierstiftung; Akademie für Natur und Umweltschutz Baden-Württemberg; Tropenzentrum der Universität Hohenheim; Bundesweiter Arbeitskreis der staatlich getragenen Bildungsstätten im Natur- und Umweltschutz (BANU); Visayas State University (Philippinen); TianZi Biodiversity Reseach & Development Centre (China); Wildlife and Nature Protection Society (Sri Lanka); Wilderness Foundation (Südafrika); SlowFood; Stiftung Europäisches Naturerbe (EuroNatur); Bäuerliche Erzeugergemeinschaft Schwäbisch Hall; Ecoland Herbs and Spices (Wolpertshausen und Kerala, Indien). Für vielfältige Hilfe danken wir außerdem Elke Böder, Monika Haag, Carolyn C. Hutter, Ingrid Hutter, Ilse Koller, Susanne Ott, Harald Zindler, Markus Schluck, der Münchner Filmemacherin Carola Lichtenberg, dem Illustrator Niels O. Schröder und Eberhard Wolf für das künstlerische Gesamtdesign sowie dem Zeichner und Biologen Wolfgang Lang. Besonderer Dank gilt allen an der Gestaltung, der Herstellung und dem Vertrieb dieses Buches Beteiligten.

Literaturhinweise

Allianz Umweltstiftung (Hrsg.) (2007): *Informationen zum Thema »Klima«: Grundlagen, Geschichte und Projektionen*, Allianz Umweltstiftung, München

Angres, V. / Hutter, C.-P. / Ribbe, L. (2001/2006): *Futter fürs Volk*, Knaur Verlag, München

Bayerische Akademie der Wissenschaften (Hrsg.) (2005): *Klimawandel im 20. und 21. Jahrhundert. Welche Rolle spielen Kohlendioxid, Wasser und Treibhausgase wirklich*. Band 28 Rundgespräche der Kommission für Ökologie, Verlag Dr. f. Pfeil, München

Behringer, W. (2007): *Kulturgeschichte des Klimas, Von der Eiszeit bis zur globalen Erwärmung*, C.H. Beck Verlag, München

Beising, R. (2006/2007): *Klimawandel und Energiewirtschaft*, VGB Power-Tec, Verlag Technisch-Wissenschaftlicher Schriften, Essen

Böcker, R. / Sandhage-Hofmann, A. (Hrsg.) (2002): *Globale Klimaerwärmung und Ernährungssicherung*, Heimbach Verlag, Stuttgart

Braungart, M. / McDonough, W. (2003): *Einfach intelligent produzieren*, Berliner Taschenbuch Verlag, Berlin

Brickwedde, f. (2000): *Energie im 21. Jahrhundert. Potentiale, Handlungsfelder, Strategien*, Deutsche Bundesstiftung Umwelt, Steinbacher Verlag, Osnabrück

Brunner, Kurt, (2003): »Ein buntes Klimaarchiv. Malerei, Graphik und Kartographie als Klimazeugen«, in: *Naturwissenschaftliche Rundschau* 56(4), Stuttgart

BUND / Misereor (Hrsg.) (1996): *Zukunftsfähiges Deutschland. Ein Beitrag zu einer global nachhaltigen Entwicklung*. Studie des Wuppertal Instituts für Klima, Umwelt, Energie, Birkhäuser Verlag, Basel

Bundesregierung (2002): *Perspektiven für Deutschland. Unsere Strategie für eine nachhaltige Entwicklung*, Presse- und Informationsamt der Bundesregierung, Berlin

Cazenave, A. / Nerem, R.S. (2004): »Present Day Sea Level Change: Observations and Causes«, in: *Review of Geophysics* 42, RG 3001

Council on Environmental Quality (1980): *The Global 2000 Report to the President*, Washington. Deutsche Ausgabe: *Global 2000 – Der Bericht an den Präsidenten*, Zweitausendeins, Frankfurt/Main

Dabbert, S. / Häring, A. M. / Zanoli, R. (2002): *Politik für den ökologischen Landbau*, Ulmer Verlag, Stuttgart

Dai, A., Etal (2004): »Global data set of Palmer Drought Severity Index for 1870–2002: Relationship with soil moisture and effects of surface warming«, in: *Journal of Hydrometeorology* 5

Dow, K. / Downing, Th. E. (2007): *Weltatlas des Klimawandels. Karten und Fakten zur globalen Klimaerwärmung*, Europäische Verlagsanstalt, Hamburg

Ehrlich, Paul R. / Ehrlich, Anne H. (1990): *The Population Explosion*, Touchstone Book by Simon and Schuster, New York / London

Ellenberg, H. (1996): *Vegetation Mitteleuropas mit den Alpen. In ökologischer, dynamischer und historischer Sicht*. 5. überarbeitete Auflage, Ulmer Verlag, Stuttgart

Europäische Union (2007): *Grünbuch der Kommission an den Rat, das Europäische Parlament, den Europäischen Wirtschafts- und Sozialausschuss und den Ausschuss der Regionen: »Anpassung an den Klimawandel in Europa – Optionen für Maßnahmen der EU«*, (http//eur-lex.europa.eu/LexUriServ/site/de/com/2007/com2007_0354 de01.pdf)

Fiedler, W. (2007): »Zugvögel – hochsensible Indikatoren für Klimaveränderungen, dargestellt am Beispiel Süddeutschland«, in: *Klimawandel – und danach? Beiträge der Akademie für Natur- und Umweltschutz Baden-Württemberg*, Band 46. Wissenschaftliche Verlagsgesellschaft, Stuttgart

Fischer, E.P. / Wiegandt, K. (2006): *Die Zukunft der Erde. Was verträgt unser Planet noch?*, S. Fischer Verlag, Frankfurt/Main

Flannery, T. (2005): *Wir Wettermacher. Wie wir Menschen das Klima verändern und was das für unser Leben auf der Erde bedeutet*, S. Fischer Verlag, Frankfurt/Main

Fussler, C. (1999): *Die Öko-Innovation. Wie Unternehmen profitabel und umweltfreundlich sein können*, Hirzel Verlag, Stuttgart

Gege, M. (2004): *Die Zukunftsanleihe. Wie Deutschland ein Modell für nachhaltiges Wachstum und weltweiten Wohlstand werden kann*, Oekom Verlag, München

Gege, M. (2008): *Das große Energie- und CO_2-Sparbuch. 1001 Tipps für Haus, Garten, Büro und Freizeit*, Bruno Media Verlag, Köln

Gege, M. (Hrsg) (2008): *Unterwegs zu einem ökologischen Wirtschaftswunder*, Europäische Verlagsanstalt, Hamburg

Germanwatch (Hrsg.) / Bals, C. / Hamm, H. / Jerger, I. / Milke, K. (2008): *Die Welt am Scheideweg: Wie retten wir das Klima?*, Rowohlt Verlag, Reinbek

Girardet, H. / World Future Council (Hrsg.) (2007): *Zukunft ist möglich. Wege aus dem Klima-Chaos*, Europäische Verlagsanstalt, Hamburg

Glaser, R. (2001): *Klimageschichte Mitteleuropas*, Wissenschaftliche Buchgesellschaft, Darmstadt

Göltenboth, f. / Hutter, C.-P. (2004): »New options for land rehabilitation and landscape ecology in Southeast Asia by Rainforestation farming«, in: *Journal for Nature Conservation*, Elsevier, Amsterdam

Göltenboth, f. / Hutter, C.-P. / Neuberger, A. (2008): »Biologische Senken für Kohlendioxid. Eine Option für Agroforstsysteme in den Tropen«, in: *Naturwissenschaftliche Rundschau* 10/2008, Stuttgart

Göltenboth, f. / Timoteus, C. A. / Milan, P. P. / Margraf, J. (Hrsg.) (2006): *Ecology of Insular Southeast Asia*, Elsevier, Amsterdam

Goldman Sachs / O'Neil, J. (2003): *Dreaming with BRICs: The Path to 2050*, Goldman Sachs Global Economics Group, London

Goldman Sachs / Toddar, P. / Yi, E. (2007): *BRICs and Beyond*, Goldman Sachs Global Economics Group, London

Gorbatschow, M. (2003): *Mein Manifest für die Erde. Jetzt handeln für Frieden, globale Gerechtigkeit und eine ökologische Zukunft*, Campus Verlag, Frankfurt/Main

Gore, A. (2006): *Eine unbequeme Wahrheit*, Riemann Verlag, München

Literaturhinweise

Goris, E. (2007): *Unser kläglich Brot. Gute Ernährung kommt nicht aus der Tüte,* Droemer Verlag, München

Greenpeace: »Artenreichtum Amazonas«. Hintergrundinformation von Greenpeace (www.greenpeace.de/fileadmin/gpd/user_upload/themen/waelder/Artenreichtum_Amazonas.pdf)

Grothe-Senf, A. (2006): *Perspektiven zukunftsfähiger Unternehmensführung,* VDM Verlag, Saarbrücken

Gruhl, H. (1982): *Ein Planet wird geplündert,* S. Fischer Verlag, Frankfurt/Main

Haasis, H. D. / Müller, W. / Winter, G. (Hrsg.) (2000): *Produktintegrierter Umweltschutz und Eigenverantwortung der Unternehmen,* Lang Europäischer Verlag der Wissenschaften, Frankfurt/Main

Hamburger Bildungsserver (2007): *Klimawandel und Klimafolgen,* www.hamburger-bildungsserver.de, Hamburg

Harmeling, S. / Bals, C. (2007): *Die Millennium-Entwicklungsziele und der Globale Klimawandel,* www.germanwatch.org

Heine, K. / Niller, H.-P. (2004): »Die Anden Südamerikas: Geoarchive für Umweltveränderungen und Klimawandel«, in: *Geographische Rundschau* 56(3)

Hennicke, P. / Weizsäcker, E. U. von (Hrsg.) (2002): *Quantensprünge zur Ökoeffizienz. Zwanzig Beispiele für das 21. Jahrhundert,* Hirzel Verlag, Stuttgart

Höppe, P. (2005): »Auswirkungen von Klimaänderungen auf den Menschen«, in: *Wetterkatastrophen und Klimawandel. Sind wir noch zu retten?,* Münchener Rückversicherungsgesellschaft, PG Verlag, München

Horx, M. (2003): *Future Fitness,* Eichborn Verlag, Frankfurt/Main

Hutter, C.-P. (1997): *Natouren. Erlebnisreisen in faszinierende Naturlandschaften,* Weitbrecht Verlag im K. Thienemanns Verlag, Stuttgart / Wien / Bern

Hutter, C.-P. / Göltenboth, f. / Hanssler, M. (Hrsg.) (2003): *Paths to Sustainable Development. New Experiences in the Philippines,* Hirzel Verlag, Stuttgart

Hutter, C.-P. / Link, f.-G. (Hrsg.) (2006): *Warnsignal Klimawandel: Wird Wasser knapper?* Beiträge der Akademie für Natur- und Umweltschutz Baden-Württemberg, Band 42, Wissenschaftliche Verlagsgesellschaft, Stuttgart

Hutter, C.-P. / Link, f.-G. (Hrsg.) (2007): *Klimawandel – und danach? Folgen und Konsequenzen für Mensch und Natur. Auswirkungen auf Gesundheit, biologische Vielfalt sowie Wasser- und Versicherungswirtschaft sowie Aspekte erforderlicher Anpassungen,* Beiträge der Akademie für Natur- und Umweltschutz Baden-Württemberg, Band 46, Wissenschaftliche Verlagsgesellschaft, Stuttgart

IPCC – Intergovernmental Panel on Climate Change (Hrsg.) (2007): *Climate Change 2007. Vierter Sachstandsbericht des IPCC,* Berichte der Arbeitsgruppe 1: The Physical Science Basis, der Arbeitsgruppe 2: Impacts, Adaptation and Vulnerability, und der Arbeitsgruppe 3: Mitigation of Climate Change

IPCC – Intergovernmental Panel on Climate Change (2007): *Klimaänderung. Zusammenfassungen für politische Entscheidungsträger,* deutsche Übersetzung hrsg. von ProClim – Forum for Climate and Global Change, Umweltbundesamt Österreich und von der Deutschen IPCC-Koordinierungsstelle

IPCC – Intergovernmental Panel on Climate Change (2007a): *Climate Change 2007 – »The Physical Science Basis«,* New York. www.ipcc-wg1.ucar.edu/wg1/wg1-report.html

IPCC – Intergovernmental Panel on Climate Change (2007b): *Climate Change 2007 – »Impacts, Adaptation and Vulnerability«,* New York. www.ipcc-wg2.org

IPCC – Intergovernmental Panel on Climate Change (2007c): *Climate Change 2007 – »Mitigation of Climate Change«,* New York. www.mnp.nl/ipcc/pages_media/AR4-chapters.html

IPCC – Intergovernmental Panel on Climate Change (2007d): *Klimaänderungen 2007: Zusammenfassungen für politische Entscheidungsträger.* www.proclim.ch/IPCC.html

IPCC – Intergovernmental Panel on Climate Change (2007e): *Contribution of Working Group III to the Fourth Assessment Report of the Intergovernmental Panel on Climate Change. Technical Summary.* www.ipcc.ch/pdf/assessment-report/ar4/wg3/ar4-wg3-ts.pdf

Isemann, R. / Hauff, M. von (Hrsg.) (2007): *Industrial Ecology. Mit Ökologie zukunftsorientiert wirtschaften,* Spektrum Akademischer Verlag, Heidelberg

Jänicke, M. (2008): *Megatrend Umweltinformation,* Oekom Verlag, München

Kemfert, C. (2008): *Die andere Klima-Zukunft,* Murmann Verlag, Hamburg

Kolokotronis, V. / Straub, H. (2003): »Klimaänderung und Wasserwirtschaft in Süddeutschland«, in: 2. Klimaschutzkongress Mecklenburg-Vorpommern, Güstrow

Kraus, H. (2004): *Die Atmosphäre der Erde. Eine Einführung in die Meteorologie,* Springer Verlag, Heidelberg

Krause, f. / Bossel, H. / Müller-Reissmann, K.-F. (1980): *Energie-Wende. Wachstum und Wohlstand ohne Erdöl und Uran,* S. Fischer Verlag, Frankfurt/Main

Kron, W. (2007): »Wetterkatastrophen – stärker, häufiger, teurer. Vorsorge gegen Überschwemmungsrisiken aus der Sicht eines internationalen Rückversicherers«, in: *Klimawandel – und danach?,* Beiträge der Akademie für Natur- und Umweltschutz Baden-Württemberg, Band 46, Wissenschaftliche Verlagsgesellschaft, Stuttgart

Landcare Research New Zealand (Jan. 2009): *Key to the Mosquitoes of New Zealand.* www.landcareresearch.co.nz/research/biocons/invertibrates/

Latif, M. (2007): *Bringen wir das Klima aus dem Takt?,* Fischer Taschenbuch, Frankfurt/Main

Lenton, T.M. / Held, H. / Kriegler, E. / Hall, J.W. / Lucht, W. / Rahmstorf, S. / Schellnhuber, H.J. (2008): *Tipping Elements in the Earth's Climate System.* (www.pnas.org/cgi/doi/10.1073/pnas.0705414105)

Lovelock, J. (1982): *Unsere Erde wird überleben. GAIA – Eine optimistische Ökologie,* Piper Verlag, München

Literaturhinweise

Lovelock, J. (2006): *The Revenge of Gaia,* Penguin Books, London

Maddison, A. (1995): *Monitoring the World Economy 1820–1992,* OECD Development Centre, Paris

Meadows, D. / Randers, J. / Meadows, D. (2006): *Grenzen des Wachstums. Das 30-Jahre-Update,* Hirzel Verlag, Stuttgart

Mann, M. E. / Bradley, R. S. / Hughes, M.K. (1999): »Northern Hemisphere Temperatures During the Past Millennium: Inferences, Uncertainties, and Limitations«, in: *Geophysical Research Letters* 26, N° 6

Max-Planck-Institut für Meteorologie: *El Niño / La Niña.* **Hintergrundinformation** (www.mpimet.mpg.de/presse/faq-s/das-el-nino-southern-oscillation-enso-phaenomen.html)

Maxeiner, D. / Miersch, M. (2000): *Lexikon der Öko-Irrtümer,* Piper Verlag, München

Moberg, A. / Sonechkin, D. M. / Holmgren, K. / Datsenko, N. M. / Karlén, W. (2005): »Highly Variable Northern Hemisphere Temperatures Reconstructed from Low- and High-Resolution Proxy Data«, in: *Nature* 433

Müller, M. / Troge, A. / Töpfer, K. (2008): *Klimareport Alpen,* Beck Verlag, München

Münchener Rückversicherungsgesellschaft (Hrsg.) (2005): *Wetterkatastrophen und Klimawandel – sind wir noch zu retten?,* Münchener Rückversicherungsgesellschaft / PG Verlag, München

Nisbet, E. G. (1994): *Globale Umweltveränderungen: Ursachen, Folgen, Handlungsmöglichkeiten. Klima, Energie, Politik,* Spektrum Akademischer Verlag, Heidelberg.

Oerlemans, J. H. (2005): »Extracting a Climate Signal from 169 Glacier Records«, in: *Science* 308

Ott, Hermann / Heinrich-Böll-Stiftung (2007): *Wege aus der Klimafalle,* oekom Verlag, München

Oxfam International (2007): *Adapting to climate change,* Oxfam Briefing Paper. www.oxfam.de

Patz, J. A. / Campbell-Landrum, D. / Holloway, T. / Foley, J. A. (2005): »Impact of regional climate change on human health«, in: *Nature* 438

Pfister, C. (2004): »Historische Aufzeichnungen als Indizien in der Diskussion des Klimawandels«, in: Münchener Rückversicherungsgesellschaft (Hrsg.) (2005): *Wetterkatastrophen und Klimawandel,* Münchener Rückversicherungsgesellschaft / PG Verlag, München

Pötter, B. (2007): »Das weiche Gold«, in: *Die Zeit* vom 19. 7. 2007

Pötter, B. (2008): *Tatort Klimawandel, Täter, Opfer und Profiteure einer globalen Revolution,* Oekom, München

Quaschning, V. (2008): *Erneuerbare Energien und Klimaschutz,* Hanser Verlag, München

Radkau, I. (2000): *Natur und Macht. Eine Weltgeschichte der Umwelt,* C. H. Beck Verlag, München

Rahmstorf, S. / Schellnhuber, H.-J. (2006): *Der Klimawandel,* C. H. Beck Verlag, München

Reicholf, J. H. (2005): *Die Zukunft der Arten,* C.H. Beck Verlag, München

Reicholf, J. H. (2007): *Eine kurze Naturgeschichte des letzten Jahrtausends,* S. Fischer Verlag, Frankfurt/Main

Schänwiesel, C. D. (2003): *Klimatologie,* Ulmer Verlag, Stuttgart

Scheer, H. (1993): *Sonnen-Strategie,* Piper Verlag, München

Schellnhuber, H.-J. / Cramer, W. / Nakicenovic, N. / Wigley, T. / Yohe, G. (Hrsg.) (2006): *Avoiding Dangerous Climate Change,* Cambridge University Press, Cambridge

Schellnhuber, H.-J. / Held, H. (2002): »How Fragile is the Earth System«, in: Bridon, J. / Downing, T. (Hrsg.): *Managing the Earth: the Eleventh Linacre Lectures,* Oxford University Press

Schröter, H. (2006*)*: *Alarmierende Entwicklungen durch Wasserknappheit im Wald. Warnsignal Klimawandel: Wird Wasser knapper?* Beiträge der Akademie für Natur- und Umweltschutz Baden-Württemberg, Band 42, Wissenschaftliche Verlagsgesellschaft, Stuttgart

Schubert, V. / Quenzel, H. (1997): *Klima und Mensch,* Eos Verlag, St. Ottilien

Schulz, W.F. / Burschel, C. / Weigert, M. (2001): *Lexikon nachhaltiges Wirtschaften.* Lehr- und Handbücher zur Ökologischen Unternehmensführung und Umweltökonomie, Oldenbourg Verlag, München

Schwender, C. / Schulz, W.F. / Kreeb, M. (Hrsg.) (2008): *Medialisierung der Nachhaltigkeit. Das Forschungsprojekt balance: Emotionen und Ecotainment in den Massenmedien,* Metropolis Verlag, Marburg

Tischer, M. / Stöhr, M. / Lurz, M. / Karg, L. (2006): *Auf dem Weg zur 100-Prozent-Region. Handbuch für eine nachhaltige Energieversorgung von Regionen,* B.A.U.M., München

Töpfer, K. / Bauer, f. (2007): *Arche in Aufruhr. Was wir tun müssen, um die Erde zu retten,* S. Fischer Verlag, Frankfurt/Main

Töpfer, K. / Bodner, H. (Hrsg.) (2007): *Ideenimport. Experten aus aller Welt geben Impulse. Ergebnisse des Bilfinger-Berger-Awards 2007,* Schäffer-Poeschel Verlag, Stuttgart

Troge, A. / Le Monde diplomatique (Hrsg.) (2008): *Atlas der Globalisierung spezial: Klima.* taz Verlag, Berlin

Troge, A. / Hutter, C.-P. (Hrsg.) (2008): *Was kann das Planungsrecht für die Umwelt tun? – Reduzierung des Flächenverbrauchs, Schutz des Klimas, Erhalt der biologischen Vielfalt.* Beiträge der Akademie für Natur- und Umweltschutz Baden-Württemberg, Band 47, Wissenschaftliche Verlagsgesellschaft, Stuttgart

Uexküll, J. von (2007): *Das sind wir unseren Kindern schuldig,* Europäische Verlagsanstalt, Hamburg

Umweltbundesamt (Hrsg.) (2002): *Nachhaltige Konsummuster. Ein neues umweltpolitisches Handlungsfeld als Herausforderung für die Umweltkommunikation,* Erich Schmidt Verlag, Berlin

Umweltbundesamt-Hintergrundpapier: »Klimaänderungen, deren Auswirkungen und was für den Klimaschutz zu tun ist«. http://www.umweltbundesamt.de/uba-info-presse/hintergrund/ipccsynthese.pdf

Umweltbundesamt (2005): *Die Zukunft in unseren Händen. 21 Thesen zur Klimaschutzpolitik des 21. Jahrhunderts und ihre Begründungen,* Berlin

UNFCCC – United Nations Framework Convention on Climate Change (2007): *Uniting on Climate 2007. A Guide to the Climate Change Convention and the Kyoto Protocol.*

Literaturhinweise

Vasold, M. (2004): »Die Eruptionen des Laki von 1783/84. Ein Beitrag zur deutschen Klimageschichte«, in: *Naturwissenschaftliche Rundschau* 57(11), Stuttgart

Vohland, K. / Doyle, U. / Cramer, W. (2008): »Der Einfluss von Klimaveränderungen auf die Biodiversität«, in: *Aus Politik und Zeitgeschichte* 3/2008, Beilage zur Wochenzeitung *Das Parlament*

Vollborn, M. / Georgescu, V. (2008): *Prima Klima. Wie sich das Leben in Deutschland ändert,* Erich Schmidt Verlag, Berlin

Wagner, A. (2006): *Photovoltaik Engineering. Handbuch für Planung, Entwicklung und Anwendung,* Springer Verlag, Berlin und Heidelberg

WBGU – Wissenschaftlicher Beirat der Bundesregierung Globale Umweltveränderungen (2003): *Über Kyoto hinausdenken. Klimaschutzstrategien für das 21. Jahrhundert.* Sondergutachten, Berlin, www.wbgu.de

WBGU – Wissenschaftlicher Beirat der Bundesregierung Globale Umweltveränderungen (2003): *Welt im Wandel. Energiewende zur Nachhaltigkeit.* Hauptgutachten, Springer Verlag, Hamburg

WBGU – Wissenschaftlicher Beirat der Bundesregierung Globale Umweltveränderungen (2006): *Die Zukunft der Meere – zu warm, zu hoch, zu sauer.* Sondergutachten, www.wbgu.de, Berlin

WBGU – Wissenschaftlicher Beirat der Bundesregierung Globale Umweltveränderungen (2007): *Welt im Wandel. Sicherheitsrisiko Klimawandel,* www.wbgu.de, Berlin

Weisman, A. (2007): *Die Welt ohne uns. Reise über eine unbevölkerte Erde,* Piper Verlag, München

Weizsäcker, E. U. von / Lovins, A. B. / Lovins, L.H. (2005): *Faktor Vier. Doppelter Wohlstand – halbierter Naturverbrauch,* Knaur Verlag, München

Welzer, H. (2008): *Klimakriege. Wofür im 21. Jahrhundert getötet wird,* S. Fischer Verlag, Frankfurt/Main

WHO – World Health Organization (2002): *World Health Report 2002.* www.who.int.

Wicke, L. / Hucke, I. (1989): *Der ökologische Marshallplan,* Ullstein Verlag, Frankfurt/Main

Winter, G. (1998): *Das umweltbewusste Unternehmen,* Vahlen Verlag, München

Wuppertal Institut für Klima, Umwelt und Energie (2004): *Anpassung an nicht mehr vermeidbaren Klimawandel,* Wuppertal, www.wupperinst.org

WWF – World Wide Fund for Nature (2007): »Amazonas und Klima«, Hintergrundinformation des WWF. ww.wwf.de/fileadmin/fm-wwf/pdf_neu/HG_Amazonas_und_Klima.pdf

Zintz, K. (2008): *Prima Klima. Umdenken, mitmachen und dabei auch noch sparen,* Kosmos Verlag, Stuttgart

Register

Mühlbauer, Werner 189
Müll 59, 117, 154, 205
Müller, Michael 56
Müller, Oliver 189
Münchner Rückversicherungsgesellschaft 32f., 35, 37, 54, 100, 103, 105, 107, 121, 141, 143
Muren 55f., 69
my climate 209

NASA 55
National Flood Insurance Program 106
Naturschutzbund Deutschland (NABU) 129, 169
– Ursachen/Gründe 100
Naturkatastrophen, Schadensrangliste 105
Naturkatastrophe-International 189, 209, 218ff.
Neophyten 168
Nerem, R. S. 59
New Orleans 34, 81, 104
Niederlande 101
Nigeria 101
Nomadentum 140
Nordwestpassage 58
Nzioka, Solomon 153

Obama, Barack 1/3, 182
Ocean Conveyor Belt 101
Ökoinstitut 221
Ölkäfer (Meloe) 164f.
Onida, Marco 55
Organisation für wirtschaftliche Zusammenarbeit (OECD) 57
Orkan 23f., 26, 32ff., 46, 106 siehe auch Wirbelsturm
Ozon (O3) 56, 59

Pakistan 83
Pappatacı-Fieber 121
Permafrost 57, 59f., 82
– Krankheitserreger 114, 122
Pest 24, 96
Pflanzenhöcker 213, 220f.
Philippinen 100, 210, 218
Planet Finance 107
Politik 12f., 84, 146f., 173, 214f.
Porsche 195
Potsdam-Institut für Klimafolgenforschung (PIK) 54, 83ff., 101, 168, 221
Prodi, Romano 132
Product Carbon Footprint (PCF) 203f., 221

Q-Fieber 120f.
Quelcaya-Gletscher 57

Rahmstorf, Stefan 59, 101, 143
Rainforestation Farming 218f.
Rasool, Ghulam 41
Ratte 96, 160
Raumklimageräte 208
Regenwald 82, 153, 169, 171, 191ff., 204, 218ff.
Reveille, Roger 11, 173
Ribbe, Lutz 204
Rickettiose 120
Ricketts, Howard Taylor 120
Robert-Koch-Institut 17
RWE 217

Sandmückenfieber 121
Säugetiere 169
Schatzecke (Demecentor marginatus) 120f.
Schär, Christoph 152
Schellnhuber, Hans Joachim 59, 83ff., 143, 168
Schwarzenegger, Arnold 36, 181
Schweflhexafluorid (SF6) 221
Schweiz, Sturmschäden 32
Seenforschungsinstitut Langenargen 167
Shiroff, Samuel 220
Sibirien 59
Slow Food Deutschland 204
Spanien 66f., 140f.
Stern, Nicholas 104, 169ff., 172
Steiner, Achim 80
St. Mary's Lacor Hospital 111
Stickoxid 120
Stiftung EuroNatur 204
Stiftung Europäisches Naturerbe 140
Stine, Alexander 154
Stockholm Environment Institute (SEI) 102
Stommel, Henry 101
Stromverbrauch 147, 203, 206ff., 211
Sturm 32ff., 37, 79f. siehe auch Wirbelsturm
Sturmflut 26, 34, 103
Sturzflut 103
Sudan 71, 85
Sukhdev, Pavan 170f.
Süßwasser 58, 60, 79, 101

Taft, William Howard 57
Taifun 33, 35, 100, 219
Tebibo 221
Technisches Hilfswerk (THW) 94
Terrapack 221
Thema1 GmbH 221
Tianzi Biodiversity Research & Development Centre 57, 219
Tigermoskito (Aedes albopictus) 19, 120, 122f., 157, 168
Töpfer, Klaus 36, 78, 169
Transport 205f.
Treibhauseffekt 143
Treibhausgase 56, 59, 78, 120, 141, 147, 188ff., 221, 223
Troge, Andreas 57, 145ff., 203
Tsunami-Katastrophe (2004) 171
TÜV Management 216
Tuvalu 101
Tveiten, Ingvar 43

Überschwemmung siehe Hochwasser
Uganda 111
Umwelt- und Prognose-Institut (UPI) 190
Umweltbundesamt (UBA) 33, 56f., 121, 143, 146f., 209
Umweltministerium Baden-Württemberg 144
UN siehe Vereinte Nationen
UNEP Finance Initiative 107
Universität für Bodenkultur Wien 161
Universität Hohenheim 143, 213, 220f.
Universität Karlsruhe 221
Universität Konstanz 166f.
Universität Stuttgart 171
Universität Zürich 55f.
University of California 154
USA, Flüchtlinge 82, 157
– Hitze/Dürre 121, 141

Venedig 100f.
Verband der Elektrizitätswirtschaft (VDEW) 207
Verbraucherzentralen 208
Vereinte Nationen (UN) 106, 190
– Flüchtlingshilfswerk (UNHCR) 68, 84, 102, 142
– Klimarat siehe Weltklimarat
– Millennium Development Goals 107
– Sicherheitsrat 83
– Umweltprogramm (UNEP) 78, 80, 107, 140, 169
– Welternährungsprogramm 72
Vernagtgletscher 54f.
Versicherung 106f.
Vilmer Thesen zur Biomasseproduktion 194
Visaya State University 218
Vögel 166–172
Vohland, Kathrin 168

Wald 165, 170f.
– Ab-/Zunahme 143f., 164
– Hitzestress 166
Waldbrand 121, 143
Wäsche waschen 207, 209
Wasserkraftwerk 56, 60, 144
Wassermangel 56f., 79f., 106, 128, 140f., 144, 197
Wasserverbrauch 207
– Agrotreibstoff 197
– Landwirtschaft/Industrie 188
Weber, Thomas 216f.
Weber, Volker 222
Weiger, Hubert 196f.
Weinzierl, Hubert 224
Welternährungsorganisation (FAO) 78, 189
Weltgesundheitsorganisation (WHO) 50, 121, 141, 153, 212
Weltklimarat (IPCC) 11, 32f., 58, 80, 83, 101ff., 120, 140ff.
Weltsprachen 179
West-Nile-Fieber 47
Wienands, Jürgen 112
Wierzbinski, Norbert 194
Wirbelsturm 32ff., 90, 106
– Definition 33
– Entstehung 33
– Ausmaße 34
– Namengebung 34
– Niederschläge 34, 37
– Schadensrangliste 35
– Windgeschwindigkeit 33f., 37
Wissenschaftlicher Beirat der Bundesregierung Umweltveränderungen (WBGU) 54, 83, 85
World Conservation Monitoring Center (WCMC) 78
World Glacier Monitoring Service (WGMS) 56, 58
World Meteorological Organization (WMO) 141
World Resources Institute (WRI) 79, 189, 205
World Wide Fund for Nature (WWF) 107, 191, 221
Wüstenbildung 66, 131, 140f.

Yunus, Muhammad 222

Zecke 120ff., 141, 168
Zweites Deutsches Fernsehen (ZDF) 172f.
Zyklon 33

Impressum

Die Folie des Schutzumschlags sowie die Einschweißfolie sind PE-Folien und biologisch abbaubar. Dieses Buch wurde auf chlor- und säurefreiem Papier gedruckt. Es stammt aus nachhaltiger Forstwirtschaft und ist FSC-(Forest Stewardship Council) zertifiziert.

Besuchen Sie uns im Internet www.droemer.de

Copyright © 2009 bei Droemer Verlag
Ein Unternehmen der Droemerschen Verlagsanstalt Th. Knaur Nachf. GmbH & Co. KG, München
Alle Rechte vorbehalten.
Das Werk darf – auch teilweise – nur mit Genehmigung des Verlages wiedergegeben werden.
Künstlerisches Gesamtdesign und Layout: Eberhard Wolf
Titel- und Schmuckillustrationen der einzelnen Kapitel: Niels O. Schröder
Illustrationen im Text: Wolfgang Lang, Grafenau
Satz: Vornehm Premedia, München
Druck und Bindung: Offizin Andersen Nexö Leipzig GmbH, Zwenkau
Printed in Germany
ISBN 978-3-426-27503-0
5 4 3 2 1

Register

ADAC 207
Afrika, Dürre 140f.
– Flüchtlinge 80f, 83f.
– Hunger 142
Agrarenergie 188–194, 196f.
Alaska 57, 59, 82, 167
Alfred-Wegener-Institut für Polar- und Meeresforschung 58
Allergie 141
Allianz 141
Alpen, Gletscher 44ff., 54f., 60f.
– Landwirtschaft 56, 60
– Murenabgänge 55f., 89
– Tourismus 56f., 60f.
Amazonien 82f.
Amerika, Flüchtlinge 81f., 84
Ampferer, Herbert 195
Amphibien 167, 169
Anden 42, 60, 81, 83
Angelikawurzel 10
Angres, Volker 172
Anopheles-Stechmücke 115, 121
Arbeitsgruppe Bodenseeufer (AG BU) 166
Arktis 58f., 54, 56ff., 82, 95, 101, 140
Armut 36, 78ff., 84f., 121, 189, 193
Artensterben siehe Biodiversität
Asien, Flüchtlinge 83, 83f.
atmosphere 209
Atomkraftwerke 56, 85, 107, 129, 144, 147
Australien, Hitze 142f.
Automobilindustrie 11, 146f., 195, 182, 209, 214, 216f.

Bairlein, Franz 132
Balkangrippe 120
Ban Ki Moon 49
Bangladesch 27, 81, 83, 101, 104, 106
Baybek Rainforestation Foundation 100, 210
Bayerische Akademie der Wissenschaften 54
Bayerisches Umweltministerium 205, 210
Beckert, Margaret 83
Berlusconi, Silvio 81
Bevölkerungswachstum 81f., 85, 100
Biebelriether, Hans 169
Bibalet, Jacob 221
Bienenfresser 132
Biodiversität 60, 78f., 119ff., 196, 219, 224
Biotreibstoff 177, 182, 188–194, 196f.
Borreliose 141
Braun, Joachim von 188
Braune Hundezecke (Rhipicephalus sanguineus) 120, 122
Broggi, Mario 55, 168, 204
Brown, Lester 188
Brümmer, Franz 171
Bruttostromverbrauch, Vergleich 81
BSH Bosch und Siemens Hausgeräte 211ff., 220f.
Bund für Umwelt und Naturschutz in Deutschland (BUND) 196f.
Bund Naturschutz (BN) 44
Bundesamt für Naturschutz (BfN) 194, 196
Bundesdeutscher Arbeitskreis für Umweltbewusstes Management (B.A.U.M.) 209ff., 222f.
Bundesumweltministerium 56, 147
Bundesverfassungsgericht 151
Bundeswehruniversität München 221
Büro 210
Bush, George W. 12, 173, 190

CARE International 107
Caritas International 189
Carter, Jimmy 169
Carter-Inseln 48
Casparty, Hans J. 103
Cazenave, A. 59
Chicago Board of Trade 190
Chikungunya 19, 120, 168
China 57, 82f.
– Dürre 83, 83, 141
Chrysler 182
Convention on Biological Diversity (CBD) 78, 170
Conzelmann, Klaus 102
Cramer, Wolfgang 168
Curry, Judith 34

Daodle, Lisa 100
Daimler 78, 216f.
Dämmgen, Ulrich 191
De Rubeis, Bernardino 80
Dengue-Fieber 19, 113, 120, 168
Desertifikation 66, 131, 140ff.
Deutsche Bundesstiftung Umwelt 220
Deutsche Energie-Agentur DENA 210
Deutsche Gesellschaft für Tropenmedizin und internationale Gesundheit 122
Deutsche Investitions- und Entwicklungsgesellschaft (DEG) 220
Deutsche Lufthansa 191, 219, 223
Deutscher Naturschutzring 224
Deutscher Wetterdienst (DWD) 144
Deutsches Grünes Kreuz 113
Deutsches Institut für Vogelkunde 132
Deutsches Institut für Wirtschaftsforschung (DIW) 141, 192
Deutschland, CO_2-Ausstoß 73
– Hitzetote 130
– Klimaschutz 12, 36
Dimas, Stavros 182
– Sturmschäden 32f.
Distickstoffoxid (Lachgas, N_2O) 56, 59, 141, 188
dm-Drogeriemarkt 221
Dürre 26, 81ff., 106, 140–147, 166

Earth Policy Institute 188
Ebola 112
Eidgenössische Forschungsanstalt für Wald, Schnee und Landschaft (WSL) 56, 168, 204
Eiger 55f.
Eisberg 58f.
Emmerich, Roland 81
Energie, erneuerbare 36, 145f., 214
Energieeffizienz 36, 146f., 206ff., 210ff.
Energieknappheit 188–197, 211
Energiesparen 203
Erdbeben 105
Erdgasversorgung 83, 8sf.
Escher-Vetter, Heidi 54
ETH Zürich 152
Europa, Artensterben 169
– Flüchtlinge 80f., 84
– Hitzesommer 2003 121, 141
– Klimawandelfolgen 168
Extremadura 140f.
– Sturmschäden 32f.

Faber, Joachim 106
Fiedler, W. 170f.
Fische 100, 144, 156, 166ff., 171
Flüchtlinge 36, 68, 72, 78–85, 132, 142, 157
Fluorchlorkohlenwasserstoff (FCKW) 13, 56, 59, 145, 177f., 188, 192, 196f., 203–212, 216, 221
Fluorkohlenwasserstoffe (FKW/PFC) 221
Föderation der National- und Naturparke Europas 169
Formayer, Herbert 161
Forstwirtschaft 32, 36, 141ff., 219
Forum Nachhaltige Geldanlagen 222
Frankreich, Hitzesommer 2003 121
– Sturmschäden 33
Frieden 49, 83
Friends of the Earth 197
Frühjahrsblüte 144, 168
Frühlingsverschiebung 154, 161
Fuhrmann, Peter 144

G8 Climate Scorecards 107
Gabriel, Sigmar 170, 189
Garzón, Jesús «Suso» 140
Gege, Maximilian 221f.
Geisel, Otto 204
Gelbfieber 120, 168
Gelbfiebermücke (Aedes aegypti) 120
Gemeindeallianz in den Alpen 55
General Motors 182
Georgia Institute of Technology 34
Germanwatch 205
Geschirrspülen 207, 209
Gesellschaft für Technische Zusammenarbeit (GTZ) 42, 218
Glacier National Park, Montana, USA 57
Gletscherschmelze 41f., 54–61, 59, 79, 81, 83, 101
Global Environment Outlook (GEO-4) 80
Goethe-Universität Frankfurt 143
Goldman Sachs 82
Golfstrom 55
Goltenboth, Friedhelm 164ff.
Gorbatschow, Michail 169
Gore, Al 11ff., 94, 173
Grabherr, Georg 44
Greenpeace 153
GRID-Arendal 140
Grönland 57f., 101
Großbritannien, Hitze 141
– Sturmschäden 33
Guggenheim, Davis 94
Gutberlet, Kurt-Ludwig 211

Haag, Karlheinz 223
Haebertl, Wilfried 56
Hagel 106
Hamburg 26
Hamm, Horst 82
Haus- und Grundeigentümer-Gemeinschaft 208
Haus-/Wohnungsbau 210, 215
Haushaltsgeräte 206ff., 211ff.
Heizen 206ff.
Henkel 221
Herzlykoside 22
Himalaya 57, 60, 81, 83, 101
Hirnhautentzündung 141
Hitze 32, 121, 140–147
Hochschule für Technik, Stuttgart 103ff.
Hochwasser 56, 72, 78ff., 100–107, 140
– Schadensrangliste 105
– Überschwemmungstypen 103
Hoppe, Peter 121, 143
Hunger 36, 72, 78f., 107, 141ff., 173, 188f.
Hurrikan 33ff., 81, 104
Hitze 32, 121, 140–147
Himalaya 57, 60, 81, 83, 101
Hirnhautentzündung 141
IDMC 80
Indien 81ff., 101
Insektenplage 170f.
Institut für Atmosphäre und Umwelt (IAV) 143
International Food Policy Research Institute 188
International Monetary Fund (IMF) 82
Internationale Dekade zur Verringerung von Naturkatastrophen (IDNDR) 104
Internationale Energie-Agentur (IEA) 211
Internationale Naturschutzakademie Insel Vilm 194
Jaenicke, Hannes 191
Jahreszyklus 154, 161
Jungtingen 102
Kabat, Pavel 91
Kalifornien 13, 36, 181
Karibik 83, 169
Katastrophenpläne 145, 214
KfW-Bankengruppe 222
Kilimandscharo 57
Kimmig, Peter 120f.
Klante, Brigitte 144
Kleidung 209
Klima-ABC 214f.
Klimaflüchtlinge siehe Flüchtlinge
Klimakonvention, Rio de Janeiro (1992) 78, 172
Kochen/Backen 206, 209, 220f.
Kohlendioxid (CO_2) 11, 56, 59, 73, 120, 141f., 145, 177f., 188, 192, 196f., 203–212, 216, 221
– Fußabdruck (Footprint) 203f., 221
Kongregation der Schwestern vom göttlichen Erlöser 70
Korallen 171, 216
Kraft, Richard 96, 160
Krankheiten 17, 19, 50, 96, 112ff., 120ff., 141
Krimfieber 120
Kron, Wolfgang 55, 100, 103f.
Kühlwasser (Kraftwerke) 18, 20, 56, 107, 129, 141, 144
Kyoto-Protokoll 78, 170, 172, 221
Landesbausparkasse Baden-Württemberg 210
Landesgesundheitsamt Baden-Württemberg 120
Landwirtschaft 204f., 215
Latif, Mojib 101
Lebensmittel 204ff., 215
Leibniz-Institut für Meereswissenschaften 101
Leishmaniose 121
Leishmanien, Sir William Boog 121
Li, Mingxu 57, 219
Lichtenberg, Carola 13
Living Landscapes China (Lilac) 219
Louisiana 101
Löwenzahn 25
Luftverkehr 203, 205, 209, 223
Mackenstedt, Ute 122f.
Maddison, A. 82
Malaria 17, 115, 121ff.
Maisch, Max 55
Malediven 101
Mandela, Nelson 169
Mangroven 169, 171, 218
Margraf, Josef 219
Maroni, Roberto 80
Max-Planck-Institut für Meteorologie (MPI-M) 33
Meadows, Dennis 147, 224
Medien 11, 172f., 215
Meer, Sauerstoffarmut 167
Meeresspiegelanstieg 27, 36, 58f., 79, 81, 85, 91, 100ff., 106
Mercedes-Benz 216f.
Merkel, Angela 170
Messner, Reinhold 60f.
Methan (CH_4) 56, 59, 120, 141, 188, 204f., 221
Mexiko, Flüchtlinge 82, 157
– Tortilla-Aufstand 188f.
Migge, Thomas 80
Milan, Paciencia 100, 210
Mittelmeer(fleck)fieber 120